漢巖 大宗師 眞影 (오대산 상원사에 들어오실 때 사진)

漢巖 大宗師 眞影

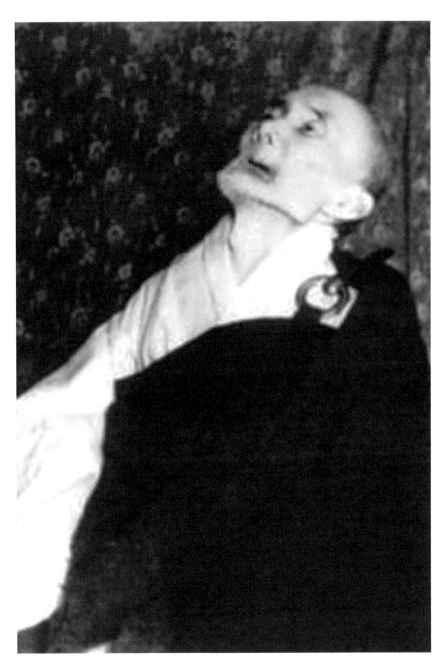

漢巖 大宗師 涅槃像 (1951년 양력 3월 22일, 음력 2월 15일)

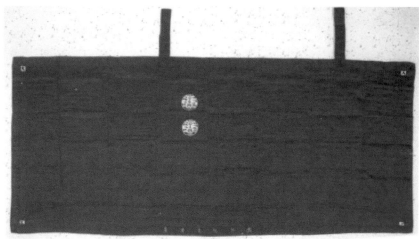

한암 스님 일월도 자수 홍가사

한암 스님 일월도 자수 홍가사

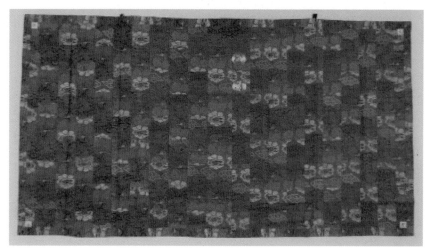

한암 스님 일월도 자수 홍가사

한암 스님 발우

한암 스님 낙자

한암 스님 금난가사

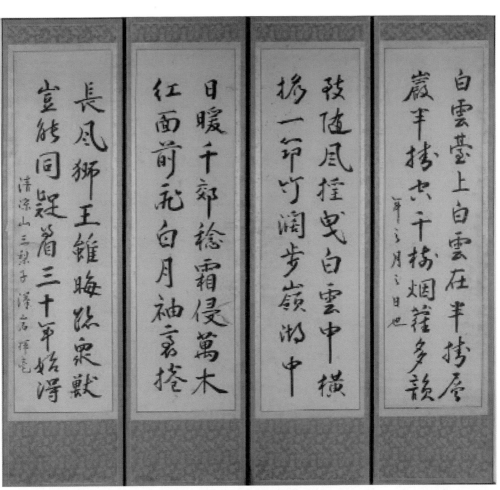

한암 스님 필사곡 병풍- 스승 경허 선사의 시

한암 스님 서간문 액자

한암스님이 조창환 선생에게 보낸 편지와 겉봉투

道心堅固　須要見性
起着話頭　如咬生鐵
長坐蒲團　莫脇著席
者佛祖語　常自慚愧
戒體清淨　莫穢身心
威儀寂靜　莫恣暴亂
小語低聲　莫好戲笑
雖無人信　莫受人謗
常推乞食當　掃堂合塵
道行無倦　莫飽飲食

右中峰禪師法語

浮山石書于五臺山上完書

應化二九七二乙酉六月十一日

한암 스님 親筆 揮毫

단원 김홍도 오대산 중대

佛紀 2965년(1938년 오대산 상원사 동안거 기념

오대산 월정사 일제강점기

오대산 상원사 1950년대

한암중원 대종사 탑비

한암중원 대종사 승탑

漢巖法系譜

六祖慧能	南嶽懷讓	馬祖道一	西堂智藏	道義國師
			百丈懷海	洪陟禪師
				慧徹禪師

風穴延沼	南院道顒	興化存獎	臨濟義玄	黃檗希運
白雲守端	楊岐方會	慈明楚圓	汾陽善昭	首山省念
密菴咸傑	應菴曇華	虎丘紹隆	圓悟克勤	五祖法演
破菴宗信	雪峰慧然	無準圓照	破庵祖先	

鹽官齊安　梵日國師

宗暉　普照國師　眞覺國師

清眞國師	眞明國師	圓悟國師	圓鑑國師	慧靜國師	慈覺國師
湛堂國師	慧鑑萬恒	慈圓國師	慧覺國師	覺眞國師	淨慧國師
孚眞國師					

指空　　懶翁惠勤　幻庵浮休　冏兩禪師　信眉禪師
平山處林　　　高峰法藏

學眉禪師　　碧松智嚴　芙蓉靈觀　清虛休靜　鞭羊彦機
莊徹禪師

楓潭義諶	月潭雪霽	喚惺志安	虎巖體淨	青峰巨岸	栗峰青杲
錦虛法沾	龍巖慧彦	永月奉律	萬化普善	鏡虛惺牛	漢巖重遠

聖人

성인

대한불교조계종 초대종정
한암(漢巖) 대종사

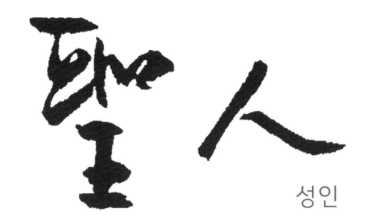

성인

대한불교조계종 초대종정

한암(漢巖) 대종사

원 행(遠行) 지음

에세이스트사

머리말

〈세간과 출세간 모두 모름〉

多感諸師珍重意/ 여러분의 깊은 마음 참으로 감사하오.

遠程來訪正當春/ 먼 길을 오셨는데 화창한 봄이구려.

世與出世都不識/ 세간법 출세간법 내 모두 모르나니(不識)

懃愧深山久藏身/ 깊은 산에 오래 은거함이 부끄러울 뿐이오.

　　　　　　　　　　　　　　　　-한암(漢巖) 스님 법구 게송

〈세여출세도불식(世與出世都不識)〉이라는 제목의 한암 대종사님 법구입니다. 어떤 이는 이 문구를 겸사(謙辭)나 겸양(謙讓)으로만 여길 수도 있으나 여기엔 매우 종요한 철학적 명제가 내포되어 있습니다. 잘 생각해 보면 우리에게 가장 무지한 대상은 자기 자신입니다. 자신에 대한 결정적 오류는 자신을 모르고 있다는 사실을 모른다는 데서 비롯됩니다. 소크라테스의 '나는 내가 모른다는 것을 안다'라는 명제로부터 출발한 인류의 철학적 사유는 아직도 미제의 탐구를 계속하는 중입니다. '너'가 모른다는 것은 잘 아는데 왜 '나'가 모른다는 것은 그리도 알아채기가 힘들까요? 우리 인간은 모두가 태생적으로 자신에 관한한 청맹과니여서 그럴까요? '너'가 '나'와 둘이 아닌 줄 알면 그 근원적 무지를 넘어서게 되는 걸까요? 자신의 무지에 대한 탐구와 발굴이 곧 우주와 진리를 향한 첫 걸음입니다. 한암 스님의 〈세여출세도불식(世與出世都不識)〉이란 명제의 본뜻은 쉼없는 정진과

수련을 통해서만 알아챌 수 있다는 사실을 마음 깊이 새깁니다.

원효 대사께서도 불각이라는 개념을 두 가지로 나눕니다. 그 첫째가 근본불각(根本不覺)이고, 다른 하나는 지말불각(枝末不覺)입니다. 근본불각은 아뢰야식 내의 근원적인 무지(無明, Ignorance)를 의미하지요. 지말불각은 근원적인 무지에 의해서 일어난 다른 앎에 대한 탐착입니다. 존재를 이분화(二分化), 고정화, 실체화시키는 성질이 바로 무명입니다. 인연의 바탕이 무자성(無自性)임에도 무명이 일어나 존재를 이분화 실체화하면서 인과 연의 주고받는 영향으로 서로 안다 하는 것은 환(幻)이며 꿈이라는 것을 우리는 듣기는 들어 안다고 착각하지만 실제 생활에선 늘 까맣고 잊고 삽니다. 앎이란 주객이 분리되어 주관이 객관을 인식할 때 일어나므로 알려는 마음이 움직여서 주객이분(主客二分)으로 분화(分化)한다는 것을 잊지 말아야 합니다. 잊지 말자는 탐착도 또한 무지입니다. 그러나 이것도 본래 진여의 무성(無性) 때문에 일어나는 연기(緣起)라고 합니다.

소승이 또 이렇게 한암이란 거대한 정신을 만나보겠다고 무모한 도전을 하는 것도 그러한 무지의 소치일 것입니다. '나는 내가 모른다는 것을 모른다'는 이 사실이 때론 다행으로 여겨지기도 합니다.

코로나19가 나타난 것은 2019년 말이었습니다. 이 책을 준비한 것은 2018년 가을이었습니다. 늦어도 2019년 말쯤엔 분명 출간되리라 믿었는데, 이렇게 늦어지고 말았습니다. 코로나19와 꼬박 2년을 함께 사느라 모두가 경황이 없었습니다. 전 세계인이 백신 접종을 하고 있지만 아직도 그 기세가 수그러들지 않고 있습니다. 코로나19는 이 '지구 시계'를 더 앞당길 것으로 전망합니다. 이번 코로나 사태는 각국 정부와 국제기구들이 위기를 관리할 준비가 전혀 안 돼 있다는 것을 생생하게 보여줬기 때문이지요. 어떤 이는 이를 '역사적인 경종'이라고 표현하기도 합니다.

아이러니하게도 코로나19의 창궐은 우리 인류가 얼마나 정치적일 수밖에 없는가를 일깨워 줬습니다. 인간은 어쩔 수 없는 정치적 동물입니다. 집단으로 살아가야 하고 서로가 서로의 울타리가 되고 문이 되어야 하기 때문입니다. 감염성이 강한 이 괴질에 전 세계가 놀라 집단적으로 대응했음에도 그 허술한 틈새가 여실히 드러났습니다. 국경은 닫히고 물류마저 멈추어도 이 작은 생명체는 어느 틈으로 빠져나가 지구상의 모든 인류를 위협했습니다. 그것이 우리에게 진정으로 건강한 정치의 필요성을 절감케 한 것입니다.

팬데믹으로 치달은 지구촌은 전쟁 상황이나 다름없었습니다. 그걸 겪어내면서 정치의 변화가 없으면 지구의 변화도 없다는 것을 각자의 자리에서 알게 되었습니다. 하지만 정치는 동서고금을 막론하고 대체로 뜬구름만 잡고 소모적 대결만 한다는 인식이 팽배하지요. 그렇다고 정치를 외면하거나 혐오해선 안 됩니다. 그것은 우리 사회를 더 큰 혼란으로 몰아넣을 뿐입니다. 나라도 세계도 따지고 보면 우리의 가정과 크게 다르지 않습니다. 앞장서 살림살이를 잘 하는 사람이 꼭 필요합니다. 앞장 서는 사람의 기본적 정신의 바탕은 철저한 봉사인데 막상 그 자리에 서면 너나없이 눈앞의 정치적 이익에 매몰되다 보니 현실 감각을 잃는 경우를 흔히 목도합니다. 본래 정치는 모두가 함께 상생홍익의 길을 찾아가는 것입니다. 누구도 소외되거나 도태되지 않도록 생명권의 존중과 약자에 대한 배려를 우선하는 것이 건강한 정치입니다.

탄허 대선사께서는 이렇게 말씀하셨습니다.
"정치만을 위한 정치는 백해무익한 것이다. 백성을 위한 정치일 때만 그 나라의 기강이 바로 세워진다. 정치가 도(道)를 잃으면 덕(德)이라도 갖춰야 하고, 덕을 잃으면 인(仁)이라도 베풀 줄 알아야 한다. 인을 잃으면 의(義)라도 지켜야 하고, 그 의마저 잃으면 예(禮)라도 차릴 줄 알아야 한다."

우리나라는 최근 몇 년 간 여러 분야에서 놀라운 성과를 보여줬습니다. 코로나 방역 모범국으로 전 세계의 이목을 집중시킨 것을 비롯해 방탄소년단, 영화《기생충》과《미나리》등 대중문화에서도 세계인을 놀라게 했지요. 물론 우리 자신도 놀랐습니다. 한편에선 코로나가 또 한편에선 문화의 축제가 각기 다른 양상으로 우리 삶 속으로 들어와 우리 생의 한 부분을 이루면서 역사의 한 페이지를 만들어가고 있습니다. 포스트 코로나는 엄청난 격변의 시대로의 진입일 것임에 틀림없습니다. 한 번도 겪어보지 못한 변화의 봇물을 어찌 대응하며 감당할 수 있을까요?

한암(漢巖) 스님의 〈세여출세도불식(世與出世都不識)〉이란 이 선어가 더욱 절절하게 와 닿는 이유입니다.

이제 이분화, 실체화를 견고히 하는 이데올로기의 시대는 지났습니다. '참나'를 찾는 시대입니다. 시대의 흐름은 이미 바뀌었습니다. 종교의 본질이 무엇인가 다시 생각합니다. 종교가 '빛'이 되어야지 '빚'이 되어서는 아니 됩니다. 인류의 최대 격동기였던 근대의 혼란과 난세에 오대산으로 들어오신 한암 스님께선 이 깊은 산골에서 두문불출하심으로써 외려 국내외의 철학자와 지성인들을 긴장시켰고 깨웠습니다.

이제 우리는 다시 거대한 격변의 시대와 마주하였습니다. 한암 스님의 선어와 법문이 새로운 지혜를 열어주시길 기대하며 이 책을 모든 독자께 바칩니다.

2021년 동지
오대산인 원행 합장

오대산 향기여, 영원하소서

五臺眞香 周徧法界 (오대진향 주변법계)
供養十方 無量三寶 (공양시방 무량삼보)
오대산의 참다운 향기 법계에 두루하니
시방의 무량한 삼보께 공양 올립니다.

"오대산은 문수보살이 머무르던 곳이라고 기록된 것은 자장율사로부터 시작되었다"라고 『삼국유사(三國遺事)』 「대산오만진신조(臺山五萬眞身條)」에 기록되어 있습니다.

자장율사께서 정진하셨던 곳에 범일국사의 제자인 신의 스님이 암자를 세우고 정진했으며, 수다사의 장로인 유연 스님이 암자를 세우고 정진했던 곳이 월정사입니다.

"정신대왕의 태자인 보천과 효명 두 태자가 오대산에 이르자 푸른 연꽃이 땅 위에 피었는데 이곳에 보천암을 세우고 동북쪽을 향하여 6백여 걸음을 가면 북대의 남쪽 기슭에 푸른 연꽃이 피는 곳이 있어서 아우인 태자 효명이 암자를 짓고 부지런히 불도를 닦았다.

하루는 형제가 다섯 봉우리에 올라 예를 올리려 하던 차에 동대인 만월산에 일만의 관음보살진신이, 남대인 기린산에는 여덟 분의 대보살을 상수로 한 일만의 지장보살이, 서대인 장령산에는 무량수 여래를 상수로 한 일만의 대세지보살이, 북대인 상왕산에는 석가여래를 상수로 한 오백의 대아라한이, 중대인 풍로산에는 비로자나불을 상수로 한 일만의 문수보살이 현신해 계셨다. 이처럼 오만이나 되는 보살의 진신께 일일이 예를 올렸다"

라고 『삼국유사』에 기록되어 있으며,

"보천이 50년 동안 참된 수도행으로 정진하니 도리천신이 삼시로 불법을 듣고, 정거천중이 차를 달여 바치고, 40명의 성인이 허공에 열 자가 넘게 솟아올라 언제나 호위했다"

라고 참된 수행의 향기가 그윽했던 오대산의 모습을 전하고 있습니다.

이러한 역사와 전통을 계승한 스님이 바로 한암중원(漢巖重遠) 대종사입니다. 대종사께서는 통도사 내원의 조실로 추대되신 이후 건봉사 만일원·봉은사·월정사 조실로 추대되어 납자들을 지도하셨고, 1929년 조선불교 선교양종승려대회에서 7인 교정에 추대되었고, 1935년 조선불교 수좌대회에서 혜월, 만공스님과 함께 조선불교선종 종정에 추대되셨으며 1941년에는 조선불교조계종 초대 종정에, 1948년에는 2대 종정에 추대되셨습니다. 그리고 6·25 전쟁 중 상원사가 소각될 위기에서 온몸으로 소각을 막아 내셨으며 1951년 음력 2월 14일에 좌선하는 모습으로 열반에 드셨습니다.

한암(漢巖) 대종사의 법을 이어서 그 수행가풍을 이으신 분이 탄허(呑虛) 택성(呑虛宅成) 스님이시고, 오대산의 중창주인 만화희찬(萬化喜燦) 스님을 비롯한 여러 스님들의 신심과 원력으로 오늘의 월정사가 있게 되었으며 그 정신이 찬란하게 빛나고 있습니다.

오대산불교의 영원한 전승을 발원하며 원행(遠行) 대종사께서 한암(漢巖) 대종사의 행적을 중심으로 『성인(聖人)』이라는 책을 발간하게 되었습니다. 저자인 원행(遠行) 대종사는 약관의 나이에 오대산 월정사로 출가하여 한암(漢巖) 스님·탄허

(呑虛) 스님·만화 스님의 법통을 이어받아 수행정진하였고, 대전에 자광사를 중창하고 월정사 부주지, 삼화사 주지, 치악산 구룡사 주지 소임을 마친 후 현재 월정사 심검당에서 수행가풍과 오대산 정신을 선양하기 위해 진력하고 있습니다. 이는 수행하는 사람이 늘 궁구하고 실천해야 하는 일로써 후학들에게 좋은 귀감이 되고 있습니다.

원행(遠行) 대종사의 그간의 노고에 위로와 감사를 드리며 불보살님의 가피 속에 오대산 정신이 원만히 선양되고 법계에 그 향기 두루해서 삼보의 공덕이 이 땅에 지속되기를 발원합니다.

불기 2566년 12월 26일
영축총림 통도사 방장 중봉성파 謹識

청나라 정판교(1693~1765)의 글에 "난득호도(難得糊塗)"라는 것이 있습니다. '어리석은 듯하기는 참으로 어렵다.'라는 의미입니다. 인간은 모두 자신을 드러내고, 낮은 곳에 처하는 것을 꺼리게 마련입니다. 그런데도 원로의원이신 원행(遠行) 스님께서는 언제나 스스로를 낮추는 겸손과 솔선수범으로 일생을 일관하신, 이 시대의 참된 대덕이자 선지식이십니다.

스님께서는 처음 오대산으로 출가하셨을 때, 화엄학의 대종장이신 탄허 큰스님께 "너는 월정사 명청이 해라!"라는 말씀을 들으셨다고 합니다. 그런데 스님은 언뜻 기분이 나쁠 수도 있는 이 말을 당신의 평생 좌우명으로 삼고, 인욕하고 하심하며 무한히 베푸는 보살행을 사시게 됩니다. 이야말로 지혜로운 이를 넘어서는 '도광양회(韜光養晦)'의 참다운 도인의 풍모가 아닌가 합니다.

언제나 낮은 곳에서 대중을 섬기며 모범을 보이는 삶을 사신 스님께서, 이번에 여덟 번째 저서로 일제강점기를 전후한 최고의 선승이자 시대의 사표인 한암 대선사님에 대한 평전에세이를 출간하신다고 합니다. 한암중원 대선사께서는 총 4차례에 걸쳐 종정(혹 교정)에 추대된 위대한 선지식이며, 1941년 조계종 창종해 현대의 한국불교의 기틀을 확립하신 시대의 등불이셨던 분입니다.

이런 시대의 선지식임에도 불구하고, 한국전쟁의 1·4후퇴 과정에서 오대산이 아군들에 의해 전소되는 초유의 사건으로 말미암아 한암(漢巖) 대선사의 현양에 소홀한 바가 있었습니다. 이런 의미 있는 일을 이제 종단의 원로의원이신 원행(遠行) 스님께서, 사명감 하나로 성자(聖者)의 자취를 정리해 주시니, 문도의 한 사람으로서 그저 감사할 따름입니다.

이제 세계는 4차 산업의 본격화와 기술문명의 촉진으로 인해, 명상에 대한 요구가 증대하고 있습니다. 이런 시기에 일생을 올곧은 선수행으로 일관하신 한암 중원 대선사의 생애와 사상 등을 정리하고 현양하는 것은 시대적으로도 의미깊은 일이 아닌가 합니다. 그것도 일생을 한암-탄허 두 고승의 영향 속에서 겸허한 실천행으로 사신 원행 스님에 의해 조명되고 있으니, 더욱 뜻깊음이 배가되는 일이 아닌가 합니다. 특히 올해는 탄허 대종사의 수제자이신 은사 만화 선사의 탄신 100주년이 되는 해입니다. 이러한 때에 이와 같은 거룩한 불사를 해 주신 원행 스님이야말로 진정한 오대산의 표상이자 자랑이 아닌가 합니다.

이 책을 통해서, 한암 대선사님의 위대한 삶의 자취가 내외에 더욱더 알려지게 되고, 세계 속의 한국불교 아니 한국불교의 세계화가 이룩되기를 오대산의 오만 불보살님 전에 기원해 봅니다.

2022년 1월 3일
대한불교조계종 제4교구 오대산 월정사 주지 퇴우정념

스승을 모시는 효심의 제자

불심은 부모와 스승을 모시는 효심에 기초하고 있습니다. 한암(漢巖) 큰스님의 행업과 말씀을 마음에 간직하고 성인으로 모시는 이유입니다. 한암(漢巖) 큰스님은 월정사를 지키기 위해 자신의 몸을 불태우며 한국불교를 내면적으로 더욱 굳게 하신 분입니다. 한암(漢巖) 큰스님의 행업을 제자 탄허(呑虛) 스님이 더욱 꽃 피웠고 탄허(呑虛) 스님의 제자인 만화(萬化) 스님이 큰 열매를 맺었습니다.

3대에 걸친 선배 스님들의 후계자인 원행(遠行) 스님이 이제 더 알찬 영적 양식을 후배들에게 제공하고 계시니, 이것이 바로 한암(漢巖) 큰스님의 행업과 가르침이며 부처님 삶의 아름다운 재현입니다.

저는 2017년 3월 26일 안중근 의사 순국 107주년 효창원 추모제 빈 무덤 앞에서 원행(遠行) 스님을 처음 만났습니다. 빈 무덤은 바로 예수님께서 부활하신 현장이며, 가난과 비움, 낮춤과 겸허의 상징입니다. 안중근 의사의 빈 무덤은 불교와 그리스도교를 연계해주는 매개점으로 불교의 "공(空)" 사상과 상통하는 가르침입니다.

원행(遠行) 스님께서 1980년 10월 전두환 군부 독재의 법난 때 당하신 큰 고초를 통해, 그날 우리는 동시대 고난의 동반자임을 함께 확인했습니다.

이에 2017년 5월, 우리는 서울 광화문 광장에서 5·18 광주항쟁 기념행사에서 원행(遠行) 스님의 고문당하신 말씀을 듣고 시민들과 함께 민족의 화해와 평화

공존, 이 땅의 인간화와 인권 회복을 위한 투신을 더욱 굳게 다짐했습니다.

"세간법 출세간법 내 모두 모르나니"라는 한암(漢巖) 큰스님의 이 말씀은 이제 원행(遠行) 스님에게 새로운 화두가 되었습니다.

한암(漢巖) 큰스님의 이 가르침을 저는 초기 가톨릭의 성 아우구티누스(354-430) 교부의 말씀과 연계해 묵상합니다. "만일 당신이 이해했다면 그것은 하느님이 아닙니다. 만일 당신이 이해할 수 있다면 당신은 하느님이 아닌 다른 것을 이해한 것입니다. 만일 당신이 부분적으로라도 이해할 수 있다면 당신은 바로 당신 생각에 속은 것뿐입니다."

그렇습니다. 우리는 사실 모든 것에 대해 잘 모릅니다. 우리는 다만 진리를 찾아가는 구도자일 뿐입니다. 부처님의 가르침에 따라 성실하게 사신 한암(漢巖) 큰스님의 족적을 응시하며 우리는 모두 조심스럽게 그러나 큰 확신을 갖고 한 발한 발 끊임없이 힘있게 앞으로 나아갈 뿐입니다. 한암(漢巖) 큰스님의 가르침을 원행 스님과 함께 마음에 간직하며 실천을 다짐합니다. 고맙습니다.

2021년 12월
함세웅 (신부)

　　오대산 월정사의 원행(遠行) 대종사는 일면식이 없는 분인데 어느 날 문득 당신
이 새로 낼 책의 발문을 부탁해왔다. 조계종 초대 종정 한암(漢巖) 대종사 평전을
가제본 된 상태로 보내면서 이미 발간한 세 권의 저서 『10 · 27불교법난』, 『만화
희찬(萬化喜讚) 스님 시봉 이야기』, 『탄허(呑虛) 대선사 시봉 이야기』까지 기증해왔
다. 하나같이 내가 관심을 갖는 주제지만 어느 하나도 내가 읽은 적이 없는 책들
이다. 나의 과문이 이 정도라 한암 평전의 발문을 쓴다는 건 주제넘은 일이 분명
하다. 그런데도 큰스님은 당신이 왕년에 『창작과비평』의 애독자였고 그 때문에
법난 때 심한 고초를 겪기도 했다는 인연을 언급하면서 당신의 마지막 저서가 될
지도 모를 책에 꼭 한마디 써달라고 간곡히 부탁하는 것이었다. 난감하지만 거절
하기가 어려운 당부였다.

　　방한암 스님은 나도 마음속으로 존경해온 분이라 더욱이나 그랬다. 가본을 펴
서 읽기 시작하니 손을 놓기가 어려웠는데, 출판사가 이미 잡아놓은 일정이 급박
해서 절반 남짓 읽은 상태로 나머지는 대충 훑어만 본 채 발문을 쓰는 무리를 범
하게 되었다.

　　『聖人: 대한불교조계종 초대종정 한암(漢巖) 대종사』는 저자의 표현에 따르면
'평전 에세이'다. 평전이라 해서 안 될 것도 없는데 겸손으로 그렇게 말했을 수 있
지만, 책이 짤막짤막한 에세이의 연속으로 짜여 있는 것도 사실이다. 그만큼 독

자에게 친근하게 다가오고 쉽게 읽힌다. 서술양식도 시종 '~합니다'라는 입말투 경어체이며 자신을 '소승'이라고 낮춰 부른다.

그러나 내용은 실로 빽빽하여, 한암 스님의 일대기인 동시에 월정사 이야기와 한국불교사 및 개항기 이래 한국사의 단면들로 가득하다. 한암의 많지 않은 저술의 중요한 대목들과 게송, 편지들을 접할 기회도 된다. 여기에 한국 선불교의 중흥조로 일컬어지며 한암이 평생 스승으로 사모했던 경허(鏡虛) 스님이라든가, 함께 경허의 법맥을 이어받으면서도 '남 만공, 북 한암'이라는 말이 나올 만큼 대조적인 선풍(禪風)을 이룬 만공(滿空) 스님, 한암보다 16세 연하이면서 산문의 족보로는 사촌 사형제(師兄弟) 간이던 통도사 경봉(鏡峰) 스님 등과의 교류는 마치 무림 고수들의 만남과 겨룸을 목도하는 재미마저 느끼게 한다.

일찍이 탄허 스님은 선가의 일각에서 '불립문자(不立文字)'라는 표어를 과도하게 받들어 교학과 언어적 표현을 소홀히 하는 점을 경계한 바 있는데, 선과 교가 둘이 아니라는 원칙은 사실 고려시대 지눌 보조 국사 이래 한국불교의 본류인 동시에 한암에 의해 대한불교조계종, 특히 월정사의 전통으로 확립되었다. 원행 스님은 그 전통에 충실한 선지식임이 분명하다. 게다가 글솜씨도 뛰어나니 속세 독자들에게 큰 복이 아닐 수 없다.

끝으로 책을 읽는 동안 떠오른 한가지 개인적 생각을 덧붙일까 한다. 한암 스님은 봉은사 조실로 있다가 1925년 홀연히 월정사로 옮겨 열반할 때까지 27년 간을 (치과 치료 등 불가피한 경우 외에는) '불출동구(不出洞口)'의 삶을 고수했다. 월정사에 간 동기 중에는 당시 폐사의 위기에 몰린 절을 구해달라는 간절한 부탁도 있었다고 하지만, "차라리 천고에 자취를 감춘 학이 될지언정 춘삼월에 말 잘하는 앵무새의 재주는 배우지 않겠노라"는 그의 다짐은 한암의 입산에 한결 다른 차원의 결단이 있었음을 짐작게 한다. 산사에서 오롯이 정진함으로써 경허화상의 법을 따르되 그의 행은 따르지 않는 기풍을 확립하려는 뜻과 더불어, 아마도 불교의 친일화를 경계하고 그 압력에 굴하지 않으려는 결의가 가세했을 것이다. 당시는 3·1운동 이후 일제의 강압통치가 다소 완화된 시기이긴 했지만, 조선시대에 탄압만 받다가 불교국가 일본의 통치를 받으면서 항일정신이 투철하지 못한 "춘삼월에 말 잘하는 앵무새"들이 이미 속출하고 있었고, 일제말기의 본격적인 친일 압력을 그가 예견한 바도 있었을 것이다. 사실이 그러하다면 그의 행적에서 속세를 버리고 산간의 고요를 찾는 데 불교의 본령이 있다는 교훈을 찾는 것은 스님 자신이 출가 전 탄허가 드린 편지에 대한 답장에서 남긴 말씀과도 배치될 듯하다.

"시끄럽다고 고요한 것을 구하거나, 속됨을 버리고 참됨을 행하지 말지니라. 매양 시끄러운 데서 고요함을 구하고 속됨에서 참됨을 찾음으로써, 구하고 찾은 것이 가히 구하고 찾음 없는 데 도달하면, 시끄러운 것이 시끄러운 것이 아니요, 고요함이 고요한 것이 아니며, 속됨이 속된 것이 아니요, 참됨도 참된 것이 아니니라."(본서 240면)

지금은 식민통치나 군부독재의 압력이 문제인 시대는 아니다. 그러나 전지구적 자본주의와 근대주의의 위세는 한암 당대와 비교할 수 없을 정도로 커져서 종교계뿐 아니라 학계, 언론계, 정치계가 온통 "춘삼월에 말 잘하는 앵무새"의 전성시대라고 할 만한 세월이다. 바야흐로 한국불교가 종단의 자기쇄신은 물론 시끄러운 세상과 정면 대결할 때이며, 민중과 더불어 보국안민(輔國安民)·제생의세(濟生醫世)를 표방해온 한반도 후천개벽운동의 흐름과 한층 착실히 소통하고 협동할 때라고 생각된다. 물론 그런 노력은 한암 스님이 지켜낸 맑고 밝고 올곧은 경지를 깨닫고 실천하는 수행과 둘이 아닐 것이다.

2022년 1월 8일
백낙청(문학평론가, 창작과비평 명예편집인)

서운(序韵)

요즈음 심신이 몹시 아프다. 농산어촌개벽대행진이라는 미증유의 일대 프로
젝트에 몸을 던진 지, 이미 삼 개월, 8도 18개 시군을 돌며 민회(民會)를 주도하고
나니 몸 구석구석이 부스러진 듯 아니 쑤시는 곳이 없다. 온몸이 오그라붙은 듯,
사방에 쥐가 나서, 사지를 버젓하게 펴고 걸을 수가 없다. 올해 유난히 많은 저술
을 해야만 했는데, 전국의 농민들과의 해후는 한우충동의 원고를 지어내는 수고
를 뛰어넘는 고역과 고통을 나에게 안겨주었다.

농촌의 문제는 농민만의 문제가 아니다. 그것은 이 나라 국토의 운명이요, 국
민 모두의 사활이 걸린 문제이다. 그런데 역사의 벼랑 끝 백척간두에 몰린 농민
들만이 나락의 음산한 심연을 바라보며 신음하고 있고, 겨우 몇 발자국 물러나
있는 도시인들은 문명의 안락에 취해 천년만년 살고지고나 할 듯이 흥청망청 쓰
레기를 양산해내며, 에너지타령 청정환경타령, 자신의 삶에 대한 일고의 반성도
없이 욕망의 충족만을 일삼고 있는 것이다. 그들의 욕망은 자신의 욕망도 아닌
타자의 욕망이며, 결국 어느 누구도 책임지지 않는 자본의 노예로서의 욕망일 뿐
이다. 이러한 아수라와 제석천의 싸움판을 돌아다니다 보니, 사회정의나 보살행
에 대한 당위성의 감각마저 무너져버린다. 그냥 멍하게 얻어맞은 듯 울고만 싶어
진다. 역사의 방향설정이 근본적으로 잘못되어 있는 것이다.

내가 수년 전 동숭동에서 칠순파티 공연 잔치를 했는데 그 계제에 정릉골 내원암의 스님, 경봉 선사의 상좌를 했던 스님이 나 보고 암자 입구에 좋은 자연석이 하나 서있는데 "각(覺)"자를 새겨넣고 싶다고, 나 보고 서도작품을 하나 만들어달라고 부탁을 했다. 그런데 나는 각 자 앞에 "비(悲)"자를 하나 더 써주었다. 모든 "깨달음"은 알고 보면 "슬픈 것"이라는 것이다. 불교인들은 각을 "해탈(mokṣa)"이라는 시각에서만 이해하고, 중생의 고통으로부터 벗어난다, 윤회의 굴레를 끊는다, 그래서 미망이 없는 희열로 들어간다고 생각한다. 각은 좋은 것, 기분 좋은 것, 오도송을 둘러대는 위대한 선사들의 전유물처럼 생각하는 것이다. 그런데 나는 그렇게 생각하지 않는다. 깨달음은 슬픈 것이다. 각(覺)하고 나면 보이는 것이 다 슬픈 것이다. 나 혼자 욕망을 벗어던질 수는 있다 해도, 중생의 욕망은 무슨 수로 다스리랴! 이런 주제를 놓고 소승·대승이 갈린다고 하지만, 실상 이런 문제는 소·대승의 공통과제인 것이다.

내가 조선농민의 아픔, 울분, 분노의 절규를 들으며 평창민회에 왔을 때, 나는 민회에 참석한 농민들에게 한암(漢巖) 스님의 얘기를 했다. 왜냐? 나는 한암(漢巖) 스님 얼굴표정에서 더없이 깊은 슬픔을 읽었기 때문이다. 진정한 각자는 슬픈 얼굴을 하고 있는 것이다.

평창에서 자기로 되어있던 그날 밤, 나는 정념 스님의 초대로 월정사로 갔다. 결재중인 정념 스님이 저녁시간에 잠깐 나를 뵙고 싶다는 것이다. 그 자리에서 나는 원행(遠行) 스님을 만났고, 원행(遠行) 스님은 그 계제에 책 한 권을 내밀었다. 본시 나는 남의 책에 서문을 쓴다든가 하는 일을 하지 않는다. 번거로운 조사를 많이 해야 하고, 또 어디에 쓰고 어디에는 안 쓰고 하는 분별심 때문에 욕먹을 일만 늘어나기 때문이다. 그런데 나는 그 책의 제목에 눈이 번쩍 띄었다.

우리의 체험에서 멀리 떨어져 있지 않은 사람을 "성인(聖人)"이라 부르는 것이 과연 정당한가? 왜 부를 수 없나? 과감하다! 정당하고말고!

수운은 보통사람을 "하느님"이라 불렀다. 해월은 어린이를 때리지 말라고 했다. 그것은 하느님을 때리는 것이다. 하느님은 매맞기를 좋아하지 않으신단다라고 설법했다. 조선의 유학을 대표하는 율곡도 그가 쓴 『격몽요결』의 제1장을 "입지(立志)"라고 했다. 공부를 한다는 것은 뜻을 세운다는 것을 의미한다는 것이다. 그럼 무슨 뜻을 세우는가? 입지는 반드시 성인이 되겠다고 하는 뜻을 세운다는 것이다(必以聖人自期). 오래 물든 습관들을 씻어 내버리고 그 원래 모습을 회복하기만 해도, 호말을 보태지 않더라도 만선(萬善)이 구족(具足)되었음을 알게 된다는 것이다. 중인이 성인이 되지 못한다니! 그게 뭔 말인가? 사람이 다 요순이 될 수 있다고 한 맹자의 말이 사기란 말이냐?

한암(漢巖)을 성인이라 부르는 오대산의 기개가 우선 마음에 들었다. 그리고 나의 서문을 받겠다고 하는 것이 한 객승의 염불넋두리에 색깔을 쳐달라는 얘기가 아니라, 한암(漢巖) 성사의 진면을 드러나게 해달라는 요청이었기에, 거절키가 난감했다. 나는 어려서부터 한암(漢巖) 스님에 관한 일화를 들었다. 그리고 그 일화는 나의 가슴에 동경해야 할 어떤 이상적 가치를 새겨놓았다. 한암은 어린 나의 로망이었다.

일제강점기 종정이었던 한암에게 일본의 고승이 상원암을 찾았다. 잔뜩 경지를 벼르려고 스님 방문을 들어선 일승 앞에 한암은 자기가 쓰고 있던 안경을 벗어 정갈한 온돌방 위에 놓았다. 일승은 군말 없이 스님께 절하고 돌아갔다. 이런 얘기가 어디까지 사실에 가깝게 기술된 것인지는 잘 모르겠으나 어린 나에게는 매우 큰 충격으로 다가왔다. 그리고 평생 그 이야기는 가면을 쓰지 않고 위선 없이 살아야겠다는 것, 부질없이 겨루려고 하지 말아야겠다는 것, 해탈의 진실한 의미가 무엇인지를 나에게 일러주는 양심의 소리였다.

한암의 확철대오를 일러주는 오도송이 몇 구절 전해 내려온다. 평북 맹산군 애
전면에 있는 우두암에서 혼자 아궁이에 불을 지피고 있었다. 옛날 아궁이는 낮은
땅에 있었고 온돌이 불을 잘 들이지 않으면 연기가 많이 난다. 얼굴을 들이밀고
쾍쾍거리며 입으로 바람을 일으키다가 홀연히 눈이 밝아졌다고 했다(착화주중안
홀명着火廚中眼忽明). 참으로 소박한 대오의 표현이다. 그리고 3·4구를 이렇게 지었
다: "약인문아서래의(若人問我西來意), 암하천명불습성(巖下泉鳴不濕聲)" 누가 나에
게 달마가 왜 서쪽에서 왔는가라고 묻는다면, 나는 말하리라. 바위 밑 샘소리, 그
소리는 물에 젖지 않는다 하리.

아마도 우두암의 부엌 밑으로 개울이 흘렀고 또 그 곁에 식수로 쓰는 샘물이
있었을 것이다. 아궁이에 머리 박고 콜록대다 보니 그 물소리가 들렸을 것이다.
여기 명(鳴)은 타동사이고, 이 타동사가 받는 목적어가 불습성(不濕聲)이다. 정확하
게 번역하면 "젖지 않는 소리를 낸다"는 뜻이다. 이미 그의 수도의 경지가 오염
의 세상 속에 있어도 물들지 않고 청정한 상태를 유지할 수 있다고 하는 자신감
을 선포한 포효라 할 수 있다. 이것은 그의 네 번째 대오였다. 수운이 하느님을 만
나 무극대도를 체득했음에도 불구하고 끊임없이 하느님과의 해후를 검증해간
정신과 상통하는 바가 있다.

내 어찌 한암의 경지를 논하겠으며 그 피눈물 나는 과정을 설하리오? 단지 내
가 한마디 하고 싶은 것은 한암은 경허의 제자라는 이 하나의 사실이다. 경허는
30세 연하인 한암을 "지음자(知音者: 나를 정말 알고 있는 사람)"라고 불렀고, 또 한암
의 공부의 경지를 "과어개심(過於開心)"(마음이 열리는 지혜를 이미 넘어섰다)이라 하여
해인사 상당법어(上堂法語) 자리에서 공적으로 인가했다. 그러나 기실 경허를 조
선불교의 근세 선풍의 조종으로 자리매김한 것은 한암이었다. 한암의 "경허인

가"가 조선의 불교를 왜색에 물들지 않고 그 순결한 정맥을 지킬 수 있게 만든 영원한 샘물이었다.

酒或放光色復然
貪瞋煩惱送驢年
佛與衆生吾不識
平生宜作醉狂僧

술도 방광하고 색도 방광하노라
탐진번뇌로 언제인지 알 수 없는 세월만 보냈노라
부처와 중생, 모두 내가 알 바 아니니
평생을 그저 술취한 광승으로 살리라

이러한 호언 때문에 경허를 격외의 사람으로 치지도외한다든가, 막행막식의 파계승, 잘봐줘야 독탈무의(獨脫無依)의 무애행자(無碍行者)라고 규정해버리는 것은, 홍곡(鴻鵠)이 아니면 홍곡의 뜻을 알기 어렵고, 대오자가 아니면 소절에 구애되지 않는 경지를 헤아릴 수 없다라고 말하는 한암의 탄식 앞에서 무참하게 빛을 잃는다. 경허는 막행막식의 사나이가 아니라 조선 선불교의 원점이다. 경허에게는 불(佛)도 없었고, 법(法)도 없었고, 승(僧)도 없었다. 중생조차 없었다. 그렇다면 그에게는 무엇이 있었을까?

그에게는 오직 슬픔이 있었고 실천이 있었다. 불교라는 모든 외식(外飾)이 사라진 곳에 선(禪)이 있었다. 그의 선은 달마가 가르치는 것이 아니라 이 조선땅의 실상이 가르치는 것이다. 경허에게는 서래의(西來意)를 물어야 할 것이 아니라 동래의(東來意)를 물어야 할 것이다. 한암은 말한다: "과거·현재·미래의 모든 부처와 역대 조사와 천하 선지식, 노화상이 한 사람도 선을 알지 못한다. 불교는 오직 실행에 있다."

경허-한암의 맥에서 진정한 조선의 선이 출발한다. 그것은 중국에도 일본에도 동남아에도 없는 것이다.

한암은 경허의 모든 것, 그의 삶, 정신세계, 감정기복, 지향처를 다 이해하고 받아들이고 실천한다. 경허를 한암처럼 존경하고 따른 사람이 없다. 그러나 한암은 경허와는 매우 다른 인간이다. 경허의 또 하나의 제자 만공이 경허의 파격적 측면을 계승하여 엘리트주의적 성격을 지니는 것과는 달리, 한암은 전 승가의 수행 풍토를 진작하려는 보편주의, 그리고 남전-조주풍의 우아함, 그리고 계율을 넘어서면서도 계율을 내면화하는 단아함을 지니고 있다. 한암은 조주처럼 말이 없고 조용하다. 그러면서도 일상적 한마디 한마디가 고려의 보조와도 같은 날카로움을 지니고 있다. 한암의 공손하고 담백한 우아함이 그의 스승 경허의 진면을 우리나라의 가장 어려웠던 시기에 묵언으로 설파하였던 것이다. 그 중심체가 바로 오대산문이었던 것이다. 한암은 말한다: "후학들은 경허 스님의 법화(法化)를 배우라. 스님의 행리(行履)를 흉내내는 것은 옳지 못하니라. (後之學者, 學和尙之法化 則可, 學和尙之行履則不可.)"

나의 스승 청광 김충렬은 열여섯 살 때(1947년), 한암(漢巖) 스님 밑으로 출가하기 위해 무작정 상원암을 찾아가서 행자 노릇을 하고자 했다. 김충렬은 당대 사서를 다 외웠고 한시작법에 탁월한 능력을 지니고 있었다. 김충렬은 한시를 계속 써대면서 스님의 환심을 사려고 했다. 그러나 한암은 충렬에게 머리 깎는 기회도 주지 않았고 행자의 자격도 주지 않았다. 충렬은 당시 한암(漢巖) 스님의 상좌인 탄허(呑虛) 스님을 우습게 알았다. 같은 경주 김씨인데다가 김제에서 같이 공부한 적도 있었다 했다.

내가 생각키에 한암(漢巖) 스님이 충렬에게 기회를 주지 않은 것은 충렬을 지배하는 속끼와 총기가 불문에 과히 도움을 주지 않는다고 생각했기 때문이었다. 탄허(呑虛) 스님의 광채를 흐리게 하고 싶지도 않았을 것이다. 속말로 한암(漢巖) 스님은 의리가 있었다. 결국 충렬은 풀이 죽어 상원암을 떠나야만 했다. 그리고 대만 가는 배를 탔다. 그리고 중국철학의 대석학 황 똥메이[方東美] 문하에서 학업을 이루었다. 그 밑에서 내가 나왔다. 생각해보면 한암(漢巖) 스님이 충렬을 상원암에서 쫓아낸 것이 나 도올을 키웠다고도 말할 수 있다. 한암(漢巖) 스님의 오도송 제3구가 이러하다: "이 옛길로부터 인연따라 청정하리라(從玆古路隨緣淸)."

한암(漢巖) 성사의 생애를 우리에게 알려주는 원행(遠行) 스님의 문장은 정갈하다. 나는 이 서문을 다음의 칠율(七律)로써 마무리짓고, 소회를 푼다.

漢巖呑虛五臺頂
萬化正念慈藏精
鳴濕不濕離敗闕
有無穿孔無關惺
四顧無人只鮮鉢
一念三千宵靑淸
文殊兒孩又何說
遠行眞身還遠程

한암과 탄허(呑虛)가 오대산의 정수리를 지켜 서있고
만화와 정념이 자장율사의 정수를 온누리에 펴고 있다
우두암 샘물소리가 젖었는지 안 젖었는지 이미 패궐을 논한 한암의 삶과는
무관하다

코에 뚫을 구멍이 있는지 없는지도 깨달은 소와는 무관하다

사방을 둘러봐도 사람이 없으니

남는 것은 이 조선 아사달의 의발뿐이다

일념에 삼천세간이 다 구족해 있으니 밤하늘이 푸르고 또 맑다

문수아해는 또 무엇을 말하려는가?

원행, 문수의 진신이뇨? 아직도 갈 길이 멀다.

2021년 12월 27일
도올 김용옥

필자는 원불교의 '교무'다. 교무라는 호칭은 불교의 스님, 천주교의 신부, 기독교의 목사에 비견되는 호칭이다. 원불교에서는 불교를 '큰 집'이라 부른다. 1975년에 원광대 원불교학과에 입학했던 나는 '큰 집'의 큰 스님들에 대해 관심이 많았다. 한암 큰 스님을 비롯하여 경허, 만공, 만해, 학명, 경봉, 서옹 큰 스님의 구도역정기를 즐겨 읽었고, 큰 스님들의 법문에 목욕하며 학창시절을 보냈다. 그러니까 내가 한암 큰 스님 이름을 처음 접한 것이 대학 신입생 때였으니 벌써 47년 전의 일이다.

1979년에 ROTC 17기 육군 소위로 임관하여 군 복무를 하던 도중 1980년 '5월 광주'를 겪고 나서 나의 관심은 불교 바깥으로 향했다. 제대 후 '군부독재' 타도를 위한 야학운동 과정에서 한국근현대사의 파행적 전개야말로 '5월 광주'의 근본원인 가운데 하나라는 자각 아래 동학을 전공하면서 불교 공부를 잠시 내려놓았기 때문이었다. 여기서 군 복무 시절에 나와 '큰 집' 불교 사이에 떼려야 뗄 수 없는 운명적 만남에 대해 한 마디 언급하지 않을 수 없다. 나는 저 유명한 1980년 '10.27 법난' 당시 속리산 법주사 담당 계엄군 소대장이었다. 당시 나는 신군부가 불교계를 어떤 식으로 유린했는지를 『장교일지』에 상세히 기록해 놓았다. 왜 그렇게 상세한 기록을 남겼는지 지금도 그 이유를 모른다. 후일 내가 남긴 일지가 '10.27법난' 당시 신군부의 명령을 말단 부대가 어떻게 수행했는지를 생생하게 보여주는 유일한 기록으로써 진상규명에 조금이나마 이바지하게 되었음을 다행스럽게 여기고 있다.

한동안 불교 공부를 멀리했던 내가 한암 큰 스님의 위대한 행적과 가르침에 다시 관심을 갖게 된 것은 고(故) 리영희 교수님(1929-2010)의 자전적 회고록 『대화』(한길사, 2005)를 읽은 것이 계기가 되었다. 주지하듯이, 리영희 교수는 『대화』에서 한국전쟁 당시 통역장교로 근무하면서 겪었던 일들을 가감 없이 회고하고 있는바, 전쟁이라는 비상 상황을 등에 업고 국군이 자행했던 '못된 짓'까지도 낱낱이 증언하는 대목을 접하면서 한암 큰 스님께서는 극한 상황에서 어떻게 상원사를 수호하실 수 있었을까 저절로 고개가 숙여졌던 기억이 새롭다.

이렇듯 한암 큰 스님에 대해 두 번에 걸친 오리엔테이션이 인연이 되었던 것일까. 나는 마침내 세 번째 만에 한암 큰 스님의 생애와 가르침을 '온전하게' 이해할 수 있는 기연(機緣)을 만나는 커다란 행운을 얻었다. 오대산 월정사 원행 스님께서 정중한 서한과 함께 스님 자신이 혼신을 다해 저술하신 『성인 한암 대종사』(에세이스트사, 2021년 12월 20일 간행)를 보내주신 것이다.

이 글을 쓰고 있는 현재까지도 나는 원행 스님을 직접 뵙지 못하고 전화로 인사만 나누었으니 스님과는 현생 인연이 아니고 전생에 서로 약속한 인연이 아닌가 한다. 원행 스님의 서한과 책을 정독하니 스님께서 쓰신 한 문장 한 문장이야말로 피로 쓰시고, 혼으로 쓰시고, 한암 스님과 탄허 스님, 만화 스님 등 은사 스님에 대한 깊은 신심(信心)으로 쓰셨음을 온 몸으로 느꼈다. 더불어 오대산 월정사가 일제강점기라는 민족수난 시대에 저 광포한 제국주의일본에 의해 어떻게 처절하게 유린당했는지를 증언하시는 대목에서는 전율마저 느꼈다, 왜냐면, 역사학자이기도 한 나의 과문(寡聞) 탓인지는 몰라도, 일제강점기 처절한 수난을 겪었던 불교 도량의 역사를 이렇게 생생하게 증언하는 연구를 일찍이 접한 적이 없기 때문이다. 원행 스님의 『성인 한암 대종사』는 한암 큰 스님에 대한 단순한 평전이 아니다. 한국근현대사의 질곡을 뚫고 '찬연히' 그 정체성을 되찾은 오대산 월정사가 '불일중휘'(佛日重輝)의 도량으로 거듭나는 과정을 증언하고 있는 대하

드라마이다. '개벽불교'의 위대한 등장에 다름 아니다. 한국인 모두가 즐겨 읽는
베스트셀러가 되길 염원한다.

2022년 1월 5일
학산 박맹수(원불교 교무, 원광대학교 총장)

『성인 한암(漢巖) 대종사』 출간을 진심으로 축하드립니다. 조계종 초대 종정이시자 우리 불교계의 큰 어른이셨던, 한암(漢巖) 스님의 말씀을 담아 책으로 펴는 데 힘써주신 원행(遠行) 스님께 깊은 감사의 말씀을 전합니다.

특히 지금처럼 나라가 어려울 때는 더욱 큰 지혜와 가르침이 필요합니다. 돌이켜보아도 우리 불교는 수천 년의 역사 속에서 '호국불교'로서 나라가 위기에 처했을 때마다 큰 헌신을 해주셨습니다. 신라시대의 화랑, 고려시대의 팔만대장경, 조선시대의 의승군, 일제 강점기의 불교계 항일투쟁, 한국전쟁과 민주화운동에 이르기까지, 한국불교는 국가가 존망에 처하고 민족이 고통받았던 순간마다 국가와 국민의 안녕을 위해 앞장섰습니다. 그리고 많은 사람들이 부처님의 말씀에 의지하며 고난을 이겨냈습니다.

그 중에서도 한암(漢巖) 큰스님께서는 선어와 법문으로 우리 근현대사의 어두운 시기에 고통받던 사람들에게 삶을 비추어 줄 지혜와 깨달음을 전해주셨습니다. 그런 한암(漢巖) 스님의 일대기를 따라 엮은 『성인 한암(漢巖) 대종사』는 유례없는 팬데믹 상황으로 인해 힘든 시간을 보내고 있는 우리 사회와 불교인 여러분께 큰 위로가 될 것이라 생각합니다.

한암(漢巖) 스님께서는 항상 모두와 똑같이 수행하고, 모두를 똑같이 대하고, 모두에게 똑같이 나누셨다고 합니다. 또한 큰 스님의 위치에서도 한결같이 모든 일에 동참하시며, 작은 은혜도 가벼이 여기지 않으셨습니다. 한암(漢巖) 스님이 몸소 보여주신 그 크고 넓은 배려의 마음, 연대와 협력의 정신은 오늘 우리가 이 코로나19라는 위기를 헤쳐 나가기 위해 모두에게 필요한 가르침입니다.

이 책을 쓰신 원행(遠行) 스님께서는 이전에도 탄허(呑虛) 스님, 만화 스님 등 큰 스님들의 말씀과 행적을 책에 담아 독자들에게 전해오셨습니다. 또한 월정사를 찾는 분들은 물론, 직접 홈페이지도 운영하시며 삶의 의미를 찾고 위로가 필요한 분들과의 소통에 힘쓰고 계십니다. 『성인 한암(漢巖) 대종사』 발간도 원행(遠行) 스님께서 소중히 여기시는 '같이 정진하며, 같이 고민하며, 서로 가르침을 주고받는 과정'의 일환일 것입니다. 귀한 말씀을 나누어주신 원행(遠行) 스님께 다시 한 번 감사드립니다.

한암(漢巖) 스님께서는 '일생패궐(一生敗闕, 이번 생은 크게 망쳤다)'이라 말씀하셨습니다. 요즘 사람들이 자조적인 의미로 이야기하는 '이생망(이번 생은 망했다)'과 같은 말처럼 보입니다만, 그 의미는 정반대입니다. 한암(漢巖) 스님의 '일생패궐'은 좌절을 딛고 분연히 일어나 힘차게 정진하는 삶을 의미합니다.

한암(漢巖) 스님께서 말씀하시기를 "이번 생은 망했다. 하지만 나는 아직 살아 있다. 사계절 순환처럼 내 일상도 반복할 것이다. 하지만 나는 아직 숨을 쉬고 있다. 계절의 반복처럼 나는 수없이 실패하고 절망하고 비통해할 것이다. 하지만 나는 여전히 하늘을 올려다보고 있을 것이다. 그리고 이제 '이번 생은 망했다'라고 낮게 읊조리며 엉덩이를 털고 일어나 걸을 것이다."라고 하셨습니다.

비단 코로나뿐 아니라 이 시대를 살아가는 사람들, 특히 청년들이 현실에서 많은 어려움에 부딪혀 좌절하고 희망을 잃고 있습니다. 그런 상황에서 우리 한암(漢巖) 스님의 일생패궐은 깊은 깨달음을 통한 사고의 반전입니다. 깊은 절망과 불굴의 희망은 또한 상통할 수 있다는 큰 가르침이 아닌가 미력하나마 짐작해 봅니다.

모쪼록 한암(漢巖) 스님의 발자취를 담은 이 책을 통해서, 우리 불교인과 국민들께서 코로나19 위기를 이겨내고 함께 더 큰 미래로 나아갈 수 있는 힘을 얻으시기를 기대합니다.

　다시 한 번 『성인 한암(漢巖) 대종사』 출간을 축하드립니다.

　감사합니다.

2021년 12월 26일
대한민국 국무총리 김부겸

차례

精寺

1부

마음의 달 정결한

월정사

마음의 달 정결한 월정사

우수 경칩이 지나고 저 산 아래 세상에서는 꽃소식이 한창인데, 오대산의 겨울은 길고 봄은 더디 옵니다. 가는 겨울을 아쉬워하듯 조계종 초대 종정을 역임한 한암(漢巖, 1876~1951) 스님 추모다례재(追慕茶禮齋, 음력 2월 14일)를 전후해 오대산에는 함박눈이 푸근하게 내렸습니다. 사방천지가 하얀 눈 세상입니다.

월정사 경내는 더욱 정결합니다. 큰 법당 적광전(寂光殿)의 팔작지붕에도, 팔각 구층 석탑(국보 제48호)에도, 한쪽 무릎을 꿇은 자세로 두 손을 모으고 있는 석조 보살 좌상(보물 제139호)의 머리에도 하얀 눈이 소복소복 쌓였습니다. 팔각 구층 석탑을 중심으로 마주 보고 선 동별당과 서별당, 적광전 맞은편의 종고루(鐘鼓樓), 용금루, 적광전 뒤편에 자리 잡은 수광전, 지장전, 삼성각, 개산조각, 진영각, 대법륜전을 비롯한 35곳의 크고 작은 전각 위에도 춘설이 분분합니다.

깊고 아늑한 오대산 자락, 하늘에 닿을 듯 울창한 나무들, 수달과 열목어가 사는 금강연 계곡, 이미 경계가 사라진 온 사방 눈 닿는 곳이면 어디든 순백의 향연입니다. 고졸하면서도 고즈넉한 향취를 자아내는 곳은 전나무 숲입니다. 전나무는 오대 산문을 여는 첫 번째 문이자 월정사로 들어오는 세 개의 문 중 첫 번째 문인 일주문에서 월정사 초입이라고 할 수 있는 금강교까지 1km 남짓한 길 양쪽에 우뚝우뚝 서서 의연합니다.

일주문에는 탄허 스님이 쓰신 〈월정 대가람(月情大伽藍)〉의 현판이 붙어 있지만, 중생이 자유롭게 드나들라는 의미에서 따로 문을 달지 않았습니다. 수령 100년

이 넘는 1,700여 그루의 전나무가 사철 푸른 그늘을 드리우는 천년 숲길은 아름다운 길, 걷고 싶은 길로 명성이 자자합니다. 굳이 불자가 아니어도 전나무 숲길을 걷다 보면 세속의 묵은 때가 씻기고 자신을 돌아보게 되는데, 그 청정함에 이렇게 하얀 눈이 만들어내는 고요함이 더해지면 누구라도 숙연한 마음이 될 수밖에 없습니다.

이렇게 눈 내리는 소리까지도 들릴 듯 고요하다 못해 적막한 시간과 마주할 때면 이 길을 먼저 걸어가셨던 수많은 고승 대덕들의 숨결에 닿을 듯합니다. 1,400여 년 전 월정사를 창건한 자장 율사(慈藏律師, 590~658)를 비롯해 월정사를 중창한 신효 거사(信孝居士)와 두타 신의 선사(頭陀信義禪師), 말씀 한 마디로 북대의 나한상을 움직이셨다는 나옹 혜근 화상(懶翁惠勤和尙), 전국 방방곡곡을 돌아다니며 받은 도움으로 월정사의 중창에 매진하셨던 사명 대사(泗溟大師), 온몸으로 한국 불교와 상원사를 지켜내신 한암(漢巖) 스님, 유(儒)·불(佛)·도(道) 삼교(三敎)에 통달한 실력으로 수많은 강백과 탁월한 학승을 길러내며 경전 번역으로 화엄의 꽃을 피우신 탄허 택성(呑虛宅成, 1913~1983) 스님, 오대산의 중창주 만화 희찬(萬化喜燦, 1922~1983) 스님 등 남다른 신심과 도력(道力)으로 오늘의 월정사에 빛을 더해 주신 수많은 선지식들의 발자취를 더듬어 보게 됩니다. 결코 쉽지 않았을 구도의 길에서 어떤 화두를 들고, 얼마나 자신을 깎고 다듬는 수행을 통해 진리가 둘이 아니라 오직 하나라는 불이(不二)의 경지에 드셨을지, 아직도 모든 것이 부족하기만 한 소승으로서는 그 답을 헤아리기가 어렵습니다.

그럴 때마다 그리워지는 분은 소승의 은사 만화 스님입니다. 만화 스님은 한암(漢巖) 스님을 은사로 출가한 탄허 스님의 제자로서, 스승인 탄허 스님을 헌신적으로 모셨던 효(孝) 상좌이며, 한암(漢巖) 스님을 극진히 모셨던 손상좌(孫上佐, 제자의 제자)이십니다. 6·25 전쟁 당시, 작전 상 필요에 의한 것이라고는 하지만 국군의 방화로 인해 월정사는 물론이려니와 오대산에 있던 거의 모든 가람이 불에 타 없어지고 말았습니다. 이때 피난을 가지 않겠다는 한암(漢巖) 스님을 모시기 위해 남아 있던 만화 스님은 천년고찰 월정사가 거센 불길 속에서 자취도 없이 사그라지는 안타까운 현장을 지켜봐야 했고, 한암(漢巖) 스님께서 목숨을 걸고 상원사를 수호하는 모습은 물론, 앉은 채 열반에 드신 한암(漢巖) 스님의 마지막 모습도 목격하셨습니다.

온 몸으로 상원사의 소각을 막아내고, 좌탈입망(座脫立亡) 열반의 감화를 보여주신 한암(漢巖) 스님의 모습이 만화 스님으로 하여금 가람이 전소되어 폐허가 된 월정사를 복원하겠다는 웅대한 서원을 세우고 그 일에 매진하게 합니다.

1939년 봄, 일제의 강제 징집을 피하기 위한 방편으로 할아버지의 손에 이끌려 한암(漢巖) 스님이라는 도인이 계시다는 오대 산문을 찾았던 18세의 청년이 바로 탄허 스님을 은사로 출가하여 15년 동안 한암(漢巖) 스님을 모셨던 만화 스님입니다. 처음과 끝이 한결같으며 깊고 따뜻한 심지를 갖고 모든 일에 최선을 다하신 분입니다. 오죽해야 탄허 스님께서 "만화는 자다가 만져 봐도 중"이라는 말씀을 하셨겠습니까. 탄허 스님이 학문과 역경에 힘을 쏟으며 오대산의 가풍을 잇는 정신적인 지주가 될 수 있었던 것도 만화 스님이 안팎의 어려운 일을 도맡아 해결해 나가며 월정사 복구라는 대 불사를 이룬 덕분일 것입니다.

새삼스럽게 만화 스님의 이야기를 하는 것은 불도에 들어가는 세 가지 요체(要諦)인 계율(戒律)과 선정(禪定), 지혜(智慧)의 계ㆍ정ㆍ혜(戒定慧) 삼학에 기반을 두고 선(禪)과 교(敎) 어느 한 쪽에 치우치지 않은 오대산의 수행 가풍이 한암(漢巖) 스님과 탄허 스님, 만화 스님으로 이어 내려왔다는 믿음에서입니다.

소승이 약관의 나이에 오대산에 도가 높은 한암(漢巖) 스님과 탄허 스님이 계시다는 말을 듣고 출가를 결심하고 월정사를 찾았을 때 허름한 작업복 차림으로 인

부들과 함께 목도로 아름드리나무 기둥을 나르며 구슬땀을 흘리시던 만화 스님의 모습이 아직도 눈에 선합니다. 만화 스님이 아니었다면 오늘날의 월정사도, 오대산의 전통도 어찌 됐을지, 소승으로서는 상상조차 두렵습니다.

소복소복 쌓이는 눈을 밟으면서 중창불사의 간절한 서원을 세웠던 탄허 스님과 만화 스님께서 1968년에 가장 먼저 준공한 적광전으로 향합니다. 불가에서는 석가모니 부처를 본존불로 모신 전각을 대웅전, 비로자나 부처를 모신 전각을 적광전이라 부르는데, 월정사는 석굴암의 불상 형태를 그대로 딴 석가모니 부처를 모시고도 적광전이라는 현판을 붙였습니다.

1964년 만화 스님께서 법당을 중창하셨을 당시의 현판은 대웅보전이었으나 1950년대 탄허 스님의 오대산 수도원 건립을 기념하기 위해 결사의 주(主) 경전이었던 『화엄경』의 주불인 비로자나불을 모신다는 뜻에서 적광전으로 고쳐 달았습니다. 오대산이 화엄·문수 도량이며 한암(漢巖) 스님과 탄허 스님이 주석(駐錫)하시면서 불교 최고의 경전인 『화엄경』 사상을 널리 펼친 것과 관련이 깊습니다. 적광전 현판과 자장 율사의 불탑 게 넉 줄을 담은 전면 기둥의 주련(柱聯) 글은 탄허 스님의 친필입니다.

만대의 왕이며 삼계의 주인이여
사라쌍수 열반 이래 얼마나 세월이 흘렀는가
부처님 진신사리를 지금 여기에 모셨으니
뭇 중생으로 하여금 예배를 쉬게 하지 않으리.

萬代輪王三界主/ 만대윤왕삼계주
雙林示滅幾千秋/ 쌍림시멸기천추
眞身舍利今猶在/ 진신사리금유재

普使群生禮不休/ 보사군생예불휴

화엄경의 주불은 비로자나불이고 문수보살은 지혜를 상징합니다. '부처님 진신사리를 지금 여기 모셨으니 수많은 중생들은 끊임없이 예배하라'는 자장 율사의 불탑 게를 되뇌며 소승의 은사 만화 스님과, 만화 스님의 은사인 탄허 스님을 오대 산문으로 이끌었던 근대 한국불교의 거목 한암(漢巖) 스님의 발자취를 미력이나마 조심스레 더듬어 볼까 합니다.

월정사 탑돌이

오대 산문의 봄은 한암(漢巖) 스님 탄신 다례재(誕辰茶禮齋, 음력 3월 27일)와 함께 비로소 움이 트기 시작합니다. 작년(2021년, 불기 2565년)에는 양력으로 5월 8일에 스님의 다례재를 올렸습니다. 석가모니 부처님 열반일(음력 2월 15일) 하루 전인 3월 26일에 한암(漢巖) 스님 70주기 추모 다례재를 올릴 무렵만 해도 눈이 내리고 꽃샘추위가 기승을 부렸습니다. 하지만 146주년 탄신 다례재가 치러지는 이맘때가 되면 깊은 오대 산문에도 훈풍이 불어와 마른 나뭇가지에 새 움이 돋고 늦된 봄꽃들이 피어납니다.

대한불교조계종 제4교구 본사 오대산 월정사에서는 1년에 탄신 다례재 세 번, 추모 다례재 세 번, 모두 여섯 차례의 다례재를 봉행합니다. 그 첫 번째가 음력 1월 15일 탄허 스님 탄신 다례재인데 올해로 108주기를 맞이했습니다. 이어 음력 2월 14일에는 한암(漢巖) 스님의 70주기 추모 다례재가 열립니다. 양력으로 4월 말이나 5월 초쯤이 되는 음력 3월 27일에는 한암(漢巖) 스님 탄신 다례재가 봉행됩니다. 음력 4월 24일에는 탄허 스님의 38주기 추모 다례재, 음력 7월 1일에는 만화 스님의 98주년 탄신 다례재를 올립니다.

대하(大下) 스님과 인허(忍虛) 스님에 대한 설명을 잠깐 하겠습니다. 두 분 모두 한암(漢巖) 스님이나 탄허 스님, 만화 스님과 깊은 불연이 있는 분들이기 때문입니다.

대하 스님은 월정사에 전승되고 있는 탑돌이와 뗄 수 없는 관계를 지닌 분입니다. 월정사 탑돌이는 사부대중이 함께하는 민속적 성격의 신행 의례입니다. 석가탄신일 · 대보름 · 칠석 · 백중 · 한가위 등의 명절과 지역축제에서 출가 불자나 재가 불자의 구분 없이 공동체와 개인의 발원을 담아 활발하게 펼쳐지고 있습니다. 1970년대 중반부터 재조명되기 시작해 한민족 고유의 정서 위에 불교와 민속이 어우러진 대표적인 의례로 주목받고 있습니다.

한암(漢巖) 스님과 제자 탄허 스님, 그리고 만화 스님은 일제강점기와 6·25전쟁을 거치는 동안 기록으로도 남아있지 않던 월정사 탑돌이를 고증하고 체계화시키는 데도 큰 몫을 하셨습니다. 강남 봉은사(奉恩寺) 조실로 계시다가 오대산으로 들어와 27년간 주석하셨던 한암(漢巖) 스님께서는 의식 불교를 소홀히 여기던 당시의 추세와 달리 의식을 매우 중요하게 여기셨다고 합니다. 때문에 범패(梵唄, 불교의 의식에 쓰이는 음악)를 비롯하여 의식 전반에 능한 봉은사 대하 스님을 오대산으로 청하여 어산(魚山, 불교 의례에서 범패를 하는 승려)으로 삼아 범패와 불교 의식에서 추는 나비춤, 바라춤, 법고춤 등의 작법(作法)을 이어가게 하셨습니다. 범패는 주로 재(齋)를 올릴 때 부르는 소리이며, 가곡 · 판소리와 더불어 우리나라 3대 성악곡 중의 하나로 꼽히고 있습니다. 범패는 1973년 중요 무형문화재 제50호로 지정되었고, 1987년 영산재(靈山齋)로 명칭이 변경되었습니다.

범패와 작법을 기반으로 하여 명맥을 이어오던 월정사 탑돌이는 1969년에 주지로 부임한 만화 스님이 대하 스님과 함께, 당시 월정사 조실로 주석하던 탄허 스님을 모시고 고증하고 체계화시켜 오늘에 이르게 되었습니다. 준비와 입장, 정화와 공양, 석가모니불 정근, 관세음보살 정근, 탑돌이 노래, 반야심경과 회향의 여섯 마당으로 구성되었으며, 사찰의 대중스님과 신도들, 지역주민들이 함께 참여해 공동체의 소망을 기원하는 대화합의 축제이자 종교의식, 강원도의 전통 민속놀이로 전승 맥락을 이어가고 있습니다.

인허 스님은 탄허 스님 속가의 아우로 탄허 스님과 함께 한암(漢巖) 스님을 스승으로 모셨던 분입니다. 탄허 스님이 출가한 2년 뒤인 1936년 상원사로 입산해 3년 뒤인 1939년 한암(漢巖) 스님을 계사로 사미계를 받고, 1945년 월정사 강원을 수료한 뒤 한암(漢巖) 스님을 계사로 비구계를 수지한 후 1951년 한암(漢巖) 스님께서 열반하실 때까지 상원사, 영은사, 자광사 등에서 정진하셨습니다.

1983년 탄허 스님이 입적할 때까지 그 그늘에서 묵묵히 참선, 독경, 염불의 정진을 계속하며 무욕, 무소유 그리고 끝없는 하심(下心)을 실천하셨던 인허 스님은 1995년 한암(漢巖) 문도회 대표, 1996년 월정사 회주로 추대돼 후학 양성에 정성을 쏟으셨습니다. 탄허 스님께서 집필에 전념하시던 조실채 월정사 방산굴에서 2003년 세수 87세, 법랍 64세를 일기로 입적하실 때까지 매일 새벽 예불에 이어 독경과 참선을 계속하셨고, 항상 겸손하고 온화한 자세를 잃지 않아 오대산의 자비 보살로 일컬어지는 분입니다.

다례재

월정사는 음력 1월 15일 탄허 스님을 시작으로 음력 3월 27일 한암(漢巖) 스님, 음력 7월 1일 만화 스님까지 1년에 세 차례의 탄신 다례재가 봉행됩니다. 동안거 해제 법회 후 봉행되는 탄허 스님 탄신 다례재는 월정사에서 올리는 탄신 다례재와 추모 다례재 중 가장 먼저 올리는 다례재입니다.

탄허 스님은 1934년 오대산 상원사에서 한암(漢巖) 스님을 은사로 출가한 후, 열반할 때까지 평생을 경전 번역과 인재 양성에 매진한 20세기 한국불교를 대표하는 대석학입니다. 올해로 108주기를 맞이한 탄허 스님의 탄신 다례재에는 많은 상좌와 문도 스님들이 참석해 대종사의 탄신을 기념하고, 한국불교의 등불이 되셨던 탄허 스님의 사상과 지혜를 기렸습니다.

연둣빛 새순이 돋아날 즈음이면 세상의 번뇌를 벗어난 열반의 세계, 극락을 상징한다 하여 '피안앵(彼岸櫻)'이라 부르는 벚꽃이 산자락 여기저기에 있는 듯 없는 듯 수줍게 피어나 월정사의 봄을 알립니다. 월정사의 봄은 한암(漢巖) 스님의 탄신 다례재가 봉행되는 추모의 계절이기도 합니다. 마치 참고 참던 울음을 토해내는 것처럼 애절해서 방랑 시인 김삿갓이 "두견새야, 너는 어찌 그리 박정해서 일생을 봄날에 지는 꽃만을 울어주느냐."라고 노래한 두견새의 울음소리가 한암(漢巖) 스님에 대한 추모의 정을 더해주는 듯합니다.

이 날, 산내 암자와 본·말사(本末寺) 스님들이 월정사 적광전에 모여 한 목소리로 일발록(一鉢錄)을 봉독하면서 한암(漢巖) 스님의 수행정신과 가르침을 추모했습니다. 후학들은 1897년 금강산에서 출가해 1899년 경허 선사 문하에서 개오하고, 1923년 오대산 상원사에 들어와 불출동구하면서도 조계종 종정을 네 차례나 지내신 근·현대 한국불교의 표상 한암(漢巖) 스님의 가풍이 오대산문은 물론이려니와 종단의 종풍으로 이어질 수 있도록 수행 정진에 매진할 것을 다짐했습니다.

오늘날 한국불교 조계종단과 오대산이 불교 성지의 숭고한 맥을 유지하고 있는 것도 한암(漢巖) 스님이 계셨기에 가능한 일이었습니다. 스님께서는 민족의 암흑기인 일제 치하에서도 한국 불자가 명확히 나아갈 길로 '계율을 지키고 참선하며, 미혹을 끊고 진리를 주시해야 한다.'라는 계·정·혜 삼학 겸수(三學兼修)와, '선은 부처의 마음이요, 교는 부처의 말씀이다. 마음과 말이 분리될 수 없듯이 선과 교가 둘일 수 없다.'라는 선교 융회(禪敎融會)를 강조하셨습니다. 산중에 칩거하면서 치열하게 경전을 공부하는 한편 참선 수행하는 솔선수범을 보이셨고, 스님의 회상을 찾는 대중들에게도 참선, 간경, 염불, 의식, 가람수호라는 승가오칙을 가르치고 지킬 것을 강조하셨습니다.

월정사는 맑고 깨끗한 계행과 넓고 깊은 학문, 일행삼매(一行三昧)의 정진으로 수행 승가의 참 모습과 한국불교의 나아갈 길을 보여 준 수행가풍으로 질곡의 시대를 극복하고, 현대 한국불교의 초석을 다지는 한편 오늘날에도 시대의 방향을 제시하고 계신 큰 스승 한암(漢巖) 스님의 가르침을 선양하는 불사에 최선을 다하고 있습니다.

여름이 막바지에 이를 무렵이면 소승의 은사이신 만화 스님의 탄신 다례재가 봉행됩니다. 올해로 탄신 99주기를 맞이하는 만화 스님은 1922년 평안도 덕천에서 출생해 18세에 상원사에서 탄허 스님을 은사로 출가 득도한 후, 상원사와 월정사 주지를 지내셨으며 6·25전쟁으로 폐허가 된 월정사 중창에 전부를 바친 분입니다.

6·25전쟁 발발 당시 모두 안전한 남쪽으로 피난하라는 한암(漢巖) 스님의 명에도 불구하고 한암(漢巖) 스님만을 남겨놓고 떠날 수 없다며 끝까지 남아서 한암(漢巖) 스님을 모셨으며, 스님의 좌탈 입망(坐脫立亡)을 지키셨던 효 법손(孝法孫)입니다.

만화 스님께서는 1953년에 상원사 주지, 1956년에는 월정사 주지로 취임하였다가 1957년 설악산 신흥사 주지로 부임하여 적묵당을 건립하였고, 1959년 다시 월정사 주지로 취임하여 월정사 중창 불사를 시작하셨습니다. 가장 먼저 중건된 건물이 적광전입니다. 전소되어 흔적조차 찾아볼 수 없었던 대웅전이 웅장한 모습을 되찾은 것입니다. 이어 종무소, 동별당, 서별당, 용금루, 사천왕문, 일주문, 진영각, 방산굴 등을 중건하면서 대사찰의 면모를 만들고 가꾸어 나가셨습니다.

가장 어려웠던 시절에 가장 든든하게 화엄성지 오대 산문을 지키고, 오늘의 월정사를 일구어내신 분이 만화 스님입니다. 한암(漢巖) 스님의 가르침을 실천하고 탄허 스님을 보필하면서 오로지 월정사 대가람 복원에 평생을 바치셨던 분이 만화 스님입니다. 그래서 소승에게는 만화 스님의 탄신 다례재가 더욱 각별하게 느껴집니다.

월정사의 위기

이야기를 잠시 1910년대 초로 되돌려 보겠습니다. 일제는 대한 제국의 국권을 강탈한 직후부터 민족정신과 사상에 큰 영향을 미치는 힘이 불교에서 나온다는 판단을 하고, 불교의 영향력이 일제에 대한 저항세력으로 작용할 수 없도록 사전에 차단하기 위해 조선불교를 철저히 관리하고 통제하기 시작했습니다.

1911년 조선총독부는 식민통치 도구로 불교 통합정책에 따른 사찰령을 제정해 사찰의 재산권과 인사권을 장악합니다. 이를 위해 조선총독부는 우리나라의 전국 사찰을 30개 구역으로 구분하여 본산(本山)을 두고 그 아래 말사(末寺)를 두어 사찰을 분할 관리했습니다.

본산의 주지는 조선 총독이 승인하였으며, 말사인 1,384사의 주지는 도지사의 승인을 받도록 해 불교를 친일화하는 제도로 삼았습니다. 이후 1924년에 '사찰령 시행규칙'을 개정하면서 화엄사를 추가, 31본산 체제는 일제가 패망할 때까지 유지되면서 조선총독부의 지배를 받게 됩니다. 31본산 제도 시행과 함께 불교 교단의 자율적인 발전은 완전히 봉쇄됐으며 일본 총독의 임명을 받는 주지의 전횡이 시작됐습니다.

31본산은 강원(건봉사, 유점사, 월정사), 경기(봉은사, 봉선사, 용주사, 전등사), 경남(해인사, 통도사, 범어사), 경북(동화사, 은해사, 고운사, 김룡사, 기림사), 전남(대흥사, 백양사, 송광사, 선암사, 화엄사), 전북(위봉사, 보석사), 충남(마곡사), 충북(법주사), 평남(영명사, 법흥사), 평북(보현사), 함남(석왕사, 귀주사), 황해(패엽사, 성불사) 등입니다.

31본산 제도는 순수한 조선불교의 승가를 해체하는 정책이기도 했습니다. 조선총독부는 취처를 장려하고 도지사들에게 행정 공문을 보내 독신이나 참선·수행하는 승려들을 박대하도록 했으며 본사 주지들을 초청하여 연회를 열고 주육과 여색에 빠지게 했습니다. 불교계의 기둥이라고 할 수 있는 본사 주지들의 타락은 계율을 무의미하게 했고, 대처승의 득세로 이어지면서 독신 비구승을 사찰에서 몰아내는 등 일제가 의도한 대로 불교계의 근본이 흔들리는 수치스러운 일이 곳곳에서 일어났습니다.

1913년 월정사도 큰 위기에 처합니다. 일제의 토지조사 사업에 잘못 대처하여 소작인들과 분규가 생겼고, 이로 인해 소작인들에게 밭 30여 정보(약 29만 8천㎡/9만 평)와 임야 5,000 정보(약 4,958만 7천㎡/1,500만 평)를 빼앗길 처지에 놓이게 된 것입니다.

전전긍긍하던 주지 김혜명(金慧溟) 스님의 눈에 띈 사람이 있었습니다. 바로 1년 전에 월정사로 돌아온 지암 스님이었습니다. 지암 스님과 월정사의 깊은 불연을 말씀드리기 위해 스님에 대해 간략한 소개를 하겠습니다.

지암 스님은 1896년 13살 되던 해에 양양 명주사(明珠寺)의 백월당(白月堂) 김병조(金炳肇) 스님 밑에서 출가한 뒤, 문중 큰스님의 뜻에 따라 월정사로 들어와 해천 월운(海天月雲) 스님을 시봉하다가 1898년 11월 명주사에서 홍보룡(洪甫龍) 스님을 스승으로 사미계(沙彌戒)를 받았습니다.

1900년 안성 칠장사(七長寺) 명적암(明寂庵)에서 김경순 스님에게 자치통감(資治通鑑)을 수학하면서 문자를 배우고 역사에 눈을 뜨게 된 후 이듬해 계룡산 동학사(東鶴寺) 강원에서 벽우(碧宇) 스님에게 초발심자경문(初發心自警文)을 배웠고(광복 후 우리나라 최초로 한글 번역 및 해설서를 펴냄), 1904년 순천 조계산 선암사(仙岩寺)에서 장금봉, 방홍파, 경운 스님에게 수학하고 1905년 4월 전라남도 순천 송광사(松廣寺)에서 이회광(李晦光) 스님을 스승으로 비구계(比丘戒)와 보살계(菩薩戒)를 받으셨습니다.

이후 서울 원흥사(元興寺), 범어사(梵魚寺), 통도사, 설악산 백담사(百潭寺)·오세암(五歲庵), 건봉사(乾鳳寺), 문경 사불산 대승사(大乘寺) 등을 거치며 불교의 세계와 불자의 도리를 깨우치는 학문을 다진 지암 스님은 1912년 법주사에서 서진하(徐震河) 스님에게 『화엄경(華嚴經)』의 삼현(三賢)과 현담(玄談) 수강을 마지막으로, 12년간의 일대시교(一代時敎: 석가모니 부처님께서 성도한 뒤 멸도할 때까지 베푼 가르침)와 강원 이력을 마치고 월정사로 돌아오셨습니다.

김혜명 스님은 산중회의를 열어 30세의 지암 스님을 주지 대리로 추천하여 월정사 토지 환수의 전권을 맡겼고, 지암 스님은 소작인들의 위협에도 굴하지 않고 그야말로 목숨을 건 투쟁 끝에 승소하여 월정사의 삼보 재산을 지켜내셨습니다.

산내 대중의 신임을 얻어 1915년 월정사에 강원을 개설하고 강사와 감무(監務) 소임을 맡아 보다가 3·1 만세운동에 참여하면서 월정사를 떠났던 지암 스님이 다시 월정사로 돌아오신 것은 1923년이었습니다. 당시 지암 스님은 항일 독립운동 혐의로 2년 동안의 옥고를 치르고 울진 불영사에서 요양 중이었는데, 월정사 주지 홍보룡(洪甫龍) 스님이 폐사의 위기에 처한 월정사를 구하기 위해 도움을 청한 것입니다.

월정사의 부채는 불교 대중화의 풍조에 따라 주지 홍보룡 스님과 제자 용창은(龍昌恩) 스님 등이 추진한 강릉포교당과 유치원의 신축, 관동권업주식회사의 실패로 인한 것이었습니다. 당시 신학풍의 유행 아래 월정사에서 사비를 들여 일본

와세다 대학에 유학을 보냈던 용창은 스님 등의 주도로 강릉에 포교당과 금천 유치원을 세웠습니다. 그러나 사중 재산과 본말사의 자금 등 10만여 원으로 관동 권업주식회사를 세워 물산 유통업을 추진했던 일이 실패로 끝나면서 식산은행에 토지를 담보로 잡히고 빌린 3만 엔이 빚으로 남았습니다.

홍보룡 스님은 채무를 해결하기 위해 사찰 소유 박달나무를 팔았는데, 일본인 아키타니(秋谷)와 맺은 계약의 내용 자체가 터무니없는 것이었습니다. 나무가 아니라 완제품 수레바퀴의 개수로 환산해서 팔겠다는 계약을 하고, 그 수가 부족하면 안동 시장의 최고 가격으로 쳐서 배상한다는 불합리한 조건에 합의를 한 것입니다.

그 숫자가 부족하자 아키타니는 기다렸다는 듯 월정사에 8만 엔의 손해배상청구소송을 제기해 승소를 거두었습니다. 법원의 판결에 따라 월정사는 사유 농지와 산림, 적멸보궁을 비롯한 사찰 건물까지 모두 식산은행에 담보로 잡히고 11만 엔을 융자 받아서 아키타니의 빚을 우선 갚았습니다.

월정사가 떠안게 된 빚은 아키타니와 식산은행에 갚아야 할 빚에다가 패소 비용을 포함하여 모두 12만 엔과 이자까지 30만 엔에 이르렀습니다. 월정사가 빚을 갚지 못하자 식산은행에서는 담보로 잡았던 법당, 불상, 토지, 산림 등을 경매에 부치고, 적멸보궁에도 법원의 경매 딱지를 붙이는 등 월정사 전 재산을 압류하고 경매하려 했습니다.

그렇듯 월정사를 폐사의 위기로 몰아넣었던 막대한 채무를 주도적으로 해결한 분이 지암 스님입니다. 부채를 해결할 방법을 찾지 못하고 있던 월정사에서는 1913년 소작인과의 분쟁을 깔끔하게 마무리했던 젊은 지암 스님을 사채 정리 위원으로 초빙하게 됩니다.

지암 스님은 1923년부터 사채 정리 위원으로 일하면서 탁월한 수단으로 빚을 갚아 나갔습니다. 이때부터 친일의 논란이 불거집니다. 조선총독부는 월정사의 부채 해결에 나선 지암 스님을 도움으로써 스님의 항일정신을 꺾고자 했고, 강원도지사로 하여금 스님의 일을 적극 돕도록 했습니다. 그런 정황은 조선총독부의 회유도 있었거니와 스님으로선 월정사를 살리기 위해 친일파 행세를 할 수밖에 없었으리라 생각됩니다.

1927년 월정사는 가람과 토지는 보존한 채, 남은 채무는 산림 매각과 동양척식주식회사에서 11만 엔을 대출받아 식산은행의 빚을 갚는 것으로 급한 불을 끄게 됩니다. 11만 엔에 해당하는 나무를 30년 동안 벌채하는 조건이었습니다. 이러한 거래는 일본 국회의 승인이 필요했는데 조선총독부와 '상혼'이라는 일본인의 노력으로 성사가 되었습니다. 지암 스님의 조선총독부 출입이 잦아진 것도 이때이고 스님이 친일 시비에 휩싸이게 된 것도 이때부터입니다. 강남 봉은사 조실로 계시던 한암(漢巖) 스님을 조실로 모신 지 2년 후의 일이었습니다.

일제가 탐냈던 박달나무는 물에 가라앉을 정도로 무겁고 단단하여 가구재·조각재·곤봉·수레바퀴·홍두깨·방망이 등으로 널리 쓰이는 귀한 목재입니다. 건국신화를 보면 단군왕검이 박달나무 아래에서 신시를 열었다는 이야기가 나옵니다. 일제는 우리 민족이 신성시해 온 박달나무를 30년에 걸쳐 씨가 마를 정도로 벌목해 갔습니다. 오대산 산림 벌채를 위해 상원사까지 협궤 레일을 깔았고, 오대산 나무를 실어 나르기 위해 계림 목재회사라는 제재소까지 만들었는데 이 목재회사는 6·25 전쟁 후까지 남아있었습니다.

1934년 3월 8일 자, 1938년 7월 5일 자 동아일보는 일제의 목재 수탈 기록과 그로 인해 형성된 화전민 터에 대한 증언을 생생하게 전하고 있습니다. 이 기사를 종합해 보면 월정사의 삼림 벌채와 운반에 관해 경성에 있는 계림 상회가 동양 척식회사와 계약을 하고 벌채를 진행했으나 목재 운반 등에 문제가 생기는 바람에 부산에 있는 벌채와 제재, 운반 전문 회사인 파상회에 계약권을 인계하였다는 내용이 나옵니다.

이때까지 벌채해 놓은 목재만 해도 소나무, 박달나무, 참나무 등 27종으로 트럭 한 대에 2t씩, 매일 열 대가 실어 나르더라도 운반에 1년 반이 걸릴 정도의 양이었다는 기록도 있습니다. 인계된 계약의 내용을 보면 5,630정보(약 55.83㎢/약 1,690만 평)의 산림에서 이들 27종의 나무를 30년간 벌목하는데 그 가격이 1천만 원에 상당했습니다. 목재는 벌채 현장에서 월정사까지는 레일을 깔아서 운반하고, 월정사에서 강릉을 거쳐 안목항까지는 화물차로 운반하여 부산과 오사카, 기타 주요 공업지대로 수출한다고 되어 있습니다.

수탈당한 오대산림

녹음(綠陰)과 어우러져 흐드러지게 피었던 여름 꽃이 진 자리에 단풍이 물들기 시작합니다. 산야는 형형색색의 고운 단풍과 풍성한 열매와 야생화가 함초롬히 피어나 가을의 향연이 열립니다.

깊어가는 가을을 온몸으로 느끼면서 참된 나를 찾아 천년의 숲길이라 불리는 오대산 선재길을 걷습니다. 선재길이라는 이름에는 화엄경에 나오는 젊은 구도자 선재동자가 문수보살의 깨달음을 찾아 길을 나섰던 것처럼 이 길을 걷는 많은 사람들이 자신을 돌아볼 수 있기를 바라는 뜻이 담겨 있습니다. 월정사에서 상원사에 이르는 10km 남짓한 이 길은 스님들이 걸었던 구도의 길이자 불자들의 염원이 담긴 길이며 많은 사람들의 지친 마음을 쉬게 해 주는 치유의 길입니다.

이 아름다운 길에는 광복 70여 년이 지금까지도 곳곳에 남아있는 일제 수탈의 흔적이 아픈 역사를 증명하고 있습니다. 당시 동아일보의 기사를 보면 벌채에 동원된 인부가 300여 명이나 되어 오대산 깊은 산중에 때 아닌 노동시장이 벌어졌다는 내용이 실려 있습니다. 일제의 목재 수탈과 노동력 착취로 화전민 마을이 생겨났으며, 1975년 오대산이 국립공원으로 지정될 당시까지도 일부가 남아있었습니다. 현재까지도 화전민 집터 약 50여 곳의 흔적을 찾아볼 수 있습니다. 구전으로 전해지고 있는 '목도소리'에서 고된 노동에 시달렸던 나라 잃은 백성의 고단한 삶의 애환을 느낄 수 있습니다.

오대산 일대의 지명에서도 일제의 노동력 수탈을 찾아볼 수 있습니다. 오대천상류의 '보메기'는 계곡의 보를 막아 나무를 쌓아 놓은 뒤 비가 많이 와서 물이 늘어나면 일시에 보를 무너뜨려서 목재를 이동시켰다는 데서 붙여졌습니다. '회사거리'는 오대산에서 벌목해 이송한 목재를 가공했던 조선총독부 산하 목재회사가 있던 자리에서 유래한 지명입니다. 목재를 반출하기 위해 수레를 이동시키는 용도로 사용했던 목차 레일이 10m 정도 남아있습니다.

일제의 산림 수탈은 계획적으로 이루어졌습니다. 1910년, 조선총독부는 '조선 임야 분포도'를 제작해 조선의 산림 현황을 파악한 후 1918년 '조선 임야 조사령'을 공포해 산림의 소유 상태, 경계와 면적 등을 분명히 함으로써 우리나라 산림자원 수탈을 위한 기반을 마련합니다. 압록강과 두만강 유역의 수령 200~300년에 달하는 천연 자연림 수탈로 한반도 북부의 산림 자원이 고갈되자 오대산 등 태백산맥 일대로 눈을 돌립니다. 일제강점기 동안 약 5억㎥의 산림 자원을 수탈했다는 믿고 싶지 않은 기록도 있습니다. 5억㎥을 현재 가치로 환산하면 경제적 가치로만 따져도 50조 원을 훨씬 상회한다고 합니다.

오대산에서는 지금도 V자로 넓고 깊게 팬 상처를 간직한 노송을 볼 수 있습니다. 일제가 항공유 등 군수물자 유지에 쓰기 위해 송탄유의 원재료인 송진을 수탈해 간 흔적입니다.

2019년 산림청 국립산림과학원에서는 지난 2년간 문헌과 현장 조사, 시민 제보 등을 근거로 제작한 「전국 송진 채취 피해 소나무 분포 지도」를 내놨습니다. 일제강점기 송진 수탈 피해지는 전국 43곳에 이르는데 평창과 충북 제천, 전북 남원 등의 피해 상태가 가장 큰 것으로 조사됐습니다.

일제는 1933년부터 1943년까지 송진을 끓여 송탄유를 만들기 위해 모두 9,539t의 송진을 수탈합니다. 1943년 한 해 동안 채취한 송진 474t은 50년생 소나무 92만 그루에서 채취해야 하는 양입니다. 특히 전시체제에 돌입한 1937년부터는 송진 수탈 양이 기하급수적으로 늘어납니다. 1937년 2.12t에서 1938년에는 32배인 37.99t으로 증가하고 1943년에는 1,900배에 달하는 4,074.31t이라는 어마어마한 양이 됩니다.

소나무에 남겨진 상흔은 나라 잃은 우리 민족이 겪었던 고난의 역사입니다. 일제의 무자비한 수탈과 가혹한 노동력 착취의 흔적을 찾아내고 보존하는 일이 곧 시대의 아픔과 치욕을 기억하는 것입니다. 그것이 같은 역사를 되풀이하지 않으려는 노력이자 다짐이라고 상처 입은 노송이 온몸으로 말하는 듯합니다.

이것뿐만이 아닙니다. 1913년 조선총독부는 오대산 사고(五臺山史庫, 사적 제37호)에 보관되어 오던 〈명성황후 국장도감의궤(明成皇后 國葬都監 儀軌)〉를 비롯한 〈조선왕실 의궤(朝鮮王室 儀軌)〉 등 『조선왕조실록(朝鮮王朝實錄)』 오대산 사고 본(五臺山 史庫本/국보 제151-3호) 72종 788책을 역사 연구라는 미명하에 약탈해 갔습니다.

1606년 사명 대사의 건의로 지어진 오대산 사고는 『조선왕조실록(朝鮮王朝實錄, 국보 제151호)』과 왕실의 족보인 『선원보략(璿源譜略)』을 보관하기 위해서 지었던 조선 후기 5대 사고 중 하나입니다. 1592년에 일어난 임진왜란으로 전주사고에 보관하고 있던 실록을 제외한 나머지 실록이 모두 불타 없어지자 선조는 1606년 이를 다시 만들어 춘추관, 태백산, 묘향산, 강화 마니산, 오대산에 사고를 짓고 보관하도록 합니다.

『조선왕조실록』은 임금을 중심으로 한 조선왕조의 주요 국정의 내용을 일기체 형식으로 기록한 방대한 사실 기록으로 유네스코에 세계기록유산으로 등재된 인류의 문화유산입니다. 그러나 일제에 강탈된 오대산 사고본 태조~철종까지의 실록 788책은 1923년 관동 대지진 화재로 대부분 소실되고 맙니다. 나머지 74책 중에서 27책은 곧 회수되었으나 나머지 47책은 93년 만인 2006년 7월 14일에야 고국으로 돌아와 서울대학교 규장각에 보관되었다가 국립고궁 박물관으로 옮겨졌습니다.

월정사는 오대산 본 『조선왕조실록』을 본래 보관되어 있던 오대산 사고(영감사, 靈鑑寺)로 이관하기 위해 다각도의 노력을 펼쳤으나 그 뜻을 이루지 못했습니다. 원본은 현재 국립고궁박물관에 소장되어 있으며, 『조선왕조실록』과 『조선왕실 의궤』 오대산본을 테마로 지난 10월 개관한 왕조 실록 · 의궤 박물관(관장 해운 스님)에는 영인본이 전시돼 있습니다.

월정사가 이러한 위기에 놓인 때에 한암 스님께서 서울의 봉은사라는 큰 절을 등지고 들어오셨던 것이고, 열반하실 때까지 산문 밖 출입을 삼가시며 우리나라뿐 아니라 전 세계가 참혹하고 지난한 근대의 역사를 통과하는 그 시기에 수많은 국내외 지성인들에게 큰 스승으로, 정신적 지주로, 시대를 관통하는 지혜의 성인으로 우뚝 서셨던 것입니다.

2부

한암(漢巖) 스님의
발자취

한암(漢巖) 스님의 발자취

다례재(茶禮齋)는 불도(佛道)를 깨치고 덕이 높아 사람을 불도에 들어가게 교화(教化), 선도하셨던 스님이 열반하신 날이나 탄신하신 날을 기리는 의식으로, 절집에서 모시는 제사입니다. 촛불을 켜고 향을 피워 부처님과 스님의 영가(靈駕)를 모시고 헌다·헌식(獻茶·獻食) 공양을 올리는데 독송(讀誦)과 염불, 송경(念佛誦經)도 이어집니다. 모두 함께 경전이나 게송을 소리 내어 읽는 독송(讀誦)이나 제주(祭主)인 상좌 스님과 문도 스님의 축원이 담긴 염불 송경(念佛誦經)을 통해 선지식(善知識) 스님의 수행 가풍과 가르침을 되새기는 의식입니다.

올해로 탄신 146주년을 맞이하는 한암(漢巖) 스님은 구한말에 태어나 일제 강점기와 6·25전쟁을 거치는 격동의 시대를 사셨지만 역사의 질곡 속에서도 계·정·혜 삼학의 정신을 근간으로 한 수행 정진으로 불교의 근본정신과 우리나라 불교의 전통을 계승하는 데 전력을 다하셨습니다. 선(禪), 염불(念佛), 간경(看經), 의식(儀式), 수호가람(守護伽藍)의 승가오칙(僧家五則)은 출가수행자가 갖추어야 할 덕목이며 스님의 삶 자체입니다.

평생을 참선 수행한 선승이었지만 선에만 깊이 빠지지 않고 교와 학을 겸하여 연구하고 닦았으며 염불 지송(持誦, 불교의 경전과 진언을 지니고 독송함) 등을 출가사문의 덕목으로 꼽으셨습니다. 선과 교를 겸하여 수행하고, 불교의식과 가람을 수호하는 역할을 강조하면서, 출가수행자의 표상이라고 할 수 있는 청정한 삶을 사셨던 한암(漢巖) 스님의 일대기를 간략하게 살펴보겠습니다.

* 1876년 음력 3월 27일 강원도 화천에서 출생

* 1897년(불기 2924, 22세)
 - 금강산 장안사(長安寺)에서 행름 선사(行凜禪師)를 은사로 출가
 - 법호는 한암(漢巖) 속명은 중원(重遠)

* 1899년(불기 2926, 24세)
 - 금강산 신계사(神溪寺)에서 보조 국사(普照國師)의 『수심결(修心訣)』을 읽다가 크게 발심
 - 김천 청암사(靑巖寺) 수도암(修道庵)에서 만난 경허 화상(鏡虛和尙)의 『금강경(金剛經)』 법문을 듣고 제1차 깨달음을 얻음
 - 합천 해인사(海印寺) 퇴설 선원에서 동안거 중 첫 오도송(悟道頌)을 지어 스승인 경허 화상에게 바침

* 1900년(불기 2927, 25세)
 - 통도사(通道寺) 백운암(白雲庵)에서 입선(入禪)을 알리는 죽비 소리를 듣고 제2차 깨달음

* 1903년(불기 2930, 28세)
 - 경허 화상으로부터 깨달음의 경지를 인가받음
 - 해인사 선원에서 하안거 해제 후 『전등록(傳燈錄)』을 보다가 제3차 깨달음

* 1904년(불기 2931, 29세)
 - 통도사 내원 선원(內院禪院) 조실(祖室)로 추대되어 6년간 납자 지도

* 1910년(불기 2937, 35세)

- 동안거 해제 후 수좌들을 해산시키고 묘향산 내원암과 금선대에서 정진

* 1911년(불기 2938, 36세)
- 평안북도 맹산군 애전면 우두암(牛頭庵)에서 동안거

* 1912년(불기 2939, 37세)
- 초봄, 부엌에서 불을 붙이다가 수도암에서의 제1차 깨달음과 조금도 다름이 없는 제4차 깨달음(확철대오 廓撤大悟)

* 1921년(불기 2948, 46세)
- 금강산 장안사 지장암(地藏庵)에서 수행
- 음력 9월, 건봉사(乾鳳寺) 선원(禪院) 만일원(萬日院) 조실로 추대
- 음력 10월, 「선원 규례(禪院規例)」를 찬술, 공포

* 1923년(불기 2950, 48세)
- 서울 봉은사(奉恩寺) 조실로 추대되어 2년간 머무심

* 1925년(불기 2952, 50세)
- 오대산 월정사 조실로 추대되어 입산, 27년간 불출동구

* 1926년(불기 2953, 51세)
- 승가오칙(僧伽五則)을 제정, 선포

* 1929년(불기 2956, 54세)
- 조선불교 선교 양종 승려대회에서 7인 교정(敎正)에 추대

* 1935년(불기 2962, 60세)
- 선학원에서 선리참구원 수좌들의 주도로 열린 조선불교 수좌대회에서 혜월·만공 스님과 함께 조선불교 선종의 종정(宗正)에 추대

* 1936년(불기 2963, 61세)
- 상원사에 삼본사(유점사, 건봉사, 월정사) 승려연합수련소를 설치, 인재 양성에 주력

* 1941년(불기 2967, 66세)
- 태고사(太古寺, 현 조계사)에서 조선불교 조계종(曹溪宗) 창종과 함께 초대 종정에 추대

* 1948년(불기 2975, 73세)
- 조선불교 조계종 제2대 종정에 추대

* 1950년(불기 2977, 75세)
- 6·25 전쟁 중 상원사 소각을 온 몸으로 막아 지켜내심

* 1951년(불기 2978, 76세)
- 음력 2월 14일 오전 8시 좌선하는 자세로 열반에 드심(坐脫立亡)
- 세수 76세, 법랍 55세

한암 스님의 고향

　한암(漢巖) 스님은 1929년 조선불교 선교(禪敎) 양종(兩宗) 승려대회에서 '7인의 교정(敎正)'으로 추대되었고 1941년 조선불교조계종(曹溪宗)의 초대 종정(宗正)으로 추대된 이후 열반하실 때까지 대한불교 조계종 교정을 지내는 등 모두 네 차례에 걸쳐 교정과 종정을 역임하셨습니다. 조선 말 대한제국의 성립과 멸망, 일제강점기로 이어지는 혼란한 시기에 치열한 수행력으로 조선불교의 자존심을 지키고, 조선불교를 이끌어 오신 대표적인 고승(高僧)입니다.

　한암(漢巖) 스님은 1876년 3월 27일(음) 강원도 화천에서 태어나셨습니다. 속성은 방 씨(方氏) 본관은 온양(溫陽)이며, 부친 기순(箕淳) 모친 선산 길 씨(善山吉氏/길해성)의 3형제 중 장남입니다. 온양 방 씨 판서공파로 속명은 중원(重遠)이고 법호(法號)는 한암(漢巖)입니다.

　한암(漢巖) 스님 집안의 본고향은 평안남도 맹산군 애전면 풍림리입니다. 그런데 한암(漢巖) 스님의 고향이 화천인 것은 한암(漢巖) 스님의 할아버지께서 과거를 보려는 아들, 즉 한암(漢巖) 스님 부친의 입신양명을 위해 고향을 떠나 서울과 가까운 강원도 화천으로 이사를 했기 때문입니다. 기(箕) 자 순(淳) 자를 쓰는 스님의 부친께서는 과거에 나가 초시에 합격했으나 서울의 남산골을 드나들면서 샌님, 진사들과 어울려 풍류를 즐겼던 모양입니다. 거기다가 벼슬이나 돈벌이에는 큰 관심을 두지 않고 그저 남에게 퍼주기를 좋아하다 보니 가산을 탕진할 수밖에 없었다고 합니다.

어려워진 살림살이로 인해 고통을 겪다 못한 가족들은 화천을 떠나 다시 본고향인 맹산으로 돌아가게 되었습니다. 한암(漢巖) 스님의 조카(스님의 동생 우직의 아들) 방진성 씨의 말에 의하면, 한암(漢巖) 스님은 가족들이 어려움을 겪던 화천에서 태어났으나, 가족들과 함께 본고향 맹산으로 이사해 출가하기 전까지 10대를 그곳에서 보낸 것으로 추측된다고 합니다.

산림이 전체 면적의 90%에 가까운 맹산군은 평안남도 북동부에 위치해 있는 산간지역입니다. 지금은 행정구역이 개편됐지만 예전 지명은 동쪽은 함경남도 영흥군에 접해 있었고 서쪽은 같은 평안남도의 덕천군, 서남쪽은 순천군, 북동쪽은 영원군과 접하고 있었던 곳입니다. 함경남도와 평안남북도의 경계를 따라 남북으로 형성된 낭림산맥이 지나는 동북부의 높은 산악지대가 서남쪽으로 가면서 점점 낮아지는 지형으로, 예로부터 산세가 아름답고 물맛이 좋으며 맑은 강물을 끼고 있어 경관이 아름다운 지역으로 알려져 온 곳입니다.

스님 집안의 본향(本鄕) 애전면은 맹산군의 동북단에 위치해 있습니다. 풍림리에는 용이 머리와 꼬리를 운무에 감추고 하늘로 오르는 형상을 한 두미산(또는 두무산 頭無山)이 있고, 그 동쪽으로 구름을 뚫고 하늘 높이 솟은 벼랑이 마치 뿔난 용이 뒤틀고 휘감긴 듯 기묘하여 용각석(龍角石)이라 부르는 산이 있으며, 남쪽으로는 향로봉(香爐峰)이 절경을 이루고 있다고 합니다. 두미산은 골짜기마다 맑은 샘이 솟아나고 경치가 아름다워 무릉도원과 같다고 알려져 있는 까닭에 서림사(西林寺) · 남무암(南無庵) · 조월암(祖月庵) 등 이름 난 사찰이 많습니다.

한암(漢巖) 스님의 자전적 문집인 「일발록(一鉢錄)」에는 맹산 우두암에서 보임(保任)에 힘쓰던 어느 날 부엌에 앉아 불을 지피다가 홀연히 계오(契悟), 구경각(究竟覺)을 얻었다고 기록되어 있으나 『맹산군지』 등 다른 문헌에서는 한암(漢巖) 스님이 이 서림사에서 도를 깨달았다고 전하고 있습니다.

우연인지 필연인지 맹산군과 인접해 있는 덕천군은 만화 스님의 고향입니다. 덕천군 풍덕면 풍덕리에서 명망 있는 유교 집안의 장손으로 태어난 만화 스님은 일제의 강제징용을 피하기 위해 할아버지의 손에 이끌려 오대산 상원사에 맡겨졌습니다. 1939년 봄에 입산하여 그해 봄이 가기도 전에 출가하신 걸 보면 만화 스님에게 불연(佛緣)은 숙명이었던 것 같습니다. 열여덟 살의 나이에 탄허 스님을 은사로 사미니계를 받은 만화 스님은 한암(漢巖) 스님의 손상좌가 되어 스님을 극진히 모셨을 뿐 아니라 6·25 전쟁 중에도 스님의 열반을 지키셨고, 잿더미가 된 월정사 중창불사에 평생을 바치셨습니다.

한암(漢巖) 스님은 조선불교를 말살하려는 일제 치하에서도 굴하지 않고 오로지 계율을 지키고 참선하셨습니다. 미혹을 끊고 진리를 주시해야 한다는 계·정·혜 삼학 겸수(三學兼修)와 선교 융회(禪敎融會)를 불자가 나아갈 길로 제시하고 실천하면서 한국불교의 기틀을 다지고 조계종의 중흥을 이끌었습니다.

한암(漢巖) 스님이 근대 한국불교를 이끈 거목이라면, 만화 스님은 문수보살이 상주하시는 화엄성지 오대산 불교에 큰 족적을 남기신 분입니다. 소승, 감히 말씀드립니다. 오늘의 월정사 대가람은 만화 스님의 땀과 피눈물로 재건된 것입니다.

맹산군에서는 한암(漢巖) 스님 같은 큰스님이 나셨고, 이웃해 있는 덕천군에서는 만화 스님처럼 살신성인(殺身成仁)의 모범을 보인 분이 나셨으니 청정한 산수(山水)가 덕이 높은 불자(佛者)를 만드는 토양이 아닌가 하는 생각도 듭니다. 한암(漢巖) 스님의 막냇동생도 출가하여 우일(愚一)이라는 법명으로 소승이 출가할 때까지 오대산 동관음암에 주석하시면서 불자의 길을 가셨으니 두미산에 이름난 사찰이 많았다는 것도 우연은 아닌 것 같습니다.

북한에 고향을 둔 분들의 말씀에 의하면 맹산군 일대의 수려한 경관이 이곳 오대산과 흡사하다고 합니다. 그래서 어떤 분들은 맹산군의 산세를 떠올리게 하는 오대산의 아름다운 풍광이 한암(漢巖) 스님의 오대산행에 작게나마 영향을 끼쳤을 것이라는 어림짐작을 내놓기도 합니다.

해마다 5월 5일이 되면 서울에서 평안남도 도민의 날 대회가 열리는데 올해로 50회를 맞이했습니다. 덕천군이 덕천시로 승격한 것처럼 행정구역이 개편되기도 했지만 이 날 만큼은 옛 이름 그대로 평양시, 진남포시, 맹산군, 덕천군, 영원군, 순천군, 안주군, 강서군, 성천군, 강동군, 중화군, 양덕군, 개천군, 용강군, 평원군, 대동군 등 16개 시·군의 지명을 사용합니다. 그곳의 실향민과 북한을 탈출하여 새로운 터전에서 삶을 시작하는 새터민들이 모여 여러 가지 운동 경기를 함께하며 망향의 한을 달래고 화합의 정을 나눈다고 합니다.

1966년 생인 북한 화가 로유담이 그린 <맹산 계곡의 아침>

출가

한암(漢巖) 스님은 어린 시절부터 총기가 뛰어났다고 합니다. 한학자인 할아버지 밑에서 글을 배우기 시작해 아홉 살에 서당에 들어가 유학을 공부하게 되었는데, 중국 역사서인 『사략(史略)』을 접하게 되자 다른 학동(學童)들과 달리 '태고에 천황 씨(天皇氏)가 있었다.'로 시작되는 『사략(史略)』의 첫 구절에 의문을 품고 훈장에게 "태고 이전, 즉 천황 씨 이전에는 누가 있었습니까?"라는 질문을 던졌습니다. 놀란 훈장이 "천황 씨 이전에는 반고 씨(盤古氏)라는 임금이 있었다."라고 답을 하자 다시 "그럼 반고 씨 이전에는 누가 있었습니까?"라는 질문을 거듭해 훈장을 당황하게 했습니다. 천성이 영특하고 총기가 빼어난 소년은 무엇이든 의구심이 들면 풀릴 때까지 캐묻기를 주저하지 않았습니다.

이를 두고 후학들은 어린 한암(漢巖)이 그때부터 이미 인간과 세상의 마지막과 끝인 궁극(窮極)과 세상사의 근본과 원인에 대한 의문을 품기 시작했던 것으로 보고 있습니다. 우주의 최초 원인과 자신의 참다운 성품이 무엇인가를 묻는 집요한 탐구에도 불구하고 풀 수 없었던 의문은 유학(儒學)의 경(經), 사(史), 자(子), 집(集)을 두루 공부하는 10여 년 동안 점점 더 커져만 갔습니다. 유학을 깊이 파고들며 아무리 깊은 사색을 해도 도무지 답을 얻을 수가 없는 것이 문제였습니다. 학문으로 풀 수 없었던 궁극(窮極)과 근원(根源)에 대한 목마름이 진리와 그것을 깨우칠 수 있는 도(道)에 대한 관심으로 이어지게 된 것은 지극히 당연한 결과인지도 모릅니다.

한암(漢巖) 스님은 스물두 살이 되던 해인 1897년(불기 2924년, 22세)에 출가를 했습니다. 이 해는 조선이 건국 505년 만에 대한제국으로 이름을 바꾼 해이기도 합니다. 같은 해 10월, 고종은 연호를 광무로 바꾸고 원구단에서 대한 제국을 선포하고 황제의 자리에 오름으로써 대한 제국이 자주독립국임을 알렸습니다. 군주의 권한을 강화해 나라의 위기를 극복하겠다는 고종의 구상은 자주 국가가 필요로 하는 여러 가지 개혁 추진으로 이어집니다. 우리나라 최초로 조흥은행이 설립되어 은행 거래가 시작된 것도 이 해입니다.

스님이 출가하시기 전의 이야기입니다. 조카 방진성 씨의 말에 따르면 스님에게는 스무 살쯤 될 무렵 혼인 말이 오가던 혼처가 있었다고 합니다. 그런 사실을 알게 된 스님께서는 강직했던 성격 그대로 처자를 찾아가서 가난한 집안 사정을 숨김없이 털어놓으셨답니다. 내 처지는 현재 이러저러하다, 가진 것 없는 나와 혼인할 수 있겠느냐…, 그런 속사정을 밝히며 혼인에 대한 의중을 물었더니 처자가 일언지하에 거절을 하더랍니다. 그 때문에 돈이 없는 세상은 살기가 어렵다는 생각을 한 청년 한암은 바람도 쐴 겸 마음도 추스를 겸 금강산 구경에 나섭니다.

일만이천 봉이라는 말에 걸맞게 금강산은 기암절벽이 많기로 유명한 산입니다. 자연이 빚어낸 절경만이 아닙니다. 금강산의 '금강(金剛)'이라는 말이 불교 경전인『화엄경(華嚴經)』의 "해동에 보살이 사는 금강산이 있다."라는 말에서 비롯된 것처럼, 8만 9암자라는 말에 걸맞게 골짜기마다 도를 찾기 위해 세속을 등진 수행자들이 적지 않았습니다.

어린 시절부터 근원에 대한 목마름을 안고 있던 젊은 한암(漢巖)에게 웅장한 대자연의 위용과 수행자들의 고행은 엄숙하고도 신비로운 종교적 감흥을 주었을 것입니다. 기암절벽 하나하나가 모두 부처상이고 보살상인 금강산의 절경을 보면서 아홉 살부터 품어왔으나 풀지 못했던 '반고 씨 이전에 누가 있었나?'라는 의문을 풀 수 있는 실마리를 발견하셨을지도 모릅니다. 고갯마루에 올라 내금강의

승경을 내려다보면 누구든지 머리를 깎고 출가하고 싶은 마음이 저절로 생겨난다고 하는 단발령도 청년 한암(漢巖)의 출가에 한몫을 했을 것입니다.

한암(漢巖) 스님이 태어나신 1876년 조선은 근대에 들어 우리나라가 외국과 맺은 첫 조약인 강화도조약(병자수호조약)을 체결하게 됩니다. 하지만 '조일수호조규(朝日修好條規)'라는 이름으로 일본과 맺은 이 수호 통상 조약은 일본의 강압에 의해 일본에 일방적으로 유리한 내용을 담은 불평등 조약이었습니다.

한 해 전인 1875년 9월 20일 일본은 조선 해안을 탐측 연구한다는 핑계로 군함 운요호(운양호, 雲揚號)를 몰고 와 강화해협을 강제로 침범했고, 이에 맞선 조선 수군의 방어 공격을 받게 되자 함포 공격을 가하고 영종도에 상륙하여 양민을 죽이고 관청을 불태웠습니다. 이를 운요호 사건이라고 하는데, 근대 제국주의적 영토 팽창 정책을 추구하고 있던 일본이 이를 구실 삼아 강화도조약을 체결하고 강제로 문호를 개방하게 하는 등 한반도 침략의 야욕을 드러내기 시작했던 것입니다. 약소국이 당면해야 하는 격동의 역사는 백성의 고초와 한 개인 개인의 시련으로 이어졌을 게 당연합니다.

〈동학농민운동〉*

스님이 출가하시기 전, 열아홉 살이 되던 1894년에는 실로 많은 일이 일어났습니다. 비록 실패로 끝나기는 했지만 동학교도 전봉준이 중심이 되어 일으킨 반봉건·반외세운동인 동학농민운동이 있습니다. 3월에 일어났던 제1차 고부 농민봉기는 안으로는 갑오개혁과 밖으로는 청·일전쟁의 시발점이 되었으며, 이후 3·1운동에도 영향을 미치게 되는 큰 사건이었습니다.

일본은 동학군의 해산에도 불구하고 제1차 봉기를 빌미로 조선에 들어와 내

* 강응천, 김덕련 외, 『타임라인 한국사』 (다산북스 2013)

정 간섭을 강화하고 김홍집을 앞세운 친일 내각을 설립하여 내정 개혁을 강요했습니다. 6월 21일에는 경복궁에 침입하여 고종을 감금한 후에 23일 청일전쟁을 일으키고 25일 1차 갑오개혁을 강행했습니다. 그러자 그해 9월에 삼례를 중심으로 제2차 반외세 봉기가 일어납니다. 충청도, 경상도, 강원도 등 전국적인 항일운동으로 확산됐던 제2차 봉기는 일본군 척결이 목표였으나 관군의 출병과 정부의 요청에 의한 일본군의 개입으로 우금치전투에서 동학군의 패배로 끝이 납니다.

1894년 6월부터 이듬해 4월까지, 일본 땅도 청나라 땅도 아닌 우리나라 땅에서 청일전쟁이 치러집니다. 2차에 걸쳐 봉기한 동학군을 진압할 목적으로 정부가 청나라에 원병을 요청하자 일본도 텐진조약(天津條約)을 구실로 군대를 파견하였습니다. 그러나 청나라와 일본에 출병 구실을 주지 않기 위해 동학군이 폐정개혁안을 제시하였고, 정부가 이를 받아들임에 따라 두 나라는 조선에 주둔할 명분을 잃게 되었습니다. 이에 청나라는 일본에 공동 철병을 제안하였으나, 일본은 두 나라가 공동으로 조선의 내정(內政) 개혁에 나설 것을 제안했고, 청나라가 이를 거절하여 회담이 결렬됨으로써 청일전쟁이 일어납니다. 이 전쟁에서 승리를 거둔 일본은 해외 진출의 첫 발을 떼게 됐고, 동시에 조선 식민화의 교두보를 마련하게 되었습니다.

〈명성황후 시해〉[*]

일본의 만행은 1895년 10월 8일 명성황후가 시해되는 을미사변(乙未事變)으로 이어집니다. 명성황후는 조선을 강점하려는 일본을 견제하고자 러시아와 친교를 하고 반일 정책을 추진합니다. 명성황후가 눈엣가시였던 일본은 여우사냥이라는 이름으로 시해 계획을 세우고, 일본 공사 미우라 고로우의 지휘 아래 일본군과 사무라이 자객들을 투입해 조선의 국모 명성황후를 시해합니다. 경복궁

[*] 신명호 『조선 왕비 실록』 (역사의아침 2007)

(景福宮) 건청궁(乾淸宮)의 안채 곤녕합(坤寧閤)에 있던 명성황후는 자객들에 의해 칼로 난자당한 후 증거 인멸을 위해 화장되고 맙니다.

친일 내각을 붕괴시키고 친러 내각을 수립하는 등 조선의 식민지화에 큰 걸림돌이 되었던 명성황후를 제거한 일본은 김홍집 내각을 앞세워 을미개혁(乙未改革)을 단행합니다. 그 개혁 내용 중 하나가 단발령(斷髮令)이었습니다. 조선의 근대적 개혁을 위해 머리를 자른다는 것은 핑계였고, 실제로는 한국의 전통을 끊음으로써 조선인의 민족정신을 약화시키려는 일본의 의도가 숨어 있는 것입니다. 고종 황제가 먼저 상투를 자르고 서양식으로 머리를 깎았고 관리들이 강제로 백성들의 머리를 잘랐습니다. 단발령은 일본의 명성황후 시해와 내정 간섭으로 반일 감정이 높아진 조선 백성의 분노를 폭발시키는 계기가 되었습니다. 이게 유생들이 친일 내각 타도와 일본군 토벌을 목표로 일으킨 을미의병(乙未義兵)입니다.

전국 각지에서 일어난 의병 봉기에 당황한 친일 내각은 여러 차례 조칙을 반포하고 선무사(宣撫使)를 파견하는 한편, 서울 수비의 주력부대를 지방으로 출동시켜 진압을 서둘렀습니다. 훈련을 받지 못한 의병은 관군의 공격에 패배를 거듭했습니다. 이듬해 일본의 위협에서 벗어나기 위하여 밤중에 몰래 러시아 공사관으로 옮겨간(아관파천 俄館播遷) 고종황제가 '이만하면 우리의 의지를 세계에 알렸으니 그만 해산하라.'는 해산 권고 조칙을 내리자 점차 그 위세가 꺾이고 말았습니다.

스무 살을 전후해 격랑과 격동의 시대를 겪어야 했던 청년 한암(漢巖) 스님의 심경 역시 뭇 백성들이 겪고 느끼는 아픔과 슬픔이 다르지 않았을 것입니다. 아니 어쩌면, '반고 씨 이전에 누가 있었느냐?'라는 의문을 풀지 못한 채 궁극과 근원에 대해 끊임없이 천착(穿鑿)했던 스님에게는 열강의 득세로 바람 앞의 등불처럼 위태로워진 조선의 암울한 현실이 더 큰 무게로 다가왔을 것입니다. 그 시대를 살아내야 했던 조선 청년에게 출가는 번잡한 세속으로부터의 도피가 아니라 깨 달음의 세계에 이르러 나라를 구하고자 하는 간절함이 아니었을까 하는 생각도 듭니다.

금강산을 유람하면서 마침내 입산수도를 결심하게 된 스님은 강원도 회양군 장양면 장연리 내금강 장경봉(長慶峯) 아래에 있는 고색창연한 절 장안사(長安寺) 에서 금월 행름(錦月行凜) 화상(和尙)과 운명적인 조우를 하게 됩니다. 행름 화상과 의 발심 인연이 청년 한암(漢巖)의 눈을 뜨게 했고 10여 년 이상을 품어왔던 깨달 음에 대한 갈망이 마침내 불문(佛門)에 들고자 하는 마음을 일으킨 것입니다. 행름 화상을 은사로 머리를 깎고 수행자의 길을 걷게 된 한암(漢巖) 스님은 다음과 같은 출가 서원 시(出家 誓願詩)를 남깁니다.

이미 머리를 깎고 승복을 입고
집을 나와 산속으로 들어왔으니
진성(眞性)을 밝히고
부모님 은혜에 보답하며
극락에 왕생하리라.

旣爲削髮染衣入山中/ 기위삭발염의입산중
見眞性報親恩往極樂/ 견진성보친은왕극락

훗날 한암(漢巖) 스님은 '이번 생은 크게 망쳤다.' 하여 스스로의 삶을 '일생패궐 (一生敗闕)'이라 하셨지만 후학들이 우러르는 스님의 삶은 출가 입산하면서 남긴 서원 시 그대로 진성을 찾고, 부모의 은혜를 갚고 극락으로 가겠다는 초발심으 로, 자신을 독려하면서 경전 공부에 전념하셨던 계 · 정 · 혜의 모범으로 가슴 깊 이 새겨져 있습니다.

불문에 든 이들이 최상승의 법을 닦아 깨달음에 이르기를 원하고 바라는 것처럼, 한암(漢巖) 스님 역시 불교교리를 더 배우기 위해 신계사(神溪寺) 보운 강회(普雲講會)에 들어가 경전 공부에 매진했습니다. 신계사에 소속된 사암은 8개인데, 보운 강회는 보운암(普雲庵)에 설치된 일종의 강원이었습니다. 당시 보운 강회는 수행자들이 문전성시를 이룰 정도로 유명한 법회였다고 합니다.

이 무렵 한암(漢巖) 스님이 매진했던 분야는 경론(經論)이나 불교의 가르침을 분석하고 정리하여 체계를 세우는 이론적 방면인 교학(教學)이었습니다. 하지만 강회에서 고려 시대의 선승 불일 보조 지눌(佛日普照知訥, 1158~1210) 국사(國師)께서 저술하신 『수심결(修心訣)』을 접하고 충격에 가까운 깨달음을 얻게 됩니다.

만약 마음 밖에 따로 부처(佛: 깨달음을 뜻함)가 있고, 자성(自性) 밖에 법이 있다는 생각에 굳게 집착하여 불도(佛道)를 구하고자 한다면, 오랜 세월이 지나도록 소신연비(燒身燃臂)의 고행을 하고 팔만 장경(八萬藏經)을 줄줄 읽는다고 하더라도 그것은 마치 모래로 밥을 짓는 것과 같아서 오히려 수고로움만 더할 뿐이다.

위 구절에서 새로운 지견(智見)을 얻게 된 것입니다. 지견은 바른 지혜를 이르는 말로 불생불멸(不生不滅) 인과보응(因果報應)의 이치를 바르게 아는 경지를 말합니다. 정지견(正知見) · 지견(知見)이라고도 합니다. 불생불멸은 모든 현상은 변화하는 여러 요소들이 인연에 따라 일시적으로 모였다가 흩어지고 나타났다가 사라지는 데 불과할 뿐 새로 생기는 것도 아니고 소멸하는 것도 아니라는 뜻으로 모든 분별이 끊어진 마음 상태를 말합니다. 인과보응은 선악의 원인이 있으면 반드시 그에 상응하는 낙고(樂苦)의 결과가 있다는 말입니다. 생하지도 아니하고 멸하지도 아니하며 선업이든 악업이든 닦은 대로 그 업에 대한 대가를 되돌려 받는다는 뜻입니다.

소신 연비(燒身燃臂)는 자기의 몸을 불태우고 팔을 불로 지지는 고행으로 불교 수행 방법의 한 가지입니다. 『수심결』에는 "종경진겁(縱經塵劫)토록 소신 연비(燒身燃臂)하며, 고골 출수(敲骨出髓)하며, 자혈사경(刺血寫經)하며, 장좌불와(長坐不臥)하며…"라는 구절이 있습니다. 불도를 얻기 위해 "티끌 같은 긴 세월 동안 몸을 태우고 팔을 태우며 뼈를 부숴서 골수를 내고 몸을 찔러 피로써 경(經)을 쓰며 오래도록 앉아 눕지 않고…" 고행하는 수행이 헛될 수 있음을 이르는 말씀입니다.

『수심결』에서 자기의 마음이 곧 부처인 줄 모르고 이와 같은 고행을 하는 것이 무모한 일에 지나지 않으며, 수행의 근본이 마음에 있다는 깨달음을 얻는 순간, 한암(漢巖) 스님은 몸과 마음이 떨리면서 마치 죽음을 맞이한 것과 같은 의식의 변화를 느꼈다고 합니다. 이를 계기로 깨달음을 구하고자 하는 지극한 구도심을 갖게 된 한암(漢巖) 스님은 교학(敎學)에서 방향을 틀어 참선(參禪)으로 수행의 방법을 바꾸게 됩니다.

한암(漢巖) 스님의 발심(發心)을 더욱 공고하게 한 것은 때마침 들려온 장안사 해은암(海恩庵)이 하룻밤 사이에 잿더미로 변했다는 소식이었습니다. 장안사는 한암(漢巖) 스님과 출가의 연이 닿아있는 곳으로, 해은암 화재는 한암(漢巖) 스님으로 하여금 무상(無常)을 통감하게 하고 세상사 모든 것을 한낱 꿈처럼 느껴지게 했습니다. 1899년(불기 2926년, 24세)『수심결』에서의 깨달음과 해은암 화재, 두 가지 일은 스님을 선에 집중하게 했고 교가(敎家)의 길에서 선자(禪子)의 길로 나아가게 하는 중대한 전환점이 되었습니다.

이렇듯 한암(漢巖) 스님에게 큰 깨달음을 준 보조 지눌 국사의 생신은 음력 3월 26일로 매년 순천 송광사에서 추모 다례재를 지냅니다. 다음날인 음력 3월 27일이 한암(漢巖) 스님의 탄신일이라, 탄허 스님께서는 보조 스님의 후신이 한암(漢巖) 스님이라는 말씀을 하기도 하셨습니다.

선사이자 율사인 한암(漢巖) 스님

참선을 통해 본성을 터득하는 것이 선사상(禪思想)입니다. 한암(漢巖) 스님을 선사(禪師)라고 부르는 것은 스님께서 선종의 법리(法理)에 통달한 승려였기 때문이고 또 참선을 통해 네 번의 오도를 얻으신 후에도 치열한 수행정진으로 구도의 길을 가셨기 때문입니다. 스님의 선풍은 주체적인 선사답게 철저한 정통 의식에 기초하며, 빠르거나 격하지는 않지만 지금까지도 면면히 이어지고 있습니다.

스님께서는 또 계율에 정통한 율사(律師)의 면모도 갖추고 계셨습니다. 통도사에서 만하율사(萬下律師)에게 계를 받고 율사(律師)로 활동할 수 있는 자격도 얻으셨습니다. 스님께서는 『논어』, 『맹자』, 『중용』, 『대학』의 사서(四書)와 『시경』, 『서경』, 『주역』, 『예기』, 『춘추』의 오경(五經)을 연구하는 학문인 경학(經學)을 특히 강조하셨습니다. 또한, 계를 받은 사람은 계법(戒法)을 철저히 지켜야 한다는 엄정한 지계(持戒)의 가풍과 치열한 수행의 균형도 잃지 않으셨습니다.

한암(漢巖) 스님께서는 승가오칙(僧伽五則)과 선원규례(禪院規例)를 특히 중하게 여겼습니다. 염불 수행에 힘쓰라 이르심은 선사의 면모요, 경전이나 계율을 항상 잊지 않고 새겨 가져야 한다고 이르심은 율사의 면모라 할 수 있습니다. 선사이며 율사였던 한암(漢巖) 스님을 후학들은 이렇게 회상합니다.

> 한암(漢巖) 스님은 모든 것을 똑같이 수행하셨어요. 그때나 지금이나 한암(漢巖) 조실 스님은 명성이 높고 선객으로 수행을 잘하고 도가 통하였다고 하였지만, 내가 선방에 가서 처음에는 특별한 행동이나 말씀이 있나 했어요. 그런데 그

게 아니야. 우리 하는 것과 똑같아요.

그분을 평하기를 참선을 잘한다, 도인이라고 하는데 나는 율사로 봐요. 아주 계행이 청정하고. 특별한 교육은 없어요. 아침 예불을 빠지는 일이 절대 없어요, 공양도 늘 대중과 함께 하시지요. 그리고 모든 행사를 마칠 때까지 꼭 지켜보십니다.

한 가지 또 특별한 것은 조실 스님이 안거 시작할 때와 마칠 때에 법문을 하시는데 그게 참으로 인상적이었지요. 그때나 요즈음이나 다른 강사들은 반드시 어려운 부처님의 말씀과 조사의 어록을 외우지 않습니까? 그런데 스님은 그런 것이 전혀 없어요. 그냥 담담하게, 알기 쉽게 일러주셨어요. 즉 글귀를 갖고 법문을 하지 않아요. 그리고 평상시에도 제자고 스승이 없고 다른 대중이나 모든 사람에게 하심(下心)으로 똑같은 대우를 하셨지요.

당시 상원사에는 천도재, 제사가 많이 들어왔어요. 공양물인 쌀, 떡, 의복, 음식, 약이 많이 쌓여 있어요. 그러면 그를 대중들에게 똑같이 갈라 주어요. 그리고 평소에도 인자해요. 그것이 생활화된 것으로 보여요. 울력을 할 때도 손수 하지는 않지만 큰스님이라고 뒷방에 있는 것이 아니고 동참을 하고 거들고 하셨지.

한암(漢巖) 스님은 불공에도 꼭 참석하시고 예불할 때에도 끝까지 계셨어요. 가람수호도 철저했어요. 스님이 말씀하시기를 사람이 살자면 가지고 있는 집이 완전해야지 헐면 안 된다고 하셨어요. 그리고 재물은 서로서로 정성을 다해서 관리해야 한다고 하셨지요. 특히 공양 후에는 시주 은혜를 잊지 마라, 시주물의 은혜를 잊으면 안 된다, 이것을 우리에게 갖다 주는 것은 공부하라는 것인데 이것을 가벼이 여기면 안 된다고 말씀하셨어요.

학인이나 스님들이 잘못하였을 적에 그 잘못된 이유를 이야기하지 않고 듣기 좋게 이야기를 해주시지요. 이유를 중언부언하지 않아요. 만일에 문제가 있으면 "이렇게 하는 법이 사람이 사는 법이다."라고 말씀하셨지. 계·정·혜 삼학을 다 배워야 한다고 꼭! 그것만은 일러주셨어요. 이분은 말씀이 전부 생활화된 것을 알려주는 거예요. 그분은 자비의 원력보살이라고 생각합니다.

한암(漢巖) 스님께서는 잘못된 일인 줄 알면 범하지 말라 하셨고 매사를 평등하게 처리하라고 늘 이르셨습니다. '바르게 사는 것이 수행에 앞서는 중요한 덕목'이라고 강조하셨고 "이렇게 하는 법이 사람이 사는 법이다."라는 한암(漢巖) 스님의 말씀을 탄허 스님도 마음에 새기고, 나쁜 줄 알면 범하지 말아야 하는 지이불범(知而不犯)의 도리를 지키고자 평생을 노력하셨다고 합니다.

불일 보조 지눌 국사

한암(漢巖) 스님을 선(禪)에 눈뜨게 한 고려 시대의 선승 보조 지눌 국사는 우리 나라 조계종의 사상적 기초를 수립한 중흥조로 불리는 분입니다. 9세에 출가해 25세에 승과(僧科)에 급제했으나 출세를 포기하고 몇몇 도반과 정혜결사(定慧結社)에 나섰던 고려 중·후기의 선승(禪僧)입니다.

자신을 소 키우는 사람인 목우자(牧牛子)라 칭했던 지눌 국사는 승과에 급제한 1182년 창평(지금의 담양) 청원사(淸源寺)에서 당나라 육조 혜능 선사의 『육조단경 (六祖壇經)』을 보다가 "진여자성(眞如自性/참나)이 생각을 일으키매 육근이 보고 듣고 깨달아 알지만, 그 진여자성은 바깥 경계들 때문에 물들어 더럽혀지는 것이 아니 며 항상 자유롭고 자재하다."라는 구절에서 심성의 본바탕을 발견하는 큰 깨달음 을 얻으셨습니다. 그리고 그 기쁨을 가눌 수 없어 불전을 수없이 돌면서 감사를 드 렸고 평생 마음속 깊이 육조 혜능 선사를 사모하며 스승으로 모셨다고 합니다. 만 년에 송광산 길상사(吉祥寺)를 중창한 뒤 송광산을 육조 혜능 선사가 머물렀던 조 계 보림사(曹溪寶林寺)의 '조계'를 따서 조계산으로 고친 일화도 있습니다.

1185년에는 속세를 피하고 도를 구하기 위하여 예천의 하가산 보문사(普門寺) 로 옮겨 『대장경』을 열심히 읽으며 '마음이 곧 부처'라는 선종의 종지에 의지하 여 수행을 계속하면서 교종의 해탈 방법을 알기 위해 노력하셨습니다. 3년 동안 노력한 끝에 『화엄경』 「여래 출현품(如來出現品)」의 "여래의 지혜가 중생의 몸 가 운데 있지만 어리석은 범부는 스스로 알지 못 하도다."라는 구절과 당나라 불교 학자 이통현(李通玄)이 쓴 『신화엄경론(新華嚴經論)』의 "몸은 지혜의 그림자요, 국토 또한 그러하다. 지혜가 깨끗하면 그림자도 맑아 크고 작은 것이 서로 용납됨이 인드라망과 같다."라는 구절에서 교학과 선법의 합치를 다시 한 번 크게 깨닫게 됩니다.

인드라망은 인드라가 사는 궁전을 장식하고 있는 보석 그물로 각 그물코마다 보주(寶珠)가 붙어서 다시 다른 모든 보주의 그림자가 비칩니다. 그 하나하나의 그림자 속에 다른 모든 보주의 그림자가 비치는 것으로 이 세상의 모든 존재가 서로 관계하면서도 서로 장애가 되는 일이 없음을 비유합니다. 이와 같은 깨달음은 곧 근원을 추구하지 않고 각기 익힌 것에 집착하여 쟁론을 일삼던 당시의 불교계에 대한 탄식으로 이어집니다. 석가모니 부처님으로부터 비롯된 선과 교가 둘로 나뉘어 대립하다 보니 '마음이 곧 부처'라는 선지와는 거리가 멀었기 때문입니다. 『화엄경』「여래출현품」과 『신화엄경론(新華嚴經論)』에서 선교 일원(禪敎一元)의 원리를 발견한 지눌 국사는 인도적인 교와 중국적인 선을 조화롭게 해석하고 당나라 규봉 종밀(圭峰宗密) 선사의 저술인 『선원제전집도서(禪源諸詮集都序)』에서 선과 교가 하나라는 선교 합일의 이론을 정립하셨습니다. 그리고 마음을 닦는 참선과 불교의 학문은 둘이 아니고 하나라는 선교불이(禪敎不二)와 학문도 하나로 모이게 되면 참선도 하나로 돌아온다는 회교귀선(會敎歸禪)을 강조한 우리나라 불교의 특수한 종지를 창도하셨습니다. 『원돈성불론』은 이때의 깨달음을 바탕으로 저술한 책이고 선과 교가 하나로 합치면 융화가 된다는 합일융화(合一融和)의 전통을 남겼습니다.

1188년 봄에는 이전의 담선 법회에서 결사를 약속하였던 득재(得才)·몽선(夢船) 등과 팔공산 거조사(居組寺)로 거처를 옮겨 정혜결사(定慧結社)를 조직하고, 2년 후인 1190년 마음을 바로 닦음으로써 미혹한 중생이 부처로 전환될 수 있으며, 그 방법은 정(定)과 혜(慧)를 함께 닦는 정혜쌍수에 있다는 내용을 담아 정혜결사문(勸修定慧結社文)」이라는 긴 취지문을 지어 선포하고 뜻을 같이 하는 사람들을 모으셨습니다. 정혜결사를 시작한 지 8년째 되던 1197년 왕족 및 관리와 승려 등 수백 명이 정법 불교로 돌아가는 길이자 불교계의 쇄신과 재건을 도모하는 이 결사운동에 참여하여 함께 수도하였습니다.

어느 곳이든 반목과 질시를 일삼는 사람들이 있기 마련입니다. 엄격한 절제 생활에 반기를 드는 이들이 생겨나자 지눌 국사는 자신의 법력 부족으로 그들을 교화하지 못했다고 생각하고, 1197년 지리산 상무주암(上無住庵)으로 들어가 홀로 선정을 닦으면서 생각도 집착도 없는 적정 삼매의 경지를 추구하셨습니다.

지리산 상무주암에서 정진 중에 송나라의 대혜 종고(大慧宗杲, 1089~1163) 선사가 다른 사람들과 주고받은 편지를 모은 『대혜 어록(大慧語錄)』에서 '선은 고요한 곳에 있지 않으며, 또한 소란한 곳에 있지도 않다. 일상의 인연에 따르는 곳에 있지 않고, 또한 생각으로 분별하는 데 있지도 않다. 그러므로 고요한 곳, 소란한 곳, 일상의 인연에 따르는 곳, 생각하고 분별하는 곳을 가리지 않고 언제 어디서든 공부하고 참선해야 한다.'라는 구절을 읽고 다시 한 번 큰 깨달음을 얻으셨습니다.

이러한 깨우침의 과정을 통해 독창적인 선사상을 확립한 국사께서는 모든 사람을 〈성적등지문(惺寂等持門)〉, 〈원돈신해문(圓頓信解門)〉, 〈경절문(經截門)〉의 3문(三門)으로 대하셨다고 합니다. 이 3문은 국사께서 홀연히 깨달음을 얻은 『6조 단경』과 선·교가 다르지 않음을 알게 된 『화엄론』, 최후의 의혹을 씻으셨다고 전해지는 『대혜 어록』에서 비롯된 것이라고 합니다.

〈성적등지문〉은 정과 혜를 함께 닦을 것을 이르는 정혜쌍수입니다. 참선을 뜻하는 정은 수행이며 지혜를 뜻하는 혜는 교학을 말합니다. 수행이나 학문 어느 한쪽에만 치중할 것이 아니라 수행과 학문을 함께 닦으라는 가르침을 담고 있습니다.

〈원돈신해문〉은 '화엄경의 교리를 믿고 이해하여 자신의 마음이 곧 부처라고 자각한 후에 보살행을 닦아 성불에 이르는 수행법입니다. 한번에 깨달음에 이르는 돈오(頓悟)와 점진적으로 하나하나 배워 가면서 깨달음에 이르는 점수(漸修), 이 두 가지를 합한 돈오점수(頓悟漸修)가 자신이 부처인 것을 깨닫는 방법이라는 말씀을 담고 있습니다.

〈경절문〉은 선(禪)을 닦을 때 단계적인 절차를 거치지 않고 간화선(看話禪)을 통해 본래면목(本來面目)을 터득하여 곧바로 부처의 경지에 오르게 하는 지름길과 같은 수행법을 말합니다. 간화선은 선 수행 방법 중 하나로 화두를 들고 수행하는 참선법입니다.

국사께서 제시한 수행법은 단박에 깨닫고 점진적으로 수행해 나가는 돈오점수(頓悟漸修)와 선정과 지혜를 함께 수행해 나가는 정혜쌍수(定慧雙修), 그리고 선이 정이고 교가 혜이며 융회라 서로 잘 화합하라는 정혜쌍수의 연장인 선교융회(禪敎融會) 세 가지였습니다.

1200년부터 열반할 때까지 송광산 길상사(현재의 순천 조계산 송광사)에서 깨달음을 실천하는 모임인 〈수선사(修禪社)〉라는 수행결사를 조직해 혼자만의 수행이 아닌 결사운동을 통해 불교의 개혁을 추진했습니다. 선(禪)으로써 체(體)를 삼고 교(敎)로써 용(用)을 삼아, 선·교의 합일점을 모색하면서 후학을 지도했던 국사의 문하에는 제자들이 구름처럼 모여 들었고 깨달음을 얻은 제자도 많았다고 합니다.

지눌 국사께서는 『권수정혜결사문(勸修定慧結社文)』·『목우자수심결(牧牛子修心訣)』·『계초심학인문(誡初心學人文)』·『간화결의론(看話決疑論)』·『법집별행록절

요병입사기(法集別行錄節要並入私記)』·『화엄론절요(華嚴論節要)』·『염불요문(念佛要門)』·『원돈성불론(圓頓成佛論)』·『진심직설(眞心直說)』·『육조혜능대사법보단경발(六祖慧能大師法寶壇經跋)』·『상당록(上堂錄)』 등 15권이 넘는 저서를 남기셨는데, 안타깝게도 『상당록(上堂錄)』·『법어가송(法語歌頌)』·『선각명(禪覺銘)』 등은 전해지지 않고 있습니다.

그 중 『목우자수심결(牧牛子修心訣)』은 수심(修心), 즉 수행자의 마음 닦는 바른길을 명쾌하게 제시하고 있는 선어록(禪語錄)입니다. 『보조국사수심결(普照國師修心訣)』이라고도 불리는 이 책의 중심 골자는 확실한 깨달음인 돈오(頓悟)와 점차적으로 닦아 나가는 점수(漸修)의 두 수행에 관한 내용입니다. 국사께서는 이 책을 통해 돈오란 자아(自我)의 본성(本性)이 모든 부처님(諸佛)과 조금도 다르지 않음을 깨닫는 것이고, 점수(漸修)란 그 깨달음을 바탕으로 하여 예전부터 행해왔던 수많은 그릇된 버릇을 이르는 무시습기(無始習氣)의 망념(妄念)을 닦아 없애라고 말씀하십니다.

불교를 국교로 삼았던 고려 시대의 승려들은 정치와 권력의 중심에 있었고 불교계가 귀족 불교의 안위를 택했습니다. 그러나 지눌 국사는 민중에게 더 가까이 다가가기 위해 정혜결사의 신념으로 모든 것을 버린 채 철저한 수행과 수도로써 평등 포교에 전념했습니다. 지눌 국사의 『수심결』을 통해 그 법력이 한암(漢巖) 스님의 발심으로 이어졌을 뿐 아니라 한암(漢巖) 스님의 수행에 큰 영향력을 끼친 것입니다.

금강산 신계사

지눌 국사의 『수심결』을 읽고 큰 깨달음을 얻은 한암(漢巖) 스님이 교에서 선으로 구도의 길을 바꾼 인연이 있는 곳이니 보운암(普雲庵)이 있는 신계사(新溪寺)에 대해서도 설명을 드리겠습니다.

신계사(新溪寺)는 지금은 북한 땅이 된 강원도 외금강면 창대리 금강산에 있는 사찰입니다. 겸재 정선이 금강전도(金剛全圖)를 그렸던 곳으로 알려진 이 사찰은 금강산의 절경을 두루 굽어볼 수 있을 정도로 풍광이 빼어난 곳입니다. 절 주위가 울창한 노송으로 둘러싸여 있고, 문필봉·관음연봉·세존봉·집선봉 등 외금강의 절경을 사방에 거느리고 있을 뿐 아니라 근·현대의 고승인 한암(漢巖) 스님을 비롯해 석두(石頭, 1882~1954)·효봉(曉峰, 1888~1966) 스님 등을 배출한 이름난 사찰입니다.

31본산 중 하나인 유점사(楡岾寺)의 말사인 신계사는 신라 법흥왕 6년(519년)에 보운 조사(普雲祖師)가 창건한 사찰로 수많은 고승을 배출했으며 유점사, 장안사, 표훈사와 함께 금강산의 4대 사찰로 꼽히는 곳입니다. 『여지도서』 고성군조의 기록에 의하면 창건 당시 신계사는 11개의 전각을 거느린 큰 절이었다고 합니다. 화재 등으로 인해 여러 차례 중수, 중건을 거쳤으나 6·25 전쟁으로 인해 모두 소실되는 아픈 역사를 지닌 곳입니다.

지금도 금강산에는 신계사가 있습니다. 1998년 3월 14일 체결된 '금강산 문화재 복원을 위한 합의서'를 바탕으로 2000년 6.15 공동선언 이후 남측의 '금강산 신계사 복원 추진위원회'(한국불교종단협의회)와 북측의 '조선불교도연맹'이 힘을 합해 신계사 복원 사업에 나서기로 한 것입니다.

남과 북 불자들의 노력이 헛되지 않아 2004년에는 대웅전을 복원했고 2007년에는 명부전을 비롯한 나머지 11개 전각의 복원을 마치고 그해 10월 13일에 준공식을 가졌습니다. 남한과 북한이 손을 잡고, 6·25 전쟁 때 불에 타 없어졌던 신계사를 복원하자는 사업은 역사에 길이 남을 뜻깊은 불사(佛事)였으나, 이후 남북 관계가 경색되면서 신계사 운영을 놓고 남측과 북측의 의견이 대립되는 가운데 왕래가 끊기는 안타까움으로 남게 되었습니다. 하지만 그 길도 머지않아 곧 열릴 것이라고 생각됩니다. 대한불교조계종 제36대 총무원장 원행(圓行) 스님께서는 2019년 신년 회견에서 신계사 템플스테이를 포함한 남북 불교 교류 사업을 본격적으로 추진하겠다는 뜻을 밝혔습니다. 그동안 청와대와 문화체육관광부 등 정부 측과 금강산 템플 스테이 개설을 위한 협의를 진행해 온 만큼, 그 미래 또한 밝을 것이라고 전망하였습니다.

신년 회견이 발표된 지 약 한 달 만에 희망의 싹이 움트기 시작했습니다. 종교계가 중심이 되어 금강산에서 남북 민간교류 행사인 '새해맞이 연대모임'을 갖게 된 것입니다. 이틀에 걸쳐 금강산에서 진행된 이 행사의 절정은 남북 대표단이 신계사 법당에서 가진 공동 법회였습니다.

4년 만에 열린 이날 법회에는 남측의 조계종 총무원장 원행(圓行) 스님과 금강산 신계사 주지 진각 스님, 강수린 조선불교도 연맹 중앙위원장, 차금철 서기장, 그리고 김희중 천주교 대주교를 비롯한 6개 이웃 종교 지도자들도 함께해 한반도의 평화를 염원하는 감동적인 시간을 가졌습니다.

특히 법회 후 총무원장 원행(圓行) 스님과 강수린 위원장은 신계사 경내를 둘러

금강산 신계사 대웅전 (일제강점기 촬영)

금강산 신계사 전경 (일제강점기 촬영)

보며 템플스테이 전용관을 건립할 장소에 대해 의견을 나누는 등 조계종이 추진하고 있는 남북 불교 교류 사업과 관련해 의미 있는 성과를 거뒀습니다. 원행(圓行) 스님은 올해 부처님 오신 날을 맞아 북측에 평양 시내 봉축 점등식과 사찰림 조성 사업 등도 공식 제안하셨습니다.

희망의 징표는 또 있습니다. 문재인 대통령도 종단이 추진하고 있는 신계사 템플스테이 사업에 적극적인 관심을 보였습니다. 2018년 4월 19일 조계종 총무원장 원행(圓行) 스님을 예방한 김연철 신임 통일부 장관이 그동안 신계사 복원 사업 등 불교계가 남북 민간교류에 큰 역할을 해준 데 대한 감사 인사를 전하였습니다. 그리고 신계사 템플스테이 역시 적절한 시기에 가능할 수 있도록 최선을 다하는 등 남북 불교 교류를 적극 지원할 것을 약속했습니다.

14년 전 남북 불교계가 힘을 모아 복원한 금강산 신계사가 남북 간 화해 협력의 상징이 된 것처럼, 종단이 추진하고 있는 신계사 템플스테이 사업이 남북 민간 교류에 큰 역할을 할 수 있길 간절히 소원합니다. 머지않은 미래에 신계사에서 남북한의 신도들이 한자리에 모여 함께 평화와 화합의 불사를 올릴 수 있는 그날을 고대합니다.

소승은 동해 삼화사 주지 시절이던 1997년경 신계사 복원 당시 최초로 현대 아산 초청을 받아, 동해 북평항을 출발해 금강산 신계사를 방문하여 한암(漢巖) 스님이 수행하셨던 신계사와 문필봉을 답사한 적이 있습니다. 당시 소승은 서울에 거주하는 어느 신도의 후원으로 신계사 복원을 꿈꾸기도 했으나 통일부와 국가정보원, 현대 아산 등 북한과의 복잡한 관계로 아쉽게도 그 꿈을 접어야 했습니다.

空山中臺

3부

확철대오(廓撤大悟)

제1차 오도(悟道)

가을이 되자 신계사에서 하안거를 마친 한암(漢巖) 스님은 도반 함해(含海) 스님과 함께 수행을 위해 남쪽 지방으로 향하는 행각(行脚) 길에 올랐습니다. 집착이 없는 자유로운 선(禪)의 경지를 얻기 위한 길에 떠가는 구름이나 흐르는 물과 같이 정해진 곳도 없고 머무른 곳도 없이 도를 구하는 운수(雲水)의 길이었습니다. 그리고 경북 김천 청암사(靑巖寺) 수도암(修道庵)에서 근대 선(禪)의 중흥조이자 한암(漢巖) 스님이 평생 법의 스승으로 모셨던 당대의 선지식 경허 성우(鏡虛惺牛, 1846~1912) 화상(和尙)을 만나게 됩니다. 한암(漢巖) 스님의 나이 24세. 9척 장신의 경허 화상은 51세였습니다. 그때까지만 해도 외형만을 향하던 청년 한암(漢巖)의 심안이 열리게 된 소중한 인연입니다.

청암사는 선과 교를 나누지는 않았지만 조선 시대 허정 혜원(虛靜惠遠) 스님을 비롯해 회암 정혜, 취봉 진철, 고봉 태수, 우룡 종한 등의 대 강백이 부처님 법을 설파했던 도량으로 교학이 우세한 사찰입니다. 지금도 청암사는 승가대학과 율학승가대학원이 설치된 조계종 비구니 교육 도량으로 그 전통이 이어지고 있습니다.

신라 헌강왕 3년(859) 도선 국사(道詵國師, 827~898)가 창건한 수도암은 선 도량입니다. 해발 1,317m의 불령산 7부 능선 1,050m에 위치한 절터를 발견한 도선 국사가 후세에 무수한 수행인이 많이 나올 곳이라며 7일 동안 덩실덩실 춤을 추었다는 전설이 전해집니다. 수도암 뒤로 높이 솟아있는 불령산의 본 이름은 수도산입니다. 이후에도 부처님의 영험과 가호가 많다 하여 불령산이라고 불리고 있습니다.

  수도암이라는 이름은 수행자가 모여 수도하고 마음을 밝히는 곳이라는 데서
붙여졌다고 합니다. 풍수지리학적으로 선녀가 비단을 짜는 형상이라 수련하기
에 아주 좋은 곳이라고 하는데 실제로 수행을 위한 스님들의 발길이 끊이지 않았
던 곳입니다. 경허 화상을 비롯해 한암(漢巖), 고봉, 동산, 금오, 전강, 구산 등 한국
불교의 선을 이끌었던 선지식 스님들이 이곳에서 정진했습니다.
  1899년(불기 2926년, 24세) 가을에 한암(漢巖) 스님이 청암사 수도암에 이르렀을
때, 여러 스님들이 경허 화상 문하에서 수행을 하고 있었습니다. 수도암에서 하
룻밤을 묵게 된 한암(漢巖) 스님이 문답을 통해 공부하던 중 화상께 높은 설법(說
法)을 청합니다. 이에 화상께서는 『금강경(金剛經)』 「여리실견분(如理實見分)」의 한
구절을 인용하여 답을 해 주셨습니다.

     모든 곳에 형상이 있으나
     그 모두가 허망한 것이다.
     이 모든 형상이 형상이 아닌 줄 알게 되면
     곧바로 여래(如來)를 보게 되리라.

     凡所有相/ 범소유상
     皆是虛妄/ 개시허망
     若見諸相非相/ 약견제상비상
     卽見如來/ 즉견여래

  경허 화상으로부터 이 『금강경』 사구게(四句偈)의 첫 번째 게를 듣는 순간, 한암
(漢巖) 스님은 눈앞이 환하게 열리는 희열을 느끼셨습니다. 입산하여 세 번째로 맞
이하는 가을에 비로소 '삼천 대천세계(三千大千世界)'가 모두 눈 속으로 들어오니

듣는 것이나 보는 것이 모두 자기(我) 아닌 것이 없는' 깨달음을 얻게 된 것입니다. 제1차 오도(悟道)였습니다.

"세상 만물이 영원한 존재가 아니고 일시적이며 참 존재가 아닌 것을 깨달아 모든 집착을 끊어버리면, 누구나 부처의 지혜 광명을 얻게 되며, 누구나 이 구절 의 뜻을 알면 즉시 진리를 깨치게 된다."라는 말씀에서 유년 시절부터 품어왔던 '반고 씨 이전에 누가 있었느냐'라는 의문이 안개가 걷히듯 풀리면서 반고 씨 이 전의 면목(面目)을 깨닫게 되었으니 그 기쁨이 얼마나 크셨을지 짐작이 가고도 남 습니다. 선(禪)에서 깨닫는 이치로 설명하자면 반고 씨 이전의 면목이란 신비스러 운 경계를 이르는 최초 일구자(最初一句子)를 뜻합니다.

수도암에서 하룻밤을 묵은 한암(漢巖) 스님은 다음 날 경허 화상을 따라 합천 해 인사 선원으로 갔습니다. 가는 도중에 화상께서 "옛사람이 이르기를 '사람이 다 리 위를 지나가네. 다리는 흐르고 물은 흐르지 않네.'라고 했는데, 이것이 무슨 뜻 인지 아는가?" 하고 물으셨습니다.

한암(漢巖) 스님이 "물은 진(眞)이요, 다리는 망(妄)입니다. 망은 흘러도 진은 흐르 지 않습니다." 하고 답하자 화상께서는 다시 "이치로 보면 그 말이 맞네. 하지만 물은 밤낮으로 흘러도 흐르지 않는 이치가 있고 다리는 밤낮으로 서 있어도 서 있지 않는 이치가 있는 것이네."라고 말씀하셨습니다.

그러자 한암(漢巖) 스님이 다시 물었습니다. "일체 만물은 다 시작과 끝, 중요한 것과 중요하지 않은 것이 있습니다. 그러나 우리의 이 본래 마음은 탁 트여서 시 작과 끝, 중요한 것과 중요하지 않은 것이 없습니다. 그 이치가 결국은 어떠한 것 입니까?"

한암(漢巖) 스님의 물음에 경허 화상의 답이 이어집니다.

"그게 바로 원각 경계(圓覺境界)일세. 석가모니 부처님께서 십이 보살(十二菩薩)과의 문답을 통하여 대원각(大圓覺)의 묘한 이치와 몸과 마음을 닦는 법을 밝힌 『원각경(圓覺經)』을 보면 '사유심(思惟心, 분별심)으로 여래의 원각 경계를 헤아리고자 하는 것은 마치 반딧불이의 불로 수미산을 태우려고 하는 것과 같아서 끝내는 태울 수 없다.'라고 이르고 있네."

한암(漢巖) 스님의 질문과 화상의 답이 또 이어집니다.

"그렇다면 어떻게 해야 여래의 원각 경계를 깨달을 수 있습니까?"

"화두(話頭)를 들어서 계속 참구해 가노라면 끝내는 깨달을 수 있게 된다네."

"만약 화두도 망(妄)이라는 사실을 알게 된다면 어떻게 해야 합니까?"

"화두도 망이라는 사실을 알았다면 그것은 번뇌 망상을 물리친 것, 즉 화두가 타파되어가는 것이니, 그 자리에서 그대로 '무(無)' 자 화두를 참구하게."

청암사 수도암에서 합천 해인사에 이르기까지 '삼천 대천세계(三千大千世界)가 모두 눈 속으로 들어오니, 듣는 것이나 보는 것이 모두 자기(我) 아닌 것이 없는' 깨달음을 준 스승 경허 화상과의 선문답이었습니다. 선문답을 주고받으며 나란히 함께 걸었던 그 길은 한암(漢巖) 스님에게는 깨달음에 한 발 더 다가서는 출가 수행자의 길이자 평생의 스승을 가슴에 새기는 벅찬 감동의 길이었을 것입니다.

청암사 수도암

해발 1,317m의 불령산에 위치한 청암사는 대한불교 조계종 제8교구 직지사 말사로 신라 제47대 헌안왕 3년(859년) 도선 국사(道詵國師 827~898)가 창건한 유서 깊은 천년 고찰입니다. 우리나라의 대부분의 사찰처럼 계곡을 가운데 두고 가람 들이 배치되어 있습니다.

'불령산 청암사(佛靈山靑巖寺)'라는 현판이 걸린 일주문을 들어서면 쭉쭉 뻗은 키 큰 나무가 하늘을 가릴 듯 서 있습니다. 청암사 중창과 관련된 내용으로 보이 는 암벽 각자가 즐비한 계곡을 가운데 두고 왼쪽 언덕을 오르면 부도를 지나 보 광전(경상북도 문화재 자료 제288호)과 극락전, 백화당이 있고 극락교를 건너 계곡의 오른쪽으로는 대웅전과 율원, 정법루가 옹기종기 모여 있습니다. 마당에 선 소박 한 다층석탑(경상북도 문화재 자료 제121호) 위로 고요함이 내려앉는 이곳은 비구니 승가대학, 율학 승가대학원이 있는 비구니 도량으로, 고찰의 신비로움을 그대로 간직한 채 전통강원의 맥을 이어가고 있습니다.

보광전은 마흔 두 개의 손을 지닌 사십이 수(四十二手) 관음보살을 모신 법당입 니다. 관음보살 좌상과 후불탱화, 신중탱화, 칠성탱화, 산신탱화, 독성탱화, 소종 등이 봉안되어 있는 보광전은 1906년 응운 화상(應雲和尙)이 건립하다가 완성을 보지 못하고 입적하자 대운 화상(大雲和尙)이 역사를 마쳤고, 그 후 지형 화상이 보 수한 것으로 전해지고 있습니다.

보광전 옆의 극락전은 1689년(숙종 15년) 장희빈의 모함으로 폐서인이 된 인현 왕후가 3년간 은거하며 복위를 기도했다고 합니다. 청암사와 수도암 사이에 인현 왕후 길이 조성된 것도 그런 연유에서 비롯됐습니다. 부도를 지나 오른쪽 길을 따라 걷다가 또 다른 언덕을 오르면 1905년 비구니 유안 스님이 창건했다는 백련암이 있습니다.

한암(漢巖) 스님이 1차 깨달음을 얻으셨던 수도암으로 향합니다. 지금이야 포장이 잘 돼서 자동차로 40여 분이면 오갈 수 있지만 예전에는 수행을 위해 수도암을 찾는 스님들도 청암사에서 8km 남짓한 산길을 걸어야 했고, 양식이며 필요한 물품도 모두 등짐으로 져 날랐다고 합니다. 청암사에서 수도암에 이르는 길은 지금도 인적이 드뭅니다. 길 없는 길을 가듯 울창한 숲, 깊은 계곡, 맑은 바람과 청아한 산새소리를 따라 청암사의 부속 암자인 수도암에 다다릅니다. 859년(신라 제47대 헌안왕 3년) 도선 국사가 수도 도량으로 이 절을 창건하고 매우 기쁜 나머지 7일 동안 춤을 추었다고 합니다.

수도암은 많은 선지식들이 수행한 선종의 성지이자 영험한 기도처이면서 선원을 중심으로 많은 선승들이 정진하는 곳입니다. 한암(漢巖) 스님이 경허 스님을 만나 제1차 깨달음을 얻은 곳도 이곳이며, 만공 스님 또한 이곳 수도암에서 깨달음을 얻으셨다고 합니다. 이밖에도 동산 혜일(東山 慧日) · 금오 태전(金烏太田) · 보문 현로(普聞玄路) · 효봉(曉峰) · 전강(田岡) · 구산(九山) · 고송(古松) · 석주(昔珠) · 관응(觀應) 스님 등이 정진하셨고, 13년간 수도암에서 수행하신 중창주 법전(法傳) 스님이 계십니다.

대부분의 절이 일주문이나 천왕문을 통과하여 법당에 들어가게 되어 있는 데 비해 수도암은 특이하게도 긴 계단 위에 자리 잡은 봉황루를 통과하여 대적광전 법당으로 올라갑니다. 계단 아래서 바라보는 봉황루도, 봉황루에 올라 바라보는 대적광전도 정성스러운 손길이 느껴질 정도로 참 아름답고 정갈하게 가꾸어져 있습니다.

불령산 청암사 수도암

수도암에는 보물이 참 많습니다. 대적광전에는 높이 251㎝ 광명의 법신불 비로자나불(보물 제307호)이 계시고 그 옆 약광전에는 중생의 병을 치료하고 재앙을 없애주는 약사여래불(보물 제296호)이, 대적광전 앞에는 동·서 삼층석탑(보물 제297호)이 있습니다.

대적광전 뒤쪽으로 언덕길을 올라가면 한암(漢巖) 스님께서 머물며 수행하셨다는 부속 암자 정각암이 있습니다. 마당에는 질경이 풀이 무성하고 소박한 기와지붕 등 무엇 하나 덧칠하지 않은 조촐한 건물 댓돌 위에 하얀 고무신 한 켤레가 놓여 있습니다. 옛날에는 정각 토굴이었다고 하는데 멀리 가야산을 바라보며 많은 선지식들의 용맹 정진을 되짚어 보노라니 저절로 마음이 숙연해집니다. 한암(漢巖) 스님이 얻으신 깨달음의 경지는 어떤 것이었을지 감히 헤아릴 수조차 없는 높은 뜻을 우러르며 소승 정각암 뜰 앞에서 삼가 합장합니다.

스승 경허 화상

청암사 수도암에서 합천 해인사로 가면서 나눈 많은 법담 끝에 화상께서는 한암(漢巖) 스님에게 무(無) 자 화두를 주셨습니다. 경허 화상의 깊은 뜻을 어찌 다 헤아릴 수 있겠습니까만, 이것은 식심(識心), 정식(情識), 분별심, 사유심의 손끝이 닿지 못하는 무(無) 자 화두를 주어서 수행에 매진하게 하는 한편, 향후 무 자 화두를 본래의 참된 화두로 삼아 백척간두(百尺竿頭), 몹시 어렵고 위태로운 지경에 이르러서도 앞으로 나아가야 한다는 깊은 뜻을 담고 있었을 것으로 짐작됩니다.

근대 한국 선불교(禪佛教)에서 경허 성우 화상과 그의 제자들이 차지하는 비중은 매우 큽니다. 화상께서는 혜월 혜명(慧月慧明, 1862~1937), 만공 월면(滿空月面, 1871~1946), 수월(水月, 1855~1928), 한암(漢巖) 등의 법제자를 두셨고, 혜봉·남전·제산 스님 등 우리나라의 현대 불교를 이끈 걸출한 문하생들도 대거 배출하셨습니다. 특히 한암(漢巖) 스님은 경허 화상으로부터 인가를 받고 '지음(知音)' 또는 '지음자(知音者)'라고 불린 적통이라고 할 수 있는 분입니다.

경허 화상은 숭유억불(崇儒抑佛)의 시대에서도 선의 등불을 밝혀 선풍을 일으키며 때로는 상식을 벗어난 기행과 파격으로 잠자고 있던 선(禪)의 정신을 일깨운 대선사(大禪師)입니다. 선의 생활화·일상화를 통해 대중 속에서 선의 이념을 실현했고, 설법뿐 아니라 대화나 문답을 통해서 선을 선양하셨습니다. 이와 함께 전국 곳곳에 선원(禪院)을 만들고 결사(結社)를 이끌며 안거(安居) 전통을 회복시키는 등 이미 그 명맥이 끊어져 흔적조차 희미하던 한국의 선불교(禪佛教)를 크게 일으켰습니다.

우리나라 삼보사찰(三寶寺刹)로 일컬어지는 합천 가야산의 해인사(海印寺/법보(法寶), 경상남도 양산의 통도사(通度寺/불보(佛寶), 전라남도 순천의 송광사(松廣寺/승보(僧寶)를 비롯해 부산 금정산의 범어사(梵魚寺), 전남 구례의 화엄사(華嚴寺) 등 화상의 발길이 닿는 곳마다 선풍(禪風)이 일어 발심(發心)한 출가 수행자나 승려들이 구름처럼 모여 융성하였다고 합니다.

화상께서 일으킨 간화선풍(看話禪風)은 현대 한국불교의 정체성을 확립시키는데 큰 역할을 했습니다. 우리나라 불교 역사 속에서 가장 큰 영향력을 끼친 간화선(看話禪)은 불교에서 선을 수행하는 방법 중 하나로 화두(話頭)를 들고 수행하는 참선법입니다. 화두란 참선수행자(參禪修行者)가 깨달음을 얻기 위하여 참선을 통해 진리를 찾는 문제를 말합니다. 화두는 일반적인 상식을 뛰어넘고 있는 문답에 대하여 의문을 일으켜 그 해답을 구합니다.

간화선은 선 수행자들이 삶과 지혜를 통틀어 으뜸가는 목표로 삼고 있으며, 간화선을 통한 활구참선(活句參禪 : 화두를 들고 참선하여 진리를 찾음)이야말로 최상의 근기(根機 : 깨달을 수 있는 능력)이며, 어디에도 걸림이 없는 대도(大道)로 보고 있습니다. 하지만 그 길은 결코 쉽지 않습니다. 참선을 하다 보면 자신도 모르는 사이에 화두는 사라지고 번뇌와 망상이 마음을 어지럽히기 때문입니다.

간화선의 어려움에 대해 조선 시대의 고승 휴정(休靜) 스님은 그의 저서『선가귀감(禪家龜鑑)』에서 "닭이 알을 품을 때는 더운 기운이 늘 지속되고 있으며, 고양이가 쥐를 잡을 때는 마음과 눈이 움직이지 않게 되고, 주린 때 밥 생각하는 것이나 목마를 때 물 생각하는 것이나 어린아이가 엄마를 생각하는 것은 모두가 진심에서 우러난 것이며, 억지로 지어낸 마음이 아니므로 간절한 것이다. 참선하는데 있어 이렇듯 간절한 마음이 없이 깨우친다는 것은 있을 수 없는 일이다."라고 하셨습니다.

경허 화상은 근대 선불교의 중흥조라고 불리는 분입니다. 화두를 들고 일념으로 간절히 참구하는 간화선 수행을 근본으로 하여 선풍을 일으키고 결사와 불교 가사, 법맥 계승으로 근대 불교 중흥에 큰 기여를 하셨기 때문일 것입니다.

경허 화상에 대한 평가는 극과 극을 달립니다. 막식막행(莫食莫行)으로 계율을 무너뜨리고 파계적인 삶을 살았다 하여 사표로 삼을 수 없다는 부정적인 평가도 있지만 계율을 넘어선 선승이었고 관념을 넘어선 선사였다는 긍정적인 평가가 더 큽니다. 훗날 한암(漢巖) 스님은 경허 화상을 흉내 내어 주색을 일삼는 납자들에게 경허 화상의 법을 따르는 것은 좋으나 행을 따라서는 안 된다면서 수행자들에게 경각심을 일깨우기도 하셨습니다.

스승 경허 화상에 대한 한암(漢巖) 스님의 존경과 흠모가 컸던 것처럼 제자 한암(漢巖) 스님에 대한 경허 화상의 애정도 남달랐습니다. 화상의 3월(三月)로 불리던 수월, 혜월, 만공처럼 함께 수행하면서 화상을 모신 적은 없었지만, 일찍이 한암(漢巖) 스님의 탁월한 식견과 밝은 선지(禪旨)를 간파한 화상께서는 한암(漢巖)을 대붕(大鵬)에 비유하며 "궁발지북(窮髮之北)에 수천익(垂千漢)을 드리운 대붕(大鵬)과도 같은 사나이여. 그리하여 장차 남명(南冥)으로 날아갈 위대한 중원(重遠)이여."라고 칭송하셨다고 합니다.

한암(漢巖)이라는 법호(法號)도 경허 화상께서 지어 주셨는데 애초 화상이 주신 법호의 한은 차가울 한(寒) 자였다고 합니다. 하지만 그 법호가 너무 차갑게 느껴져서 한암(漢巖) 스님 스스로 한수 한(漢) 자로 고쳐 쓰셨다고 합니다.

승려에 대한 호칭과 직책

한암(漢巖) 스님과 경허 화상이 처음으로 만나던 그해, 화상의『금강경』설법에 마음의 눈이 열린 한암(漢巖) 스님은 해인사 퇴실 선원에서 경허 화상을 모시고 동안거에 들었습니다. 선에 능통했던 경허 화상은 조실 스님으로 계셨으며 한암(漢巖) 스님은 문서나 기록을 담당하는 서기(書記)를 맡았고 신계사 보운 강원의 도반으로 함께 행각 길에 올랐던 함해 스님은 대중스님들의 건강을 돌보는 간병(看病)의 직책을 맡았다고 합니다.

이해를 돕기 위해 스님들에 대한 호칭과 직책에 대해 간략하게나마 설명을 드리겠습니다. 스님들에 대한 호칭은 수행의 정도와 법랍 등에 따라 달라집니다. 직책 또한 적재적소(適材適所), 알맞은 자리에 알맞은 사람을 쓰기 때문에 절에서 큰 불사를 치르거나 일상사를 운영하기 위해 조금씩 변동 사항이 생기기도 합니다. 그 내용은 용상방(龍象榜)이라는 방을 붙여 대중에게 공고하는데 현재 우리나라의 절에서 쓰고 있는 직책의 수가 자그마치 80여 종이나 됩니다.

먼저 회주(會主) 스님이 계십니다. 법회를 주관하는 법사이며 하나의 회(會)나 일가(一家)를 이끌어 가시는 큰스님입니다. 법주(法主) 스님은 불법에 통달하여 어떤 불사(佛事)나 회상(會上)의 높은 어른으로 추대된 스님을 뜻합니다. 방장(方丈) 스님은 선원·승가대학·율원을 모두 갖춘 총림(叢林)의 가장 웃어른입니다. 조실(祖室) 스님은 선 수행의 높은 경험과 연륜으로 일가를 이루어서 한 파의 정신적 지도자로 모셔진 스님을 말합니다. 총림이 갖추어지지 않은 사찰에서 참선을 지도하는 큰스님이나 주요 사찰에 주재하시는 큰스님으로, 선원에서 가장 높은 어른이자 정신적 지도자라고 할 수 있습니다.

　다음은 사찰의 규율과 질서를 다스리는 입승(立繩) 스님이 있고, 대중의 잘못을 살펴 시정케 하는 찰중(察衆) 스님이 있습니다. 강원(講院)에서 자문을 구하기 위해 초빙하는 고승인 증명(證明) 스님, 강원의 교육 전반을 관장하는 강주(講主) 스님, 강주를 보좌하는 중강(仲講) 스님이 있습니다. 돈이나 곡식을 맡아보는 도감(都監) 스님, 불당을 맡아 시봉하고 예식이나 불공 등 법당에서의 의범을 집전하는 노전(爐殿)·부전(副殿) 스님, 선사(禪寺)에서 불전에 대한 청결과 등(燈), 향(香)과 같은 지전에 관련한 일체를 맡아보는 지전(知殿) 스님이 있습니다.

　행정상의 대표로 한 사찰의 운영을 주관하고 전권을 행사하는 총책임자 주지(住持) 스님이 있고, 주지를 보좌하며 주지 보궐 시 임무를 대행하는 부주지(副住持) 스님과 주지 스님을 돕는 세 직책, 곧 일반 사무를 담당하는 총무, 교육에 관한 사무를 담당하는 교무, 재정에 관한 사무를 담당하는 재무 스님 등이 있습니다.

　살림살이를 관리하는 원주(院主), 웃어른을 가까이 모시고 시중드는 시자(侍者), 필요한 양식·물건·비용 등을 마련하는 화주(化主), 음식·방석·이부자리 등을 담당하는 별좌(別座), 대중이 마실 차를 마련하는 다각(茶角) 또는 다두(茶頭), 손님을 보살피는 지객(知客), 때에 맞춰 종을 치는 종두(鐘頭), 북을 치는 법고(法鼓) 스님이 있습니다. 절에 소속된 삼림을 관리하는 산감(山監), 밥을 짓는 공양주(供養主), 반찬을 만드는 채공(菜供), 국을 끓이는 갱두(羹頭), 식수 등 물을 관리하는 수두(水頭), 강의 후 책걸상을 정리하는 설양(設攘), 땔감을 마련하는 부목(負木) 스님도 있습니다.

　포교, 기획, 호법, 총무, 재무, 교무, 사회 등 일곱 가지 직책을 맡은 스님을 칠직(七職) 스님이라고 하고, 암자의 가장 높은 스님이나 사찰에서 주지 스님을 보좌하여 절의 서무 일체를 맡아 책임 관리하는 스님을 감원(監院) 스님, 스승의 대를 이을 승려를 상좌(上佐) 스님이라고 합니다.

고승(高僧)에 대한 호칭을 알아보겠습니다. 조사(祖師)는 석가모니 부처님의 정통 법맥(禪脈)을 이어 받은 덕이 높은 스님을 이르는 말입니다. 선사(禪師)는 오랫동안 선을 수행하여 선의 이치에 통달한 스님을 말합니다. 종사(宗師)는 학식이 높은 스님을 일컫고, 율사(律師)는 계율을 전문적으로 연구했거나 가르치는 스님을 말하며, 법사(法師)는 경전에 통달하여 부처님의 가르침을 널리 선양하는 스님을 이릅니다. 화상(和尙)은 평생 가르침을 받는 은사 스님을, 국사(國師)나 왕사(王師)는 한 나라의 정신적 지도자인 스님으로 황제나 국왕이 임명한 스님이며, 대덕(大德)은 덕이 높은 큰스님을, 대사(大師)는 큰스님을, 사문(師門)은 출가수행자를 뜻합니다.

죽비 소리와 2차 오도

1899년(불기 2926년, 24세) 경허 화상과 함께 해인사에서 동안거 정진 중이던 어느 날, 한암(漢巖) 스님이 다음과 같은 게송을 지어 화상께 드렸습니다. 한암(漢巖) 스님의 깨달음을 나타내는 게송이자 깨달음에 이를 수 있도록 이끌어 준 스승 경허 화상에게 바치는 첫 오도송(悟道頌)입니다.

> 다리 아래는 푸른 하늘, 머리 위는 땅
> 쾌활한 남아가 여기에 이른다면
> 절름발이도 걷고 눈먼 자도 보게 되리니
> 북산은 말없이 남산을 마주하고 있네

> 脚下靑天頭上巒/각하청천두상메
> 快活男兒到此間/쾌활남아도차간
> 跛者能行盲者見/파자능행맹자견
> 北山無語對南山/북산무어대남산

이 게송을 본 화상께서는 웃으면서 "각하청천(脚下靑天)과 북산무어(北山無語) 두 구는 옳지만, 쾌활남아(快活男兒)와 파자능행(跛者能行) 두 구는 옳지 않다."라는 지적과 함께 게송을 반려하셨다고 합니다.

이 이야기는 한암(漢巖) 스님이 짓고 제자 탄허 스님이 필사한 것으로 추측되는 스님의 자전적 구도 만행기 『일생패궐(一生敗闕)』에 자세히 기록되어 있습니다.

훗날 한암(漢巖) 스님은 경허 화상이 지적해 주신 '쾌활남아도차간(快活男兒到此間)' 구를 다음과 같이 고치셨다고 합니다. 스승에게 지적받은 내용을 부끄럽게 여겨 삭제하지 않고 그대로 솔직하게 남긴 한암(漢巖) 스님의 소탈한 면모를 엿볼 수 있는 대목입니다.

다리 아래는 푸른 하늘, 머리 위는 땅
본래 안팎이나 중간은 없는 것
절름발이가 걷고 눈먼 자가 보니
북산은 말없이 남산을 마주하고 있네

脚下靑天頭上巒/각하청천두상메
本無內外亦中間/본무내외역중간
跛者能行盲者見/파자능행맹자견
北山無語對南山/북산무어대남산

1900년(불기 2927년, 25세) 동안거를 보낸 뒤 화상께서는 통도사(通度寺)를 거쳐 범어사(梵魚寺)로 가셨습니다. 하지만 한암(漢巖) 스님은 그대로 남아계시다가 사경을 헤맬 정도로 큰 병을 얻어 해인사 선원에서 하안거를 마친 후에야 만행 길에 올랐습니다.

통도사 백운암(白雲庵)에 이르러 몇 달을 머물며 정진을 하던 한암(漢巖) 스님은 참선 시작을 알리는 죽비(竹篦) 소리를 듣고 또다시 깨달음을 얻었습니다. 청암사 수도암에서 경허 화상으로부터 『금강경』 설법에서 얻었던 제1차 오도(悟道)에 이은 두 번째 깨달음이었습니다. 그러나 안타깝게도 스님의 두 번째 깨우침을 담은 오도송은 전해지지 않고 있습니다.

스님을 두 번째 오도에 이르게 한 백운암은 통도사 산 내 20여 개의 암자 중 가장 높은 곳, 최후의 혈처에 자리 잡고 있는 수도처로서 경허 화상의 제자 만공(滿空) 스님이 깨달은 곳도 이곳이며 수많은 고승의 수행 일화가 전해지는 곳입니다. 훗날 북(北)의 한암(漢巖), 남(南)의 만공이라고 회자되며 종풍을 떨치게 된 것입니다.

한암(漢巖) 스님을 또 한 번의 깨달음에 이르게 한 죽비소리가 어떤 것이었는지 알 길은 없습니다. 하지만 소리가 귀를 어둡게 하는 미망의 근원이 아니라 깨달음의 계기이며 인연이었다는 것은 주지할 사실인 바, 잠깐 죽비에 대하여 생각해 볼까 합니다.

사찰의 아침은 새벽 세 시면 도량석(道場釋)으로 시작됩니다. 목탁을 치며 염불 독경을 함으로써 도량을 맑게 하고 모든 잡귀를 몰아내기 위하여 행하는 의식을 도량석이라고 합니다. 선원에서 정진 중인 스님들은 도량석이 끝나면 예불을 드리고 죽비소리와 함께 참선 정진을 시작하는 입선(入禪)에 들어갑니다. 죽비는 불교에서 참선의 상징 같은 도구입니다. 일명 죽비자라고도 하는 이것은 대나무를 두 쪽으로 갈라 만든 것으로 자루를 오른손에 쥐고 갈라진 부분을 왼 손바닥에 쳐서 소리를 냅니다. 좌선하거나 공양할 때, 일어설 때와 앉을 때를 대중에게 알리는 신호로 사용하기도 하고, 참선을 시작하는 입선(入禪)이나 휴식 또는 끝을 알리는 방선(放禪)을 알리는 데도 사용합니다.

선방에서 졸거나 잠든 스님을 깨울 때는 장군죽비(將軍竹篦)를 사용합니다. 장군죽비는 2m 정도의 큰 죽비로, 좌선(坐禪)할 때 주의가 산만하거나 조는 사람을 깨우쳐 주는 스님인 경책사(警策師)가 이것으로 어깨를 쳐서 소리를 내어 수행자로 하여금 흐트러진 마음을 하나로 모아서 수행에 정진할 수 있도록 돕습니다. 나태와 졸음을 깨우기 위해 스스로 맞기를 원하는 수행자는 합장하고 머리를 숙이기도 하는데 이때는 어깨나 등을 한 번 때립니다.

한암(漢巖) 스님께선 죽비소리에 어떤 깨달음을 얻으셨는지, 또 한 번의 깨달음에 이르게 한 죽비소리는 어떤 것이었을지, 스님의 발자취를 더듬어 보면서 새삼스레 죽비소리에 귀를 기울여 봅니다.

적멸보궁(寂滅寶宮)

　　한암(漢巖) 스님이 두 번째 깨달음을 얻게 된 백운암은 통도사의 말사입니다. 통도사는 우리나라 5대 적멸보궁(寂滅寶宮) 중 하나로 선의 요람이자 수행 불교(修行佛敎)의 중심도량으로 경남 양산의 영축산(靈鷲山)에 자리 잡고 있는데, 이 산의 이름은 석가모니 부처님이 1천2백 대중들 앞에서 법화경(法華經)을 설하셨다는 인도의 성지 영축산과 그 모습이 비슷하다 하여 같은 이름으로 불리게 되었다고 합니다.

　　적멸보궁(寂滅寶宮)은 모든 바깥 경계에 마음의 흔들림이 없이 번뇌를 여읜다는 뜻과 동시에 보배스러운 궁전이라는 뜻을 지니고 있지만, 일반적으로는 석가모니 부처님의 진신사리(眞身舍利)를 모신 법당을 말합니다. 우리나라의 5대 적멸보궁(寂滅寶宮)은 영축산 통도사, 오대산 상원사(上院寺), 설악산 봉정암(鳳頂庵), 태백산 정암사(淨巖寺), 사자산 법흥사(法興寺)인데, 이 중 통도사를 제외하고 네 곳이 모두 강원도에 있으니 이 또한 희유한 일입니다. 적멸보궁은 신라 시대에 자장율사(慈藏律師)가 당나라에서 귀국할 때 모셔온 불사리 및 정골(頂骨)을 나누어서 직접 봉안했기에 대웅전에 불상을 따로 모시지 않는다는 공통점을 갖고 있고, 법당 대신에 사리탑을 봉안하거나 계단(戒壇)을 설치하고 있습니다. 불자들이 가장 신성한 장소로 신봉하는 기도처이자 순례지로 사시사철 5대 적멸보궁을 찾는 발길이 끊이지 않고 있습니다.

　　2018년 7월 4일에는 강원도 유형문화재 제28호 '상원사 적멸보궁(月精寺 寂滅寶宮)'이 국가지정문화재 보물 제1995호 '평창 오대산 중대 적멸보궁(平昌 五臺山 中臺 寂滅寶宮)'으로 지정되었습니다. 오대산 상원사 적멸보궁은 신라 시대 자장 율사가 중국 오대산에서 기도하던 중 지혜의 상징인 문수보살을 친견하고 얻은 석가모니 진신사리를 봉안한 불교의 성지입니다.

오대산 월정사 산내 암자인 상원사 적멸보궁 안 복도에는 세존진신묘(世尊眞身塔廟)라는 현판이 걸려 있고, 적멸보궁 바로 뒤편에는 오층탑을 양각으로 새겨 넣은 84cm 높이의 마애불탑(磨崖佛塔)이 세워져 있습니다. 5대 적멸보궁 중 유일하게 부처님 진신사리가 어디에 묻혀 있는지 정확하게 알려지지 않은 곳이라, 이 마애불탑으로 사리탑비(舍利塔碑)를 대신하고 있습니다.

사찰 중에는 삼보사찰(三寶寺刹)이라 불리는 세 사찰이 있습니다. 즉 불(佛), 법(法), 승(僧)을 상징하는 대표적 사찰을 말합니다. 첫째 불보 사찰(佛寶寺刹)은 통도사로 자장 율사가 문수보살로부터 직접 전해 받았다는 부처님의 진신사리와 금실로 수를 놓은 금란가사를 모시고 있는 사찰입니다. 둘째 법보 사찰(法寶寺刹)은 해인사로, 팔만대장경이 소장되어 있는 사찰입니다. 셋째 승보 사찰(僧寶寺刹)은 송광사(松廣寺)로 보조 지눌 국사 이래 16명의 국사(國師)가 배출된 사찰입니다.

이해를 돕기 위해 한 가지 더 설명을 해야겠습니다. 가야산 해인사, 오대산 월정사, 영축산 통도사, 조계산 송광사, 금정산 범어사(梵魚寺)처럼 사찰 이름 앞에 왜 산 이름을 붙이느냐고 묻는 분들이 많습니다. 그 까닭은 같은 이름의 사찰이 많기 때문에 마치 주소처럼 통상 어느 산에 있는지를 덧붙이는 것입니다.

비슷한 예로 구산문(九山門)이 있습니다. 통일 신라 이후 불교가 크게 일어날 때, 승려들이 중국에서 달마의 선법을 받아 그 문풍(門風)을 지켜 온 아홉 산문(山門)을 이르는 말입니다. 실상산문(實相山門), 가지산문(迦智山門), 사굴산문(闍崛山門), 동리산문(桐裏山門), 성주산문(聖住山門), 사자산문(獅子山門), 희양산문(曦陽山門), 봉림산문(鳳林山門), 수미산문(須彌山門)이 그것으로 산문, 구산선문(九山禪門)이라고도 합니다. 사찰마다 추구하는 선의 종풍이 다르기 때문에 그것을 구별하기 위해 역시 앞에다가 산의 이름을 붙였습니다.

5대 총림(叢林)과 8대 총림에 대한 설명도 드리겠습니다. 총림은 많은 승려와 속인들이 모인 것을 나무가 우거진 수풀에 비유해서 만들어진 말입니다. 여러 승려가 함께 안거하며 수행할 수 있도록 참선을 전문으로 하는 선원(禪院)과 경전을 전문으로 하는 강원(講院), 계율을 전문으로 하는 율원(律院), 염불을 전문으로 하는 염불원(念堂) 등 제반 시설을 두루 갖춘 사찰을 말합니다.

당초 우리나라 조계종에는 가야총림(伽倻叢林) 해인사, 조계총림(曹溪叢林) 송광사, 영축총림(靈鷲叢林) 통도사, 덕숭총림(德崇叢林) 수덕사(修德寺), 고불총림(古佛叢林) 백양사(白羊寺), 이렇게 다섯 곳의 총림이 있었는데 이를 5대 총림이라고 합니다. 그러던 것이 2012년 11월 7일에 열린 대한불교 조계종 중앙종회 제192회 정기회의에서 팔공총림(八公叢林) 동화사(桐華寺)·쌍계총림(雙磎叢林) 쌍계사(雙磎寺)·금정총림(金井叢林) 범어사(梵魚寺) 세 사찰을 추가 지정하여 8대 총림의 체제로 현재에 이르고 있습니다. 총림의 최고지도자는 방장 스님입니다.

선원(禪院)은 선(禪)을 전문으로 하는 승려들, 즉 선승들이 모여 수행하는 곳을 말합니다. 선원에는 최고지도자로 조실이 있고 승려의 기강을 감독하는 입승 등이 있습니다.

강원(講院)은 불교의 경전(經典)을 배우는 교육기관입니다. 강사(講師)가 있고 학인(學人)이 있어 정규적인 수업을 합니다. 교과과정은 사미과(沙彌科)·4집과(四集科)·4교과(四敎科)·대교과(大敎科) 등으로 되어 있고, 대학원 과정과 같은 수의과(隨意科)가 있습니다. 해인사·통도사·동학사(東鶴寺)·운문사(雲門寺) 등에 강원(講院)이 있습니다.

율원(律院)은 불교의 계율에 정통한 율사(律師)를 양성하는 교육기관으로 책임자는 율주(律主)입니다. 대부분 강원의 대교과를 마치고 특별히 계율 연구에 뜻을 둔 비구승(比丘僧)들이 입학하게 됩니다. 자장 율사가 승려들의 기강을 세우고, 승려들로 하여금 올바른 계율을 완전히 갖추고 지킴으로써 열반의 경지에 다다를 수 있는 구족계(具足戒)를 받게 하기 위하여 통도사에 금강계단(金剛戒壇)을 설립하신 것이 율원의 시작이었습니다. 현재 우리나라에는 해인사와 송광사 등에 율원이 있습니다.

경허 화상의 인가

　한암(漢巖) 스님은 1900년(불기 2928, 26세) 겨울, 동행하는 스님에게 이끌려 범어사 안양암(安養庵)에서 동안거를 보냈습니다. 봄이 되어 다시 통도사 백운암으로 돌아와 하안거를 보내고 있던 어느 날 당시 청암사(靑巖寺) 조실로 계시던 경허 화상으로부터 급한 부름을 담은 서신을 받았습니다. 청암사 산내 암자인 수도암은 한암(漢巖) 스님이 경허 화상을 처음 만난 곳이며 경허 화상의 금강경 설법을 듣고 첫 번째 깨우침을 얻은 불연이 깊은 곳입니다.

　경허 화상을 평생의 법 스승으로 모셨던 한암(漢巖) 스님은 하안거 중임에도 불구하고 행장을 꾸려 청암사로 가셨습니다. 경허 화상을 두 번째로 뵙게 된 것입니다. 화상께서 하안거 결제 중에 급히 한암(漢巖) 스님을 찾은 자세한 까닭은 기록에는 남아있지 않습니다만 청암사 사중에 중요한 일이 있었거나, 아니면 긴히 하고 싶은 말이나 또는 제방장(諸方丈)과 같은 활구법문을 한 것일지도 모른다는 추측은 가능합니다.

　한암(漢巖) 스님은 청암사에 계신 경허 화상 밑에서 하안거를 보낸 후, 가을에 해인사 선원으로 돌아와 동안거를 보내셨습니다. 맡은 직책은 전당(殿堂)의 청소 및 촛불, 향로를 관리하고 물건을 바치는 일을 맡아보는 지전(知殿)이었습니다. 이후 2년 동안 전다(前茶, 1902년 하안거), 채두(菜頭, 1903년 하안거), 열중(悅衆, 1903년 동안거)의 소임을 두루 맡으며, 해인사 선원에서 정진 수행하셨습니다.

<한국불교의 중흥조 경허선사>

〈조계종 초대 종정/ 한암선사〉

1903년(불기 2930년, 28세) 하안거를 앞두고 해인사 사중에서 경허 화상을 조실로 모시고자 하여 한암(漢巖) 스님이 나서서 이 일을 성사시켰습니다. 화상과 스님의 세 번째 만남이 이루어진 것입니다. 부산 범어사에 계시던 경허 화상께서는 한암(漢巖) 스님의 청을 받아들여 해인사 선원으로 거처를 옮겨 대중 20여 명과 함께 하안거를 시작하셨습니다. 바로 이 하안거에서 한암(漢巖) 스님은 경허 화상으로부터 깨달음의 경지를 인가받게 됩니다.

하안거 중이던 어느 날, 한암(漢巖) 스님이 여러 대중들과 함께 경허 화상을 모시고 차를 마시며 소참 법문(小參法問)을 나누게 되었습니다. 이 자리에서 어떤 수좌가 "원나라 때의 승려 고봉 원묘(高峰原妙) 화상의 「선요(禪要)」에 보면 '어떤 것이 진실로 구하고 진실로 깨닫는 소리인가. 남산에 구름이 일어나니 북산에 비가 내린다.'라고 되어 있는데 그 뜻이 무엇입니까?"하고 물었습니다.

그러자 화상께서는 "비유하자면 그것은 자벌레가 한 자를 갈 때 온전히 한 바퀴를 굴러야 하는 것과 같다. 이것이 무슨 도리인가?"라고 대중들에게 반문하셨습니다. 모두가 묵묵부답인 가운데 한암(漢巖) 스님이 "창문을 열고 앉으니 기와 덮인 담장이 눈앞에 있습니다."라는 기묘한 답을 했습니다. 일개 범부 대중(凡夫大衆)으로서는 알아듣기 어려운 선문답(禪問答)이 아닐 수 없습니다.

하안거 해제일인 다음날 아침, 경허 화상께서는 상당 법문(上堂法問) 석상에서 대중을 돌아보면서 "한암(漢巖)의 공부가 개심의 경지를 넘었다. 그러나 아직은 무엇이 체(體)이고 무엇이 용(用)인지 잘 모르고 있도다."라는 말씀으로 한암(漢巖) 스님의 깨달음을 인가하면서 수행을 독려하셨습니다. 석가모니께서 영산(靈山) 설법에서 말없이 꽃을 들자 제자인 가섭(迦葉)이 그 뜻을 알아들었듯이, 경허 화상과 한암(漢巖) 스님 사이에도 이심전심(以心傳心)으로 진리가 통했던 것입니다.

화상께서 한암(漢巖) 스님이 지닌 선의 깊이를 알아보시고, 상당 법문 자리에서 대중들에게 정식으로 그 경지를 인가한 것은 매우 파격적인 일이었습니다. 곳곳에서 '근대 한국 선(禪)의 중흥조'라고 추앙받고 있던 58세의 선승 경허 화상의 인가는 28세의, 그것도 법랍이 겨우 6년밖에 안 되는 젊은 한암(漢巖) 스님을 깨달음을 얻은 선승으로 격상시키는 일이었습니다. 이로 인해 한암(漢巖) 스님의 이름은 곳곳에 널리 알려지게 되었고, 그 일은 그다음 해 한암(漢巖) 스님이 통도사 내원 선원의 조실을 맡게 되는 계기가 됩니다.

소참 법문과 상당 법문에는 형식 상 큰 차이가 있습니다. 참선 수행에 집중하는 안거 때가 되면 선원에서는 조실 등 선지식들의 법문을 듣고 공부를 점검하는 기회를 갖게 됩니다. 소참 법문은 때와 장소에 얽매이지 않고 수시로 격식 없이 편안하게 주고받는 법문을 말합니다. 선원에서는 조참(朝參)과 만참(晚參)이라고 해서 아침저녁으로 소참 법문이 진행됩니다. 「선요」에 대한 선문답으로 경허 화상의 인가를 받게 된 이때로부터 20여 년 후의 일이기는 하지만 훗날, 오대 산문에 드신 한암(漢巖) 스님께서도 소참 법문을 많이 행하셨습니다.

이에 비해 법당의 법좌(法座)에 올라 설하는 상당 법문은 대표적이고 전통적인 설법의 방식이라고 할 수 있습니다. 매월 초하루나 보름에 봉행하는 단망 상당(旦望上堂), 매월 5 · 10 · 20 · 25일에 거행하는 오참 상당(五參上堂), 3일에 한 번씩 갖는 구참 상당(九參上堂)이 있지만 지금은 결제와 해제에만 상당 법문이 행해지고 있습니다.

경허 화상의 지음자(知心者)

1903년(불기 2930년, 28세) 하안거를 지낸 후 경허 화상은 조실 자리를 내놓고 범어사로 떠나셨고 대중들도 뿔뿔이 흩어졌습니다. 하지만 한암(漢巖) 스님은 병 때문에 해인사 선원에 남게 되었습니다. 쉽사리 낫지 않는 병 때문에 고생을 하면서도 수행에 정진하던 가을 어느 날, 스님께서는 혼자 『전등록(傳燈錄)』을 읽다가 세 번째 깨달음을 얻게 되었는 바 이날의 깨달음에 대해 『일생패궐(一生敗闕)』에서 이렇게 말씀하셨습니다.

> "약산 화상(藥山和尙)과 석두 화상(石竇和尙)의 대화 가운데 '일물불위(一物不爲) 한 물건도 작위하지 않는다.'라고 하는 대목에서 갑자기 심로(心路)가 끊어지는 것이 마치 물통 밑이 빠지는 것 같았다."

분별심이 완전히 끊어지는 경지의 깨달음이었습니다. '한 생각(一物)을 일으키면(作爲) 그것이 곧 중생이고 일으키지 않으면 부처'입니다. '일물(一物)'은 번뇌(한 생각)를 가리킵니다. '일물불위(一物不爲)'란 바로 마음의 모든 작용이 소멸하여 한 생각(번뇌)도 일어나지 않고 모든 분별이 끊어져 번뇌와 망상이 일체 일어나지 않는 상태로 즉 부처의 성품을 알고 그것을 유지하는 무념(無念)의 경지가 한암(漢巖) 스님의 세 번째 깨달음이었습니다.

하지만 제3차 오도의 기쁨은 그리 길지 않았습니다. 세 번째 깨달음을 얻은 바로 그해 한암(漢巖) 스님은 스승 경허 화상과 두 번 다시 만날 수 없는 이별을 하게 됩니다. 해인사를 마지막으로 만행 길에 오른 경허 화상이 범어사, 송광사, 월정사 등지를 거쳐 삼수갑산(三水甲山)으로 잠적한 후 기행을 한다는 소문 속에서 유명을 달리했기 때문입니다.

해인사를 떠나 삼수갑산으로 향할 무렵, 경허 화상은 한암(漢巖) 스님과 함께 가고 싶어 하셨습니다. 하지만 한암(漢巖) 스님은 함께 떠날 생각이 없었습니다. 화상께서는 해인사를 떠나면서 한암(漢巖) 스님에게 한 편의 글을 남기셨습니다. 예를 차려 작별을 고하는 전별사(餞別辭)와 전별시(餞別詩)로 된 이 글 속에는 석별을 아쉬워하는 화상의 마음이 고스란히 담겨 있습니다.

화상께서는 이 글에서 한암(漢巖) 스님을 자신과 마음이 통하는 지음(知音)이라고 하셨는데, 경허 화상이 스스로 지심자(知心者), 지음이라고 칭한 제자는 한암(漢巖) 스님이 유일하다고 합니다.

"서로 알고 지내는 사람은 천하에 가득하지만, 진실로 지심자는 몇 명이나 있겠소. 한암(漢巖)이 아니면 내 누구와 더불어 지음이 되리오."

이렇듯 한암(漢巖) 스님의 청정한 수행 정신과 질박하고 곧은 성정, 넓고 깊은 학문, 탁월한 문장력을 두루 높이 아꼈던 화상의 안타까운 마음을 고스란히 담고 있는 전별사와 전별 시인만큼 마음으로 깊이 흠송(欽誦)하며 이곳에 옮겨 봅니다.

〈경허 화상의 전별사·전별시 전문(全文)〉

나는 천성이 화광동진(和光同塵: 부처나 보살이 중생을 구제하기 위하여 세속에 뒤섞여 사람들과 함께 사는 것), 즉 인간 세상에 섞여 살기를 좋아하고, 겸하여 꼬리를 진흙 가운데 끌고 다니기를 좋아하는 사람이오. 하지만 스스로 이룬 것도 없이 삽살개 뒷다리처럼 너절하게 44년의 세월을 보냈는데 우연히 해인사에서 한암(漢巖)을 만나게 되었소.

한암(漢巖)의 성품과 행실은 질박하고 곧으며, 학문과 식견이 높고 사물에 밝아 그와 함께 동안거를 보내는 동안에는 세상을 모두 얻은 듯했소. 그러다가 오늘 행장을 꾸려 서로 이별을 고하게 되니, 아침저녁의 안개와 산과 바다의 멀고 가까움이 진실로 이별의 회포를 뒤흔들지 않는 것이 없소. 덧없는 인생은 늙기 쉽고, 좋은 인연은 또 만나기 어려운즉, 이별의 서운한 마음을 무어라고 말할 수 있겠소.

옛사람이 '서로 알고 지내는 사람은 천하에 가득하지만 진실로 내 마음을 알고 있는 사람은 과연 몇이나 되리오.'라고 했던 말이 실감이 난다오. 아, 한암(漢巖)이 아니면 내 누구와 더불어 지음(知音)이 되리오. 그래서 부질없지만 여기 시 한 수 지어서, 훗날에라도 서로 잊지 말자는 마음을 담아 보오.

북해에 높이 뜬 붕새 같은 포부로
변변치 않은 데서 몇 해나 보냈던가
이별은 예사라서 어려운 게 아니지만
덧없는 인생, 또 언제 다시 만나리

捲將窮髮垂天翼/ 권장궁발수천익
謾向槍楡且幾時/ 만향창유차기시
分離常矣非難事/ 분리상의비난사
所慮浮生杳後期/ 소려부생묘후기

경허 화상의 전별사와 전별시를 받아 읽은 한암(漢巖) 스님은 그야말로 깨달음의 경지에 있어 지음다운 화답시를 드립니다.

〈화답시(和答詩)〉

　　서리 국화(霜菊) 설중매 이제 막 넘었는데

　　어찌하여 오랫동안 가르침을 받을 수 없나이까!

　　만고에 빛나는 마음의 달 있나니,

　　덧없는 세상 어찌 또 뒷날을 기약하리오.

　　霜菊雪梅纔過了 / 상국설매재과료

　　如何承侍不多時 / 여하승시부다시

　　萬古光明心月在 / 만고광명심월재

　　更何浮世謾留期 / 경하부세만류기

　　한암(漢巖) 스님은 이 시에서 자신을 화상의 가르침 덕분에 이제 겨우 어려운 관문을 통과한 서리 국화와 설중매에 비유하면서, 오래도록 모시면서 배울 수 없음을 아쉬워하면서도 이미 오롯이 홀로 가야 하는 진리의 길 위에 서 있는 수행자인 면모가 서늘하게 나타납니다.

　　한암(漢巖) 스님은 훗날, 해인사에서 제4차 오도를 얻은 후 자신의 깨달음에 대해 시문이나 게송, 문한(文翰)을 통하여 선의 세계를 논해 볼 사람이 없음을 탄식하며, 스승 경허 화상을 몹시 그리워하셨다고 합니다.

　　경허 화상은 바람과 같은 분이었습니다. 한곳에 머무는 법이 없었고 어느 누구에게도 집착하는 법이 없었으며 그 무엇에도 얽매이는 법이 없었습니다. 말년에 머리를 기르고 함경도 삼수갑산으로 숨어든 화상을 찾아갔던 애제자 수월에게조차 방문을 열어주지 않은 채 "나는 그런 사람을 모른다."라며 돌려보냈다는 일화가 있습니다. 탈속(脫俗)과 범속의 경지를 자유로이 넘나들었던 경허 화상이 도달한 높은 선의 세계는 아니었을지 문득문득 궁금해지기도 합니다.

다시 묘향산으로

1904년(불기 2931년, 29세) 2월 8일에 러시아 제국과 일본 제국이 한반도에서 주도권을 쟁취하기 위한 러일전쟁*을 일으킵니다. 우리나라는 또다시 다른 나라의 전쟁터가 되어 전쟁의 참화를 겪게 되었습니다. 1905년 가을까지 만주 남부, 특히 요동 반도와 한반도 근해를 주 무대로 계속된 이 전쟁에서 연전연승을 거두며 세계열강과 어깨를 나란히 하는 승전국이 된 일본은 대한제국을 손아귀에 넣게 됩니다. 강제로 을사늑약(乙巳勒約)을 맺어 우리나라의 외교권을 박탈하고 대한제국에 대한 영향력을 점점 확대해 나가게 된 것입니다.

러일전쟁의 전운이 감돌던 이른 봄날, 해인사 퇴운당에 앉아 정(定)에 든 한암(漢巖) 스님에게 통도사 내원암(內院菴)에서 편지 한 통이 왔습니다. 내원 선원 조실로 와서 승려들의 진로를 보살펴 달라는 초청장이었습니다. 경허 화상으로부터 받은 인가가 한암(漢巖) 스님이 도달한 선의 경지에 대한 신임으로 작용한 것이었습니다. 29세의 젊은 나이였던 스님은 이때부터 통도사 내원 선원 조실의 소임을 맡아 6년 동안 선참 대중(禪參大衆)을 지도하셨습니다. 스님이 조실로 계시는 동안, 도를 묻기 위하여 여러 곳으로 돌아다니며 스승을 찾는 운수납자(雲水衲子)들이 스님 문하에 들어 앞다투어 발심을 했다고 합니다.

이때도 스님의 건강은 좋지 않았습니다. 수년 전, 해인사에 계실 때 얻은 병이 완쾌되지 않아 고생을 하시던 차에 마침 돈이 좀 생겨서 치료에 나섰지만 병은 좀체 낫지 않았다고 합니다. 훗날 봉은사 조실로 계실 때의 기록이나 오대산 월정사와 상원사에서 함께 생활했던 스님들의 회고담 등을 미루어 볼 때 한암(漢巖)

---

* 역사학회, 『러일전 쟁전 후 일본의 한국침략』 (일조각, 1986)

스님은 위장병으로 추정되는 이 병으로 인해 오랫동안 고생을 많이 하셨던 것 같습니다.

한암(漢巖) 스님은 27년간 오대산문을 동구불출하면서 선·간경·염불·의식·가람수호의 승가오칙(僧家五則)을 철저히 지키며 『금강경』의 정신과 맥을 이어오신 분입니다. 특히 번뇌의 티끌을 떨어 없애 의식주에 탐착하지 않으며 청정하게 불도를 닦는 두타(頭陀)의 생활을 몸소 실천하는 모범을 보이셨습니다. 검소한 의생활은 물론이요, 아침에는 죽을, 점심에는 밥을 드신 후 오후에는 아무것도 드시지 않는 1일 1불식의 식생활을 평생 실천하셨습니다. 통도사 내원 선원 조실로 계실 때처럼 몹시 위중할 때를 제외하고는 병든 자신을 위해 특별한 약을 사용하지 않으셨다는 이야기를 들으면 스님께서 보여 주신 무언(無言)의 실천에 저절로 고개가 숙여집니다.

한암(漢巖) 스님이 통도사 내원 선원에 머무시는 6년 동안 우리나라에는 많은 일이 일어났습니다. 스님께서 옮겨 가신 다음 해인 1905년에는 사실상 국권 상실이라고 할 수 있는 억지 조약인 을사늑약이 체결됐고, 이에 대한 저항이 도처에서 거세게 일어났습니다.

황성신문의 주필이었던 장지연이 을사늑약의 굴욕적인 내용을 폭로하고, 일본의 흉계를 통렬히 공박하여 그 사실을 전 국민에게 알리는 논설 「시일야방성대곡(是日也放聲大哭)」을 황성신문에 보도했고, 유생과 전직 관리들은 상소 투쟁에 나섰습니다. 시종무 관장(侍從武官長) 민영환(閔泳煥)을 비롯한 특진관 조병세(趙秉世), 법부 주사 송병찬(宋秉瓚), 전 참정(參政) 홍만식(洪萬植), 참찬(參贊) 이상설(李相卨), 주영 공사 이한응(李漢應), 학부 주사 이상철(李相哲), 병정(兵丁) 전봉학(全奉學)·윤두병(尹斗炳)·송병선(宋秉璿)·이건석(李建奭) 등의 중신과 지사들이 자결로써 조국의 수호를 호소하였습니다.

고종 황제는 조약이 불법 체결된 지 4일 뒤, 미국에 체재 중인 황실 고문 헐버트(Hulburt, H. B.)에게 "짐은 총칼의 위협과 강요 아래 최근 양국 사이에 체결된 이른바 보호조약이 무효임을 선언한다. 짐은 이에 동의한 적도 없고 금후에도 결코 아니할 것이다. 이 뜻을 미국정부에 전달하기 바란다."라고 통보하며 이를 만방에 선포할 것을 요청했습니다. 이 사실이 세계 각국에 알려지면서 이듬해 1월 13일 『런던 타임스』지가 일본의 협박과 강압으로 조약이 체결된 사정을 상세히 보도했고, 프랑스 공법학자 레이도 프랑스 잡지 『국제공법』 1906년 2월호에 이 조약이 무효라는 주장이 담긴 특별 기고문을 실었습니다.

1907년 고종은 을사늑약과 일제 침략의 부당함을 세계 여러 나라에 알리고 대한제국의 국권을 회복하기 위해 네덜란드 수도 헤이그에서 열린 제2회 만국평화회의에 이상설과 이준, 이위종을 특사로 파견하지만 외교권이 없는 대한제국 대표의 참석과 발언은 허용할 수 없다고 거절당해 목적을 이루지 못했습니다. 이 일을 빌미로 일제는 이상설에게 사형을 이위종과 헤이그에서 순국한 이준에게는 종신형을 선고하고, 순종에게 왕위를 물려준다는 미명 아래 고종을 강제로 물러나게 합니다.

1908년에는 일제가 조선의 토지와 자원을 빼앗아 갈 목적으로 설치한 식민지 착취 기관 동양척식주식회사(東洋拓殖株式會社)가 설립되고, 1909년에는 안중근 의사의 이토 히로부미 암살 사건이 일어납니다. 이듬해인 1910년, 우리나라의 통치권을 일왕에게 넘긴다는 강제 한일병합조약(韓日倂合條約, 경술국치 庚戌國恥)이 공포되면서 일제강점기가 시작됩니다.

어지러웠던 시국만큼이나 그 시대를 살았던 승려들의 삶도 어려움이 많았습니다. 세속을 떠났다고는 하나 승려도 한 나라의 백성입니다. 경각에 달린 조국의 명운을 바라보는 일이 어찌 버겁지 않았겠습니까. 통도사 내원 선원 조실로 계시던 한암(漢巖) 스님이 그 즈음 단신으로 만행 길에 오르신 것도 이와 무관하지는 않을 듯합니다.

1910년(불기 2937, 35세)에 동안거를 해제한 한암(漢巖) 스님은 내원 선원의 수좌들을 모두 해산시키고 단신으로 홀연히 길을 떠나셨습니다. 오로지 대나무 지팡이 하나에 의지한 채 통도사를 떠나 2천 리(8천km)나 되는 먼 길을 걷고 또 걷는 한 달여의 긴 여정 끝에 당도한 곳은 묘향산 내원암(內院庵)이었습니다. 스님께서는 그곳에서 하안거를 보내고 가을이 되자 묘향산 금선대(金仙臺)로 자리를 옮겨 다음해 여름까지 정진하셨습니다.

통도사에서 묘향산까지, 스님께서는 왜 그 먼 길을 가셨던 것일까요? 9살 어린 시절 '천황씨 이전'과 '반고씨 이전'을 물으며 품었던 '궁극'과 '근원'에 대한 의문과, 교학에서 선으로 전향하게 되었던 금강산 신계사에서의 발심, 청암사 수도암에서 경허 화상의 『금강경』 법문을 듣고 얻은 제1차 오도, 해인사 선원에서 입선을 알리는 죽비 소리를 듣고 개오했던 제2차 오도, 역시 해인사에서 『전등록』을 보다가 약산 화상의 법어 '일물불위'에서 얻었던 제3차 오도에 이르기까지… 이미 얻었던 오도의 경지보다 더 깊고 높은 곳에 이르고자 하는 갈망과, 그러기 위해 번잡스러운 세속을 떠나 홀로 조용히 참선하며 진리를 탐구해 보려는 간절한 뜻을 세우기 위한 발걸음이었을 것입니다.

위기에 처한 한 나라의 백성이라면 그 누구도 피할 수 없는 절체절명(絕體絕命)의 깊은 고뇌도 있었을 것입니다. 스님의 올곧은 성정이나 시대에 맞는 계율을 중시했던 생애를 살펴보면 수행과 생활이 둘로 나누어진 것이 아니요, 도를 구하는 일이 불가에 한정된 것이 아님을 알 수 있습니다.

확철대오(廓撤大悟)

　1911년(불기 2938, 36세) 가을, 한암(漢巖) 스님은 집안의 본고향이자 아홉 살부터 출가 이전까지 10여 년간 머물러 살았던 평안북도 맹산군 애전면에 있는 우두암(牛頭庵)으로 거처를 옮기고, 그곳에서 동안거를 보내게 되었습니다. 정해진 시간에만 좌선을 하는 큰 사찰 큰 선방(禪房)에서 벗어나 오로지 본격적인 정진을 하기 위해 한암(漢巖) 스님 스스로 작은 암자인 맹산 우두암으로 수행처를 옮긴 것입니다. 이곳에서 스님께서는 깨달음에 이르겠다는 일념으로 행주좌와(行住坐臥), 즉 걷고, 머물고, 앉고, 눕는 일상적인 일부터 수행에 이르기까지 철두철미하게, 모든 규칙에 한 치의 어긋남도 없이 철저한 정진을 하셨습니다.

　스님의 제4차 오도는 작은 규모만큼이나 살림살이도 넉넉하지 못했던 이곳 우두암에서였습니다. 동안거를 끝낸 1912년(불기 2939, 37세) 이른 봄이었습니다. 함께 수행하던 스님이 마을로 탁발(托鉢)을 나간 사이 한암(漢巖) 스님이 혼자 남아 부엌에서 몸소 불을 붙이다가 '한 줄기 활로가 부딪치는 곳마다 분명해지는' 큰 깨달음을 얻게 됩니다. 이날의 '확철대오(廓撤大悟)'에 대해 한암(漢巖) 스님은 『일생패궐』에서 이렇게 회상하셨습니다.

　　초봄 어느 날, 함께 지내고 있던 도반(道伴)이 식량을 구하러 간 사이에 우두암 부엌에서 혼자 아궁이에 불을 붙이다가 홀연히 발오(發悟)하니, 처음 수도암에서 개오(開悟)할 때와 더불어 조금도 다름이 없었으니 한 줄기 활로가 부딪치는 곳마다 분명했다. 그리하여 '아!' 하고는 다음과 같은 연구(聯句)의 게송을 읊었다.

부엌에서 불붙이다 홀연히 눈이 밝았네

이로부터 옛길 인연 따라 맑아지네

누가 나에게 조사서래의 묻는다면

바위 아래 물소리 젖는 일 없다 하리.

삽살개는 나그네를 보고 어지럽게 짖고

산새는 사람을 조롱하듯 지저귀네

만고에 빛나는 마음 달이여

하루아침에 세상 바람 모두 쓸어버렸네.

着火廚中眼忽明/ 착화주중안홀명

從玆古路隨緣淸/ 종자고로수연청

若人問我西來意/ 약인문아서래의

岩下泉鳴不濕聲/ 암하천명부습성

村狵亂吠常疑客/ 촌방란폐상의객

山鳥別鳴似嘲人/ 산조별명사조인

萬古光明心上月/ 만고광명심상월

一朝掃盡世間風/ 일조소진세간풍

칠언절구(七言絶句)로 된 이 오도송은 네 번째 깨달음을 얻은 후 부처님의 공덕과 가르침에 감사하고 감탄하는 마음을 담아 한암(漢巖) 스님이 남긴 게송(偈頌)입니다. '홀연히 눈이 밝았네'나, '옛사람 가던 길 인연 따라 맑아지네', '바위 아래 물소리 젖는 일 없다 하리' 모두가 스님이 통도사에서 맹산 우두암에 이르는 멀고도 고독한 여정을 통해 그리도 갈구하던 '그 무엇'에 이르렀음을 보여주는 듯합니다. 스님이 읊은 '만고에 빛나는 마음 달'은 범부 중생이 쉽게 접근할 수 없는 선의 세계로 나아가는 '분명히 나타난 한 줄기 활로'였을 것입니다.

한암(漢巖) 스님의 우두암 수행담도 전설처럼 전해지고 있습니다. 범어사에서 한 철 수행을 한 어느 수좌가 우두암에서 용맹 정진하는 스님이 있다는 이야기를 듣고 우두암을 찾았다고 합니다. 먼 길을 걷고 또 걸어서 우두암에 도착해 보니 다 쓰러져가는 헛간 같은 건물에 쓸 만한 것은 보이지도 않고 인적조차 없더랍니다. 짚신 한 켤레가 덩그러니 놓여있는 방문 앞에서 "스님 계십니까? 객승 문안 드립니다."하고 몇 번을 불러도 대답이 없기에 문을 열고 방으로 들어가 보니 뒷문 쪽으로 부처님이 모셔져 있는 인법당이 있는데 스님 한 분이 부처님 앞에 앉아서 좌선 삼매에 빠져 있었습니다.

때는 11월이고 해도 기울어 쌀쌀하기 짝이 없는 날씨인데 온기라고는 없는 방 안에 우두커니 앉아있기도 그렇고, 참선 중인 스님에게 말을 걸 수도 없고 하여 요기라도 할까 하여 그 스님은 밖으로 나와 부엌으로 들어갔습니다. 솥은 하나 걸려 있는데 언제 썼던 것인지 싸늘하고 식량이라고는 찬장에 있는 말린 나물 조금과 도토리가 전부였습니다. 주섬주섬 불을 피워 도토리를 삶아 간신히 허기를 면하고 방에 들어갔더니 스님은 미동도 없이 여전히 정진 중이었습니다.

수좌가 그 스님과 인사를 나눈 것은 사흘 후였습니다. 수좌가 곁에서 잠을 자고 도토리를 삶아먹어도 아는지 모르는지 깊은 선정에 들었던 스님이 사흘 만에야 선정에서 깨어나 "어서 오십시오." 하면서 절을 하더라는 겁니다. 그렇게 철저하고 무서운 수행을 한 그 스님이 바로 한암(漢巖) 스님이었습니다.

우두암에서의 네 번째 개오를 확철대오, 즉 확연히 꿰뚫어 크게 깨우친 경지라고 하는 것은 한암(漢巖) 스님께서 자신이 그동안에 얻은 모든 오도가 서로 조금도 다름이 없음을 통렬히 확인한 최종적 깨달음이기 때문입니다.

　하지만 말세를 당하여 불법이 매우 쇠미하여 명안종사(明眼宗師)의 인증을 받기가 어려웠다. 그리고 경허 화상께서도 머리를 기르고 유생의 옷을 입고서 갑산 강계 등지를 왔다 갔다 하다가 이해(1912)에 입적하셨으니 어찌 여한을 말로 다할 수 있으리오? 그래서 이 한 편의 글을 써서 스스로 꾸짖고 스스로 맹세하노니, 한 소식 명백히 하기를 기약하노라.

　확철대오를 얻은 후, 한암(漢巖) 스님은 스승 경허 화상의 입적 소식을 듣고 『일발록(一鉢錄)』에 이런 글을 남기셨습니다. 어지러운 시절에 쇠락한 불법으로 인해 사물의 도리에 정통한 눈을 가진 종사(宗師)가 되기 어려움을 한탄하고, 자신의 깨달음을 논할 상대가 없음을 탄식하면서 스승 경허 화상에 대한 그리움을 토로하신 것입니다. 스스로 꾸짖고 스스로 맹세하기 위해 이 글을 남긴다는 마지막 글귀에서는 결연함까지도 느껴집니다. 이 모든 어려움을 딛고 용맹정진(勇猛精進)하겠다는 한암(漢巖) 스님의 치열한 구도(求道) 정신과 수행 의지에 새삼 저절로 고개가 숙여집니다.

　『일발록』은 스님께서 제4차 깨달음을 얻으신 그해 가을쯤 저술된 것으로 보입니다. 발(鉢)은 절에서 쓰는 스님들의 공양 그릇인 바리때를 이르는 말입니다. 글자 그대로 풀어 본다면 한암(漢巖) 스님의 밥그릇 이야기쯤이 되겠으나, 실상은 한암(漢巖) 스님의 법어를 담은 법어집입니다. 평소 저술하여 후세에 남기는 것을 좋아하지 않으셨던 터라 『일발록』 한 권을 남겼는데 그마저도 1947년 봄 상원사에 불이 났을 때 타서 없어지고 말았습니다.

　지금의 정본 『한암 일발록(漢巖 一鉢錄)』은 한암(漢巖) 스님의 가르침과 사상을 계승하고 진작시키기 위해 문도들이 1995년에 간행한 『한암 일발록』의 책장(冊

張)이나 편(篇), 장(章) 등의 차례가 잘못된 것을 바로잡고, 새로 발굴된 자료 20여 편을 추가하여 2010년에 재 간행한 것으로, 종풍을 빛낸 한암(漢巖) 스님의 훌륭한 선지식을 추모·흠앙(欽仰)하고, 그 사상을 선양·발전시키는 데 크게 기여하고 있습니다.

한암(漢巖) 스님께서는 우두암에 계시는 동안 동산 혜일(東山慧日) 스님에게 중급 과정에서 연구하던 불교 경론의 네 가지 과목인 『능엄경(楞嚴經)』, 『기신론(起信論)』, 『금강경』, 『원각경(圓覺經)』 등을 가르치셨습니다. 동산 스님은 훗날 효봉, 청담, 금오, 경산 스님 등 당대 선지식들과 함께 1950년대 한국불교의 중흥과 정화 운동을 이끌면서 대한불교조계종 종정에 세 차례나 추대되었던 분입니다.

제109주년 안중근 의사 의거기념식

소승은 2018년 10월 26일 중국 하얼빈에서 열린 '제109주년 안중근 의사 의거기념식'에 참석했는데 행사가 끝난 후에 우리나라 종교지도자와 북한 조선종교협의회(회장 강지영, 장충성당 회장 김철웅, 조선카톨릭교 중앙위원회 서기장 허일용)가 만나 협의 시간을 가졌습니다. 이때 조계종 초대종정 한암 스님의 수행처인 북한 평안도 맹산 우두암의 복원을 논의한 바, 매우 긍정적인 답변을 들을 수 있었습니다. 머지않은 날 남북한 소통의 길을 한암 스님께서 열어주실지도 모를 일입니다.

4부

한암 스님의
선사상(禪思想)

일제의 탄압

한암(漢巖) 스님이 맹산 우두암에 머물러 계실 무렵 일제의 탄압은 점점 더 극렬해졌습니다. 1910년 강제 한일병합조약을 조인·공포한 직후 평안북도에서 안명근이 데라우치 총독을 암살하려다 실패한 사건이 발생했습니다. 일제는 이를 구실로 이듬해 비밀 항일단체인 신민회를 탄압하기 위해 사건을 확대 조작하여 105명의 애국지사를 투옥하는 105인 사건*을 저지릅니다.

이에 맞서 1913년 흥사단 조직, 1915년 대한광복회 결성, 1918년 대한독립선언서 발표에 이어 1919년에는 2.8 독립선언과 3·1 만세운동, 대한민국 임시정부 수립, 1920년 김좌진 장군의 청산리 전투 등 항일·독립 운동의 열기도 뜨겁게 달아올라 나라 안팎으로 들불처럼 번져나갔습니다.

그 와중에 1895년 명성황후 시해에 이어 1919년 1월 고종 황제마저 일제에 의해 독살되는 일이 벌어진 것입니다. 고종 황제의 사망으로 항일 감정은 극에 달하게 되었고 장례일인 3월 3일에 맞추어 전국적으로 3·1 만세운동이 일어났습니다.

항일·독립 운동의 기세가 더욱 거세어지고 체계화·본격화되자 일제는 이전과 같은 무단통치로 조선을 지배하는 것은 불가능하다는 사실을 깨닫고 일종의 유화정책인 문화정치로 전환합니다. 그 정책의 하나로 동아·조선일보, 시사신문 등의 발행과 단체 설립을 허가했습니다. 그러나 문화정치는 기만적인 술책에 불과한 것으로 일제는 경찰관서의 수를 1919년의 736개소에서 1920년 2,746개

---

* 윤경로, 『105인사건(人事件)과 신민회연구(新民會研究)』(일지사, 1990)

소로 3.6배 증가시켰고 경찰관은 6,387명에서 22,134명으로 3.2배나 증가시키는 등 조선에 강력한 치안유지법을 실시하여 혹독한 감시와 탄압을 가했습니다.

사탕발림에 불과하던 문화정치도 이들 신문의 애국 계몽정신 고취, 김원봉의 의열단 조직, 독립군 부대가 일본 정규군을 대패시킨 만주 봉오동 전투와 김좌진이 이끄는 북로군정서(北路軍政署) 독립군이 일본군을 대파한 청산리 대첩 등 강력해진 의열 투쟁이 전개되면서 이후 민족 말살 통치로 급전환됩니다. 이는 조선혁명군(1929년), 한국독립군(1931년), 한국광복군(1940년) 등 나라 바깥에서의 조직적인 항일 운동의 기치를 드높이고 나라 안에서도 독립운동과 애국계몽운동에 가속도를 붙이는 계기가 됩니다.

격변하는 시국에 불교계라고 안온한 무풍지대였을 리가 만무합니다. 암울한 시대와 궤를 같이 했던 우리나라 불교의 역사에 대한 이해를 돕기 위해 이야기를 조선 시대로 거슬러 올라가 보겠습니다. 고려는 불교를 국교로 삼았으나 조선은 500년 동안 숭유억불 정책을 펼쳤습니다. 불교 종래의 11종이 7종으로 축소되고 다시 선종과 교종의 두 종파로 강제 폐합되었으며, 중종과 명종 때부터는 두 종파의 이름마저 없어진 채 무종 무파(無宗無派)의 산중불교로 그 명맥을 근근이 이어왔습니다.

사찰을 폐쇄하고 사찰 소유의 토지를 국유화했습니다. 승려를 환속시켜 관노로 삼았고 환속하지 않은 승려는 천민처럼 멸시하고 온갖 잡역에 동원했습니다. 승과(僧科)와 도첩제(度牒制)를 폐지해서 합법적으로 승려가 되는 길도 막아버렸습니다.

1592년 임진왜란이 일어나자 승려들은 승군(僧軍)으로 왜적과 싸워 큰 공을 세웁니다. 서산 대사(西山大師), 사명 대사(四溟大師), 뇌묵당(雷默堂) 등이 의병장이 되어 승군을 이끌고 7년간 왜적과 싸운 공로로 조선의 불교 정책이 완화되는 듯했으나 그것은 더 큰 화를 불러옵니다. 평상시 승려의 도성 출입은 철저히 금하면서도 국난이 닥칠 때마다 의승(義僧)이라 하여 강제 동원령을 내렸습니다. 산성을 방어하고 각종 건축과 노동 현장에 끌려다녀야 했습니다.

승려들은 극심한 천대와 박해를 피해 더 깊은 산속으로 들어갈 수밖에 없었습니다. 불교는 해악이 많은 종교로 낙인이 찍혔고, 불교를 믿는 사람들조차 엄벌에 처해졌기 때문에 부인들이 남의 눈을 피해 복을 비는 정도로 간신히 그 명맥을 이어왔습니다.

일제는 조선 침략정책의 일환으로 1876년(고종 13년) 강화도 조약을 강제 체결하였고 이후 일본 불교를 진출시키면서 피해국인 조선인의 반감을 누그러뜨리기 위한 적극 공세에 나섭니다. 조선 승려를 선발해 일본에 유학시키고 학자금을 댔으며, 유치원과 실업학교를 세워 교육을 실시하고 빈민 구제사업에도 나섭니다.

조선 승려의 입성 금지령(入城禁止令)을 푸는 데도 큰 역할을 합니다. 조선 승려의 환심을 얻고 나아가 일본 불교가 보다 쉽게 침투할 수 있도록 하려는 전략이었습니다. 1895년(고종 32년) 일본인 승려 사노 젠레이(佐野前勵)가 도성 출입 금지 해제를 김홍집 내각에 건의했고, 4월 23일 총리대신 김홍집과 내무대신 박영효의 건의를 받은 고종이 승려의 도성 출입을 윤허했습니다.

조선 시대 불교 탄압의 상징과도 같았던 승려의 도성 출입 금지를 푸는 일에 일본인 승려 사노 젠레이의 힘이 작용했다는 설과 그 이전부터 조선에서 내부적으로 그 문제에 대한 논의가 진행되고 있었다는 설이 분분합니다. 도성 출입 금지 해제는 일제의 입김이 아니라, 조선이 근대화를 위한 개혁의 일환으로 주도적으로 시행한 것이라고 생각합니다. 하지만 사노 젠레이의 건의가 있었던 것이 사실인 만큼, 사노 젠레이의 공이라는 시각이 많아서 조선불교가 일본 불교에 우호적인 분위기를 갖는 데 일조를 하게 됩니다.

승려의 도성 출입 금지가 해제되자 용성 스님은 "대중이 생활하는 가까이에 절이 있어야 된다. 거기서 불법을 배우고, 거기서 생활 불교를 해야 한다."라고 하시면서 경성 한복판인 종로에 민가를 사서 포교당을 열었습니다. 용성 스님의 말씀이 맞습니다. 석가모니 부처님께서도 도심 포교를 하셨습니다. 석가모니 부처님께서 설법하시던 죽림정사나 기원정사도 성 가까운 곳에 있었습니다. 대중이 오기에 멀지 않아야 되고 또 너무 번다해서는 안 되니까 마을에서 너무 가까워도 안 된다하여 부처님께서는 마을로부터 멀지도 않고 가깝지도 않은 곳에 정사를 두고 설법을 하셨습니다.

1899년 동대문 밖에 국내의 수사찰(首寺刹)로 전국 사찰의 사무를 총 관장하는 원흥사(元興寺)가 창건됐습니다. 1902년에는 대법산(大法山)에 지정되어 국내의 중심 사찰로 격을 높였고, 1906년에는 '불교연구회'*를 창설하여 불교계의 고등 교육기관인 명진학교(明進學校)를 설립했습니다.

명진학교는 불교계 선각자들이 교육을 통하여 나라를 구하고자 세운 학교입니다. 1910년 불교 사범학교에서 1914년 불교고등강숙으로, 1915년에 다시 중앙학림(中央學林)으로 개칭하고 지금의 명륜동 북묘(北廟)로 이전·개교했는데, 1922년 3·1운동을 주도했다는 이유로 일제에 의해 강제로 폐교되었습니다. 하지만 같은 해 전국의 사찰에서 재산을 출자하여 재단법인 조선불교 중앙 교무원을 설립하고, 1928년 중앙불교 전수학교로 다시 개교하였습니다. 1930년 중앙불교 전문학교로 승격하였고 1940년 혜화(惠化) 전문학교로 개칭하였다가 1946년 동국대학으로 승격했습니다.

---

* 류병덕, 「일제시대(日帝時代)의 불교(佛教)」 『숭산박길진박사화갑기념한국불교사상사』(원광대학교출판국, 1975)

1908년에는 이회광(李晦光)*을 회장으로 한 불교연구회(佛敎硏究會)의 승려 대표 52명이 원흥사에 모여 원종(圓宗)을 출범시키고 종무원(宗務院)을 설치했습니다. 1910년에는 서울 견지동에 각황사(覺皇寺)를 창건하고 조선불교 중앙회 사무소 겸 중앙 포교소로 삼아 활발한 포교활동을 이어나갔습니다. 그러나 1910년 강제 한일병합조약으로 국권을 상실당한 직후, 대종정 이회광이 일본 조동종의 우리나라 포교와 조동종 승려들을 우리나라 사찰에 파견하여 청년 승려의 교육을 맡도록 했습니다. 이로 인해 원종과 일본 조동종과의 연합에 합의하는 조약을 체결하면서 파란에 휩싸이게 됩니다.

이 연합 맹약에 분개한 승려들의 반대 운동이 계속되는 가운데 1911년 1월 15일 영남과 호남의 승려들이 순천 송광사에서 총회를 열고 이회광 중심의 원종을 부정하고 조선불교의 법맥을 잇는 새로운 종단인 임제종(臨濟宗)을 세우고 그 세를 확장해 나갔습니다. 하지만 임제종과 원종은 1911년 6월에 조선총독부에서 일체의 종단을 인정하지 않는다는 「사찰령(寺刹令)」을 제정·반포하면서 강제로 해체됩니다.

「사찰령」에 따라 전국 1,300여 사찰이 조선불교 선교 양종(朝鮮佛敎禪敎兩宗) 30본산으로 나누어졌습니다. 1915년 초에 30본산 연합 사무소가 설립되어 각 본산마다 본사를 두고 해당 본산의 사찰은 말사로서 서로 관계를 유지하였으며, 본사의 주지는 총독이 임명하고 말사의 주지는 지방장관이 임명하게 했습니다. 그뿐만 아니라 조선총독부에서 불교종단의 인사 및 재정 문제와 사찰 재산까지 관리하게 되면서 종단은 불가피하게 총독부에 예속되고 맙니다.

1911년 이후 조선불교의 일본화를 막기 위해 임제종(臨濟宗) 운동을 벌여왔던 만해 한용운 스님을 주축으로 한 중앙학림의 젊은 학승(學僧)들이 항일구국투

*   임종국 「초기 종교침략과 친일파 실록 친일파」 (반민족문제연구 엮음, 돌베개, 1991)

쟁을 목표로 1920년 6월 20일 '조선불교청년회'를 발족하였습니다. 그리고 그해 12월에는 더욱 강력한 개혁 추진을 위해 조선불교 유신회를 따로 조직하여 1922년 1월 조선승려대회를 개최하는 등 종단 개혁 운동에 더욱 박차를 가하였고, 종단의 중앙 통합기관으로 각황사에 선·교 양 종의 중앙 총무원을 두기로 결의하였습니다.

여기에도 일제의 입김이 가해집니다. 총독부의 반대로 중앙 총무원이 유명무실해진 가운데 새로운 통합기관인 조선불교 중앙 교무원이 생겼고, 종단 내의 대립으로 인해 총무원과 교무원으로 나뉘었다가 1924년 4월 가까스로 교무원으로 통합되었으며, 1927년 조선불교 청년동맹으로 다시 조선불교총동맹으로 명칭이 바뀌었습니다. 그 후 일제가 만주를 침략하면서 탄압이 심해지자 모든 항일운동이 비밀결사조직으로 변하였고 조선불교 청년들의 실질적 활동도 광복될 때까지 중단되었습니다. 조선불교청년회는 광복 후인 1948년 11월 11일 재 창립되어 1962년 6월 20일 대한불교청년회로 개칭한 후 오늘에 이릅니다.

---

*   강석주·박경훈, 『불교근세백년』(중앙신서, 1980)

고종 황제 독살

　서울에는 중구 구세군 서울 제일교회 건너편부터 정동공원을 거쳐 옛 러시아 공사관(아관)까지 이어지는 120m의 짧지만 아픈 역사를 담은 '고종의 길'이 있습니다. 고종 황제가 러시아 공사관으로 피신했다가 1년 뒤, 덕수궁으로 돌아왔던 길입니다. '고종의 길' 끝에는 고종이 피신했던 구 러시아 공사관이 있습니다. 탑 부만 남아있는 모습에서 외세의 침탈에 수모를 당했던 역사의 비극을 증언합니다.

　1910년부터 1945년 광복까지 일제강점기 36년은 우리 역사상 가장 암울한 시기였습니다. 세계열강의 이전투구(泥田鬪狗) 속에서 나라 잃은 백성으로 살아야 했던 1919년 1월 21일 밤, 덕수궁 함녕전에서 고종 황제가 승하하셨다는 비보가 터져 나왔습니다. 고종 황제의 갑작스러운 죽음은 일제의 독살설을 비롯해서 수많은 의혹을 불러일으켰고, 실제로 이를 뒷받침하는 많은 기록과 증언이 쏟아져 나오면서 백성들을 큰 충격과 슬픔에 빠뜨렸습니다.

　고종은 국권을 지키지 못한 무력한 군주, 일제에 의해 강제 폐위되어 덕수궁에 갇혀 지내야 했던 비운의 황제였으나 일제의 폭압에 완강한 저항을 멈추지 않았습니다. 통치 기간 내내 일본의 끊임없는 침략을 받으면서도 일본과 타협하거나 굴복하지 않고 그에 맞서 강력하게 저항하고, 애국지사들을 규합하여 독립운동을 도모했을 뿐 아니라 일본의 불법과 만행을 세계열강에 알려야 한다고 생각하고 실천했습니다.

---

*　　역사학연구소 『강좌 한국근현대사』 (풀빛 1996)
강준만 『한국 근대사 산책 2』 『한국 근대사 산책 3』 (인물과 사상사 2011)

146　　聖人 초대종정 한암 대종사

1905년 러일전쟁을 마무리 짓기 위해 개최된 포츠머스 강화회의 때는 러시아 황제 니콜라이 2세에게 친서를 보내 내정, 외교, 군사, 사회의 전 분야에서 저지르고 있는 일제의 악행으로 인해 2천만 백성이 고통받고 있음을 알리고, 러시아의 출병으로 일본의 나쁜 싹(惡苗)을 제거하여 자신(朕)의 곤란함을 구원하고, 독립의 권력을 단단하게 해줄 것을 청했습니다.

을사늑약이 무효임을 세계열강들에게 알리기 위해 네덜란드 헤이그에서 열리는 제2차 만국평화회의에 비밀리에 특사를 파견했고, 이로 인해 1907년 일제에 의해 강제 퇴위를 당했습니다. 1910년 강제 한일병합조약 이후 이태왕(李太王)으로 강등되어 경운궁에 유폐되는 수모를 겪으면서도 또다시 파리강화회의에 밀사를 파견할 계획을 세웠습니다.

파리강화회의는 1918년 독일의 항복으로 4년 만에 끝이 난 제1차 세계대전 종결을 위하여, 승리를 거둔 연합국 측의 27개 나라 대표가 파리에 모여서 개최한 것으로 파리 평화회의 또는 파리회의라고도 합니다. 이 회의는 미국의 월슨 대통령이 대전 중인 1918년 1월 전후에 발표한 세계 평화 수립의 원칙 14개 조항을 주로 따랐는데, 이 내용 중의 하나인 민족자결주의는 우리나라를 비롯해 식민지 통치로 고통받고 있는 모든 국가와 민족에게 독립의 희망으로 떠올랐습니다.

1919년 파리에서 열리는 파리강화회의에 밀사를 파견하려는 고종 황제의 계획을 알아챈 일제는 고종에게 1910년의 강제 한일병합조약에 대한 추인(追認)을 강요합니다. 일제의 통치에 조선인들이 만족해하고 있으며, 조선인 스스로 식민지 백성으로 살기를 바란다는 문서를 만들어 파리강화회의에 보내려는 속셈이었습니다. 고종 황제는 끝까지 서명을 거부했고 결국 의문의 죽임을 당하기에 이릅니다.

고종 황제 승하 후 1919년 1월 손병희 선생 이름으로 발표된 「고(告) 국민대회」 포고문*을 보면 고종 황제 독살의 직접적인 이유가 "일제가 파리강화회의에 보내기 위해 각계각층 대표자 서명을 받아 만든 '한국민족은 일본의 어진 통치에 순종해 독립을 원치 않는다'라는 조작 증명서에 고종 황제가 크게 진노했고, 서명을 거부했기 때문"이라고 밝혀져 있습니다.

고종 황제의 저항이 독살의 원인으로 떠오르면서 항일 감정은 극에 달하게 되었고, 고종의 장례일인 3월 3일에 맞추어 3·1 만세운동의 불꽃이 활활 타오르게 되었습니다. 온 겨레가 참여한 독립 만세 운동에 일제는 수많은 사람을 죽이고 집을 불태우는 등 가혹한 탄압을 했지만, 이는 우리 민족의 독립 정신을 키우고 대한민국 임시정부를 세우는 계기가 되기도 했습니다. 독립운동도 봉오동 전투(홍범도, 1920), 청산리 대첩(김좌진, 1920) 등 무장 독립운동으로 더욱 강해집니다.

1919년, 중국 상하이에 대한민국 임시정부가 수립됐습니다. 대한민국 임시정부는 연통제 실시, 독립신문 발간, 외교 활동 전개, 한국광복군 창설, 역사 편찬부 설치 등의 활동을 하면서 국내·외 독립운동을 조직적이고 효과적으로 이끄는 중심 역할을 했습니다.

---

* 　성주현, 『손병희-한국의 독립운동가들 34』(역사공간, 2012)

항일 비밀 결사단체 의열단[*]

일제의 탄압이 심해질수록 민족의 정통성(正統性)과 역사를 이어가기 위한 우리의 독립 투쟁도 더욱 강해집니다. 3·1운동 후 수많은 애국지사가 만주 지역으로 건너가 무장단체를 조직하고 일본군과 맞서 싸웠습니다. 항일 독립운동 비밀 결사단체인 의열단(義烈團)도 그중 하나입니다. 3·1 만세운동 이후 파리강화회의에서 조선 독립의 희망이 무너진 것도 의열단 창단의 기폭제가 됐습니다.

1919년 11월 10일 신흥무관학교 출신의 김원봉, 이종암, 신철휴, 서상락, 한봉인, 이성우, 강세우, 한봉근을 비롯하여 밀양 3·1 만세운동에 참가했던 윤세주와 김상윤, 상하이 출신의 곽경, 배동선, 권준 등 13명에 의해 창단된 의열단은 일제와 친일파가 가장 두려워한 결사단체입니다. 1929년 12월 2일 해산할 때까지 10년 동안 일제의 경찰서나 수탈 기관을 폭파하고 일본군 고위 장교와 밀정을 저격했으며, 일왕 거주지에 폭탄을 던지는 등 크고 작은 무장 투쟁 34건을 수행했습니다. 하지만 가장 치열하게 독립을 위해 싸웠고, 독립운동에 지대한 영향을 미쳤던 의열단원의 정확한 인원이나 이름조차 제대로 남아있지 않습니다.

의열단은 '의로운 일을 맹렬히 실행한다'라는 창단 목적에 걸맞게 온건한 독립운동 대신 구체적이고도 직접적인 방식의 폭력 투쟁을 택합니다. 일제의 권력자들을 처단한다는 단순한 목적이 아니라, 우리 민족의 자각을 촉발시켜 독립 혁명의 주체가 되도록 하자는 것이 최종 목적이었기 때문에 이들의 활동은 '테러'가 아니라 '의열'이라는 평가를 받습니다.

---

[*]   박찬승/역사문제연구소 기획, 『한국독립운동사』(역사비평사, 2014)

의열단의 수장(首將)은 단장이 아니라 의백(義伯)이라고 합니다. 조선 독립을 위해 맹렬히 싸울 것을 맹세한 의형제의 맏형이라는 뜻입니다. 남이지만 피를 나눈 형제처럼 유혈 투쟁을 벌이겠다는 강한 의지의 표현입니다. 의열단 공약 10조에도 조선 독립과 세계 평등을 위해 신명을 바치고, 언제 어느 때나 정의를 위해 충의의 기백으로 자신을 희생하며, 단의를 배반한 자는 척살한다는 비장한 의지가 담겨 있습니다.

암살 대상은 조선총독부 고관과 군부 수뇌, 대만 총독, 매국노, 친일파, 밀정 및 반민족적 토호열신(土豪劣紳, 일제와 손잡고 백성들을 학대하고 괴롭히는 지주나 자산가) 등 칠가살(七可殺)로 지정했고, 파괴 대상은 국내에 있는 조선총독부, 동양척식회사, 매일신보사, 경찰서, 중요기관 등으로 적은 인력과 비용으로 일제를 타격하여 큰 피해를 주는 것이 목표였습니다.

의열단이 선택한 방법은 목숨을 건 무장 투쟁이었습니다. 이를 위한 첫걸음이 1920년 3월 조선총독 등 일제의 고관 암살과 주요 관공서 파괴를 위해 권총과 폭탄 등의 무기를 국내로 들여보낸 밀양·진영 폭탄 반입 사건입니다. 하지만 안타깝게도 일제의 첩보망에 걸려 폭탄 3개를 빼앗기고 신철휴(1898~1980) 등 의열단원과 관련자 12명이 체포되고 맙니다. 5월 중순에 또다시 폭탄 13개와 권총 2정을 보내지만 일제 경찰의 눈을 피하지 못한 채 6명이 추가로 검거되어 혹독한 옥고를 치르게 됩니다.

밀양·진영 폭탄 반입 사건 실패는 또 다른 무장 투쟁을 불러옵니다. 그해 9월 부산 경찰서에 폭탄을 투척한 26살 청년 박재혁(1895~1921), 같은 해 12월 밀양 경찰서에 폭탄을 던진 최수봉(1894~1921), 1921년 9월 조선총독부를 폭탄으로 응징한 27살 청년 김익상(1895~1943), 1922년 3월 일본 육군대장 다나카를 암살하기 위해 상하이 황포탄 의거에 나선 오성륜(1900~1947)·김익상·이종암

(1896~1930), 1923년 1월 일제 탄압의 상징 종로경찰서에 폭탄을 던진 김상옥(1989~1923), 1924년 1월 일본 왕궁에 폭탄을 터뜨린 김지섭(1884~1928), 1926년 12월 동양척식주식회사와 식산은행 폭파에 나선 나석주(1892~1926) 선생. 이들은 모두 항일 비밀결사조직 의열단 단원입니다.

일제의 간담을 서늘하게 한 의열단원들은 체포되기 직전에 마지막 한 알의 총알로 자결을 하거나 체포되어 잔인한 고문 끝에 사형을 당합니다. 부산 경찰서를 폭파하고 경찰서장 등 3명을 죽음에 이르게 한 박재혁 선생처럼 "뜻을 이뤘으니 죽어도 여한이 없다."라며 왜놈 손에 사형 당하기 싫다는 강한 의지로 단식 투쟁 끝에 사망한 의열단원도 있습니다.

일왕의 왕궁에 폭탄을 던진 김지섭 선생의 순국도 장렬합니다. 1923년 9월 일본에서 관동대지진이 일어나자 일본 정부는 재일 조선인들이 폭동을 일으켜 일본인을 죽이고 우물에 독을 풀었다는 유언비어를 퍼뜨리면서 6천여 명에 달하는 조선인을 무자비하게 학살합니다. 이에 분개한 의열단은 때마침 도쿄에서 열리는 제국의회에 조선총독을 비롯한 고관들이 참석한다는 신문 보도를 보고 이들을 한꺼번에 처단하기 위해 의열단원 김지섭 선생을 도쿄에 파견합니다.

이 계획은 제국의회가 무기한 연기되면서 일왕의 왕궁 니주바시(二重橋) 폭탄 투척으로 바뀝니다. 관광객으로 위장한 선생이 왕궁을 향해 폭탄 3개를 던졌으나, 습기가 많은 배 밑 창고에 오랜 시간 보관돼 있던 폭탄은 그만 불발되고 맙니다. 뜻을 이루지 못한 채 체포된 선생은 무기징역을 선고받고, 심한 고문으로 병이 든 채 단식 투쟁을 하다가 1928년 2월 지바 형무소에서 44세로 순국합니다.

'평생 뜻한 바 갈 길 정하였으니 고향을 향하는 길 다시 묻지 않으리.' 일본인이 가장 신성시하는 왕궁을 폭파함으로써 일제의 잔학성과 우리 민족의 독립 의

지를 천명하고자 했던 선생이 거사를 위해 상하이에서 도쿄로 향하는 천성환 호에서 지은 시의 한 구절입니다. 일본의 수도에서, 일제의 심장과도 같은 왕궁에 폭탄을 던진 선생의 결연한 의지와 의로운 죽음은 일본인들의 간담을 서늘하게 했습니다.

거사의 성패와 무관하게 조국의 광복을 위해 젊음과 목숨을 바친 의열단의 숭고한 희생은 일제의 밀정과 친일파를 공포에 떨게 했지만 소규모 투쟁만으로는 큰 뜻을 이룰 수 없다는 한계에 부딪치게 됩니다. 이에 의백 김원봉은 조직적인 무장투쟁을 위해 1925년 단원들을 이끌고 중국 광동(廣東)에 있는 황포군관학교(黃埔軍官學校)에 입교합니다.

1927년 「독립당 촉성 운동 선언」을 통해 민족 통일전선운동의 일환인 민족유일당운동에 참여하였고, 1932년에는 남경(南京)에서 중국 국민정부와 손잡고 조선혁명군사 정치 간부학교를 개설하여 독립군 양성에 주력합니다.

1935년 남경에서 한국독립당·신한 독립당·대한독립당·조선혁명당 등 4개 단체와 결합하여 민족혁명으로 발전하였고, 민족혁명당은 1937년 조선민족전선연맹, 1938년 10월 조선 의용대를 거쳐 1942년 한국광복군으로 편입되어 독립운동의 한 축을 맡게 됩니다.

이름 없는 별, 여성 독립운동가[*]

의열단의 이름이 후세에 널리 알려지지 않은 것처럼, 오로지 빼앗긴 나라를 되찾기 위해 일제에 맞서 의병을 일으키고, 총칼 앞에서도 죽음을 무릅쓰고 독립투쟁에 나섰던 수많은 여성 독립운동가들이 이름 없는 별이 되어 역사의 뒤안길로 사라졌습니다.

독립유공자(獨立有功者)는 '독립유공자 예우에 관한 법률'에 따른 순국선열과 애국지사를 말합니다. 독립운동가와 독립유공자는 같은 뜻이지만 독립운동에 참여했다고 해서 누구나 다 독립유공자가 될 수 있는 것은 아닙니다. 정부의 공식 인정을 받아야 독립유공자에 이름을 올릴 수 있고 독립유공자와 독립유공자 후손에 대한 예우도 받을 수 있습니다.

2019년 기준으로 국가보훈처가 서훈한 독립유공자는 15,511명입니다. 여성은 357명에 불과하며 그중 116명도 최근 5년 사이에 추가된 인원입니다. 사실 우리가 알고 있는 여성 독립운동가는 유관순 열사 정도에 지나지 않았습니다. 하지만 현재는 공식적인 인정은 받지 못했지만 발굴된 자료를 통해 간단하게라도 활동 기록이 남아있는 여성 독립운동가가 1,900여 명에 달한다고 합니다.

의병활동부터 3·1 만세운동, 국내외 항일·의열 투쟁, 학생운동, 문화운동, 광복군 활동에 이르기까지 이름 없는 별이 되어 사라져간 여성 독립운동가의 숭고한 발자취를 더듬어 보겠습니다.

---

[*] 31 여성동지회, 『한국여성독립운동가』, (한국국학자료원)

박차정(1910~1944) 선생은 의열단 의백 김원봉 선생의 아내입니다. 일제의 침탈에 항거하다 자결한 부친 박용한, 신간회와 의열단에서 활동한 첫째 오빠 박문희, 둘째 오빠 박문호 등의 영향으로 일찍이 항일 민족의식을 갖게 됩니다. 1929년 근우회 상무위원으로 선임돼 여성운동과 민족운동에 주도적으로 참여하였고 1930년 서울지역 11개 여학교의 시위 투쟁인 근우회 사건의 주동자로 일경에 체포되어 서대문형무소에서 옥고를 치릅니다. 이듬해 의열단원이던 둘째 오빠가 있는 중국으로 망명해 김원봉과 결혼하면서 의열단의 핵심 단원으로 활동하게 됩니다. 조선혁명 군사정치 간부학교에서 여자 교관으로도 활동했고, 독립운동과 여성 해방운동, 단원들의 사기 진작에 힘쓰던 중 1939년 2월 장쑤성 곤륜산 전투에서 당한 큰 부상이 악화돼 1944년 5월에 사망합니다.

연미당(1908~1981) 선생은 애국지사 연병환(1878~1926) 선생의 딸이자 독립운동가 엄항섭(1898~1962) 선생의 아내이며 여성 독립운동가 엄기선의 어머니입니다. 남편 엄항섭과 함께 임정의 특무 조직 한인애국단에 참여하여 김구 선생을 적극 지원했고, 선전 홍보 활동과 위문활동, 반일 의식을 고취하고 국내외 여성 동포들의 각성과 분발을 촉구하는 선무 방송에 힘을 쏟았습니다. 1939년 2월에 조직된 한국광복진선청년공작대에서 상하이 한인 여자 청년동맹 대표를 맡아 항일투쟁을 벌인 지도급 여성 독립운동가입니다.

정정화(1900~1991) 선생은 독립자금 모금을 위해 압록강을 여섯 번이나 건넜던 여장부입니다. 김구 선생의 가족은 물론, 김구 선생을 그림자처럼 보좌했던 엄항섭 선생 일가와 신흥무관학교 소장, 대한민국 임시정부 주석, 한국국민당 이사 등을 지낸 이동녕(1869~1940) 선생 가족을 돌보고 임시정부 요인들을 뒷바라지하며 임시정부 내 아이들의 교육을 담당했던 임시정부의 안주인이자 27년 역사의 산증인입니다.

윤희순(1860~1935) 선생은 중국에서 항일 의병대를 조직하고 '안사람 의병가'를 지어 여성들의 독립운동 독려한 우리나라 최초의 여성 의병장입니다. 1895년 일제에 의해 명성황후가 시해됐을 때 경고문 〈왜놈 대장 보거라〉를 지어 황실에 압박을 가했고, 여성들도 의병을 일으키겠다고 일제에 경고했습니다.

안경신(1888~?) 선생은 임신부의 몸으로, 여성 독립운동가로는 유일하게 평안남도 도청과 평양 경찰서, 평양부청에 폭탄 의거를 감행했습니다. 3·1 만세운동에 참여했으며 대한 애국 부인회에 가입해 군자금을 보내주는 일을 했습니다. 대한 애국 부인회가 발각되자 상하이로 망명, 미국의원단 일행이 조선을 방문한다는 소식에 우리의 독립의지를 세계에 알리기 위한 결사대에 합류합니다. 장덕진(?~1924), 박태열(1874~?), 문일민(1894~1968), 우덕선과 함께 제2대에 포함되어 평양으로 들어온 선생은 1920년 8월 3일 폭탄의거를 감행했으나 평양 경찰서와 평양부청의 폭탄은 불발이 되고 맙니다. 임신 7개월로 멀리 피신하지 못한 선생은 일본 경찰에 체포되어 압송 중에 출산을 한 다음 생후 12일 된 아들과 헤어집니다. 징역 10년형을 마친 선생이 수소문 끝에 다시 만나게 된 아들은 앞을 보지 못하는 장애인이 되어 선생을 통곡하게 합니다.

오건해(1894~1963) 선생은 남편인 신건식(1889~1963) 선생과 함께 중국에서 독립운동을 펼쳤습니다. 딸 신순호와 사위 박영준, 형 신규식과 조카 신형호, 사돈 박찬익(1884~1949) 등 가족 모두가 독립운동에 참여했습니다. 임시정부의 살림을 도맡았고 1938년 '남목청사건'으로 총상을 입은 김구 선생을 지극정성으로 간호하여 회복시켰습니다.

조마리아(1862~1927) 여사는 국채보상운동에 참여하였으며, 사형선고를 받은 아들 안중근 의사에게 수의(壽衣)와 함께 "나라를 위해 떳떳하게 죽으라."는 편지를 보내 아들을 격려합니다. 1920년 가족과 상하이로 이주하여 임시정부의 김구, 이강(1878~1964), 김붕준(1888~1950) 등 여러 독립운동가 가족들 20여 명과 함께 살면서 아이들을 돌보아주고, 이주민들에게 위로와 평강을 주는 어머니 같은 존재이자 독립운동계의 문제를 해결해주는 원로 역할을 합니다. 상하이 임시정부 경제 후원회 정 위원을 지냈습니다.

권기옥 선생(1901~1988)은 한국의 첫 여성 비행사로 숭의여학교 재학 중 3 · 1 만세운동을 주도했고, 평남도청 폭파 사건에 관여한 혐의로 일제에 쫓기다가 1920년 중국으로 망명합니다. 조선총독부를 폭파하겠다는 생각으로 1923년 중국 남서부 원난 육군 항공학교에 입학하여 중국 공군에 10년간 몸담는 동안 비행기를 타고 항일전선에서 싸웁니다.

김마리아(1892~1944) 선생은 미국과 조선을 넘나들며 적극적인 독립운동을 펼칩니다. 일본 동경 유학 시절, 독립의 정당성을 알리기 위해 2.8 독립선언서를 몸에 감추고 국내로 잠입해 만세 시위를 이끌다가 일제 경찰에게 끌려가 모진 고문을 당합니다. 5개월의 옥고 끝에 석방된 후에도 당시 최대 여성 비밀 항일단체인 대한 애국 부인회를 재조직하고, 임시정부에 군자금을 모아 보내는 등 독립운동에 앞장섭니다. 선생은 고문하던 일제 검사가 탄복할 정도로 의지가 강했고, 안창호 선생도 "김마리아 같은 여성이 열 명만 있었어도 한국은 독립이 되었을 것" 이라는 말로 선생의 항일정신을 높이 평가했습니다.

여자 안중근으로 불렸던 남자현(1872~1933) 선생은 의병 투쟁에서 남편을 잃고 독립운동에 뛰어듭니다. 만주 일대의 독립자금 모금, 여성의 구국 의식 고취, 애국계몽운동에 앞장섰고, 1920년 8월 29일 국치 기념대회에서 동포끼리 대립과 분열이 격화되자 왼손 엄지손가락을 잘라 '조선은 독립을 원한다(朝鮮獨立願)'라는 혈서를 쓴 후 거침없는 소리로 통합을 강조해 '독립계의 대모', '세 손가락 여장군'으로도 불린 독립 영웅입니다. 1933년 만주 주재 일본 대사를 암살하기 위해 노파로 분장해 폭탄을 운반하다 체포돼 단식 투쟁 끝에 순국합니다.

개성 3·1 만세운동을 이끈 조화벽(1895~1975) 선생은 유관순 열사의 오빠인 유우석 선생의 아내로 '목숨을 걸고 조국 독립운동에 투신하겠다.'라는 호수돈 비밀 결사대의 맹약을 가슴에 담고 고향 양양 감리교회의 청년 지도자 김필선과 김주호 등에게 독립선언서를 전달합니다. 이렇게 타오르기 시작한 양양 3·1만세운동은 강원도 3·1 만세운동으로 들불처럼 번져나갑니다. 선생은 여성운동, 노동자 권익 보호, 교육 활동 등 다양한 애국 계몽활동에 투신하면서 민족의식과 독립정신을 전파합니다. 공주 영명여학교, 서울 배화여학교, 개성 호수돈여학교, 원산 루씨여학교, 진성여학교 교사로 근무하면서 급여의 일부를 임시정부의 독립자금으로 내놓았고, 양양에 정명학원을 설립해 애국 인재 양성에도 힘씁니다.

오광심(1910~1976) 선생은 독립운동가 김학규 선생의 아내로 1930년 조선혁명당에 가입해 본격적인 독립운동을 시작했고, 조선혁명당 산하 조선혁명군에 가담해 사령부 군수처(軍需處)에서 복무했으며 유격대 및 한중연합 항일전에 참여하여 주로 지하 연락을 맡습니다. 대한민국 애국부인회, 한국광복군에서 활동했습니다. 일본 경찰의 검문검색을 피하기 위해, 남경 등 관내 지역의 독립운동 상황이 담긴 장문의 보고서를 통째로 외워 만주의 조선혁명당 본부에 전달한 분입니다.

여성 독립운동가와 함께 떠오르는 곳이 서대문형무소입니다. 지금은 역사관으로 바뀌었으나 이곳은 조국의 독립을 쟁취하고자 일본 제국주의에 맞서 싸웠던 수많은 독립운동가가 투옥되어 고문과 죽임을 당한 처참한 역사의 현장입니다. 우리 민족의 수난과 고통을 상징하는 이곳에는 5,000여 독립운동가의 수형 기록표가 전시된 추모공간도 마련돼 있습니다.

여성 독립운동가를 따로 수감했던 여옥사도 있습니다. 유관순 열사 등 지도자급 여성 독립운동가들이 수감되었던 8호 감방을 포함해 여덟 개의 감방은 누군가의 딸이고 아내이고 어머니였을 많은 여성들이 독립운동에 참여했다는 사실을 알려주는 불행했던 역사의 아픈 공간입니다.

"당신의 희생이 우리의 현재이자, 미래입니다."

여옥사에 붙어 있는 존경의 글귀입니다. 최윤숙, 최정옥, 최현수, 한정희, 허정숙, 유관순, 고수복, 최복동, 어윤희, 이신애, 권애라, 심영식, 신관빈, 심영식, 노순경, 김향화, 이효정, 박진홍, 김원정, 김진현, 민금봉, 민인숙, 김향화, 임명애, 심명철…. 옥중에서도 독립만세를 외쳤던 여성 독립운동가에게 바치는 존경의 글귀가 대한민국의 현재와 미래를 생각하게 합니다.

안타까운 것은 서훈된 독립운동가 중 여성이 약 2%에 지나지 않는다는 사실입니다. 여성 독립운동가의 수가 적거나 업적이 위대하지 못해서가 아닙니다. 남존여비(男尊女卑) 사상이 팽배했던 시절이라 독립운동사 역시 남성 위주로 기록되다 보니 독립운동에서 여성 독립운동가 개개인이 어떤 역할을 했는지에 대한 자료가 많이 남아있지 않기 때문입니다. 독립운동가 뒤에 가장을 대신해 노부모를 봉양하고 어린 자식을 키워낸 독립운동가의 아내가 있습니다. 독립선언서를 속바지에 숨기고 태극기를 가슴에 품어서 전달하고, 아기를 업은 것처럼 위장해 무기를 옮긴 이 땅의 딸이 있습니다. 만세운동, 독립군의 의식주 지원, 독립자금 조달 및 전달, 정보 수집, 무력투쟁 등 최 일선에서 남성들과 어깨를 겨루며 투쟁한 여성도 있고 후계자 양성, 문맹 퇴치운동, 학생운동, 동맹휴업, 무궁화 전파 운동, 독서회 활동 등 민족의식을 일깨우기 위해 헌신한 여성도 있습니다.

여성들의 항일 투쟁사는 살아있는 역사입니다. 심사 기준을 충족하지 못한다는 이유로 서훈에서 제외된 많은 여성 독립운동가가 정당한 평가를 받기 바랍니다. 무명의 여성 독립운동가에게 명예로운 이름을 되찾아 드리는 일, 우리 후손들이 풀어야 할 숙제입니다.

조선의 독립을 도와준 외국인

우리나라의 독립을 위해 힘쓴 고마운 외국인 독립운동가도 있습니다. 2021년 2월 기준, 외국인 독립유공자는 총 70명입니다. 그중에는 자신의 나라 일본 정부로부터 핍박을 받으면서 조선인을 돕고 조선의 독립을 위해 물심양면 노력한 일본인도 적지 않습니다.

대표적인 인물이 일본의 인권 변호사이자 사회운동가인 후세 다쓰지*(布施辰治, 1880~1953)입니다. 일본 왕궁에 폭탄을 던진 의열단 김지섭 선생의 변론에 나섰던 다쓰지는 우리나라의 독립운동을 지원하고, 우리 민족의 인권을 위해 투쟁했습니다. 1919년 2.8 독립선언으로 체포된 조선 유학생들을 변론하기 시작해 1923년 박열(1902~1974)의 일왕 암살 미수 사건, 김지섭의 일본 왕궁 폭탄 투척 사건 등 일본에서 일어난 조선인 관련 법률사건 변호를 맡아 고군분투합니다. 특히 대심원 특별 법정에서 박열의 무죄를 주장했을 뿐 아니라, 박열과 함께 사형 판결을 받은 가네코 후미코가 옥사하자, 그녀의 유골을 인수하여 박열의 고향 묘지에 매장할 수 있도록 돕습니다.

1923년 관동대학살 때는 『동아일보』와 『조선일보』에 조선인 학살에 대한 사죄와 책임을 통감한다는 내용의 사죄문을 보냅니다. 이후 세 차례에 걸쳐 우리나라를 방문해 의열단원 김시현(1883~1966)의 조선총독부 요인 암살 기도 사건, 제1, 2차 조선공산당 사건 등에 대해 무료 변론을 맡았고, 이 일로 인해 일본에서 변호사 자격을 세 번이나 박탈당하고 두 번이나 투옥당합니다. 다쓰지 변호사에게는 2004년 일본인으로는 처음으로 대한민국 건국훈장이 주어졌습니다.

* 후세 다쓰지, 나카니시 이노스케 공저, 박현석 번역, 『운명의 승리자 박열』(현인 2017)

2018년 가네코 후미코[*](金子文子)가 일본인으로는 두 번째로 건국훈장 애국장에 추서됩니다. 후미코는 1923년 10월 남편 박열 의사와 함께 히로히토 황태자의 혼례식 때 암살을 기도한 죄로 체포되어 사형을 언도받고 복역 중 1926년 7월 23일 우쓰노미야 형무소에서 의문의 죽음을 맞습니다. 식민지 조선을 지배하는 일왕에 반대하여 조선 민족과의 공동 투쟁을 선언했으며, 일본 제국주의에 대한 저항과 식민지 조선의 독립에 힘썼습니다.

독립유공자로는 추서되지 않았지만 조선과 조선인을 깊이 이해했던 일본인도 많습니다. 1910년대 일제의 한반도 무단통치를 강력하게 비판했던 요시노 사쿠조(吉野作造, 1878~1933) 도쿄제국 대학교 교수는 한인 유학생들의 2.8 독립운동을 지지했고, 3·1 만세운동 직후에는 "일본 국민은 반성이 없다. 자신들에 대한 반대 운동이 일어났을 때 이를 근본적으로 해결하는 첫 과제는 자기반성이 아니면 안 된다."라는 질책을 서슴지 않았습니다. 한인 유학생들의 정신적 지주 역할을 하며 경제적 지원도 아끼지 않았던 냉철한 일본인으로 꼽힙니다.

종교 철학가이자 미술평론가로 민예 운동을 창시한 조야나기 무네요시[**](柳宗悦, 1889~1961)는 조선 예술에 대한 각종 저술을 통해 조선 미학을 정립하고, 조선의 문화를 보존시키기 위해 조선민속박물관을 세웁니다. 경복궁을 해체하고 그 앞에 서양식 조선총독부 건물을 세운 것을 보고 광화문 철거에 반대하여 『동아일보』에 광화문의 의미를 일깨우는 한편 일제의 야만적인 문화재 파괴 행위를 비난하는 내용의 「사라지려는 조선 건축을 위해」라는 글을 발표합니다. 제암리 교회 학살 사건 당시 「조선인을 생각한다」라는 글에서도 일본의 군국주의와 총독부의 정책에 대한 비난을 쏟아냅니다. 유구한 역사와 문화를 지닌 조선의 민족정신과 문화

---

*   야마다 쇼지 저, 정선태 번역, 『가네코 후미코』 (산처럼, 2003)

**   가토 리에, 권석영, 이병진, 가지야 타카시, 구리타 쿠니에, 다케나카 히토시, 이상진, 신나경, 조윤정 지음, 『야나기 무네요시와 한국』 (소명출판, 2012)

유산을 사랑한 그는 '조선인보다 더욱 조선을 사랑한 일본인'이라는 평가와 함께 사후인 1984년 대한민국 정부로부터 보관문화훈장을 수여받습니다. 그러나 지금은 또 몇몇 사학자나 미학자들에 의해서 다른 평가가 나오고 있지만 그가 조선미학의 초기 이론을 정립했다는 사실은 변할 수 없을 것 같습니다.

윤봉길 의거 후 일본 외무성·조선총독부·상하이 주둔군 사령부가 각각 20만 원씩 총 60만 대양(大洋)이라는 천문학적 숫자의 현상금이 걸린 김구 선생의 은신과 도피를 도와준 외국인도 있습니다.

장로교 선교사로 조선의 독립운동가를 지원했던 아버지의 영향을 받은 미국인 목사 애슈모어 피치*(George A. Fitch, 1883~1979)는 김구 선생을 비롯한 김철, 안공근, 엄항섭 등 임정 요인들에게 자신의 집 2층을 은신처로 내줍니다. 일제의 포위망이 좁혀지자 김구 선생과 아내 제럴딘을 미국인 부부로 위장시키고 자신은 운전수가 되어 자싱으로의 탈출을 돕습니다. 윤봉길 의거 이후 일본 경찰의 조선인 불법 체포와 검문에 항의하는 서한을 프랑스 조계 지역 언론과 경찰에 보냈고, 1937년 일본의 난징(南京) 대학살 때는 난징의 외국인들과 함께 국제위원회를 조직해 일제의 만행을 세계에 고발합니다. 1940년대에는 중국 국민당 정부가 임시정부를 승인하도록 돕습니다.

탈출에 성공한 김구 선생은 신해혁명의 원로이며 상하이 법학원장이자 항일구원회(抗日救援會) 회장인 저보성(褚輔成 주푸청, 1873~1948)의 도움으로 저씨 집안에서 경영하던 자신의 종이공장 수륜 사창(秀綸紗廠)으로 피신합니다. 임시정부 요인들이 거처를 옮길 때마다 아들, 며느리를 동원해 도피를 도와준 저보성 회장에게는 1996년 대한민국 건국훈장이 주어졌습니다.

남녀 간의 애정이 아니었다 하더라도 김구 선생의 도피생활을 돕기 위해 1933

＊　문영숙, 〈임시정부 100년 ③ 임정 루트를 가다〉 (중앙일보, 2019)

년부터 5년 동안 부부로 위장하여 운하를 돌며 배에서 함께 생활했던 중국인 처녀 뱃사공 주아이바오(朱愛寶)의 헌신도 애틋합니다. 일본 경찰이 자싱의 피난처를 급습하자 며느리의 친정인 저장성 하이옌(海鹽)으로 김구 선생을 피신시켰던 저보성은 반년 후 자싱으로 돌아온 김구 선생을 보호하기 위해 처녀 뱃사공 주아이바오와 부부로 위장시켜 일본 경찰의 눈을 피하게 합니다. 주아이바오는 난징에서도 광둥 출신 골동품상 부부로 위장해 김구 선생의 도피생활을 돕습니다. 하지만 이들은 1938년 난징이 일본에 함락되어 후난성(湖南省) 창사(長沙)로 가게 된 김구 선생이 주아이바오를 잠시 자싱으로 돌려보내면서 영원한 이별로 이어졌고 주아이바오의 생사도 알 수 없게 됩니다.

훗날 중국의 여류 작가 하련생이 백범과 처녀뱃사공 이야기를 재구성하여 『선월(船月)』(범우사, 2007년 발간)이라는 소설로 발표하면서 국내에도 소개된 바 있습니다만 널리 읽히진 않은 것 같습니다.

불교계의 항일투쟁*

　일제강점기라는 역사적 암흑기, 바람 앞의 등불 같은 조국의 암담한 현실 속에서도 민족자존과 독립에 대한 지조를 잃지 않았던 스님들은 선각자들을 중심으로 독립운동에 뛰어들었습니다. 3·1 만세운동을 전후해서 맹렬히 타오르기 시작한 불교계의 독립운동은 1945년 8월 15일 독립이 될 때까지 끊임없는 항일투쟁으로 이어졌습니다.

　전국의 주요 사찰도 독립군 근거지나 연락처 역할을 수행했습니다. 하지만 일제의 감시망을 피해야 했던 당시의 시대 상황으로 인해 관련 기록이나, 회고, 증언 등을 적극적으로 남겨놓지 않아 그 전모가 제대로 밝혀지지 않고 있어 안타까울 따름입니다.

　3·1 만세운동에 기폭제 역할을 한 제주도 무오 법정사(戊午 法井寺) 항일운동의 주역인 김연일**(金蓮日, 1871~?) 스님도 그 중 한 분입니다. 김연일 스님께서는 3·1 만세운동이 일어나기 약 5개월 전인 1918년 10월 중문지역에서 강창규, 방동화 스님과 함께, 무장봉기한 일반 민중 등 700여 명을 이끌고 대규모 무장투쟁을 지휘하셨습니다. 항일투쟁 결과 주동자인 김연일 스님이 10년 징역형을 언도받았고, 수형자가 33명, 체포된 사람이 68명, 가담자가 수백 명에 달하였습니다. 제주도에서 일어났던 최초의 독립운동이자 최대의 무장 항일운동이었던 무오 법정사 항일운동은 일본 주재소를 습격하고 일본 경찰을 응징하는 등 엄청난 파장을 불러왔으며 제주 의병항쟁, 해녀 항일운동, 조천 만세운동과 더불어 제주 4대

＊　　김광식,《불교평론》─일제하 불교계 독립운동의 전개와 성격/ (불교평론, 2008)
＊＊　제주특별자치도 보훈청 제주항일기념관, 『제주항일항쟁사』 (휴먼컬처아리랑, 2016)

항일운동으로 꼽히고 있습니다.

이 무장투쟁을 주도한 중심 승려 중 좌(左) 대장 방동화(房東華, 1887~1970) 스님은 '법정사 항일운동' 외에도 '조선불교 혁신 전도 승려대회' 등 굵직굵직한 제주 불교 역사의 현장에서 현실을 회피하지 않고 몸으로 부딪히며 민족의 독립과 불교의 개혁을 위해 보살의 삶을 살다 가신 제주 불교의 선구자이십니다.

우(右) 대장 강창규(姜昌奎, 1872~1960년대?) 스님은 거사 후 소요 및 보안법 위반죄, 방화죄, 체포 교사죄로 징역 8년형을 구형 받고, 참여한 사람 중 가장 오랜 기간인 5년 11개월 8일 동안 수감생활을 하셨습니다.

만해 한용운*(萬海 韓龍雲, 1879~1944) 스님은 일제강점기의 승려이자 시인, 독립운동가로 널리 알려진 분입니다. 불교를 통한 언론, 교육 활동과 종래의 무능한 불교를 개혁하고 불교의 현실 참여를 주장하셨으며, 3·1 만세운동 당시 민족대표 33인에 참여해 독립선언서의 '공약 3장'을 추가 보완하셨습니다. 강연과 집필을 통해 민족의식을 고취하고 다방면의 사회활동에 참여하였으며 광주학생운동 사건으로 구속되기도 하셨습니다.

민족대표 33인 중 한 분인 백용성**(白龍城, 1864~1940) 스님은 최후의 일인까지, 최후의 일각까지 민족 독립 의사를 밝히라고 독려하셨던 분입니다. 용성 스님은 3·1 만세운동을 준비하는 과정에서 천도교 손병희 교주와 함께 "국호는 대한제국 황제의 나라가 아니라 백성의 나라이니 대한민국으로 하고, 국기는 좋은 뜻을 담고 있는 태극기로 하자."라고 주장해 민족대표들의 동의를 얻어내셨습니다.

용성 스님은 3·1 만세운동으로 1년 6개월의 옥고를 치르는 동안, 목사들이

---

*　　임중빈, 『만해 한용운』 (범우사, 2000)

**　　김광식, 『백용성 연구』 (동국대학교출판부, 2017)

읽는 한글 성경을 보고 큰 충격을 받아 1921년 한국불교 사상 처음으로 한글판 금강경을 출간하셨고, 이후 1930년에는 대각사에서 윤봉길 의사를 불자로 삼은 후, 항일운동을 위해 상하이 임시정부로 보냈습니다. 1938년에는 직접 중국으로 건너가 장제스, 장쉐량, 마오쩌둥을 차례로 만나 대한의사군 무장 진격 작전을 피력하고 지원을 요청하셨습니다. 귀국하여 대한의사군을 모집하기도 했으나 안타깝게도 일제 밀정에 의해 북간도에 마련했던 독립군의 거소가 완전히 파괴됨으로써 21만 명의 조 · 중 무장 진격 작전은 수포로 돌아가고 말았습니다.

왜색불교를 거부하는 항일 불교운동의 지주로서 한국불교의 자존심을 지킨 지도자이기도 하셨던 백용성 스님은 다수 경전의 한글 번역 및 출간, 만일 참선 결사회 조직, 대처식육 반대 건백서 제출, 대각교 창설, 만주에 포교당 개설, 혁신적인 포교 활동 등 불교계의 발전에도 큰 족적을 남기셨습니다.

백초월*(白初月, 1878~1944) 스님은 2019년 3 · 1절 100주년 기념식장에 문재인 대통령이 들고 입장했던 진관사 태극기(등록문화재 제458호)의 주인공입니다. 2009년 진관사 칠성각 해체 복원공사 시 불에 그슬린 태극기로 싼 사료 뭉치가 발견됐습니다. 독립운동 현장에서 사용됐던 것으로 보이는 이 태극기는 일장기의 붉은색 위에 청색을 덧칠해 만든 것이었으며, 사료 뭉치 속에는 상하이에서 펴낸 임시정부의 기관지 『독립신문』과 단재 신채호 선생이 만든 『신대한』, 그리고 국내에서 비밀리에 발행했던 『조선 독립신문』, 『자유신종보』가 들어있었습니다.

백초월 스님이 계시던 진관사는 불교계 독립운동의 거점이었습니다. 스님께서는 불상이나 불교에 관련된 유물을 가장해 상해 임시정부에 꾸준히 군자금을 보내셨다고 합니다.

초월 스님께서는 백용성 · 한용운 스님 등 독립운동을 주도했던 스님들이 수

---

* 　김광식, 『백초월-독립운동가 초월 스님의 불꽃같은 삶』(민족사, 2014)

감되자, 중앙학림 안에 전국 불교도 독립운동 본부 격인 '한국민단본부'라는 비밀단체를 조직해 지하신문인 『혁신 공보』를 제작 배포하고 군자금 모집, 임시정부에 승려를 파견하고 후원하는 등 다양한 활동으로 일제에 맞서 싸우셨습니다. 진관사 독립운동 거점화, 항일 비밀조직인 일심교 조직, 용산역 항일 낙서 사건을 주도하였고, 일제에 의해 여러 번 구속된 끝에 청주교도소에서 순국하셨습니다.

독립운동 혐의로 합천 경찰서에 연행돼 고초를 겪고 옥사한 해인사 주지 고경[*](古鏡, 1882~1943) 스님도 계십니다. 스님은 대표적 친일 승려인 강대련(姜大連)을 경성 한복판에서 명고축출(鳴鼓逐出)한 조선불교 유신회와 한용운 스님을 중심으로 결성된 항일 비밀 결사체 '만당(卍黨)'에 참여하는 등 조선의 독립과 조선불교의 중흥을 위해 헌신하셨습니다.

김성숙[**](金星淑, 1898~1969) 스님은 19세가 되던 해 독립군에 가담하기 위해 만주로 갔다가 일본 헌병에 구금되어 목적을 달성하지 못하게 되자 그 길로 용문사에서 출가해 3·1운동에 참여하셨습니다. 3·1 만세운동 당시 봉선사 스님 신분으로 경기도 양주와 포천 지역에 독립선언서를 배포하고 만세 시위를 주도해 서대문 형무소에서 2년간 옥고를 치르셨습니다. 25세 때 중국 북경에 유학한 뒤 중국 각지를 돌며 본격적인 항일투쟁에 뛰어드셨습니다. 조선불교 유신회 참여, 의열단 활동 및 광주 봉기 참여, 조선민족 해방동맹, 조선민족전선연맹, 조선 의용대 창설, 중경 임시정부 참여 등의 활동을 하셨습니다.

한암(漢巖) 스님의 상좌였던 조용명(曹龍溟, 1906~2003) 스님은 통도사 종립 학교였던 통도 중학교(지금의 보광중학교 전신) 교사로 재직하면서 일본어와 일본 연호

---

* 　이성수 기자, [근현대 선지식의 천진면목] 77. 덕원고경-《불교신문》 2582호 2009년

** 　신동준, 『인식과 재인식을 넘어서: 『아리랑』의 김산과 김성숙의 삶을 통해 본 민족혁명의 실체』 (인간사랑, 2008)

사용 금지, 애국지사 순방 등 배일사상과 민족의식을 고취하는 항일운동을 하다가 1942년에 구속되어 2년의 옥고를 치르셨습니다.

김법린(金法麟, 1899~1964) 스님도 3 · 1 만세운동 때 영남지역의 불교계 독립만세운동에 참가했습니다. 1920년 불교 중앙 학림을 졸업하고 이듬해 프랑스 파리대학 철학과를 졸업한 후 1928년 백성욱, 김상호 등과 함께 조선불교청년회를 만들어 조선불교의 중흥을 도모하셨습니다.

1929년 조선불교 선교 양종 승려대회 개최, 1930년 한용운 스님의 뜻을 이어 항일 비밀결사조직 '만당' 결성, 1931년 동경에 조선 청년동맹을 조직하여 독립운동을 벌였습니다. 1933년부터는 다솔사, 해인사, 범어사 등 사찰을 다니면서 불교 강의를 통해 독립정신의 고취에 힘을 쏟으셨습니다.

1938년 만당 사건으로 진주에서 검거되어 옥고를 치렀으며, 1942년 조선어학회 사건으로 함흥에서 투옥되었습니다. 출소 후에도 다시 독립운동에 가담하여 불교계의 독립정신 고취에 앞장서셨습니다. 1945년 불교중앙 총무 위원직을 맡았을 때에는 민국정 장관 하지를 만나 일본인 승려들이 머물렀던 사찰을 종단에서 인수할 수 있게 협의하는 등 다방면의 불교 혁신 운동에도 많은 노력을 기울이셨습니다.

김법린 스님은 세속을 떠난 승려의 신분이면서도 독립운동과 정치활동, 교육계의 활동에 주력하였으며 불교 대중화와 대승불교운동을 제창한 불교 혁신론자로서 불교계의 정화와 발전을 위해서 노력을 기울였던 행정승이자 학자로도 높은 평가를 받고 있습니다.

한암 스님의 선사상(禪思想)

「선문답 21조」를 비롯해 「참선곡」, 「직절 법문(直切法文)」에서도 한암(漢巖) 스님의 선사상을 엿볼 수 있습니다. 「선문답 21조」와 함께 동국대 박물관에 소장되어 있던 우리말 「참선곡(參禪曲)」은 음력 1월 15일, 지전 하담(河淡) 스님의 요청을 받은 스님께서 국한문 혼용의 장편 가사를 이용해 참선의 필요성과 수행의 방편 등을 쉽게 설법한 내용입니다.

이 밖에도 「금강산 만일암 선회 선중 방함록 서」와 「소참 법문 거활 방편」, 「달마 대사 절로도강도찬(達磨大師 折蘆渡江圖賛)」, 「오대산 상원사와 설악산 오세암 답사기」도 스님의 선지와 중생 구제의 간절한 자비심과 철저한 율행(律行)을 엿볼 수 있는 좋은 자료들입니다.

〈참선곡〉

　　가련하다 우리 인생 허망하기 그지없네.

　　어제같이 청춘 시절 어언간 백발일세. 백옥같이 곱던 얼굴 검버섯은 웬일이며, 눈물 콧물 저절로 흘러 정신조차 희미하다. 오호라, 이 내 몸이 믿을 것이 하나 없네.

　　풀끝에 이슬이요, 바람 속에 등불이라. 아침나절 건강하던 몸이 저녁나절 병이 들어 에구에구 고통 소리 팔다리와 온몸의 뼈마디를 오려낸다. 천당 갈지 지옥 갈지 앞길이 망연하니, 나무아미타불(阿彌陀佛) 10번만 염송하면 극락 왕생한다고 일렀으나 아픈 생각 앞을 가려 염불 생각 아니나니 목이 말라야 우물을 팔수밖에 없네.

처자 권속 사랑하나 나를 위해 대신 가며 금은 옥백 쌓았으나 뇌물 바쳐 면할수 있을까. 돈궤, 쌀독, 살림살이, 이부자리, 맛난 음식, 하루아침에 다 버리고 이내 고독한 영혼이 홀로 가니 아득한 황천길에 따르나니 업뿐일세. 내가 저지른 일을 내가 받는 것이니, 모든 것이 내 탓이라 누구를 원망하랴.

이러므로 지혜로운 자는 초년 발심 출가하여 애 · 욕 · 정을 다 버리고 부지런히 공부하네. 욕계(欲界) · 색계(色界) · 무색계의 큰 스승 부처님이 간절히 이르시되 마음 깨쳐 성불하여 불생불멸 저 국토에 법신과 열반의 네 가지 덕 상락아정무위도(常樂我淨無爲道)를 사람마다 다 된다고 팔만 경장에 전했으니 어서어서 닦아보세. 닦는 길을 말하려면 팔만사천 많은 법문, 바닷물로 먹물 삼아 쓴다해도 못다 하니 대강 추려 적어보세. 몸뚱이는 송장이요, 망상번뇌 본래 없네.

앉고 눕고 가고 오고 잠도 자고 일도 하고, 사람 대해 말을 하며 글도 읽고 사기(史記) 쓰며 배고프면 밥을 먹고 목마르면 물을 마셔 모든 곳 모든 때에 밝고 밝게 아는 것이 이것이 무엇인가?

크고 작은 모든 일들 찾아보면 전혀 없네.

이 무슨 도리인가? 없는 것인가 있는 것인가, 그 뜻을 알 수 없네. 들어가고 들어오며, 찾아가고 찾아오며, 의심하고 의심하며, 보아 가고 보아 오되, 하루도 열두 때와 오줌 누고 똥 눌 때며, 사무 보고 길 갈 때며, 밥 먹고 옷 입을 때 조금도 쉬지 않고 부지런히 화두 들어 전후의 생각이 끊어지고 한 생각이 뚜렷해져서 먹는 것도 자는 것도 잊게 되는 이때가 좋은 때니 홀연히 깨달으면 본래 생긴 나의 부처 세파에 젖지 않은 본래의 모습 절묘하다.

희지도 검지도 않고, 늙지도 젊지도 않고, 크지도 적지도 않고, 나지도 죽지도 않고 모든 명상마저 다 없어져 활짝 열려 막힘없네. 천만 법문 무량한 뜻, 한 분 상 마음자리 옛 조사께서 이르신 말씀 과연 허언(虛言)이 아니로세.

선지식을 찾아가서 분명히 인가받아 다시 의심 없앤 후에 여래의 가르침을 잊지 마소. 계율 성곽(戒律城郭) 높이 쌓아 안팎으로 깨끗하게 살피소서. 수행 없는 참 수행과, 방편 없는 참 방편은 과거, 현재, 미래에 걸치는 일체의 모든 부처와 역대 조사들이 이구동성으로 일렀으니 스스로 잘난 체 우쭐대지 말고 부디 재능을 숨기어 감춤으로써 보양(保養)하는 본을 보소.

지혜는 번갯불 같고 수행은 빈궁한 자식같이, 문수보살 이른 말씀 본색납자(本色衲子) 진도인(眞道人)이 어찌하여 명예와 이익을 좇을손가. 띠집 토굴 깊은 곳과 사람 많고 시끄러운 곳 인연 따라 자유롭고, 지혜검(智慧劍) 날을 세워 오욕팔풍(五欲八風) 역순경계(逆順境界) 봄눈같이 사라지고 불성계의 보배 마음의 도장은 가을밤의 달같이 새로워라. 맑은 바람 끝없이 이는 곳에 맨땅의 흰 소 잡아타고 구멍 없는 피리 들고 태평가 한 곡 더욱 좋다. 부처의 본성이 최고의 방법 꿈 속 같은 이 세상에 빈 배같이 떠돌면서 인연 중생 제도하면 부처의 큰 덕을 갚는 일이 아닌가.

모든 중생의 몸을 자신의 몸처럼 생각하는 자비스러운 마음으로 병든 걸인 괄시 마소. 평등원각(平等圓覺) 대가람(大伽藍)에 훨훨 자유로운 건 나뿐이다. 수풀 계곡 한적한 곳 무심한 객을 누가 알랴. 여보시오, 뜻있는 남자들은 이 내 말씀 들어보소.

부처님 말씀 안 믿으면 무슨 말을 믿으며, 사람 되어 안 닦으면 어디에서 닦겠는가. 쓸데없는 탐욕과 사랑과 뜻은 싹도 없이 잘라내고, 자기에게 있는 보물 부지런히 살피시오. 시간이 무상하여 늙는 것만 재촉하니 서산 해 다 저문 때 후회한들 무엇하나. 푸줏간에 가는 소는 발자국마다 사지(死地)로세. 세월이 무정하여 백 년이 잠시로다.

예전 사람은 공부할 때 하루해를 허송하면 다리 뻗고 울었거늘 나는 어이 헛되이 하루를 보내며, 예전 사람은 공부할 때 잠 오는 걸 이기려고 송곳으로 찔렀거늘 나는 어이 게으른가. 참선 잘한 저 도인은 앉아 죽고 서서 죽고 마음대로 자유로우니 나도 어서 정진하여 섣달그믐 당하거든 극락왕생하여 보세.

아뢸 말씀 무궁하나 공부에 방해될까 이만 대강 그치오니 출격장부(出格丈夫) 살피시오. 석가모니 부처의 교훈 방편 자기에게 돌이켜서 진실하게 참구하고, 말에 끌려 안다 마소.

다시 한 말 있사오니 오늘은 임술(壬戌)년 정월 십오일(正月十五日)이올시다.

봉래산인 한암(漢巖) 중원은 감로봉 아래 건봉사 선원 방장실에서 이를 짓습니다.

염불과 참선이 둘이 아님을 명쾌하게 밝히고 있는 「건봉사 만일암 선회 선중 방함록 서(乾鳳寺 萬日菴 禪會 禪衆 芳啣錄 序)」 역시 동안거 해제 때 지은 것으로, 『한암선사법어』에 수록되어 있습니다.

방함록은 안거에 참여한 스님들의 직명, 성명, 법명, 나이, 본적, 사명(寺名) 따위를 적어두는 기록입니다. 이 글을 보면 '1921년의 가을 9월 상순에 건봉사 주지 이대련 (중략) 온 절의 대중과 마음을 모아 협의한 결과, 예전의 만일암 염불회를 폐지하고 새로운 선회(禪會)를 설치하기 위해 각 처의 선객들을 초청해…'라는 구절이 있는데, 이는 당시 건봉사 주지였던 대련덕문(大蓮德文) 스님이 선회를 열었다는 사실을 뒷받침합니다. 건봉사 선회 조실은 한암(漢巖) 스님이었고, 32명의 수좌가 정진을 했으며, 동산(東山) 스님이 서기 소임을 보았다고 합니다.

〈건봉사 만일암 선회 선중 방함록 서〉

달마 조사께서 짚신 한 짝을 남기신 후 1385년이 지난 신유(1921년) 가을 9월 상순에, 건봉사 주지 이대련, 감무 이금암, 전 주지 이운파와 산중의 모든 대중들이, 마음을 모으고 협의하여, 예부터 내려오던 만일암 염불회(念佛會)를 폐지하고, 선회(禪會)를 신설하여 제방의 참선인을 초빙하여 참선 수도로써 국가와 사회에 복이 되는 터전을 삼으니 실로 한 시대의 성대한 일이다.

나는 내금강 장안사에 있을 때 초청을 받고 분에 넘게 이 법회를 주관하게 되었는데, 어느 날 한 객승이 나에게 "옛사람이 말하기를, '염불과 참선은 본래 둘이 아니다'라고 했는데, 이제 염불회를 폐지하고 선원(禪院)을 만든 것은 무엇 때문입니까?"라고 물었다.

내가 "그대는 단지 그것이 둘이 아니라는 말만 들었을 뿐, 둘이 아닌(不二) 그 뜻은 모르니, 과연 어떻게 말할 수 있겠는가?"라고 하니 객승이 무슨 뜻이냐고 되물었다.

내가 다시 말하였다.

"염불이란, 저 부처님을 염하여 청정한 세계에 태어남을 구하는 것이다. 청정한 세계가 있기 때문에 더러운 세계가 있는 것이다. (自性佛이 아닌) 타불(他佛)을 생각하여 친견하기를 구하기 때문에 자기는 애당초 범부라고 생각하게 되는 것이다. 이렇듯 범부와 부처가 이미 둘이요, 청정한 세계와 더러운 세계가 이미 둘이라면 좋아함과 싫어함, 취함과 버림의 마음이 발생하지 않을 수 없기 때문에 세상사에 갖가지 차별이 항상 나타나는 것이다.

참선자가 처음 발심할 때에 곧바로 자기 마음이 부처임을 확립하여, 한 생각의 방향을 바꾸면 광겁의 무명도 곧바로 얼음 녹듯 사라질 것이다. 이와 같이 하면 범부와 성인, 청정함과 더러움, 좋아함과 싫어함, 취하고 버리는 마음이 다시 어느 곳에 발붙일 수 있겠는가. 이로 미루어 살펴본다면(그대의 생각대로라면), 참선과 염불의 두 가지 길은 그 거리가 마치 하늘과 땅처럼 멀어져 버릴 것이니 어떻게 하나로 만들 수가 있겠는가?"

객승이 깜짝 놀라 일어나서 말했다.

"스님의 말씀을 듣고 보니 제가 '염불과 참선이 둘이 아니다.' 운운한 말이 부질없는 망령된 말임을 깨닫게 되었습니다."

나는 다시 객승에게 길게 설명했다.

"그 말은 망령된 말이 아니다. 그대가 실로 그 도리를 잘 모르기 때문이다. 태고 화상께서 말하기를 '곧 중생이 가진 본성 속에 부처의 불성이 들어있음 생각하여, 가고 머물고 앉고 눕는 수행자의 네 가지 몸가짐에 있어 한 시라도 마음과 마음이 끊어지지 않게 하고, 생각이 혼매하지 않게 하되, 정밀하게 반조하여 아미타불을 생각하는 자는 누구인가? 오랫동안 공부를 하다 보면 잠깐 사이에 마음과 생각이 끊어지고 아미타불의 진체(眞體)가 뚜렷이 앞에 나타나게 될 것이다.'라고 하였다. 또 나옹 조사가 여동생에게 보낸 편지에 다음과 같은 게송이 있다.

아미타불은 어느 곳에 계시는가?
간절히 마음에 새겨 잊지 말아라.

생각이 다하고 다하여 생각 없는 곳에 이르면

눈과 귀, 코, 입, 몸과 뜻에서 항상 붉은 금빛이 빛나리라.

'반조(返照) 하여 아미타불을 생각하는 자는 누구인가?' 이것이 '한 생각의 방향을 바꾼다.'라는 말이 아니겠는가. 그리고 '생각하고 생각하여 생각이 없는 곳에 이른다.'라는 것은 '광겁의 무명이 곧바로 얼음처럼 녹아진다.'라는 말이 아니겠는가. 이것이 곧 '염불과 참선이 둘이 아니다.'라는 이치이다.

이 건봉사는 발징(發徵, ?~796) 화상께서 원력으로 태어나서, 31인이 수행하여 함께 몸을 버리고 왕생한 이후로 오늘날에 이르기까지 일천여 년을 흘러오는 동안 법과 도가 모두 쇠퇴하여 서방정토에 태어나기를 염원하는 자들은 모두가 소리 높여 염불하는 것을 최고의 법칙으로 생각한 나머지 모두가 중생의 자성이 곧 아미타불이라는 석가모니 부처의 진실한 가르침을 돌이켜 바라볼 줄 모르고 있다.

보조 국사께서는 '사랑을 받고자 하는 마음으로 불상을 바라보고 부처의 이름을 외워서 오랜 세월이 흐르면, 대부분 마귀와 도깨비에게 포섭되어 엎어지고 미쳐서 한없이 시달리느라 공부가 헛수고가 된다.'라고 하셨는데, 그 말씀이 바로 이를 지칭한 말이다. 어찌 마음 아픈 일이 아니겠는가.

그러므로 옛 스님이 말하기를, '천리 길을 가려면 첫 발을 바르게 내디뎌야 한다.'라고 하였다. 불법을 배우는 사람은 맨 처음 선택을 분명히 하고 이치를 깨달아 닦아 나아가지 않으면 안 된다. 이때 만일 옛 습관을 개혁하여 바른길을 열어 보여주지 않는다면 장차 어떻게 큰 법을 유지하여 무궁하게 전할 수 있겠는가. 이것이 이른바 옛날의 염불회를 폐지하고 선원으로 만든 간절한 노파심이다."

그러자 객승이 다시 물었다.

"그렇다면 오늘로부터 중생의 자성이 곧 아미타불이라고 생각하되, 반조하여 아미타불을 생각하는 자는 누구인가? 이렇게 바라보며 한 생각 한 생각이 혼매하지 않게 한다면 그것이 선회(禪會)를 신설한 본래의 뜻에 맞는 것입니까?"

내가 말하였다.

"그만두게, 그만두게. 그대가 그와 같이 나에게 묻기에 나 역시 그와 같이 대답하지 않을 수 없었던 것이지 그 또한 나의 진실한 뜻이 아니네."

객승이 말하였다.

"오롯이 생각이 끊기고 화두를 들어 마음과 마음이 끊어짐이 없게 한다면 궁극의 깨달음을 기약할 수 있습니까?"

"그만두게, 그만두게. 그 또한 나의 진실한 뜻이 아니네."

"그렇다면 어떻게 하는 것이 분명하고 확실하게 합일하는 것입니까?"

나는 주장자로 법상을 한차례 치면서 말하였다.

"금강산 일만 이천 봉이 높은 것은 높이 솟아 있고 낮은 것은 낮게 솟아 있네. 알겠는가? 만일 이를 알지 못한다면, 아래 문장의 뜻풀이를 들어라."

조금 있다가 말하기를,

"막야 명검을 비껴들고 바른 명령을 받드니
태평한 온 누리에 어리석고 사나움을 모두 베노라."

객승이 수긍하고 나갔다가, 잠시 후 이를 기록하여 주기를 청하기에 이 하나의 말을 첫 머리의 서문으로 붙여 선중(禪衆)의 방함록으로 삼고자 이를 기록하는 바이다.

-세존 응화 2949(1922년) 임술 정월 해제 후 3일

한암(漢巖) 중원 삼가 적다

봉은사 조실로 대홍수 수해 구제

　금강산에 계시던 한암(漢巖) 스님께서는 1923년(불기 2950년, 48세) 서울 강남에 있는 봉은사(奉恩寺) 조실로 추대되어 자리를 옮기셨습니다. 봉은사는 신라의 고승 연회국사(緣會國師, 8~9세기)가 794년(원성왕 10년)에 견성사라는 이름으로 창건한 절로 전국의 30본산 중에서도 갑찰(甲刹) 대본사라 일컬어졌던 사찰입니다.

　역대 조사(祖師)로는 연회 국사를 필두로 조선불교의 중흥조 허응당 보우대사(虛應堂 普雨大師, 1509~1565), 조선 중기 한국불교의 선맥을 이은 고승이자 임진왜란 시 승병장으로도 유명한 서산 휴정대사(西山 休靜大師, 1520~1604), 1604년 일본과 강화협상을 맺으라는 선조의 명에 따라 대일강화 전권 특사로 임명되어 단신으로 일본으로 건너가 일본 황제의 항복서를 받고 많은 문화재와 포로 3,500여 명을 석방시켜 돌아온 사명 유정대사(四溟 惟政大師, 1544~1610), 임진왜란과 병자호란 때 의승(義僧)을 일으켰던 벽암 각성선사(碧巖 覺性禪師, 1575~1660), 부처님께 보은하기 위하여 봉은사를 비롯한 지장암, 내원암, 홍국사 등에서 삼배 일자(三拜一字)로 경판의 판각에 주력하셨던 남호 영기율사(南湖 永奇律師, 1820~1872), 주권상실의 암담한 현실을 직시하고 불교의 진리로 세간을 구하는 갖가지 실천행을 펼치셨던 청호화상(晴湖和尙, 1875~1934) 등이 한암(漢巖) 스님보다 먼저 봉은사에 주석하셨습니다.

　한암(漢巖) 스님께서 2년간 조실로 계시다가 1925년 "차라리 천고에 자취를 감춘 학이 될지언정 춘삼월에 말 잘하는 앵무새 재주는 배우지 않겠다"라는 말을 남기고 오대산 상원사로 들어가신 후에는 독립운동가이자 학자로 불교 포교 및 후학 양성에 힘쓰셨던 운허 용하 대종사(耘虛 龍夏大宗師, 1892~1980), 현대의 고승으로 불교계의 정화를 위해 헌신하신 금오 태전 대종사(金烏 太田大宗師, 1896~1968), 조계종 종정 및 봉은사 주지와 대학생 수도원의 조실을 역임하며 불교 홍법과 절의 발전에 크게 공헌하신 청담당 순호 대종사(靑潭堂 淳浩大宗師, 1902~1971), 노장철학과 서양철학에 심취하여 걸어 다니는 철학사전으로 불리기도 했던 젊은 시절을 거쳐 세수 47세에 홀연 출가하여 법랍 46세로 입적하여 세간과 출세간의 삶을 살다 갔다는 후문을 남기신 이목당 서운 대종사(이목당 瑞雲 大宗師, 1903~1955), 월정사 한암(漢巖) 스님으로부터 비구계를 받아 승문에 든 후 1975년 당시 큰 어려움에 처한 봉은사 주지를 맡아 위기를 헤쳐 나가면서 지금의 봉은사 기틀을 세운 영암당 임성 대종사(映岩堂 任性大宗師, 1907~1987), 한국 현대불교의 산 증인 석주당 정일 대종사(昔珠堂 正一大宗師, 1909~2004), 불교 대중화와 현대화의 선각자이신 금하광덕(金河光德, 1927~1999) 큰스님 등을 조사로 모셨던 유서 깊은 사찰입니다.

봉은사는 현재도 강남 도심 속에서 천년 고찰의 위상을 지키며 25만 신도를 중심으로 수행과 신행, 기도생활에 힘쓰면서 지혜와 복덕을 일구는 교육 활동과 함께 대중적인 포교 활동과 더불어 사회복지 사업을 활발하게 펼치고 있습니다.

아쉽게도 한암(漢巖) 스님께서 봉은사에 계실 때의 행적은 많이 남아있지 않습니다. 그러나 봉은사 부도 밭에 남아있는 '나청호대선사 수해구제공덕비(羅晴湖大禪師 水害救濟功德碑)'라는 작은 비석을 보면 한암(漢巖) 스님의 행적을 유추해볼 수 있습니다.

1925년 7월 8일부터 19일까지 장맛비가 퍼부었는데, 특히 16일과 17일의 집중호우로 한강의 수위가 12.72m를 돌파하여 용산 제방이 모두 붕괴되고 강남지역이 침수되었습니다. 수십만 채의 집이 떠내려가고 647명의 사망자와 수십만 명의 이재민이 발생한 대홍수였습니다. 봉은사 주변의 잠실, 부리도, 신천 등 세 마을은 완전 수몰 직전의 위기에 직면해 있었습니다. 140여 명의 부리도 주민과, 잠실 신천지역의 수백 명이 지붕 위에 올라가거나 두 그루의 커다란 느티나무에 매달려 살려달라고 아우성치며 생과 사를 넘나드는 위급한 상황이었습니다.

당시 봉은사 조실로 계시던 한암(漢巖) 스님은 이 소식을 듣고 봉은사 주지 청호(晴湖, 1875~1934/입적 연도가 1936년으로 나온 자료도 있으나 '봉은사지' 표기를 따름) 스님에게 생사가 경각에 달린 주민들을 구하라는 명을 내리셨습니다. 이에 청호 스님이 뱃사람을 수소문하여 구조에 나설 것을 독려하였지만 워낙에 위험한 일이라 나서는 사람이 없었습니다. 그러자 한암(漢巖) 스님께서는 다시 청호 스님을 불러 "곳간 문을 여시오! 그리고 한 사람을 구하는 데 쌀 한 가마니씩을 주도록 하시오!"하는 지시를 내리셨습니다.

당시만 해도 쌀 한 가마는 어마어마하게 큰 것이었습니다. 밑 빠진 독에 물 붓듯 사찰의 수행 양식을 모조리 털어야 할지도 모를 일이라 반대를 하는 대중들도 있었습니다. 하지만 한암(漢巖) 스님은 뜻을 꺾지 않으셨습니다. 한암(漢巖) 스님의 지엄한 명을 받은 청호 스님은 후한 사례를 하겠다는 말을 듣고 모여든 뱃사람들과 함께 직접 배를 타고 신천리(현 송파구 신천동)까지 가서 노약자와 어린이부터 차례로 배로 옮겨 싣고 봉은사로 돌아왔습니다. 708명을 무사히 구조해내자마자 기다렸다는 듯 느티나무 한 그루가 뿌리째 뽑혀 거친 물살에 떠내려갔고, 한 그루는 남아있다가 1970년대 잠실 개발로 없어졌다고 합니다. 1925년 7월 23일 자 『동아일보』에는 이때의 일을 '7월 18일에는 목선 두 척을 사서 잠실리 주민 228인을 구하는 등 현재 봉은사에 수용된 자만 404명이다.'라는 기사가 실려 있습니다.

당시 사람들이 청호 스님에게 '살아있는 부처-생불(生佛)'이라는 찬사를 보낸 것은 물론이려니와 내로라하는 석학과 독립운동가, 예술가, 기독교계 인사 등 100여 명이 청호 스님의 공덕을 기리는 시와 그림을 전해왔고, 그것을 '후세에 영원토록 전하자.'라는 뜻에서 「불괴비첩(不壞碑帖)」을 발간하였습니다. '나청호 대선사 수해 구제 공덕비(羅晴湖大禪師水害救濟功德碑)'는 그때 구조된 사람들이 훗날 그 뜻을 기려 세운 것입니다.

청호 스님은 1929년에 극심한 가뭄이 들었을 때도 구호활동을 펼치는 등 어려운 시기가 닥칠 때마다 봉은사가 중심이 된 빈민 구제 활동에 전력하셨고, 1912년 봉은사 주지 소임을 맡은 이래 입적하실 때까지 23년을 봉은사에 주석하면서 봉은사 중흥에 큰 역할을 하셨습니다.

당시 행정구역 상 경기도 광주군에 속했던 봉은사는 30본산 중에서 경기 동남부 지역을 통할하는 '갑찰(甲刹) 대본사'라는 평가를 받는 절이었지만 전각도 부실하고 사찰 재정도 힘들었습니다. 이에 스님은 절 부근의 황무지를 개간하여 20만 평(66만 1천여 ㎡)에 이르는 전답을 만들고 경내의 전각을 중수하여 오늘날 봉은사를 만드는 단단한 주춧돌을 놓으셨습니다. 이런 각고의 노력이 헛되지 않아 청호 스님은 그 시절 본산 주지들에게 붙기 마련이던 '친일'의 딱지가 붙지 않았다고 합니다.

불교계에서는 기근이나 재해가 닥치면 곤궁한 백성들을 구휼하고 전염병이 돌면 약을 만들어 환자를 치료하고, 보호가 필요한 아동이나 노인들을 절에서 생활하게 하는 등 사회복지 활동에 앞장서 왔습니다. 월정사는 1925년 심한 기근으로 고통받는 백성들을 위해 본·말사 및 신도들이 동정금을 모집해 경성 기근 구제회로 송금한 기록이 있습니다.

대홍수가 일어난 1925년은 한암(漢巖) 스님께서 봉은사 조실로 주석하시던 때입니다. 귀한 목숨을 구하는 일이지만 절의 재정을 털어서 써야 했으므로 결코 쉽지 않은 결단이었습니다. 선원 수좌들을 지도하고 이끄는 최고 어른인 한암(漢巖) 스님이었기에 가능했습니다. 주지 청호 스님은 한암(漢巖) 스님의 지지와 성원에 힘 입어 팔을 걷어붙이고 708명의 목숨을 구하는 일에 열성을 다할 수 있었던 것입니다. 세상에 알려지지 않았지만 한암(漢巖) 스님의 높은 법력이 수많은 생명을 구해낸 아름답고도 위대한 일화입니다.

삼성동 봉은사 나청호 대선사 수해 구제 공덕비(羅晴湖大禪師水害救濟功德碑)

천고에 자취를 감춘 학

봉은사 조실로 계시는 2년 동안 한암(漢巖) 스님은 석전 박한영(石顚 朴漢永, 1870~1948 / 승려 · 최고의 강백) 스님을 비롯해 변영만(卞榮晚, 1899~1954/ 법률가 · 학자), 최남선(崔南善, 1890~1957/ 시인 · 학자), 오세창 (吳世昌, 1864~1953/ 언론인 · 독립 운동가 · 정치인), 정인보(鄭寅普, 1893~1950/ 한학자 · 역사가 · 독립 운동가) 선생과 같은 당대 최고의 지식인들과 교류하셨습니다.

봉은사 조실이 되어서야 처음 경성 땅을 밟은 산승(山僧) 한암(漢巖)을 이들에게 소개한 사람은 박한영 스님이었습니다. 이후 저분들은 자주 한암(漢巖) 스님을 찾아와 담론(談論)을 나누었다고 합니다. 유학과 불교 경전에 대하여 해박했고 청정한 계행으로 고결한 선풍(禪風)을 지키며 곧은 인품을 두루 갖추었기에 흠모하였던가 봅니다. 봉은사 조실을 그만두고 오대산으로 떠날 결심을 밝히자 저분들은 몇 번이고 스님을 찾아와 극구 만류했답니다. 그때 한암 스님은 변영만, 최남선 선생 등에게 다음과 같은 시를 지어 보여 주셨습니다. 이 시는 한암(漢巖) 스님의 시자 조용명 스님의 구술에 의한 것이라 마지막 행의 뜻을 분명히 알 수가 없습니다.

머리는 돌이켜 금강산을 향하는데
몸은 한강변에 머물러 있다.
작대기 끝에 눈이 있는 그 밝기가 달과 같다.
천지가 생기기 전 그 음을 뒤쫓아가도다.

봉은사에 계실 때 한암(漢巖) 스님께서 강화도 전등사(傳燈寺)와 보문사(普門寺) 참배를 떠나셨습니다. 김포와 강화도 사이에 다리가 없던 시절이라 김포 나루에서 배를 타고 강화도로 건너가서 거기에서 수십 리 길을 걸어가야 하는 만만치 않은 여정이었습니다. 비가 퍼붓는데 어느새 날이 어두워졌습니다. 이때 시봉을 들고 있던 수좌는 성관 스님이었습니다. 하는 수 없이 남의 집 신세를 질 수밖에 없었는데 성관 스님이 문을 두드린 곳이 하필이면 인색하기 그지없는 부잣집이었습니다. 주인이 거드름을 피우며 한암(漢巖) 스님께 빈정거렸더랍니다.

"스님들은 탁발을 나오기만 하면 보시하라, 나눠 줘라 그러시는데 재산이 좀 있다고 해서 남에게 퍼주기만 하면 그게 옳은 일이겠습니까? 아니면 안 쓰고 절약해서 자기 재산을 늘리는 게 옳겠습니까? 어디 한 번 대답을 해보시오."

그러자 한암(漢巖) 스님이 빙긋이 웃으며 부잣집 주인에게 오른손을 펴보라고 말씀하셨습니다. 주인이 손을 펴자 스님께서 물으셨습니다.

"주인장께서 지금 손가락을 쫙 펴셨는데 그 손가락을 오므리지 못하면 그것은 불구이겠습니까, 아니겠습니까?"

주인이 그것은 불구라고 답하자 이번에는 주먹을 한 번 쥐어 보라면서 다시 물었습니다.

"주인장께서 지금 주먹을 꼭 쥐셨는데, 이 손을 펴지 못하면 그것은 불구입니까, 아닙니까?"

주인이 또 그것은 불구라고 답하자 스님께서는 재물도 그와 같다고 하셨습니다.

"재물을 덮어놓고 마구 허비하는 것도 옳은 일이 아니지만 그렇다고 덮어놓고 꼭 움켜쥐고만 있으면 그 또한 옳은 일이 아닙니다. 손을 펼 때 펴고 오므릴 때 오므릴 수 있어야 정상이듯이, 재물 또한 아낄 때는 아끼고 쓸 때는 제대로 쓸 줄 알아야 옳은 일이라 할 것입니다."

스님의 법문을 듣고 난 부잣집 주인은 그제야 부끄러워하며 스님을 극진히 모셨다고 합니다.

전등사와 보문사를 참배하고 돌아오신 한암(漢巖) 스님은 일제에 의해 국권을 상실당하고, 불교마저도 친일 불교로 전락되어 파계승이 들끓는 현실을 비판하면서 "천고에 자취를 감춘 학이 될지언정 춘삼월에 말 잘하는 앵무새의 재주는 배우지 않겠노라."는 계송을 남기고 홀연히 오대산 상원사(上院寺)로 들어오신 후 좌탈입망하실 때까지 27년간 조실의 소임을 맡아 수좌들을 지도하며 불출동구(不出洞口)의 원칙으로 산문을 지키셨습니다.

한암(漢巖) 스님이 오대 산문에 들어오시게 된 데는 지암 스님의 힘이 컸습니다. 지암 스님은 당시 폐사 위기에 몰릴 정도로 최악의 상황에 처해 있던 오대산 부채 해결과 안정을 위해서는 법력이 높은 선지식이 주석해야 한다며 한암(漢巖) 스님을 찾아가 간곡한 청원을 드린 것입니다. 늘 위장병으로 고생하셨던 한암 스님께서 산 깊고 물 좋은 도량이 그리웠을 것은 당연해 보입니다. 오대산문으로 들어온 뒤 우통수(于筒水)에 관심이 깊었다고 합니다.

시자 조용명 스님과 함께 오대 산문을 향한 행각 길에 나선 스님께서는 치악산 상원사(上院寺), 횡성 봉복사(鳳腹寺), 개성 포은 정몽주의 비를 참배하고 「포은 선생 비를 찾아서(조 포은비 弔 圃隱碑)」라는 7언 절구를 남기셨습니다. 나라를 잃은 현실을 개탄하는 이 시는 한용운 스님, 박한영 스님 등 뜻있는 스님들이 널리 애송했다고 합니다.

〈포은 선생 비를 찾아서〉

석양에 주장자 멈추고 충신의 비를 조문하니
절개 높은 대장부, 목숨 바칠 때였소.
군주도 나라도 없는 우리가
세상에 산다는 것 슬프지 아니한가.

개성 포은 정몽주의 비

　산 전체가 불교 성지인 곳은 남한에서는 오대산이 유일합니다. 중대 사자암(中臺 獅子庵)을 중심으로 동서남북에 각각의 오류성중(五類聖衆)이 상주하고 계십니다. 동대 관음암(東臺 觀音庵)에는 관세음보살, 서대 염불암(西臺 念佛庵)에는 아미타불, 남대 지장암(南臺 地藏庵)에는 지장보살, 북대 미륵암(北臺 彌勒庵)에는 미륵불, 중대 사자암(中臺 獅子庵)에는 문수보살이 본존불입니다. 특히 문수보살이 타고 다닌 짐승이 사자였기 때문에 사자암이라 불리는 중대는 자장 율사가 친견하고자 했던 문수보살이 상주하는 도량으로 석가모니 부처님의 정골 사리가 적멸보궁에 봉안되어 있습니다.

　월정사는 신라 자장 율사가 중국에 유학하며 문수보살을 친견한 후 부처님의 사리와 가사를 받아 귀국해 선덕여왕 12년(643)에 창건하신 고찰(古刹)입니다. 자장 율사에서 시작돼 근대의 한암 스님, 탄허 스님, 만화 스님에 이르기까지 많은 이름난 선지식들이 주석하셨으며, 강원도 내 18개 시·군에 100여 개의 사찰과 20개의 산내 암자를 거느린 절집으로 국보 48호인 팔각 9층 석탑 등 많은 문화재를 보유하고 있습니다.

암울했던 일제강점기에 태어나 선과 교를 겸비한 치열한 수행을 통해 조선불교를 지켜낸 한국불교의 정신적 기둥이자 스승인 한암(漢巖) 스님께서 오대 산문에 드신 것은 1925년(불기 2952년, 50세)입니다. 불출동구(不出洞口) 산문을 지키는 신실한 수행자이자 네 차례나 종정을 지내면서 조선불교의 정신적 기둥이며 스승으로서의 행보로 산문 안이면서도 산문 밖인 삶이 시작된 것입니다. 그것은 곧 조선불교의 수행 전통을 되살리고 조선불교의 중흥을 이끄는 일이었습니다.

상원사 중대 사자암에 단풍나무 한 그루가 있었습니다. 상원사에 도착하신 스님께서 석가모니 부처님의 정골 사리가 봉안된 중대 사자암에서 예를 표한 후 짚고 다니던 단풍나무 지팡이를 중대 앞뜰에다가 꽂아두었는데, 그 지팡이에서 싹이 나고 세 갈래의 가지가 뻗으며 무성한 단풍나무로 자라난 것입니다.

단풍나무의 가지가 세 갈래로 뻗은 것이 한암(漢巖) 스님의 뛰어난 법제자 보문(普門, 1906~1956) 스님과 난암(暖菴, 1893~1983) 스님, 탄허(呑虛, 1913~1983) 스님을 뜻한다는 이야기가 있습니다. 이 단풍나무 아래 잠시 앉아 쉬기만 해도 마음이 고요해지면서 세상 번뇌가 다 잊힌다고 합니다.

한암(漢巖) 스님뿐만 아니라 고승들이 짚고 다니던 지팡이가 뿌리를 내리고 가지를 뻗으며 큰 나무로 자라나는 일은 종종 있어 왔습니다. 부석사(浮石寺)에는 의상 대사(義湘大師)가 꽂았다는 지팡이에서 자라난 골담초가 한 그루 있고, 순천 송광사(松廣寺)에는 보조 국사(普照國師)가 꽂았다는 지팡이에서 싹튼 아름드리 연리목 전단향 나무 두 그루가 있습니다.

중대 앞뜰에는 이 단풍나무와 함께 1968년 제17대 이돈화 평창 군수와 제15대 엄병길 강원 도지사가 이 성스럽고 신묘한 일을 기려서 세운 기념비가 있었습니다. 한암(漢巖) 스님의 법손이자 소승의 은사인 만화 스님께서 이 단풍나무 앞에서 찍은 사진도 전해지고 있습니다. 하지만 선풍을 드날리며 한암(漢巖) 스님의 법시대를 증명하던 이 유서 깊은 단풍나무는 건물을 중창하는 도중에 후학들의 부주의로 인해 손상을 입고 사라지고 말아 큰 아쉬움을 남기고 있습니다.

한암 스님의 지팡이 단풍나무 앞에서 만화 스님

大關嶺

5부

편지와 게송

한암 스님과 만공 스님

만공 월면(滿空 月面, 1871~1946) 스님과 한암(漢巖) 스님은 경허 화상의 인가를
받은 법제자였습니다. 스승 경허 화상은 "만공의 선(善)은 부처를 능가했고, 악은
호랑이를 능가했다(善惡過虎佛)"라고 하였고 "한암(漢巖)은 선도 끝까지 이르렀고
악도 끝까지 이르렀다(可謂 善到底 惡到底)"라고 하여, 두 제자 모두 높은 수행의
경지에 이르렀다는 평가를 내리셨습니다. 경허 화상을 비롯해 만공·한암(漢巖)
스님 모두 참선을 권하는 불교 가사 작품「참선곡」을 쓰셨고, 쇠미해가던 조선
선가의 중흥에 큰 획을 그은 근현대 한국불교를 대표하는 선지식입니다.

조선 중기 휴정(休靜, 1520~1604) 스님 이래 가장 탁월한 승려로 평가되고 있는
경허 화상은 화두를 들고 일념으로 참구하는 간화선 수행을 근본으로 하여 선풍
을 일으키며 결사와 불교 가사, 법맥 계승으로 근대 불교 중흥에 큰 기여를 하셨
습니다. 하지만 어떤 일에 막힘없이 마음 가는 대로 행하는 경허 화상의 무애행
(無碍行)은 막힘이 없는 선(禪)의 달인이라는 높은 평가를 받기도 하지만, 그 이면
에는 계율을 깨고 술 담배와 고기를 가리지 않고 기행을 일삼은 이단자라는 혹평
이 따르기도 합니다.

경허 화상과 한암(漢巖) 스님, 만공 스님은 스승과 제자이면서 동시에 백운암과
인연이 깊습니다. 경허 화상이 통도사에 머문 1900년 한암(漢巖) 스님도 통도사
백운암에 몇 달 머물렀고, 참선 도중 죽비 치는 소리를 듣고 두 번째 깨달음을 얻
으셨습니다. 이듬해 봄 한암(漢巖) 스님은 다시 백운암에 와서 하안거를 보내셨는
데, 만공 스님도 1911년 백운암에서 울려 퍼지는 종소리를 들으며 두 번째 깨달

음을 얻고 경허 화상으로부터 전법게를 받게 되었다는 기록이 있습니다.

　같은 스승의 법맥을 이어 받은 선승이면서도 한암(漢巖) 스님과 만공 스님의 선 풍은 다른 면이 많았습니다. 경허 화상과 닮은 것 같은 만공 스님의 외향적인 가 풍과, 경허 화상과 전혀 다른 것 같은 한암(漢巖) 스님의 은둔적 가풍이 '남 만공(南 滿空), 북 한암(北漢巖)'의 뚜렷한 선맥을 형성하면서 선풍 중흥의 전성시대를 이끌 었습니다.

　한암(漢巖) 스님은 오대산에 들어갈 때 말씀하셨듯이 '천고에 자취를 감춘 학처 럼' 두문불출 수행에 전념하셨습니다. 네 차례나 교정과 종정을 지내셨지만 종단 활동도 눈에 두드러지지 않게 한발 물러선 곳에서 조용히 행하셨고, 세속적인 의 미에서의 불교 개혁에 대해서도 큰 목소리를 내지 않으셨습니다. 계·정·혜 삼 학을 준수하는 등 율사적인 면모가 상당히 강했고, 선사로서 당연하게 맡아야 할 조실 이외의 소임에는 눈을 돌리지도 않았으며 맡으신 적도 없습니다.

　반면에 만공 스님은 적극적 외향적인 행보로 종단 소임과 주지 활동을 하면서 불교 개혁과 대중을 불법(佛法)의 세계로 인도하는 일에 많은 관심과 노력을 기울 였습니다. 왜색불교 청산과 청정수행 가풍 회복으로 쇠락한 조선불교의 부흥을 도모하셨습니다. 참선 제일주의, 선방 우선주의를 강조했고 안으로는 중창 불사, 밖으로는 대 사회적 활동을 통해 덕숭산에 불교의 꽃을 피우셨습니다.

　한암(漢巖) 스님의 일제에 대한 항거가 인도의 민족 해방운동 지도자 마하트마 간디의 비폭력 불복종 운동과 일맥상통한다면, 만공 스님은 31본산 주지 중 유 일하게 일본식 이름을 거부한 이력이 증명하듯 일제의 무력에 꺾이지 않는 강경 한 면모를 지니고 있었습니다. 1937년 7월 미나미 지로(南次郞) 조선 총독이 '조선 불교 진흥책'을 의제로 한 전국 31본산 주지회의에 참석해서 승려들의 도성 출입을 허용하게 한 일본의 공을 내세우고, 사찰령으로 조선불교를 중흥하게 했다면서 데라우치 마사타케(寺內正毅) 초대 총독을 칭송에 열을 올렸습니다.

그러자 당시 마곡사 주지였던 만공 스님께서 "데라우치 마사타케(寺內正毅) 전 총독은 조선불교를 망친 사람이다. 조선 승려로 하여금 아내를 얻고, 고기를 먹고, 술을 마시게 하여 부처님의 계율을 파하게 한 큰 죄악을 지은 사람이므로, 무간아비 지옥에 떨어져 한량없는 고통을 받음이 끝이 없을 것이다. 만약 데라우치를 구원하려면 부지런히 도를 닦아 성불해야 할 것이다. 조선총독부는 종교를 간섭하지 않는 것만이 유일한 조선불교 진흥책이라는 것을 알아야 한다"라고 서슬 퍼런 일침을 가했다는 이야기는 지금까지도 깊은 감동과 함께 전설처럼 전해지고 있습니다.

경허 화상이 입적한 후 한암(漢巖) 스님은 사형(師兄)인 만공 스님의 부탁을 받아 「선사 경허화상 행장」을 쓰게 됩니다. 이때 한암(漢巖) 스님은 "후대의 학인들이 화상의 법(法)과 교화(法化)를 배우는 것은 옳으나, 화상의 행리(行履)를 배우는 것은 옳지 못하다. 사람들이 이해할 수 없기 때문이다"라고 가감 없는 기술을 하여, 후학들이 스승 경허 화상의 걸림 없는 무애행의 외면만 보고 정작 중요한 화상의 진면목을 놓치는 일이 없도록 경계할 것을 일러두셨습니다.

하지만 이 행장은 만공 스님의 주도로 1943년 출간한 『경허집』에 수록되지 못했습니다. 스승 경허 화상의 높은 뜻을 알았기에 화상에게 곡차와 고기 안주를 올렸고 만약 식량이 떨어지면 자신의 살점까지도 도려내어 봉양하겠다고 할 정도로 스승에 대한 존경심이 극진했던 만공 스님의 뜻에 의한 것이었습니다.

한암(漢巖) 스님이 법랍으로는 열네 살, 세랍으로도 다섯 살 위인 사형 만공 스님이 입적했을 때 문상을 하지 않으셨던 것도 이 때문이라고 합니다. 경허 화상

만공(滿空, 1871년 ~ 1946년)

의 무애행이나 만공 스님의 스승에 대한 극진함이 혹여 후학들이 막행막식(莫行
莫食)을 미화하고 본받는 단초가 되지 않을까 하여, 이를 엄중히 차단해 청정 승
가의 전통을 세우기 위한 한암(漢巖) 스님의 뼈아픈 결단이었을 것이라는 게 중론
입니다.

만공 스님에게 보낸 답신

    우두암에 머물고 계시던 한암(漢巖) 스님은 덕숭산(德崇山) 정혜사(定慧寺)에 주석하시던 만공(滿空) 스님으로부터 '선승들에게 무엇이 제일구(第一句)인지 한마디 일러 보라'라는 내용의 서신을 받았습니다. 만공 스님께서 대중이 모인 법회에서 "설봉 선사(雪峰禪師)의 양구(良句)도 이구(二句)요, 선사의 창천(蒼天)하신 것도 제이구(第二句)라. 그러니 어느 것이 제일구(第一句)냐?"라는 법문(法門)을 제방(諸方)에 돌리신 일이 있었는데, 아마도 같은 내용인 듯합니다.

    이에 한암(漢巖) 스님은 '비로소 장마가 걷혀서 창문을 반쯤 여니, 기쁜 소식을 전해주는 까치 소리와 함께 그대의 서신이 날아왔다.'라는 반가운 인사로 시작하는 답신을 보내셨습니다. 이 서신은 묻고 답하는 형식으로 쓰였는데, 당나라 말 송대 선승들의 공덕을 기리는 글이나 문장(송 頌), 또는 선원에서 석가모니 부처님의 말과 행동(공안 公案)에 붙이는 짧막한 평(착어 着語)을 인용한 후 자신의 착어와 송을 붙이고 있습니다.

〈만공 선사께 답하는 편지〉

    장마가 비로소 걷혀서 창문을 반쯤 열어젖히니, 기쁜 소식을 전해주는 까치 소리와 함께 그대의 서신이 날아왔구려.

    어떤 스님이 당나라 말 오대 시기 중국 선종을 대표하는 선승인 설봉 의존(雪峰義存, 822~908) 스님에게 "어떤 것이 제일구(궁극의 진리)입니까?" 하고 묻자 설봉 스님이 침묵하시니, "잘못되었도다(錯)."

또 어떤 스님이 장생(長生) 스님에게 "어떤 것이 제일구입니까?" 하고 물으니 장생 스님이 "창천창천(蒼天蒼天, 아이고 아이고)."하며 통곡하시니, "잘못되었도다."

이를 두고 열제 거사(悅齋居士)는 "설봉 스님의 제이구(第二句)는 침묵이요, 장생 스님의 창천창천(蒼天蒼天)은 오히려 제삼구(第三句)에 떨어졌다."라는 평을 했다고 하오.

문득 어떤 스님이 나[한암(漢巖)]에게 "어떤 것이 제일구입니까?" 하고 묻는다면, 나는 잠시 침묵한 후 "창천창천(蒼天蒼天)."이라 답할 것이오.
때마침 이를 수긍하지 않는 사람이 나서서 "그렇다면 스님께서는 잘못된 것을 가지고 더욱 잘못된 것으로 나아가시는 것입니다."라고 말한다면 나는 곧바로 "그대는 어느 곳에서 이런 소식을 알았느냐?"하고 물을 것이오. 그가 다시 "옛 조사의 말[언구(言句)]이 천하에 가득합니다."라고 대답한다면 나는 "옛 조사 스님들을 비방하지 않는 것이 좋다."라고 답할 것이오.
만약 그가 "옛 조사의 일은 그만두고 도인[道人, 한암(漢巖)]의 가풍은 어떠하오?"하고 묻는다면 나는 주장자(승려들이 좌선할 때나 설법할 때에 가지는 지팡이)로 탁자를 한 차례 치고 나서 "수많은 문들이 일시에 열리니 우두산 푸른빛이 허공을 찌른다(萬戶千門一作開, 牛頭山色插天碧)."라고 할 것이오. "쯧쯧!"

-맹산 우두암에서

들고 바로 깨우치면 제일구이며 귀 기울여 되새김질하면 제이구라고 합니다. 제일구를 깨우치면 부처님과 조사의 스승이라 했고, 제이구를 터득하면 사람과 하늘의 스승이며, 제삼구를 알아 얻을 것 같으면 자기 구원도 마치지 못한다고 합니다. 선의 본질을 드러내는 핵심적인 한마디를 제일구라고 하는데, 제이구나 제삼구는 그에 미치지 못하여 핵심을 찌르는 답이 되지 못한다는 뜻입니다.

제일구에 대한 설봉 스님의 침묵과 장생 스님의 통곡을 한암(漢巖) 스님께서는 전형적인 착어의 형식을 통해 모두 착(錯; 잘못이다, 어긋났다)'이라는 말로, 제일구가 의미하는 선의 핵심과는 거리가 멀다는 비평을 하셨습니다. 그뿐 아니라 자신의 가풍을 묻는 사람에게 "수많은 문들이 일시에 열리니 우두산 푸른빛이 허공을 찌른다."라고 대답하실 것이라 하셨습니다. 갑자기 깨닫는 돈오(頓悟)·돈각(頓覺)의 경지, 본래면목은 언어나 문자로 드러낼 수 없으며 그렇다고 아주 깜깜하게 숨겨질 리도 없습니다. 개구즉착(開口卽錯; 입을 열면 곧바로 어긋남)이요, 언전불급(言詮不及; 말이 닿지 못함)입니다. 궁극의 진리는 언어나 문자로 드러내는 즉시 그 한계에 포박되고 맙니다.

한암(漢巖) 스님께서 쓰신 이 답신의 원본은 남아있지 않습니다. 이 글은 초암자(草庵子) 고경(古鏡 1882~1943) 스님이 필사한 『호서 화상 법어(湖西和尙法語)』 끝에 '제일구답(第一句答)'이라는 큰 제목 아래 '맹산 우두암 방한암(漢巖) 답(孟山 牛頭庵 方漢巖 答)'이라는 소제목으로 실려 있습니다. 이 서신은 한암(漢巖) 스님이 맹산 우두암에 계실 때 만공 스님께 보낸 것이므로 1911년~1917년 사이에 쓰인 것이라고 할 수 있는데, 『한암(漢巖)일발록』의 연보에는 1913년(불기 2940, 38세)으로 기록되어 있습니다.

경허 화상을 호서 화상으로 불렀던 까닭은 화상께서 호서 지방에서 왔으며 영남 지방에서 활동할 때 쓴 글에도 스스로를 호서 승려[湖西衲]라 자칭했기 때문입니다. 경허 화상의 법어와 시문을 수록한 책으로는 원래 『호서록(湖西錄)』이라는 필사본이 있었지만 지금은 전하지 않아 그 전모를 알 수 없으나 『호서 화상 법어』와 함께 경허 스님이 영남에서 활동할 때 편집되었을 것으로 추정됩니다. 『호서 화상 법어』는 경허 화상이 입적하신 1912년에 필사되었습니다.

　고경 스님은 일제강점기에 해인사 주지로 있으면서 민족의식을 고취하고 항일·독립 운동을 했다는 혐의로 합천경찰서에 투옥되어 모진 고문을 받은 끝에 입적하셨습니다. 스님은 대표적 친일 승려인 강대련(姜大蓮)을 경성 한복판에서 명고축출(鳴鼓逐出)한 조선불교유신회에 참여해 조선 독립운동에 깊이 관여하셨던 시대의 선각자였습니다. 명고축출은 조선시대에 죄를 지은 유생들에게 주어지던 형벌로, 죄인에게 북을 짊어지게 하거나 죄인의 이름을 써 붙인 북을 울리며 거리를 돌게 하는 조리돌림과 비슷합니다. 일본강점기인 1922년 3월 26일 오전 11시경, 조선불교 유신회 총회에 참석했던 청년 승려들이 친일 승려였던 당시 수원 용주사 주지 강대련의 등에 "불교계 대악마 '강대련' 명고축출(佛敎界 大惡魔 姜大蓮 鳴鼓逐出)"이라는 깃발과 작은북을 지게 하여 시내를 돌도록 했던 사건입니다.

만공 스님과의 서신 법담

아래의 선문답 1, 2의 글은 만공 스님이 묘향산에 계신 한암(漢巖) 스님에게 보내신 편지입니다. 이 글은 『만공법어(滿空法語)』에 수록되어 있고, 또 구전으로 문도들에게 전해져 오고 있습니다.

〈만공(滿空) 스님과의 선문답〉

서신법담 1(滿空禪師 書信法談 1)
－도둑이 지나간 뒤에 활을 당긴다

우리가 이별한 지 10여 년이 되도록 서로 보지 못했지만 구름과 달, 산과 물은 어디 가나 같습니다. 살고 계시는 북쪽을 항상 공경하여 우러러봅니다. 그러나 북쪽 땅은 춥고 더움이 고르지 못한 것이 염려되오. 바라건대 이제 북방에만 계시지 말고 걸망을 지고 남쪽으로 오셔서 납자들이나 지도함이 어떠한지요.

한암(漢巖) 스님이 답하였다.

"가난뱅이가 묵은 빚을 생각합니다."

만공 스님이 다시 답하였다.

"손자를 사랑하는 늙은이는 자연히 입이 가난하다오."

한암(漢巖) 스님이 답하였다.

"도둑놈이 지나간 뒤에 활을 당기는 격이오."

만공 스님이 답하였다.

"도둑놈 머리에 벌써 화살이 꽂혔습니다."

만공 스님이 한암(漢巖) 스님에게 남쪽으로 내려와 후학 양성에 나서달라고 청하는 편지에, 한암(漢巖) 스님이 선문답으로 사양하는 내용입니다. 한암(漢巖) 스님은 묵은 빚을 생각할 정도로 지독하게 가난하다고 정색을 하시지만, 그 말은 '일체의 분별심마저도 텅 비워버려(身心脫落)' 한 마디도 설할 법이 없다는 깊은 뜻을 담고 있습니다.

선가(禪家)에서는 마음이 가난한 것을 크나큰 미덕으로 여깁니다. 이 같은 한암(漢巖) 스님의 가난뱅이 타령에, 만공 스님은 '비록 가난하더라도 할아비가 손자를 아끼듯 후학들을 지도하는 것 아니냐'라고 다그칩니다.

그러자 한암(漢巖) 스님은 '다 끝난 일에 미련을 두지 마시라'라고 다시 한 번 사양의 소회를 밝히셨고, 만공 스님 역시 "그대의 본래면목에 화살을 적중시켰다"라는 말로 이심전심으로 뜻이 통했음을 표현합니다.

선가에서는 '천하와 우주를 훔치는 위대한 선지식'을 도둑놈이라 이른답니다. 도를 깊이 닦아 세속의 번뇌와 물욕에서 벗어난 무심도인(無心道人)은 우주 간의 모든 법도나 사상과 하나가 된 경지에 살고 있으므로 삼라만상, 천지만물을 자기 것으로 만든 도둑이라고 한다는 것입니다. 불법을 완전히 체득하기 위해서는 천하를 훔치는 대도(大盜)의 기질이 있어야 한다는 의미라고 하는데, 그렇게 보자면 한암(漢巖) 스님이나 만공 스님의 선문답 속 도둑놈이 누구를 가리키는 것인지 짐작이 갑니다.

만공 스님과 나눈 서신 법담 세 편은 한암(漢巖) 스님께서 묘향산에 계실 때 주고받은 법담으로서, 『만공법어(滿空法語)』에 〈여만공선사서신법담與滿空禪師書信法談〉이라는 제목으로 3편이 수록되어 있습니다.

서신 법담 2(滿空禪師 書信法談 2)
– 백자소끽(栢子燒喫): 잣 서리하러 오시오

"한암(漢巖)이 금강산에 이르니 설상가상(雪上加霜)이오. 지장암 도량에 업경대(業鏡臺)가 있으니 지은 죄업이 얼마나 되오?"

한암(漢巖) 스님이 답하였다.

"묻기 전과 물은 뒤를 합하여 방망이 30대를 맞아야겠소."

만공이 답하였다.
"맞은 뒤의 소식은 어떠하시오?"

한암(漢巖)이 답하였다.
"지금 잣 서리가 한창이니 이때를 놓치지 말고 와서 서로 놀면 또한 즐겁지 않겠소."

만공이 답하였다.

"암두(岩頭)의 잣 서리할 때를 놓친 것은 애석하지만 덕산(德山)의 잣 서리에 늦음은 애석하지 않습니다."

한암(漢巖)이 답하였다.

"암두와 덕산의 이름을 알지만 그들의 성은 무엇이오?"

만공이 답하였다.

"도둑이 이미 천리나 지나갔는데, 문 앞에 지나가는 길손에게 성은 물어서 무엇하리오."

한암(漢巖)이 답하였다.

"금선대 속의 보화관이여, 금·은·옥·백으로 비교하기 어렵도다."

만공스님이 최후로 백지에 이렇게 그려 보내다.

○

덕숭산 금선대에 계시던 만공 스님이 금강산 지장암 업경대에 계시던 한암(漢巖) 스님께 보낸 편지입니다. 두 분 스님은 편지로 법거량(法擧揚)을 주고받으셨습니다. 불교의 선가에는 세간에서 볼 수 없는 생소한 가풍이 더러 있는데, 그중 대표적인 것이 선문답으로 깨달음의 경계(법)를 드러내어 겨루는 법거량입니다. '법겨루기'라고 부르기도 합니다.

속인이 듣기에는 동문서답과 같은 이 법담에 담긴 고매한 뜻을 어찌 다 알 수 있겠습니까. 만공 스님이 마지막으로 흰 종이 위에 그려 보낸 것은 동그라미, 즉 진리의 본 모습을 간결하게 표현하는 일원상(一圓相)이었습니다. 일원상은 선(禪)

에서 추구하는 화두의 하나입니다. 시작도 끝도 없는 일원의 근본을 추구하는 것이 바로 O자 화두입니다. 말로는 풀 수 없는 일원의 진정한 모습에 이르기 위해 일원상을 그려 벽에 붙여놓고 수행 정진하는 방법입니다. 이 글 역시 『만공법어』에 실려 있습니다.

아래의 선문답 3도 『만공법어』에 수록되어 있고, 또 문도들에게도 구전으로 전해오고 있습니다. 이 글은 만공 스님께서 충남 수덕사에 계실 때 상원사 조실로 계신 한암(漢巖) 스님을 마지막으로 방문한 후의 글입니다. 만공 스님은 여러 차례 상원사를 찾으셨는데 일본에서 서슬 퍼런 손님들이 올 때도 앉아서 인사를 받던 한암(漢巖) 스님께서 만공 스님이 오실 때는 신선 거리까지 마중을 나가셨다고 합니다. 그 시기는 정확하지 않으나, 만공 스님과의 선문답 3도 함께 옮겨 보겠습니다.

서신 법담 3(滿空禪師 書信法談 3)
－손해불소(損害不少) : 손해가 적지 않구나.

만공 스님께서 오대산 적멸보궁을 참배하고 돌아가시므로 한암(漢巖) 스님께서 산문까지 전송하였다. 만공스님께서 앞서 가시다가 문득 돌멩이 하나를 주워서 한암(漢巖) 스님 앞에 던졌다. 한암(漢巖) 스님이 그 돌을 주워서 개울에 던져 버리거늘 만공 스님이 혼잣말로, "이번 걸음에는 손해가 적지 않도다"라고 하였다.

다음은 만공 스님이 마지막으로 상원사를 방문하고 돌아가던 그날, 한암 스님과 주고받은 법거량에 대한 문열(환속) 스님의 회고담입니다.

충남 수덕사의 만공 스님이 오셨어요. 제가 있을 때는 한 번 오시고, 그게 아마 마지막으로 오신 것이 아닌가 하는데요. 그때 만공 스님이 오셔서 며칠을 계시다가 돌아가실 때, 한암(漢巖) 스님이 신선골 마을 앞 통나무 다리에 이르러 작별 인사를 하고 돌아서서 절로 돌아가시는데, 만공 스님께서 한암(漢巖) 스님을 향하여 "스님!"하고 부르셨어요. 그때 한암(漢巖) 스님이 뒤돌아보시는 순간 만공 스님이 밤톨만 한 돌멩이 하나를 한암(漢巖) 스님 앞으로 던졌어요. 그러자 한암(漢巖) 스님은 그 돌멩이가 땅에 떨어지기가 무섭게 주워서 휙 하고 멀리 다른 방향으로 집어던지시고 쏜살같이 총총걸음으로 상원사로 돌아가셨어요. 그러자 만공 스님은 뒤돌아보지도 않는 한암(漢巖) 스님을 향해 혼잣말로 "이번 걸음은 손해가 적지 않네!"라고 말씀하셨어요.

제가 한암(漢巖) 스님의 얼굴을 보니까 안광은 겁이 날 정도였어요. 눈에서 불이 줄줄 떨어지는 것 같았어요. 지금도 그 장면은 생생하게 기억하고 있어요. 그때 상원사 대중 수십 명이 그 신선골의 다리 근처까지 따라 내려갔어요. 그 뒤로는 만공 스님이 안 오셨지요. 그래 그것이 두 스님의 작별 인사가 되었을 것입니다.

한암 스님을 시봉하며 스님께 사미계를 받았던 보경(寶鏡) 스님은 만공 스님과 한암 스님의 법 거래에 대해 이렇게 회고합니다.

만공 스님은 보궁에 기도하러 몇 번 다녀가셨어요. 보궁기도 많이 했어요. 한 번은 만공 스님이 1주일을 기도하고 돌아가시니까 노스님이 신선골 큰 다리까지 내려오셨어요. 다리를 건너가 하직 인사를 하고 돌아서서 다리를 건너왔는데 만공 스님이 "한암(漢巖) 스님!"하고 부르시면서 한암(漢巖) 스님에게 조그마한 돌 하나를 슬쩍 집어던졌는데, 노스님(한암 스님)께서는 그 돌을 집어 옆 개울가로 벼락같이 확 던져버리셨어요. 그러시곤 다리를 건너오셨지요. 제가 보기에 이것은 일종의 법 거래인데, 그 두 스님의 성격을 분명하게 드러낸 것으로 보여요. 두 스님의 행동과 성격이 나오는 거지요.

제가 볼 때에 만공 스님은 수좌들에게 "되었다. 그만하면 되었다"라는 칭찬의 말씀을 많이 하셨어요. 수좌들은 자신이 인가받았다고 판단하게 되지요.

노스님은 자상하고 자비롭지만, 법 거래에서는 엄격하시거든요. 법(法)에 대해서 굉장히 밝으셨기 때문에 기면 기고, 아니면 아니고가 분명했어요. 만공 스님이 입적하셨을 때도 조문을 안 보냈어요. 노스님께서는 그런 형식은 불가하다고 하셨어요. (중략) 노스님은 만공 스님에 대해 칭찬하지 않으셨어요. 경허 스님의 법을 받은 선배 예우는 하셨지만 칭찬은 하지 않으셨지요. 노스님께서는 참 철저하거든요. 특히 계율에 대해서는 철저했어요.

1921년, 불기 2948년, 46세의 한암(漢巖) 스님은 한 해가 기우는 음력 11월 청암 화상의 입적에 즈음하여 다음과 같은 글도 남기셨습니다. 여든한 살에 입적한 것으로 추정되는 청암 화상이 어떤 분인지는 알 수 없습니다.

〈청암 화상 영전에〉

여든한 해 이 산에 머무셨으니
산과 이 노인 모두 맑고 한가롭네.
노인은 돌아가고 저 산은 말이 없으니
때때로 밝은 달만이 창틈을 비추네.

경봉 스님과의 서신 교류

한암(漢巖) 스님은 1928년(불기 2955, 53세)부터 1949년(불기 2976, 74세)까지 경봉(鏡峰, 1892~1982) 스님과 서신으로 문답하며 도심(道心)을 교류하셨습니다. 서로에 대한 존경심이 가득한 이 편지의 내용은 대부분 선 수행에 관한 것이었습니다.

경봉 스님은 간화선을 통하여 깨달음을 얻었으며 근·현대 불교 개혁의 정신적 기둥 역할을 했던 고승으로, 통도사 강원 강주와 주지, 선학원 이사장과 극락 호국 선원 조실로 주석하며 널리 대중을 교화함으로써 한국 현대불교사에 큰 족적을 남겼습니다. 한암(漢巖) 스님을 비롯한 당대 고승들과의 서신 및 법거량을 통하여 독자적인 선풍을 남겼을 뿐만 아니라 시인, 화가, 서예가로서도 명성이 높습니다.

한암(漢巖) 스님은 경봉 스님보다 속가의 나이로 16세 연상이며 법맥에 있어서도 법형제의 인연이 있는 사형(師兄)이 됩니다. 한암(漢巖) 스님이 통도사 내원 선원의 조실로 계시던 1905년에 석담(石潭) 스님에게 법을 받았는데, 석담 스님이 경봉 스님의 은사인 성해(聖海, 1854~1927) 화상의 사제(師弟)였던 터라 절 집안에서 볼 때 사촌 사형제의 관계가 된 것입니다.

이런 불연이 있어서인지 두 분 사이에는 유독 많은 서신이 오갔습니다. 서로 만나 선문답을 나눌 수도 있었겠으나 한암(漢巖) 스님은 오대산에서, 경봉 스님은 영축산에서 불출동구하시면서 서신을 주고받으며 선문답을 나누십니다. 한암(漢巖) 스님이 경봉 스님에게 보내셨던 답신 24편 중 선문답이 담긴 몇 편의 편지를 골라 중요한 부분만 발췌하여 옮깁니다.

〈경봉 스님의 오도송〉

　　내가 나를 온갖 것에서 찾았는데
　　눈앞에 바로 주인공이 나타났네.
　　허허 이제 만나 의혹 없어지니
　　진여의 빛이 온 누리에 흐르네.

　안양암(安養庵)에서 '종일토록 남의 보배를 세어도 반 푼어치의 이익이 없다.'라는 『화엄경』 구절을 읽고 크게 발심한 후, 통도사 삼소굴에서 야반삼경에 촛불 춤을 보고 대오한 경봉 스님이 남긴 오도송입니다. 경봉 스님은 이 오도송을 법 형제인 한암(漢巖) 스님에게 가장 먼저 보냈고, 이를 읽은 한암(漢巖) 스님은 다음 과 같은 답신을 보내셨습니다.

〈서간문 1〉

　보내온 글과 게송 네 구절을 읽어보니 글이 모두 진지하고 구절구절 활기가 넘 칩니다. 활달한 대장부가 어찌 오백 년 뒤에 다시 태어날 것을 기약할 필요가 있겠 습니까? 우러러 찬탄하여 마지않으며 뛸 듯이 큰 기쁨을 무어라 형언할 수 없구려.

　이렇게 깨달은 사람의 분상(分上)에서 비유하자면, 커다란 불덩어리와 같아 서 무엇이든지 닿기만 하면 타버리니 어찌 한가로운 말과 중생 구제를 위한 수 단과 방법만으로 지도할 수가 있겠습니까. 그러나 깨달은 뒤의 조심은 깨닫기 전보다 더 중요한 것입니다. 깨닫기 전에는 깨달을 분(分)이라도 있지만, 깨달은 뒤에 만일 수행에 정진하지 않고 게으름을 피우면 여전히 생사에 얽매어 영영 헤어 나올 기약이 없게 됩니다.

흔히 옛사람들이 깨달은 뒤에 자취를 감추고, 이름을 숨기고 물러나 오래도록 신(神)과 기(氣)를 길렀던 이유도 여기에 있습니다. 어쩌다 사람을 대하면 지혜의 칼을 휘둘러 마군을 항복받고, 면벽을 하며 30~40년, 또는 평생토록 영영 산에서 나오지 않기도 하였습니다. 예전에 가장 훌륭하고 큰 기틀을 지닌 분들도 그렇게 하였거늘 하물며 끝 무렵에 있는 우리들이야 오죽하겠습니까.

대혜 화상(大慧和尙)이 "간혹 교법(教法)을 듣고 이를 얻을 만한 능력이 뛰어난 무리들이 많은 힘을 들이지 않고 이 일을 마치고 나서 쉽다는 생각에 사로잡혀 오랜 세월이 지나도록 다시 닦지 않다가 영영 마군에게 포섭된다."라는 틀림없는 말씀으로 후학을 지도하여 삿된 그물에 걸리지 않게 하신 일을 어찌 일일이 열거할 수 있겠습니까.

이와 같은 방편을 형도 모르는 바가 아니겠지만, 이미 물어 왔고 또한 최상의 기쁜 일에 대하여 즐거운 마음이 용솟음치는 바, 부득이 속마음을 털어놓고 간략하게나마 예전 조사들이 깨달음 뒤에 남긴 수행문을 한두 가지 들어서 이야기해 보겠습니다. 행여나 익히 들어서 아는 것이라고 소홀히 하지 마시고 다시 자세히 살피고 거듭 생각해 보십시오.

어떤 스님이 귀종 화상(歸宗和尙)에게 물었습니다.
"어떤 것이 부처입니까?"
"네가 곧 부처이다."
"어떻게 보임(保任)해야 합니까?"
"티끌 하나라도 눈에 들어가면 눈병 난 사람에게 보이는 꽃 같은 무늬가 어지러이 떨어진다."
이 법문에서 '티끌 예(翳)' 한 자의 뜻을 상세히 알면 깨달음 후의 생애가 자연히 만족스러울 것입니다.

　마조(馬祖) 화상에게 법을 얻은 석공(石鞏) 스님이 삭발을 하고 시봉하던 어느 날 부엌에서 일을 하다가 갑자기 하던 일을 잊어버리고 망연히 앉아 있었습니다. 그때 마조 화상이 물었습니다.

"여기서 무엇을 하느냐?"

"소를 먹이고 있습니다."

"소를 먹이는 일은 어떻게 하는 것인가?"

"한 번이라도 소가 풀밭에 들어가면 고삐를 잡아 끌어당깁니다."

"네가 소를 잘 먹일 줄 안다."

마조 화상이 한 답입니다.

　여기서 파예(把拽) 두 글자를 자세히 알면 깨달음 후의 생애를 물을 필요가 없습니다. 상세하게 안 뒤에는 알았다는 것도 또한 없는 것입니다. 물을 마실 때 자신은 차거나 뜨거운 것을 알 수 있지만 남에게는 알려줄 수 없듯이, 자신의 즐거움을 그대에게는 억지로 줄 수가 없고, 바다가 마르는 것을 맡겨 따를지언정 그대에게는 끝내 통하게 할 수는 없다고 한 것이 이 말입니다.

　어떤 사람이 나에게 묻기를, "깨달은 뒤에 어떻게 보임(保任)해야 합니까?" 하고 질문한다면, 나는 곧 아프게 한바탕 때릴 것입니다.

　"위의 옛 성인들의 말과 같습니까, 다릅니까?"

　허허. 다음으로 미루어 문제 삼지 않겠습니다. 이 일은 이렇게 마치고 세상에서 쓰는 투의 인사는 하지 않겠습니다.

-1928년 3월 초이렛날 문하생 방한암(方漢巖) 올림

만약 일생의 일을 원만하고 흡족하게 하고자 한다면, 옛 조사의 방편 어구(語句)를 스승과 벗으로 삼아야 됩니다. 보조 국사께서도 일생토록 『육조단경(六祖壇經)』을 스승 삼고 『대혜 서장(大慧書狀)』을 벗으로 삼으셨습니다. 조사의 말씀 중에서도 제일 중요한 책은 대혜(大慧) 스님의 『서장(書狀)』과 보조 국사의 『절요(節要)』와 『간화 결의(看話決疑)』가 살아있는 법문이니, 항상 책상 위에 놓아두고 때때로 점검하여 자기화하면 일생의 일에 어긋남이 없을 것입니다. 제(弟)도 여기서 힘을 얻은 것이 있습니다.

또한 『서장』과 『결의』와 『절요』의 끝부분을 보면 살아있는 법문을 깨닫기가 쉽고도 쉽습니다. 이 말이 번거로운 것 같지만, 그러나 일찍이 방랑을 해봐야 나그네의 심정을 안다고 했으니 제발 소홀히 하지 마십시오.

만약 한때의 깨달음에 만족하여 계속 공부하지 않으면, 영가(永嘉)께서 말한 바, "모두 공(空)이라고 여겨 인과를 무시하고 어지러이 방탕하여 재앙을 초래한다."라는 것이 이것이니, 절대로 세상 천한 무리들처럼 잘못 알고 고집하여 인과를 무시하고, 죄와 복을 배척하는 일을 배우지 마십시오.

만일 활구(活句)를 깨닫지 못하고 다만 문자만 본다면 이것 역시 의리 때문에 힘을 얻지 못하고, 말과 행동이 다르게 잘난체 하는 사람을 면치 못하리니 사리를 따져 마땅한 데 뜻을 두소서.

-1928년 3월 7일 문제(門弟) 방한암(方漢巖) 올림

한암(漢巖) 스님은 경봉 스님과 서신으로 선문답을 나누면서도 자신의 나이를 내세우거나 수행의 정도를 내세우지 않으셨습니다. 나이가 어리더라도 상대가 도인이라고 판단되면 예를 다 갖추어 말씀을 하셨던 평소의 모습 그대로 서신에

서도 겸양을 잃지 않으셨습니다. 훈계하고 당부하는 말조차도 마치 후배가 선배에게 아뢰는 것처럼 지극한 마음으로 자신의 뜻을 알리셨습니다. 경봉 스님에게 보낸 서신에서도 한암(漢巖) 스님께서는 제(弟), 또는 사제(師弟), 문제(門弟)라고 한결같이 자신을 낮추고 계십니다.

〈서간문 2〉

옛사람의 계송에 "길에서 도를 깨달은 사람을 만나면 말로도 침묵으로도 대하지 말라."라는 말이 있습니다. 말이나 침묵으로 대하지 않는다면 어떻게 대하겠습니까? 한마디 일러 주십시오.

-1928년 8월 14일 문제(門弟) 중원 올림

이 짧은 편지는 전형적인 선문답이라고 할 수 있습니다. 편지에서 한암(漢巖) 스님은 경봉 스님에게 도를 깨달아서 부처가 된 사람, 집착도, 사랑 분별도, 감정과 이성도 모두 사라진 사람에게 통할 수 있는 것이 무엇일까를 묻고 계십니다.

〈서간문 3〉

성해 사숙(聖海師叔)님의 영정을 봉안하는 일은 그의 계보를 잇는 상좌로서 마땅히 해야 할 일인즉, 그 말씀을 들으니 기쁘기 한량없습니다. 영정을 봉안하려 한다면, 세상의 범절대로 모시는 것이 마땅할 것 같으니 구태여 일원상(一圓相)을 해서 사람들의 눈을 놀라게 할 필요는 없을 것입니다.

영정을 찬양하는 글은 그렇게 급한 일이 아닌 것 같아서 제(弟)가 본사에 돌아가는 날에 써 드릴까 생각하니 양해하십시오. 그러나 제(弟)는 본래 저술에 서툴고 글 짓는 일을 멀리한 지도 오래된 지라, 쓰기는 하더라도 사람들의 웃음거리를 면치 못할 것 같으니 그 사이에도 혹시 글과 법에 능한 분을 만나거든 찬양의 글을 짓게 하는 것이 어떻겠습니까.

세 가지 설문에 대한 첫 번째 답은, "하늘을 충천하는 기운은 바르지 못한 것과 바른 것 두 가지가 있습니다. 그른 것은 장부가 스스로 충천하는 기운이 있다면 석가모니 부처께서 가신 길은 따라가지 않는 것이요, 바른 것은 장부가 스스로 충천하는 기운이 있다면 석가모니 부처께서 가셨던 길은 따라가지 않는 것입니다."라고 하겠습니다.

누가 쫓아와 묻기를, "네가 오히려 그르고 바른 것을 벗어나지 못한 데 얽매어 있지 않느냐."라고 말한다면, 나는 "내가 걸렸나, 네가 걸렸나."라고 하겠습니다. 두 번째와 세 번째의 물음도 저 첫 번째의 물음 가운데 있는 소식이니 거듭 말해서 번거로이 제안할 필요가 없습니다. 자세히 살피소서. 이만 줄입니다.

-1929년 음 2월 25일 문제(門弟) 한암(漢巖) 올림

〈서간문 4〉

새벽에 일어나니 날씨는 점점 서늘해져 가는데, 문득 성해 사숙님의 영정을 찬양하는 글을 아직 지어 드리지 못한 것이 생각났습니다. 그간 솜씨 좋은 분의 아름다운 글을 받았는지도 모르겠습니다만, 만일 그렇지 않았다면, 제(弟)가 아직 본사에 들를 날이 멀었고, 형의 부탁 말씀에 응하지 못하고 약속을 지키지 못한 허물이 적지 않다는 생각이 들어, 삼가 사언 사구를 적어 보내오니, 말이 거칠고 옹졸하오나 잠깐 보십시오. 만일 벌써 영찬을 쓰셨으면 이것은 불에 넣으십시오.

〈성해 대화상 영찬(聖海大和尙 影讚)〉

일편단심 부지런히 삼보를 수호했네.
조의(祖意)를 참구하여 고금을 꿰뚫었네.
오는 것이냐, 가는 것이냐.
확 트인 흉금(胸襟) 밝은 달일세.
영축산 높고 낙동강은 깊도다.

보신 후 영찬으로 쓰실지 안 쓰실지 알려 주십시오. 초가을 쌀쌀해져 가는 날씨에 어렵고 어지러운 일이 없기를 멀리서 사모하여 지극히 빕니다. 제(弟)는 산중 생활이 별일 없으니 안심하소서. 이만 줄입니다.

-1929년 음 7월 26일 중원 올림

〈서간문 5〉

편지를 받자마자 마침 스님께 가는 인편을 만났습니다. 그 사람이 서서 재촉하기에 대략 사연만 적고 세속에서 하는 인사말은 줄입니다.

편지의 말씀대로 흉금(胸襟) 두 글자가 걸리는 것 같습니다. 그런 말씀을 하시는 것이 당연하고 정답습니다. 그러나 증거가 있기 때문에 괜찮으니 그대로 쓰십시오.

옛 시에 확 트인 흉금이 밝은 달 맑은 바람 같다는 구절이 있고, 또 당나라 때의 암두(巖頭)와 설봉(雪峰) 두 큰스님이 귀산(龜山)에 갔다가 눈에 길이 막혔을 때의 이야기도 있습니다.

설봉 스님은 매일 좌선을 하고 암두 스님은 계속 잠만 자고 있었습니다. 설봉 스님이 참다못해 암두 스님을 깨우고 "금생에 편하게 지내지 마십시오. 문수(文遂)와 함께 행각하면서 도처에 누를 끼치고, 오늘 여기서는 또 잠만 자는군요." 하고 말했습니다.

암두 스님이 할(喝)을 한 다음 "잠이나 자시오."하고 말했습니다. 그러자 설봉이 스스로 가슴을 치면서 "나는 실로 마음이 편안하지가 않습니다."라고 말했습니다.

암두 스님이 "만약 그렇다면 그대의 견해를 낱낱이 말해 보라. 옳은 곳은 그 대에게 증명해 주고 옳지 못한 곳은 다듬어 주리라."라고 말하자 설봉 스님은 "내가 처음 염관(鹽官) 스님에게 갔을 때, 염관 스님이 색(色)과 공(空)의 이치 에 대하여 이야기하는 것을 보고, 들어갈 곳을 얻었습니다."라고 말했습니다.

그러자 암두 스님은 "이로부터 30년 뒤에 혹시라도 잘못 이야기하지 말라." 라고 하였고, 이에 설봉 스님은 "또 동산(洞山) 스님의 오도 게(悟道偈)인 '바야 흐로 여여(如如)에 꼭 들어맞으리라.'라는 구절로 인해서 들어간 곳이 있었습니 다."라고 말했습니다.

암두 스님은 다시 "그렇게 알아서는 자기의 구제도 철저하지 못하리라."라고 말했고 설봉 스님이 "나중에 덕산(德山)에게 한 방망이 맞고 활연히 통 밑이 빠 지는 것 같았소이다."하고 말하자 암두 스님이 할을 하며 "그대는 듣지 못했는 가, 문으로 좇아 들어오는 것은 집 안의 보배가 아니니라."라고 하면서 "그 후에 는 어찌해야 됐습니까?"라는 설봉 스님의 물음에 "그 후에 만약 큰 가르침을 펴 고자 한다면, 일일이 자기의 흉금에서 흘러나와서 나와 함께 하늘을 덮고 땅을 덮게 해야 한다."라고 말했습니다. 설봉 스님은 이 말을 듣고 큰 깨달음을 얻었다고 합니다.

이러한 우주 만유의 인연이 모두 다 증명되는 것입니다. 이 흉금이 능히 넓기로는 천지를 포용하며, 세밀하게는 가는 티끌 속에 들어가서 가히 생각할 수 없는 큰 해탈 경계를 구비한 것이오니, 양지하소서. 말이 길어져서 이만 줄이오니 다만 형께서 내내 만안(萬安)하시기 빕니다.

추신 : 오라고 하신 말씀은 말할 수 없이 기쁘오나 오는 가을까지는 이곳에 있기로 작정하였사오니 그리 아시옵소서.

-1929년 음 9월 2일 한암(漢巖) 중원 올림

〈서간문 6〉

깨달음 후의 생애에 대하여 옛 선승들께서 남기신 말씀이 많습니다. 어떤 분은 "한 조각 바위같이 하라."라고 했고, 어떤 분은 "죽은 사람의 눈같이 하라."라고 했으며, 어떤 분은 "해충, 뱀, 지네, 두꺼비 등 독충이 있는 곳을 지날 때는 한 방울의 물도 묻혀서는 안 된다."라고 하셨습니다.

또 보조 국사께서는 『진심직설(眞心直說)』의 「십종식망(十種息忘)」 편에서 첫 번째는 깨달아 살피는 것이고, 두 번째는 마음을 쉬는 것이요, 그리고 열 번째는 체(體)와 용(用)에서 벗어나는 것까지 중요하고 간절하지 않은 법어가 없습니다. 다만 이것은 자기 자신이 스스로 그 묘(妙)를 터득한 연후에야 얻어지는 것이오니, 이 몇 가지 법문 중에 하나를 택해서 오래도록 공부하면 자연히 묘처(妙處)를 얻을 수가 있습니다. 그 수용 여부는 자신에게 달린 것입니다. 그 밖의 천 마디 만 마디가 모두 나의 일과는 상관이 없습니다.

또 옛 선승이 "문으로 들어온 것은 집 안의 보배가 아니다."라고 하시니, 그저 남의 말만 듣고 수행을 하면 말은 말대로, 나는 나대로 되고 맙니다. 마치 물 위의 기름 같아서 단박에 모든 망념을 끊어 버리는 경지에 이르지 못할 것입니다. 진실로 번뇌와 망상으로부터 벗어난 경지에 이르려면, 늘 망념이 일어나기 전에 자리에 나아가 참구하고 또 참구하여 홀연히 화두를 타파하게 되면, 가슴 속의 번뇌 망상이 자연히 끊어질 것입니다. 수행으로 깨닫고 진리를 터득하면 그곳이 바로 천하 사람들의 언어 문자를 끊는 자리입니다. 지극히 빌고 지극히 빕니다. 그러나 앞에서 말한 것들은 눈 밝은 사람에게는 섣달의 부채 격이니, 허허. 허물이 적지 않습니다.

편지하신 대로 통도사 내원암에 선방을 여는 일은 매우 좋은 일입니다. 만일 이런 계획을 파기하신다면 참으로 애석한 일입니다. 운봉(雲峰) 스님처럼 좋은 사람을 다시 구하기 어렵습니다. 제(弟)의 문하에는 이러한 사람이 없으니, 가히 탄식할 뿐입니다.

제(弟)는 내년 3~4월 사이에나 옮겨 갈는지, 금년 겨울에는 이곳에서 동안거를 지낼 준비가 다 되었습니다. 아무쪼록 좋은 선원이 되게 주선하십시오. 이만 줄입니다.

-1930년 9월 13일 한암(漢巖) 올림

이 편지에는 깨달음 이후의 삶에 대한 경봉 스님의 물음에 한암(漢巖) 스님은 옛 선승들의 말씀을 인용하여 깨달음 이후의 수행에 대해 '한 조각 바위처럼', '죽은 사람의 눈처럼' 모든 사물과 대상에 대한 의식을 끊으라는 말로 보임의 중요성을 강조하는 내용이 담겨 있습니다.

'오후 생애(悟後生涯)', '흉중 오색사(胸中五色絲), 속진(俗塵, 번뇌 망상)'이라는 말은 다른 선승들은 대부분 쓰지 않는 한암(漢巖) 스님 특유의 문학적인 언어로 일컬어지고 있는데, 이 편지에서 한암(漢巖) 스님은 깨닫기 이전보다 깨달은 후의 삶이 더 중요하다는 것을 매우 간곡하게 강조합니다.

〈서간문 7〉

스님의 제자 도홍(道洪) 수좌가 신심을 내서 멀리 찾아온 것은 반갑지만 제 (弟)에게 뛰어난 방편과 교도할 힘이 없으니 애석합니다. 그러나 이미 스님의 제자가 되었으니 맑은 안목이 열렸을 것이니 다시 다른 가르침을 받을 것이 있겠습니까. 다만 믿는 힘이 단단해서 본원에서 물러나지 않기를 빌 뿐입니다.

-1934년 5월 5일 방한암(方漢巖) 올림

〈서간문 8〉

전에 올린 답장은 보셨겠지요. 주신 편지를 자세히 읽어보니 지금까지도 광풍이 멈추지 않은 듯합니다. 한 물건도 오히려 아니거든 하물며 다시 무슨 이름을 붙이겠습니까. 본래 거래가 끊어졌으니 보낼 곳은 어디며 돌아갈 곳은 어디입니까. 쓰는 것이나 쓰지 않는 것은 다만 자기 스스로 아는 것이니, 있고 없는 것을 어지러이 헤아리지 마십시오. 헤아리지 않을 때는 어떠합니까. 돌 장승이 밤에 나무 닭 우는소리를 들으니 아시겠습니까. 아래의 주각을 보십시오.

○

-1934년 5월 9일 한암(漢巖)

〈서간문 9〉

　　도홍의 원주(院主) 보는 일은 그에게 소임을 맡기려고 한 것은 아닙니다. 마침 먼저 원주 보던 사람이 다른 곳으로 가서 교대할 사람이 없던 차에 대중의 뜻에 따라 임시로 맡긴 것입니다. 이곳이 깊은 산중이라 내왕하는 이가 드물어서 번거로울 일은 없으나 도에 장애가 된다면 본인의 신심에 달려 있는 것이니 너무 염려 마십시오.

　　　　　　　　　　　　　　　　　-1934년 9월 10일 방한암(方漢巖) 올림

　　이 편지는 5월에 상원사를 찾은 경봉 스님의 제자 도홍 수좌에게 원주 소임을 맡긴 일에 대한 이야기입니다. 소임으로 인해 공부에 방해가 된다면 일이 번거롭고 아니고의 문제가 아니라, 신심이 견고한지 아닌지에 달려 있다는 내용입니다. 이 말씀은 사찰의 재물과 사물을 맡아서 처리하는 데 **빠져서** 본분사를 망각하는 일부 승려에게 던지는 따끔한 충고입니다.

〈서간문 10〉

　　운수납자는 무엇으로 양식을 하느냐고요? 막(莫).
　　무슨 말로써 제접을 하느냐고요? 막(莫).
　　아우도 가서 있을 처소가 있느냐고요? 막(莫).

　　이 세 개의 '막' 가운데 하나의 막은 하늘도 덮고 땅도 덮음이요, 하나의 막은 밝은 달 맑은 바람이며, 하나의 막은 산이 높고 물이 흐름이니, 이 소식을 아신다면 버들 꽃을 꺾고 버들 꽃을 꺾음이올시다.

　　　　　　　　　　　　　　　　　-1935년 4월 5일 문제 한암(漢巖) 올림

세존 탄신일 금강 계단에서 계를 설함에 대하여 저를 증명의 임무를 가진 법사로 참석하라는 공문을 받았습니다. 너무 부끄럽고 황송합니다. 이 뜻을 주지 화상에게 전해 주시기 바랍니다.

〈서간문 11〉

금년 여름에는 나의 법사(法師) 스님 대상(大祥) 날 참석하려고 했으나 병든 몸으로 멀리 떠날 수가 없었습니다. 또, 다른 회중에서 온 수좌들이 신경이 쓰여서 잠깐이라도 내가 없어서는 안 되겠기에 마음만 있을 뿐 가지를 못 합니다.

이 점을 양해하여 주시고 자비스러운 마음으로 산중 제덕 스님께 이해와 용서를 구해 주시고, 면목 없는 이 사람을 버리지 말아 주시기를 빕니다.

-1936년 6월 14일 한암(漢巖) 올림

이 편지 서두에 항상 병으로 지내고 있는데 헛된 이름만 세상에 꽉 차서 번거로운 일이 많다는 이야기를 하고 계신 것으로 보아 한암 스님의 건강이 좋지 않다는 것과 스님의 선풍이 널리 알려졌음을 알 수 있습니다.

〈서간문 12〉

들리는 말에 스님께서 가람을 수호하고 불사를 크게 베푸신다니, 참으로 복과 지혜를 함께 닦으심이 천만 번 구족하십니다. 여러 생의 원력이 깊지 않고서야 어찌 가능한 일이겠습니까. 젊고 건강한 때에 더욱 일하고 쌓아서 석가모니 부처님의 무량한 공덕을 찬양하여 거듭거듭 연계되어 펼쳐진 세계를 성취하소서. 이만, 예를 갖추지 못합니다.

-1937년 4월 20일 한암(漢巖) 올림

〈서간문 13〉

극락암에 안거하여 마음을 한곳에 머물게 하고 사(事)와 이(理)를 바르게 관조하여 어느 곳에도 치우침 없이 밝은 경지에 드신다 하니 기쁜 마음으로 공경하여 우러러봅니다. 겸곡(謙谷) 스님이 발심하여 먼 길을 오셨으나 선도 방편이 없으니 부처님께서 중생을 받들어 보살피신 일에 비해 부끄러울 뿐입니다. 설우(雪牛) 형과 암자에 함께 계신다니 문안 전해 주십시오.

-5월 16일 한암(漢巖) 올림 (1937년 가을~1938년 사이로 추정)

경봉 스님의 편지

〈불법에 대해-경봉 스님이 한암 스님에게〉

오대산이 첩첩하고 또 첩첩하여 산운과 해월의 정을 다하기 어렵습니다. 산이여 달이여! 산운이라 할지 해월이라 할지 이 산운과 해월을 형께 일임하니 빨리 오셔서 문자, 성색, 동정 그 밖의 법을 한 번 보여 주시길 간절히 원합니다.

지난해 꽃 한 가지 심었더니 올해는 가지와 잎이 무성하네.
형이여! 꽃동산의 오묘함을 생각해 보오.
만 떨기 울긋불긋한 꽃도 한 움큼 싹에서 나왔느니. 미소.

봄날이 지나니 여름날이 길어졌습니다.

이 글은 경봉 스님이 오대 산문에 칩거하며 오로지 수행 정진하고 계신 한암 스님께 보낸 편지입니다. 존경과 신뢰로 가득한 경봉 스님의 다른 글도 한 편 더 소개합니다. 서간문 14는 경봉 스님의 「티끌에 대해」라는 편지에 대한 한암 스님의 답신입니다.

〈티끌에 대해-경봉 스님이 한암 스님에게〉

가을 물이 긴 하늘가에 닿고
흰 갈대꽃에 밝은 달이 오가니

시절이여!

시절이여!

거듭 다시 무슨 말을 하겠습니까?

이제 삼가 형의 서한을 받아보니

감격을 누를 수 없으며

종이에 가득 찬 향기를

누구와 더불어 음미하겠습니까?

그러나 산은 산이요, 구름은 구름이요

바다는 바다요, 달은 달이니

산에 낀 구름이여, 바다에 뜬 달이여,

그르쳤느냐 성취되었느냐?

만약 이 소식을 얻으면 성취되고

그르침은 원래 가르침이 아닙니다. 미소.

구름은 산에서 솟고 달은 바다에 떴네.

형께서 수학에 능한 법을 보이셨으니

가히 수학 선생이라 할 만합니다.

그런데 왜 아홉과 열,

그 밖의 수는 세지 않았습니까? 악!

티끌같이 많은 세계가 모두 헛것이라면서

어찌 큰 가르침을 낸다고 말합니까?

있고 없는 것이 둘이 아닌 곳에

별달리 뿌리와 싹을 말하지 마십시오.

〈서간문 14〉

　　보내온 글 가운데 산에 낀 구름과 바다에 뜬 달의 정(情)을 말씀하셨는데, 몇 사람이나 여기서 그르쳤으며 몇 사람이나 성취하였는지요. 또 언어(言語)·성색(聲色)·문자(文字)·동정(動靜) 외에 다시 한 번 법을 보이라 하였으니 ① 언(言) ② 어(語) ③ 성(聲) ④ 색(色) ⑤ 문(文) ⑥ 자(字) ⑦ 동(動) ⑧ 정(靜)이라 하겠습니다. 세상에서 쓰는 인사말은 갖추지 않겠습니다.

　　티끌같이 많은 불(佛) 세계 모두 헛것,
　　한 생각 일어나면 곧 크게 어긋나네.
　　그곳엔 붉고 푸른 꽃이 많다지만
　　어찌 이곳에 뿌리 없는 싹만 하리오. 쯧.

-1939년 한암(漢巖) 올림

〈서간문 15〉

　　편지의 내용은 잘 알았습니다. 본의 아니게 헛소문이 퍼져서 허물이 이와 같으니 탄식하고 탄식할 뿐입니다. 이후로는 언제나 좋은 방편으로 잘 지도해 주셔서 잘못됨에 빠지지 않게 해 주시기를 천만 번 간절히 바랍니다. 세세한 사정은 필설로써 다하기 어려우니 마음의 달로 서로 비추기 바랍니다.

-윤 6월 21 중원 올림 (1941년으로 추정)

〈서간문 16〉

-표고버섯이 봄에 나오는 것은 다 없어지고, 여름에 나는 것은 좋지도 않은 것이 값은 비싸서 소두 한 말에 4원씩이나 하기에 마음에 드실지 몰라 부탁을 들어드리지 못합니다. 심히 죄송합니다.

삼가 운(韻)을 딴 시에 화답합니다.

조각구름 날 저문 골짜기에 피어오르고
맑은 달은 푸른 산봉우리에 지누나.
만물은 본래 맑고 아름다운데
사람들은 스스로 마음을 어지럽히고 있네.

-1942년 9월 28일 중원 올림

〈서간문 17〉

-부탁하신 표고버섯은 때가 늦어 구할 수가 없어서 월정사 종무소에 부탁을 했더니 사중(寺中)에서 사서 비축해 두었던 것을 산 가격에 보내 드리겠다고 합니다.

소두 한 말에 2원 49전, 두 말에 도합 4원 98전입니다. 보내신 돈 12원 중에서 이 금액을 제하면서 7원 2전이 남습니다. 소포 부치고 아울러 시장에 간 사람의 식비를 공제하고 남은 돈을 보냅니다.

-1942년 11월 6일 제(弟) 한암(漢巖) 올림

1942년에 보내신 두 편지의 내용으로 미루어 짐작해 볼 때 한암(漢巖) 스님의 성격이 찬찬하고 꼼꼼하다는 것을 알 수 있지만, 이 무렵 한암(漢巖) 스님의 건강이 매우 좋지 못했다는 것도 알 수 있습니다.

〈서간문 18〉

며칠 전에 통도사 해련 스님이 오셨을 때 편안하다는 소식을 들었고, 지금 또다시 두 선화자(禪和子)의 방문으로 만복하심을 알게 되어 기쁩니다. 저는 날로 쇠약해지고 있습니다.

스님의 제자 혜일 스님이 천 리 먼 길을 고생하면서 왔는데 이틀을 머물고 떠나니 섭섭하여 이다음에도 잊히지 않는 정을 표하는 바입니다.

-1944년 3월 14일 한암(漢巖) 올림

해련 스님은 불과 이틀 만에 고향으로 갔는데, 여기 와서 여름을 지내겠다고 하더니 아직도 돌아오지 않고 있습니다. 바빠서 구하(九河, 1872~1965) 대형(大兄)께 따로 서신을 쓰지 못하였으니 문안 전해 주시기 바랍니다.

〈서간문 19〉

제(第)는 오랫동안 병세에 시달리니 무어라 말씀드려야 할는지요. 마침 그곳의 학인이 묘향산에서 왔기에 잠깐 만났는데 그 인편으로 몇 자 적어서 그동안의 적조한 인사를 드립니다. 내내 건강하시길 빕니다.

-6월 5일 중원 (1945년 이후로 추정)

〈서간문 20〉

　　편지 가운데 시(詩) 두 편은 의미가 심장하여 읊조리는 입에서 향기가 돕니다. 제(弟)는 본래 시구 등에 능하지 못하나, 운에 화합하라는 말씀이 있으셔서 마지 못해 구상해 본 대로 시원치 못한 글을 엮어 올리오니 한 번 보고 웃으소서.

　　물소리와 산 빛이 모두 고향이네.

　　마치 전단향 나무 조각조각 향기로세.

　　무착이 팥죽 솥에서 홀연히 문수를 만났으니

　　문수가 어찌 청량산에만 있다 하리오.

　　다만 한 생각 번뇌 없으면

　　번거로이 붉다 누르다 논할 게 없네.

　　납승은 항상 정법 만나기 어려움을 염려해서

　　정좌하고 긴 가을밤 보내네.

　　먼 곳에서 온 나그네 고향 갈 일 잊었구나.

　　고향엔 감자도 달고 나물 또한 향기롭다네.

　　달이 뜨니 일천 봉우리 고요하고

　　바람 불어오니 온갖 나무 서늘하네.

　　잿마루엔 흰 구름만 한가롭고

　　뜰에는 어느덧 낙엽이 지네.

　　온갖 사물마다 모두 참모습,

　　콧구멍은 하늘을 향했네.

-1946년 10월 17일 한암(漢巖)

군이 오대산을 고집하는 한암(漢巖) 스님에게 애착이 아닌가를 묻는 경봉 스님에게 이 시구를 통해 분명함을 깨닫게 되면 오대산에 머물거나 나가는 일이 중요한 게 아니며, 어디서든 문수보살을 만나 뵙는 자유로움을 얻게 되지만, 분명한 게 없다면 머물면서도 고집하게 되고, 나가면서도 불안해할 수밖에 없다는 말씀을 하십니다.

전단향 나무를 쪼개면 가지 하나하나가 향기로운 것처럼 모든 것은 본래 비로자나 부처님의 자리에서 나온 것이니 세상 만 가지 버릴 것 없이 모두 다 소중하니 그 자리로 돌아가야 세상에 상생의 기운과 평화가 넘치게 된다는 뜻을 담고 있습니다.

〈서간문 21〉

혜일 수좌는 성품과 행동이 순박하고 학문이 고명하여 추운 겨울을 함께 지내면서 서로 도움이 되었는데, 해제 후 곧 고별을 고하니 섭섭했습니다. 제자가 스승을 찾아가는 마음이 간절했던 모양입니다. 돌아가거든 자애로운 생각에 자애로운 생각을 더 하셔서 큰 인재로 키우시기 바랍니다.

-1947년 1월 16일 중원 올림

〈서간문 22〉

소승이 박덕하고 절의 운이 불길하여 음력 2월 초이튿날 석양녘에 바람이 크게 일어 새로 지은 집에서 불이 나 두 법당과 동서 요사채가 전부 타버리고 남은 것은 불상과 경궤와 가마솥과 객실 그리고 종각뿐입니다. 현 주지 화상의 원력과 산중의 뜻을 모아 대목을 불러 벌목을 해서 올해 안으로 중창을 할 계획입니다.

그러나 일은 크고 힘은 약한데다가 시대가 변하고 일이 번거로워서 당장 성취하기는 어려울 것 같은데, 일이 어찌 될지 알 수 없으니 기다려 보는 수밖에 없습니다. 모든 것이 무상한 것처럼 우리 몸의 생로병사도 이와 같이 무상하니 탄식이 저절로 나옵니다.

-1947년 3월 7일 한암(漢巖)

'오대산 도인'이라 불리던 한암(漢巖) 스님이 27년간 주석하셨던 상원사는 오대산이 품은 많은 사찰과 암자 가운데 전망이 가장 빼어난 곳으로, 한국 선불교의 중흥조로 불리는 경허 스님을 비롯해 수월·운봉·동산 등 역대 선지식(善知識)들이 주석하며 수행했던 유서 깊은 곳입니다.

1946년 청량선원 뒤의 조실에서 불이 나는 바람에 영산전을 제외한 건물이 전소되었으니 삼라만상 모든 것이 공(空)이라고 하지만 한암(漢巖) 스님의 허망함은 이루 말할 수 없었을 것입니다. 이 편지에서 한암(漢巖) 스님은 그때의 참담한 심정을 무상함으로 토로하셨습니다.

잿더미로 화한 상원사는 본사인 월정사와 산중 대중들의 합심으로 1947년 가을에 중창되었는데, 현존하는 건물은 대부분 그 이후에 복원되거나 새로 지어졌습니다. 6·25 전쟁 때 월정사 등 오대산의 다른 사찰이 국군의 방화에 의해 불에 탔으나 상원사는 한암(漢巖) 스님의 높은 법력 덕분에 화마를 면하였으며, 현재까지 전국 수도승들의 요람이 되고 있습니다.

〈서간문 23〉

　편지로 보이신 뜻을 잘 알았습니다. 법을 주관하는 사람으로서 종문의 흥폐
와 불법의 성쇠에 대한 근심과 염려가 없을 수 없는 일이지만, 이 역시 우리들이
해야 할 일이니 번민하고 탄식한들 어쩌겠습니까.

　창수(昌守)가 와서 기쁘고 반갑기는 하나, 이곳의 생활이 심히 곤궁해서 여름
에는 감자 농사와 여러 가지 울력이 매우 고됩니다. 도를 배우려 하면 통도사 극
락암(極樂庵)만 못할 것이니 이 점 양해하여 주십시오.

　보내 주신 원문을 읽어보니, 읊조리는 입에서 저절로 향기가 생깁니다. 제(弟)
는 본래 시를 잘 짓는 솜씨도 없는데다가 요즈음 정신이 어지러워 글 쓰는 일이
시원치 않고, 또한 생각이 나지 않습니다. 그러나 시를 보내신 뜻이 감사해서 삼
가 시원치 않은 글을 지어 올리오니, 한 번 보고 웃으십시오.

　티끌 같은 시방 세계가 눈앞에 펼쳐져
　문득 깨달으니 이 몸이 불대(佛臺)에 앉아 있구나.
　드넓은 허공엔 고금이 끊어졌고
　이 도량 속에는 가고 옴이 없네.
　아는 것 옅은데 헛된 이름 누되어 부끄러우니
　오직 바라건대 풍년 들어 풍요롭고 안락한 세상 오기를
　천리 고향 본래 마음 그대가 얻었으니
　창가에 몇 번이나 찬 매화를 보았소.

　영축산엔 이미 꽃이 피었다지만

오대산엔 아직도 눈이 가득하다오.

산과 물 다르다 말하지 마오

해와 달 떠오름을 다 함께 보리.

달리는 말 채찍질하고

소먹이는 사람은 고삐를 당기네.

깊은 밤 들려오는 비바람 소리

한 채 뜰에 핀 매화를 애석해 하네.

-1949년 3월 26일 한암(漢巖)

〈서간문 24〉

통도사 종주(宗主, 조실)로 와 달라고 하신 뜻은 잘 알았습니다만 제 병이 깊고 몸이 약하여 겨우 지탱하고 있을 뿐입니다.

그런 터에 팔십에 가까운 늙은 사람이 종주로 간다면, 그것은 너무나 망령된 행동이고 큰 수치입니다. 뒷방이나 한 곳 비워 두시면, 남은 목숨이 있을 때 함께 모여 정담이나 나누겠습니다. 우선은 이곳(상원사)에 머물고자 합니다.

탄허(呑虛)가 학식과 문필이 나보다 천만 억 배나 더 뛰어나고, 또 16~17년간 나와 함께 고생하며 정진하였으니 수도원에 임시나마 수좌로 두면, 혹 서로 도움이 될 듯도 합니다. 살펴서 처리해 주시길 바랍니다.

그리고 종주(宗主)는 언제라도 스님이 적임자이니 다른 생각은 마십시오. 정신이 흐려 이만 줄이옵고 답서의 예를 갖추지 않습니다.

-1949년 8월 15일 제(弟) 중원은 답서를 올립니다.

위의 편지에서 경봉 스님은 흉흉한 시국 때문에 한암(漢巖) 스님을 피란 겸, 통도사 조실로 청합니다. 이해 봄, 자기들끼리 싸움을 벌이던 개미 떼가 오대산 중대 앞마당에 까맣게 죽어 있는 것을 본 탄허 스님이 불길한 징후를 느끼고 역학의 원리를 풀어 나라에 난리가 날 것을 예견하게 됩니다. 이에 탄허 스님은 한암(漢巖) 스님에게 남행할 것을 간곡히 청하지만 한암 스님께서는 30년 이상을 지내온 오대산을 떠날 수 없다면서 20~30대의 젊은 스님들을 이끌고 먼저 피란을 하도록 하셨습니다. 한사코 한암(漢巖) 스님을 모시고 가려는 탄허 스님에게 먼저 경봉 스님이 주지로 주석하고 있는 통도사로 가서 자리를 잡고 연락을 하라고 하셨습니다. 탄허 스님 일행을 맞은 경봉 스님은 백련암을 내주고 한암(漢巖) 스님에게 어서 내려오실 것을 간청하는 편지를 띄운 것입니다. 하지만 한암(漢巖) 스님께서는 사제(師弟) 경봉 스님의 간곡한 청에도 불구하고 끝내 피란을 마다한 채 온몸으로 상원사 소각을 막아내며 오대 산문을 지키셨습니다.

"30년 이상을 오대산에서 수도하며 머물렀으니 움직이지 않겠다."라고 하시던 한암 스님의 결의도 대단했지만, 스님께서 보여주신 불자로서의 용기 또한 잊을 수 없는 위대한 대종사이며 대선사의 면모였다."

훗날 탄허 스님은 늘 이렇게 한암(漢巖) 스님에 대한 존경심을 나타내곤 하셨습니다. 경봉 스님에게 보낸 마지막 편지에서 오대 산문을 지키려는 한암(漢巖) 스님의 결심과 제자 탄허 스님을 부탁하는 스승으로서의 마음이 느껴집니다.

경봉 스님과의 선문답

한암(漢巖) 스님께서는 오대 산문에 드신 후 입적하실 때까지 27년간 불출동구의 원칙하에 수행에 전념하셨습니다. 하지만 기록이나 스님을 가깝게 모셨던 스님들이 전하는 바에 따르면 한암(漢巖) 스님께서는 다섯 차례 출타를 하신 것으로 정리가 됩니다. 치과 치료를 위해 경성을 다녀오신 일과 경주 불국사 참배, 조계종을 만들 때와 광복 후 동국대 재단을 보강할 때 구하 스님의 협조를 구하기 위해서 통도사를 방문한 일, 6·25 전쟁 한 해 전쯤 홍천 수타사를 방문하신 일 등입니다.

『한암 일발록/상권』 214쪽을 보면 1934년 상원사를 방문한 이케다 경무국장이 "(이곳에 오신 후) 몇 번 하산하셨습니까?" 하고 묻자 한암(漢巖) 스님께서 "경주 불국사를 참례한 일, 이가 아파서 치료 차 경성에 갔던 일 등 전후 2회입니다."라고 답하신 기록이 있습니다.

첫 번째 외출은 경봉 스님의 일기를 모은 『삼소굴 일지(三笑窟日誌 1992년, 극락 선원)』에 나타나 있습니다. 『한암 일발록』에도 1931년 10월 4일 한암(漢巖) 스님이 경주 불국사를 참배하고 돌아오시던 길에 통도사 비로암에서 하룻밤을 머물면서 경봉 스님과 나눈 법담이 「경봉 선사와 선문답」이라는 제목으로 실려 있습니다.

『한국불교 전통의 계승과 한암 선문』 67쪽에는 1933년 탄허 스님이 친구 권중백, 차계남과 함께 처음으로 상원사를 방문했는데, 이때 한암(漢巖) 스님께서 치아 치료를 위해 경성으로 출타 중이라 만날 수 없었다는 이야기가 나옵니다.

『한암의 선 사상과 제자들』 320~321쪽에도 두 차례의 통도사 방문 내용이 나옵니다. 1941년 조선불교조계종 창종 당시 구하 천보(九河天輔 1872~1965년) 스님의 협조를 부탁하기 위해 통도사를 방문하셨고, 1949년 동국대학교 재단을 보강할 때도 구하 스님을 찾아 통도사 재산의 3분의 1을 협조 받습니다.

마지막 출타가 1949년 무렵으로 추정되는 홍천 수타사 방문입니다. 『그리운 스님 한암 스님』 41쪽 "6·25 전쟁 전 해에 내가 홍천 수타사에 있을 때 봉은사 판 『화엄경』을 한 질 샀는데, 토가 없으니 볼 재주가 있어야지. 그래서 '토를 달아야 하겠는데 어떻게 하나.'하고 생각하고 있는데 마침 한암(漢巖) 스님이 수타사에 오셨어요. 한암(漢巖) 스님이 6·25 전쟁 전 해에 상원사에 있는 『고려대장경』에 토를 달았던 것이 생각나서 상원사에 가시면 그걸 좀 보내 달라고 말씀드렸더니 직접 가져가라고 하셔서 중대에 있는 것을 가져왔어요."라는 범룡 스님의 회상이 있습니다.

1906년 신식 승려 교육기관의 모태인 명진학교로 출발해 현재의 동국대학교가 되기까지의 역사를 짚어 보겠습니다. 원흥사 한쪽에 자리 잡았던 명진학교는 여러 차례 폐교와 개교를 거듭하며 불교사범학교(1910년), 불교고등강숙(1914년), 중앙학림(1915년), 불교전수학교(1928년), 중앙불교전문학교(1930년) 등을 거치다가 조계학원(1940년 2월), 혜화전문(1940년 6월)에 이르러서야 비로소 대학으로서의 틀을 갖추게 됩니다. 혜화전문은 1944년 5월 일제에 의해 강제 폐교되었다가 이듬해 10월 혜화전문학교로 문을 열었으며 1946년 9월 동국대학으로 승격됐습니다. 1949년 재단법인 조계학원을 재단법인 동국학원으로 개칭할 때 불교종단 중앙불교 교무원에서 30본사 사찰 임야 16,310정보(약 162㎢ / 약 4,893만 평)를 기부했는데, 당시 조선불교 제2대 교정이었던 한암(漢巖) 스님께서 이 일을 의논하기 위해 중앙불교 총무원장직을 맡고 있던 구하 스님을 방문하셨던 것으로 보입니다. 동국대학교는 불교 정신을 바탕으로 학술과 인격을 연마하고 민족과 인류 사회 및 자연에 이르기까지 지혜와 자비를 충만하게 하여 서로 신뢰하고 공경하는 이

구하스님((九河, 1872~1965)　　　　경봉 스님(鏡峰, 1892~1982)

상 세계의 구현을 건학 이념으로 하고 있습니다. 동국대학교의 설립은 조계종의 후원과 종단의 선각자 스님들의 인재 불사에 대한 일념이 바탕이 되었습니다.

　한암(漢巖) 스님과 경봉 스님의 선문답은 『삼소굴 일지』에 「경봉 선사와 야반(夜半) 선문답」이라는 제목으로 수록되어 있습니다. 남전(南泉) 스님이 고양이를 베었다는 뜻의 「남전 참 묘(南泉斬猫)」는 도를 구하기 위한 선가(禪家)의 유명한 화두 중 하나입니다. 어느 날 동당과 서당의 수행승들이 고양이 한 마리를 놓고 시비하는 것을 본 남전 스님이 그 고양이를 잡아 쳐들고 "무엇인가 한 마디 말할 수만 있다면 고양이를 살려줄 테지만 말할 수 없다면 베어버릴 것이다."라고 말했습니다. 수행승들이 아무 말도 하지 못하자 남전 스님은 그 자리에서 고양이를 단칼에 베어버렸습니다. 그날 밤, 외출에서 돌아온 조주(趙州) 스님에게 그 이야기를 하자 조주 스님이 신발을 벗어 머리에 얹고 밖으로 나가버렸고, 그 모습을 본 남전 스님이 "만일 조주가 그 자리에 있었다면 고양이를 구할 수도 있었을 것"이라고 말했다는 이야기입니다.

『벽암록』63칙, 『무문관』14칙으로 실려 있는 「남전 참 묘」를 화두로 밤새 팽팽하게 밀고 당기던 그날의 선문답을 경봉 스님은 『삼소굴 일지』에 이렇게 쓰셨습니다.

경봉 : 조주 스님이 신발을 머리에 이고 문밖으로 나간 뜻이 무엇입니까?

한암 : 부처와 조사가 손을 맞잡은 곳이다.

경봉 : 그러면 어떤 것이 부처와 조사입니까? 생각해서 판단하면 귀신 굴에 들어가니 얼른 답해 주십시오.

한암 : 이미 보지 못했는가?

경봉 : 아무쪼록 뒤에 남는 자취를 거두어 주십시오. 남전이 고양이를 벨 때 형님이 그 자리에 계셨다면 무어라고 답을 하셨겠습니까?

한암 : 남전이 본래 고양이를 벤 사실이 없었다.

경봉 : 누가 그런 말을 전했습니까?

한암 : 본래 고양이를 벤 사실이 없으니 전한 말이 없다.

경봉 : 이제 비로소 들었습니까?

한암 : 이제 들은 것도 없다.

경봉 : 이제 들은 것 없다고 하는 이는 누굽니까?

한암 : 말이 많음은 법을 희롱하는 것이다.

경봉 : 형이 오히려 법을 희롱하는 것에 걸려 있습니다.

한암 : 조주 스님이 신을 이고 나간 뜻이 무엇인가?

경봉 : 가로누우니 발이 하늘을 가리킵니다.

한암 : 요즈음 어떻게 공부를 하고 있는가?

경봉 : 티끌 하나가 눈에 들어가니 헛것이 어지러이 떨어집니다.

한암 : 티끌이 눈에 들어가니 헛것이 어지러이 떨어지는 뜻은 무엇인가?

경봉 : 형께서는 내일 아침에 맛있는 차를 드십시오.

한암 : 한참 지난 일이다.

남전 스님이 죽인 고양이는 단순한 생명체가 아니라 수행승들이 품고 있는 의심과 집착을 뜻합니다. 고양이를 베어버림으로써 오래도록 답습되어온 통념의 고리를 끊어버린 것입니다. 조주 스님이 신발을 머리에 이고 나가는 것을 보면서 남전 스님은 기존의 통념을 부정하는 조주 스님의 깨달음을 보게 되었고, 깨달은 사람이 그 자리에 있었더라면 고양이가 죽임을 당하는 일은 없었을 것이라고 안타까워한 것입니다.

첫 오도송을 보낼 정도로 한암(漢巖) 스님에 대한 경봉 스님의 존경과 신뢰가 깊었으니, 이날 밤 두 선지식의 선문답이 얼마나 높은 경지였을지 감히 짐작도 되지 않습니다.

제자 탄허 스님과의 불연

대한불교 조계종 제4교구 본사 월정사는 신라 선덕여왕 12년(643)에 창건된 후 오대산의 다양한 신앙과 사찰들을 총괄하는 중심 사찰로서 1,376년 동안 문수보살을 중심으로 한 불교 본연의 자세와 수행 가풍을 이어 왔으며, 1925년 한암(漢巖) 스님께서 주석하시면서 한국불교를 대표하는 사찰의 위상을 확립하고 동국대학교 건립을 주도하는 등 다양한 역할을 하게 되었습니다.

6·25 전쟁 당시 1.4 후퇴 과정 중에 국군의 김백일 장군이 내린 소각 명령에 의해 월정사는 칠불보전을 비롯해 영산전, 관음전, 진영각 등 열일곱 동의 건물과 소장 문화재, 사료가 잿더미로 변하는 큰 타격을 입었습니다. 하지만 소각의 위기에도 의연하고 당당하게 상원사를 지켜내신 한암(漢巖, 1876~1951) 스님과 화엄학의 대가이자 불교 경전과 동양 사상의 대 석학 탄허(1913~1983) 스님, 그리고 탄허 스님의 제자이면서 소승의 은사인 만화(1922~1983) 스님의 법력과 각고의 노력 덕분에 본연의 모습을 되찾게 되었습니다.

한암(漢巖) 스님이나 탄허 스님과 같은 큰스님들의 그늘에 가려져 그 위업이 제대로 알려지지 않았지만, 월정사의 역사에 빼놓을 수 없는 분이 만화 스님입니다. 만화 스님께서는 6·25 전쟁 당시 오대산의 모든 사찰이 국군에 의해 불태워질 때 한암(漢巖) 스님을 시봉하며 상원사를 지켜냈고, 잿더미만 남은 월정사의 가난한 살림을 도맡아 하면서 중창 불사에 전력했으며, 탄허 스님이 화엄경 역경 불사의 위업을 완성할 수 있도록 혼신의 힘을 다해 도우셨던 분입니다.

한번 이루면 한번 죽고 한번 성대하면 한번 쇠퇴하니

구름이 뒤집히고 비가 오는 걸 몇 번이나 보았던가.

경인년 섣달 동방에서 바람이 일고 불이 일어나니

우뚝 큰 전각이 모두 폐허라.

이에 모연금을 거두어 공사를 시작하니

흡사 하늘이 돕고 귀신이 시킨 것 같았어라.

-만화 스님이 쓰신 상량문 중에서

위의 글은 동별당을 해체할 때 발견된 만화 스님의 상량문 중 한 부분입니다. 투철한 보살 정신과 효를 바탕으로 한 인욕과 희생, 헌신으로 적광전(1964년~1969년), 천왕문(1974년), 진영각(1975년), 서별당(1976년), 보장각·용금루(1977년), 해행당(1978년), 동별당(1979년) 중건에 매진하셨던 오대 산문의 버팀목 만화 스님의 중창 불사 일념은 현 회주(會主) 현해 스님과 현 주지(住持) 정념 스님으로 이어지면서 수광전과 대법륜전 중건, 명상 마을과 성보 박물관 조성 등으로 오늘날과 같은 대가람의 면모를 갖추게 되었습니다.

염불, 독경, 참선, 명상의 청정 수행 가풍을 꾸준히 계승하고 있는 오대 산문에는 현대 한국불교의 시작을 연 한암(漢巖) 스님이 계시고, 미래 한국불교의 시작을 알리는 탄허 스님이 계십니다. 두 분 대덕께서는 떼려야 뗄 수 없는 불연을 지닌 관계이기도 합니다.

탄허 스님은 20세기 한국불교를 대표하는 대 석학으로, 22세에 한암(漢巖) 스님을 은사로 출가해 평생을 경전 연구와 번역, 인재 양성에 매진하며 선교 양종의 업적을 쌓으신 분입니다. 특히 불교 경전은 물론이려니와 유교와 도교 등 동양학을 아우르며 동아시아의 재정립과 비상을 촉구한 세계적 석학으로도 이름을 알리셨습니다.

학문에 대한 열정으로 참 스승을 찾던 유생 김금택(탄허 스님)은 한암(漢巖) 스님의 명망을 듣고 1932년 8월 14일 오대산 상원사로 편지를 보냈고, 이후 1934년까지 한암(漢巖) 스님과 20여 통의 편지를 주고받으며 불연(佛緣)을 쌓았습니다. 유생 금택이 상원사를 처음 찾은 것은 1933년이었습니다. 하지만 한암(漢巖) 스님의 넓은 포용력과 해박한 학문을 흠모해온 금택의 방문은 때마침 한암(漢巖) 스님께서 치과 치료를 위해 출타 중이라 헛걸음이 되고 말았습니다. 금택은 이듬해인 1934년 9월 5일 '짧으면 3년, 길면 10년'을 기약하고 다시 오대산을 찾았으나, 한암 스님의 인품과 학식에 매료되어 그해 결제일인 10월 15일 한암(漢巖) 스님을 은사로 구족계를 받으면서 불자의 길로 들어섭니다. 탄허 스님께서는 탈속(脫俗)의 인연을 이렇게 회상하셨습니다.

나는 노장사상을 연구하다가 중이 된 사람이거든. 이십 세 시절부터 노장사상에 파고들다가 선생님이 없어서, 그래서 선생님을 구하다가 방한암(方漢巖) 스님이 유명하다는 말을 듣고 편지를 해보고 참 도력이 넓은 것 같아서, 3년간 편지로 굉장히 인연이 깊어서, 그러다가 따라와서 중이 되었거든.

한암(漢巖) 스님으로부터 '삼킬 탄(呑)' '빌 허(虛)'라는 법명을 받은 탄허 스님은 묵언(默言) 참선으로 용맹 정진했으며, 한암(漢巖) 스님 밑에서 『전등록』과 『선문염송(禪門拈頌)』, 『보조 법어』, 『육조 단경(六祖壇經)』, 『영가집(永嘉集)』 등 주요 경전과 선어록을 사사하셨습니다. 1936년 6월 상원사에 선과 교를 겸할 수 있는 인재 양성을 위한 강원도 삼본사(유점사·건봉사·월정사) 승려연합수련소가 설치되자 한암(漢巖) 스님의 지도 아래 중강으로서 『금강경(金剛經)』, 『기신론(起信論)』, 『범망경(梵網經)』 등을 강의하는 파격적인 행보를 보이셨습니다.

1939년에 추가로 개설돼 11개월 동안 계속됐던 『화엄경』과 『화엄론』 강의를 마친 탄허 스님은 한암(漢巖) 스님의 말씀에 따라 『화엄경』과 『화엄론』에 토를 다는 간행사업을 시작하게 되었고, 이것이 계기가 되어 『신화엄경합론(新華嚴經合論 / 47권)』을 비롯한 『사교(四敎)』, 『사집(四集)』, 『사미(沙彌)』 등 불교 내전 총 14종, 70권의 불교 경전에 토를 달아 번역하게 됩니다. 1967년에는 조계종 초대 중앙 역경원 원장을 지내면서 『팔만대장경』의 한글 번역작업에 직접 투신해 [한글 대장경] 간행에 공을 세우셨습니다.

탄허 스님은 새벽 2시가 되면 어김없이 일어나 반드시 참선을 하고 경전을 읽으셨습니다. 특히 "지식이 있는 자는 경을 배워 중생에게 이익을 주도록 해야 이 세상 업보도 갚는 것"이라며 경전의 중요성을 강조하셨고 1971년 봄, 발원한 지 10년 만에 원문 10조 9만 5천48자, 석가모니 부처님께서 49년간 행하신 설법 중에서 가장 심오하고 위대하며 광대무변하다는 『화엄경』 80권의 번역·집필을 마치셨습니다.

자세한 주석을 붙여서 우리말로 옮겨 놓은 원고지 6만 2천5백여 장 분량의 이 집필은 화엄학 뿐만 아니라 동양 사상을 집대성한 대 불사였습니다. 하지만, 수천만 원에 달하는 출판 경비를 마련하지 못하다가 1975년 『신화엄경합론』이라는 제목으로 출간되어 '원효·의상 대사 이래 최대의 불사'를 이룩했다는 평가를 받았습니다. 스님께서는 1955년 대한불교 조계종 강원도 종무원장 겸 월정사 조실, 1956년 월정사에 5년제 대한불교 조계종 오대산 수도원 설치, 1962년 월정사 주지, 1964년~ 1971년 동국대학교 대학 선원 원장을 역임하셨습니다. 탄허 스님은 1983년 법문의 고향인 오대산 월정사 방산굴에서 세수(世壽) 71세, 법랍(法臘) 49세로 열반에 드셨습니다.

한암(漢巖) 스님은 한국불교의 대 강백(大講伯)으로 평가받는 탄허 스님의 출가에 결정적인 영향을 주신 분입니다. 두 분 스님을 불연으로 이어준 편지를 살펴보겠습니다. 다행히도 탄허 스님께서 입산 전인 1932년 8월 14일에 한암(漢巖) 스님께 보낸 첫 편지와 그에 대한 한암(漢巖) 스님의 첫 답서도 남아있습니다. 도를 구하고 자 하는 젊은 탄허 스님의 간절한 의지와 갈등, 그리고 한암(漢巖) 스님의 따뜻하고 거룩한 가르침이 담긴 이 편지를 시작으로 두 분은 3년간 20여 통의 편지를 주고 받으며 사제 간의 우의를 다지고 도와 학문에 대한 이야기를 나누셨습니다.

〈탄허 스님이 한암(漢巖) 스님께 보낸 편지〉

속생 금택은 글을 올리나이다.

거룩하신 모습을 뵙지 못하고 당돌하게 글을 올리게 되니 참으로 황공하여 몸 둘 바를 모르겠나이다. 스님을 우러러 존경하는 저의 마음은 잠시도 쉼이 없으나 다만 마음과 꿈을 통하여 오고 갈 뿐 미칠 길이 없나이다.

엎드려 생각하오니, 건강 만복하시며 도를 닦는데 조용하고 정숙하시어 날마다 바다처럼 넓고 하늘처럼 높은 기상을 가지고 계신 듯합니다. 흠모하여 우러름을 어쩔 줄 모르겠나이다.

속생 금택은 본디 정읍의 천한 출신으로 충청도에 흘러온 지가 이제 4년이 되었습니다. 나이는 20세로서 근기가 박약하고 배운 것도 없어서 도를 듣는다고 해도 믿지 못하고, 도를 믿는다고 해도 돈독하지 못하여 구슬을 품고도 구슬을 잃어버리거나 나귀를 타고서도 나귀를 찾는 허물이 있으며, 또 쇠를 은으로 부른다거나 벽돌을 갈아 거울로 만들려는 병폐에까지 이르렀사오니 참으로 탄식할 일이옵니다.

더구나 집안의 더러움이 밖에서 들려오고 사람의 욕심이 날로 커져서 귀는 소리에 어두워지고 눈은 물색에 가려졌습니다. 비유컨대 마치 우산(牛山)의 나무들이 도끼와 연장에 베임을 당한 데다 소와 염소들에게도 뜯어 먹히는 꼴이 되어, 비와 이슬이 촉촉이 적신다 해도 싹이 자랄 수 없게 된 것과 같사오니, 그 밖의 남은 것이 얼마나 되겠습니까?

시경(詩經)에서 "마음에 근심됨이 때 묻은 옷을 입은 것과 같다."라고 한 것은 바로 부족한 저를 두고 한 말입니다. 저 자신을 돌아보면 이처럼 가련하니, 마침내 시냇물과 큰 강물이 한곳으로 돌아간다고 한들 어떻게 맑은 폭포수에서 때와 먼지를 깨끗이 씻고 마음과 생각을 청정하게 하여 신선 세계에서 좋은 복을 길이 받겠나이까? 어쩌면 그렇게도 집하(執下)께서는 좋은 복이 있으시어 입산 수도하시어, 헌신짝을 벗고 속세를 잊으셨나이까?

좇고자 하는 마음은 크지만 쉽게 따를 수가 없나이다. 내년 봄을 기하여 나아가 뵐 계획이오나 속세 인연이 아직 남아있고 거리도 멀어서 꼭 단정할 수는 없습니다.

돌아보건대 저는 기질이 나약하고 심지가 굳지 못하여 훌륭하신 발자취를 따라가는 것조차 감당 못 하오니, 오직 바라는 바는 그나마 장자(長者)의 가르침을 얻어서 그 허물을 적게 하는 것뿐이옵니다. 그러나 사람됨이 이와 같사오니, 군자(君子)께서 가르침을 주실 수 있으신지요?

집하(執下)께서 만일 버리지 않고 가르쳐 주신다면 부족한 저의 지극한 소원을 다 하였다고 할 만합니다.

-임신년(1932) 8월 14일 금택 올림

〈한암(漢巖) 스님께서 보내신 답서 1〉

보내온 글을 자세히 읽어보니 도(道)를 향한 정성을 보겠노라. 장년의 호걸스러운 기운이 넘쳐서 업을 짓는 것이 좋은 일인지 나쁜 일인지도 모를 때에, 장부의 뜻을 세워 위없는 도를 배우고자 하니 전생에 심은 좋은 과보가 깊지 않으면 어찌 이와 같을 수 있겠는가. 축하하고 축하하노라.

그러나 도가 본래 불생불멸의 참된 마음이면 방위가 없어서 실로 가히 배울 게 없다. 만일 도를 배운다는 생각이 있다면 문득 도를 헷갈리게 되나니, 다만 그 사람의 한 생각 진실함에 있을 뿐이다. 또한 누가 도를 모를까만, 알고도 실천을 하지 않으므로 도에서 스스로 멀어지게 되느니라.

예전에 백락천(白樂天)이 조과(鳥窠) 선사에게 도를 물으니 사가 이르기를, "모든 악을 짓지 말고 모든 선을 받들어 행할지니라." 하니, 백락천이 "그런 말은 세 살 먹은 아이라도 할 수 있는 말입니다."라고 하였다.

이에 선사가 "세 살 먹은 아이라도 말은 할 수 있지만, 팔십 먹은 노인이라도 실천하기는 어렵다." 하시니, 이 말은 비록 얕고 속된 것 같으나 그 가운데 깊고도 오묘한 도리가 있으니, 깊고 오묘한 도리는 원래 얕고 속됨을 가리지 않고 이루어지느니라.

시끄럽다고 고요한 것을 구하거나, 속됨을 버리고 참됨을 향하지 말지니라. 매양 시끄러운 데서 고요함을 구하고 속됨 속에서 참됨을 찾음으로써, 구하고 찾는 것이 가히 구하고 찾음 없는 데 도달하면, 시끄러움이 시끄러운 것이 아니요, 고요함이 고요한 것이 아니며, 속됨이 속된 것이 아니요, 참됨도 참된 것이 아니니라.

졸지에 끊어지고 졸지에 단절될 것이니 이러한 시절을 무어라고 말해야 하는가. 이것이 이른바 한 사람이 허한 생각을 전함에 만 사람이 진실을 전하는 도리니라. 그러나 간절히 바라노니, 잘못 알지 말지어다. 한번 웃노라.

〈한암(漢巖) 스님께서 보내신 답서 2〉

보내온 글을 두 번 세 번 읽어보니 참으로 좋은 문장이요, 필법이라. 구학문이 파괴되는 때를 당해서 그 문장의 힘과 뜻이 부처님 글처럼 얼마나 매력이 넘치던지 먼저 보내온 글과 함께 산중의 보배 창고로 여기겠노라.

공(公)의 재주와 덕행은 비록 옛 성현이 나오더라도 반드시 찬미하여 마지않을 것이니, 있어도 없는 듯하고 차 있어도 비어있는 듯이 노력하니, 어느 누가 그 높은 품격을 존경하고 우러르지 않겠는가.

승려는 평소에 소리 내어 읊지는 않지만 이미 마음 달이 서로 비추었으니 묵묵히 있음은 옳지 않기에 문장을 엮어 보내니, 받아보고 한번 웃을지어다.

두 통의 답신 모두 날짜는 정확하게 남아있지 않으나 한암(漢巖) 스님은 첫 번째 답신에서 세 살짜리 아이와 팔십 노인의 예를 들어 실천의 중요성을 말씀하시면서, 진실한 생각을 가지면 누구나 도를 알 수 있으나 이를 실천으로 옮긴 사람은 드물다, 생각이 진실하면 참된 것과 속된 것이 둘이 아니며, 시끄럽고 고요한 것이 하나임을 가르쳐 주십니다. 두 번째 답신에서는 탄허 스님의 재주와 덕행을 칭찬하고 의기가 상통했음을 인정하십니다. 이렇게 편지로 이어진 불연은 1934년, 탄허 스님의 출가로 이어지게 됩니다.

일본 승려 소마 쇼에이의 수행담

이해 11월 29일부터 일본의 승려 소마 쇼에이가 상원사 선원에서 동안거를 보내면서 약 4개월간 참선 수행을 했습니다. 훗날 그는 이때의 체험담을 〈방한암 선사를 찾아서〉라는 제목으로 『조선불교』제87호(1933년 4월 1일 발행)에, 〈오대산 상원사 선원 납월 팔일(12월 8일) 좌선 수행의 추억〉이라는 제목으로 제117호(1935년 12월 1일 발행)에 기고합니다. 이 글은 당시의 상원사 선원과 한암(漢巖) 스님께서 수좌들을 지도하시던 모습을 전하고 있는 몇 안 되는 자료 중 하나입니다.

두 편의 글에는 일본인에게도 경계를 두지 않던 스님의 모습과 함께 수행자로서의 덕목을 지킬 때는 누구보다 엄격했지만, 신도들과 제자들에게 한없이 다정했던 스님의 모습이 잘 드러나 있습니다. 동안거를 보낸 수행담을 쓴 첫 번째 글에는 한암(漢巖) 스님의 인간적인 면모에 대한 이야기가 많고, 음력 12월 1일부터 8일까지 성도재일 기념 특별 용맹 정진 기간에 정진했던 일을 쓴 두 번째 글에는 수행에 대한 내용이 많습니다. 몇 대목을 골라서 소개해 보겠습니다.

〈방한암(漢巖) 선사를 찾아서〉

"조선불교는 어디로 갈 것인가?"

이 질문에 명확한 답을 줄 분이 몇 사람 있다고 할 때, 그중 한 분, 홀로 분연히 순수한 조선불교의 종품을 고취하고 계신 분이 있다. 조선불교도에게 매우 유명한 방한암(漢巖) 선사이시다. 선사는 모든 세속 인연을 끊은 채 강원도 오대산 상원사에서 오로지 학인들을 가르치며 정진하고 계신다. 선사의 불같은 열정과 온후한 인품을 대한다면 조선불교는 장차 발전할 수밖에 없을 것이다. 조선불교의 앞날을 몸소 보여주는 선사로부터 앞날에 대한 강력한 암시를 얻을 수 있을 것이다. (중략)

이곳 선방(禪房)의 일과는 다음과 같다.

03시 기상, 입선(入禪)
06시 방선(放禪)
08시 입선
11시 방선
13시 입선
21시 방선

밤 9시까지는 서로 이야기를 나누는 것은 물론, 개인적인 행동도 금지된 채 치열하게 수행했다. 특이한 점은 다른 선방과 달리 하루 두 끼를 먹는데 아침은 죽을 먹는다는 것이다.

1일 2식을 하게 된 데는 몇 가지 이유가 있었다. 당시 월정사는 여러 가지 사정으로 극도로 곤궁해졌고, 모든 재산을 잃게 되었기 때문에 선사와 공양주 2인분의 양식밖에 제공되지 않았다. 하지만 그런 사정에도 불구하고 한암(漢巖) 선사를 찾아 사방에서 20~30명의 운수 승려가 몰려들었기 때문에 부족한 식량을 보충하기 위해…(중략). 모여든 승려들은 하루 두 끼를 먹으면서도 공부할 수 있다는 사실만으로 흔쾌히 생각하며 행복해했고, 선사께서도 기쁘게 공양하시면서 "석가모니 부처님께서는 하루에 한 끼만 드셨다. 그러니 아침을 먹을 수 있는 것도 고마운 일이다. 아무쪼록 그것만으로도 열심히 정진해 주기 바란다."라

고 말씀하셨다. (중략)

선사께서는 부처님의 가르침에 한 치의 어긋남이 없다고 할 만큼 강고한 정법 신앙을 지녀 계행을 지키는 일에는 매우 엄격하셨다. "계를 지킬 수 없는 자는 출가 득도자라 할 수 없다. 파계승은 속인보다 못하다."라고 항상 가르치셨다. 물론, 선사 밑에서 참선하는 이들은 선사의 한 마디도 허투루 여기지 않고 지키며 정진하고 있다.

선사는 30년간 좌선 삼매(坐禪三昧)로 지내셨다. 또한 불교의 경전을 상세하게 연구하셨다. 선사께서 설법하실 때는 무궁무진한 지식이 흘러넘쳐 놀라움을 금할 수 없다. 그리고 닷새에 한 번씩 우리를 위해 선 어록(禪語錄)을 강의해 주신다. 선사의 끊임없는 정열 덕분에 가능한 일이다.

무엇보다도 선사는 지독한 위장병으로 고생하고 계셨다. 기력은 점차 쇠하고 우리와 함께 좌선하는 것조차 불가능할 정도였다. 그런데 설법이라니, 감사드리지 않을 수 없는 일이다. 그렇게 선사는 병중이면서도 공부에는 우리에게 절대 뒤지지 않았다. 수면은 서너 시간 정도, 나머지는 전부 좌선에 진력하셨다. (중략)

선사는 곧잘 우리가 좌선하고 있는 동안 온돌 아궁이의 불을 살피곤 하셨다. 그 모습은 마치 서너 살 어린아이처럼 천진함 그 자체였다. 이런 천진난만함은 자연히 법당 안을 명랑하게 했다. 휴식 시간에 우리가 어떤 문제에 대해 논하고 있으면 옆방에서 나와 가르쳐 주시곤 했다. 그리고 우리가 이런저런 울력을 할 때면 염주를 굴리면서 우리의 친구가 되어 여러 가지 이야기를 들려주시곤 했다. (중략) 그러나 한 번 입을 다무셨다 하면 이미 좌선 삼매에 들어가 계셨다. 번뇌가 없고 해탈의 경지에 오른 분이셨다. 그리고 이러한 변화가 너무나 자연스

러웠다. 선사입네 내세우는 가식이 털끝만큼도 없으셨다. (중략)

이러한 선사에게도 역시 쓸쓸함이 있었다. 선사의 제자인 원주(院主)가 우리의 양식을 마련하기 위해 자주 산에서 내려가곤 했다. 그때마다 뭐라고 형언할 수 없는 애처로운 얼굴로 배웅하곤 하셨다. 그러나 원주가 돌아올 때면 방문 밖으로 나와서 더없이 밝은 표정으로 맞이하셨다. 그래서 보는 우리까지도 그 모습을 보고는 기뻐하였다. (중략)

학인 교육은 선사 스스로 엄격하게 수행함으로써 감화시키는 것을 주로 삼으셨다. 이래라저래라 가르치기보다는 우리 학인들이 반성하고 생각하고 수행하도록 권장하셨다. 혹시라도 탈선하는 경우가 있으면 그때 비로소 훈계하셨다. (중략)

출가자는 사욕을 버린 사람이다. 신도들이 가져오는 과일이라든가 공양물이 있으면 아무리 적은 것이라도 대중들에게 평등하게 나누었다. 선사 또한 우리와 구별이 없었다. 참으로 출가의 참모습을 볼 수 있었다.

이러한 원만한 인격은 선사의 문학으로 나타난다. 선사의 글, 선사의 시를 읽으면 마음속의 응어리처럼 맺힌 것이 없다. 타오르는 열정과 너그러움을 느끼게 된다. 선사는 특히 시에 능하셨다. 나중에 헤어질 때 선사에게 간절하게 글을 청했더니 여러 번 거절 끝에 어쩔 수 없이 붓을 드셨다. 그러나 선사는 자신의 시도, 이름도 쓰지 않으셨다. 나에 대한 겸손에서였을 것이다. 부처님의 지엄한 가르침, "명예와 이익을 탐하지 말라."라는 글귀였다. (중략)

과거 조선불교는 참혹한 상황에 처해 있었다. 그럼에도 불구하고 불제자가 엄존하고 있다. 그것도 한두 명이 아니다. 생각하면 불제자의 존재야말로 조선불교의 자랑이며 우리에게는 하나의 커다란 경종이다. 머지않아 위대한 선사의 문하에서 사회를 구제할 수 있는 덕과 학식이 높은 선지식이 탄생할 것을 기대해 마지않는다.

〈오대산 상원사 선원 납월 팔일(12월 8일) 좌선 수행의 추억〉
-1932년 12월 27일부터 1933년 1월 3일까지

음력 12월 1일부터 8일 아침까지 조선의 선원에서는 특별 정진이라고 해서 이 기간에는 잠자는 것이 일절 허락되지 않는다. 석가모니 부처께서 6년 동안 고행 정진하시고 마침내 12월 8일 새벽에 큰 깨달음을 얻으신 일을 사모하고 받드는 경건한 행사인데 이를 용맹정진이라고 한다.

양력 12월 26일은 음력 11월 29일에 해당한다. 이날 오전 10시가 되자 대중을 소집하는 종이 울렸다. 잠시 후 한암(漢巖) 선사는 선원 중앙에 설치된 법상에 오르셔서 참가자 13명에게 다음과 같이 말씀하셨다.

"내일부터 용맹정진입니다. 조선에서 이 의식은 예부터 오늘에 이르기까지 엄격하게 이어져 내려오고 있습니다. 그런 만큼 과거에 수좌들이 서로 간에 노력 정진한 것을 감사하게 생각해야 합니다. 만약 이번에 참가한 여러분이 자만심에 젖어 제멋대로 행동한다면 이번 수행은 망치고 말 것입니다.

수행자가 가져야 할 정신은 누구 한 사람을 위한 것이 아니라, 일체중생을 위한 것이므로 그 책임이 실로 중대하다고 말하지 않을 수 없습니다. 그렇다고 해서 단지 행사를 잘 치르기 위한다는 생각만으로 정성을 다해서는 안 됩니다. 고

마운 기회인만큼, 깨닫지 않으면 일어나지 않겠다는 생각으로 모든 것을 내던지고 화두에 몰입해야 합니다." (중략)

원주 스님 등과 함께 예불을 올렸다. 그와 동시에 선원에서는 예불도 죽비로 단 삼배만을 하고 좌선을 계속했다. 아침 근행이라고 해서 소리를 내어 경전을 독송하지는 않는다. 단지 대웅전이나 나한전, 산신각 등에서는 한 사람이 목탁만으로 예불을 올린다. 선원에서는 나와 함께 두세 사람이 예불을 올리기 때문에 별로 소란스럽지는 않다. 소리를 낸다고 해도 종과 목탁, 그리고 죽비 정도였다. 평소에도 간경 등을 하지는 않는다. 단지 죽비만으로 예불을 올릴 뿐이다. 매일 11시에는 노전 스님의 집전으로 대웅전에서 사시 불공을 올리지만, 다른 사람은 오로지 좌선에만 매진한다. (중략)

참가자 중에는 묵언 수행을 하는 사람도 있었다. 가슴에 묵(默)이라는 글자를 써서 걸고 다녔다. 이 사람에게는 말을 걸어서는 안 된다. 말을 걸어도 그 사람은 절대로 말하지 않는다. (중략) 특히 감탄스러운 것은 묵언을 지키고 있는 사람의 날카로운 눈썰미였다. 항상 유심히 살펴서 누가 말을 하지 않아도, 묻지 않아도 해야 할 일을 확실히 한다. 한 사람만 묵언 수행을 하면서 할 일이 척척 돌아간다면 그다지 놀랄 일이 아니겠지만 대여섯 명이 묵언 수행을 하면서도 오히려 말을 할 때보다 일의 능률이 올라가니 참으로 알 수 없는 일이었다. (중략)

묵언 수행도 하나의 고행이기 때문에 처음에는 노력이 필요할지도 모른다. 그러나 큰 결심으로 좌선할 때는 온종일 다른 것을 생각할 여유가 없게 된다. 오로지 화두를 들고 참구할 뿐이다. 잠을 자는 것은 바라지도 않을 정도이므로 쓸데없이 이야기꽃을 피우는 일은 꿈에도 생각할 수 없다. (중략)

한 노 거사가 얼굴이 붓고 코피까지 날 정도였다. 그러나 이제껏 열심히 해온 이상 끝까지 정진하자고 했다. 몸이 가루가 되어 죽을지언정, 나는 이번 생의 서원대로 기필코 반야 가운데 머물러 깨달을 것이라 다짐하며 각고의 노력을 기울였다. 더욱이 어떤 학인은 하루 이틀 사이에 깨닫지 않으면 무슨 면목으로 고개를 들 것이냐며 더욱더 열심이었다. 이렇게 되니 생각한 것보다 훨씬 긴장된 분위기 속에서 시간을 보내게 되었다. 섣달그믐날도 산 위에서는 사자가 질주하는 기세로 큰 깨달음을 구하기 위한 정진이 계속됐다. (중략)

5시 30분, 이 장엄한 고행도 마침내 끝났다. 방선을 알리는 입승 스님의 죽비가 울렸다. (중략) 공양이 끝나자 한암(漢巖) 선사께서 힘 있는 목소리로 다음과 같은 법문을 하셨다. "깨달음을 얻지 못하면 절대 움직이지 않겠다는 여러 학인의 수행 덕분에 8일간의 용맹정진이 무사히 끝나게 된 것을 매우 기쁘게 생각합니다. 그러나 깨달은 사람도 바보, 깨닫지 못한 사람도 또한 바보입니다. 만약 한 구(句)가 있으면 각자 제시해 보시오."

한 사람이 나와서 "깨닫지 못했다고 해도 개보다는 뛰어납니다."라고 말하자 선사께서는 "개란 무엇인가?"라고 날카롭게 반문하셨다. 그러나 대중들은 아무 소리가 없었다. 선사께서는 모든 이에게 "공허하게 세월을 보내서 그 죄로 무간지옥에 떨어지지 않도록 더욱 정진하고 정진하십시오."라고 격려해 주셨다. (중략)

조선 전국의 선원에서 행해지고 있는 용맹정진의 여러 가지 모습도 봄이 되는 2, 3월 무렵이면 어디서 용맹정진이 있었는지 다 알게 된다. 8일 동안의 정진에서 철저히 수행했던 사람이 몇 사람이었는지도. 용맹정진은 가장 뜨거운 열기가 나오는 기회이다. 그런 이야기를 하는 것이 운수의 유일한 낙이었다.

편지와 게송

지난 2006년 한암(漢巖) 스님의 편지가 한 장 발견됐습니다. 1936년 2월 21일에 경남 하동군 쌍계사(雙磎寺)의 진응 혜찬(震應慧燦, 1873~1941) 스님에게 쓰신 이편지는 하보 제심(河菩提心) 보살이 오랜 세월 간직하고 있다가 2006년에 월정사에 기증한 것으로, 원본은 월정사 성보 박물관에 소장되어 있습니다.

한암(漢巖) 스님의 편지는 대부분 경봉 스님을 비롯해 인연이 있는 분들과 주고받은 것인데, 진응 스님처럼 별다른 교류가 없었던 스님에게 보낸 편지로는 처음입니다. 하지만 진응 스님은 석전(石顚) 박한영(1870~1948) 스님, 금봉 병연(錦峯秉演, 1869~1916) 스님과 함께 근대 불교사의 3대 강백(講伯)으로 추앙받았던 분으로, 1910년 회광(晦光) 조동종(曹洞宗) 연합을 저지하는 운동을 일으켜 성공을 거두기도 했습니다. 직접적인 왕래는 없었지만, 한암(漢巖) 스님께서 탄허 스님에게 이분들을 스승 삼아 경전 공부를 권하셨던 것으로 보아 서로의 명성을 익히 알고 계셨던 듯합니다.

편지의 내용으로 미루어 짐작해 보면 진응 스님이 한암(漢巖) 스님께 어떤 법회에 증명법사가 되어 주시거나 법어를 해 줄 것을 청하신 것 같습니다. 자신을 낮추어 사양하면서 정중하게 양해를 구하는 한암 스님의 겸손한 마음이 따스하게 전해져 옵니다.

〈진진응 대화상께〉

보내주신 서신은 살펴 읽었습니다. 법체 만안하시기를 엎드려 빌고 또 빕니다.

소승은 평소 병약해서 깊은 산속에 들어와 칩거한 지 10여 년이나 되었습니다. 또한 쓸데없이 헛된 명성만 세간에 가득하여 이로 인해 구속을 받는 일이 많습니다. 그리고 화두 공부도 순일하지 못하여 저 자신도 구제할 수가 없는데 하물며 타인을 구제하는 데까지 능력이 미칠 수가 있겠습니까? 부끄럽고 부끄럽습니다. 탄식할 뿐입니다.

(스님께서) 이와 같이 불러주신 것은 실로 과분한 일입니다. 하지만 여러 가지 사소한 일로 자유롭지 못하여 (스님의 뜻에) 우러러 부응하지 못합니다. 깊이 헤아려 주신다면 다행이겠습니다. 자애롭게 여겨 허물하지 마시길 천만 번 바라나이다. 이만 줄입니다. 예의를 갖추지 못합니다.

-병자(1936년) 2월 21일 소승 방한암(漢巖) 올림

음력 5월과 6월에는 석주(昔珠, 1909~2004) 스님에게 편지를 보내셨습니다. 5월 5일의 편지에는 석주 스님의 은사로, 평소에 교류가 있었던 남천(南泉, 1868~1936) 스님의 입적 소식을 듣고도 조문을 하지 못한 일에 대한 송구함과 함께 위로의 말씀을 전하면서 부탁받은 대로 경전에 토를 달아 보낸다는 내용을 쓰셨습니다. 1936년 당시 한암(漢巖) 스님께 『범망경』을 배웠던 석주 스님은 한암(漢巖) 스님께서 토를 달아 주신 이 『범망경』을 평생 소중히 간직했다고 합니다. 이 편지의 원본은 송광사 성보박물관에 소장되어 있습니다.

6월 19일에 쓰신 편지에는 석주 스님이 은사 남천 스님을 위해 천도재(薦度祭)

를 올린 일에 대한 찬사를 담으셨습니다. 석주 스님이 은사 남천 스님의 천도를 위한 대중공양을 올려 달라고 한암(漢巖) 스님에게 50원을 보낸 것에 대한 답장입니다. 석주 스님은 일생동안 민족불교 개혁을 위한 불교정화운동에 힘을 쏟았으며 특히 어린이와 청소년 포교와 불경의 한글 편찬에 많은 공헌을 했습니다.

〈석주 스님에게 보낸 서신〉

1.

방금 은사 화상님의 상사(喪事)를 듣고 놀랍고 비통함을 금할 수 없습니다. 기어가서라도 조문을 해야 함이 마땅하나 그러지 못하였으니 평소에 서로 경애(敬愛) 하는 도리를 다하지 못해 송구스럽습니다. 나 또한 오랫동안 병으로 칩거하고 있어서 뜻대로 하지 못하였으니 양해하여 주시기 바랍니다.

경전에 토를 달아 달라고 부탁한 일을 이제 겨우 마쳐서 보냈습니다. 그러나 상권의 글 뜻이 매우 어려워서 토를 달기가 매우 어려웠습니다. 혹시 성현의 뜻에 맞지 않으면 깊이 연구하고 또 생각하여, 다른 고명한 선지식에게 다시 묻는 것이 좋을 듯합니다. 이만 줄입니다.

-병자(1936년) 5월 5일 한암(漢巖) 배사(拜謝)

2.

글을 받은 지 며칠이 지났습니다.

그동안 편안한지 궁금합니다. 병승은 그저 그렇게 지냅니다. 보내온 돈 50원은 받은 즉시 11일부터 날마다 한 번씩 불전에 공양을 올리고 축원한 뒤 17일에 음식을 올리고 경전을 읽어 명복을 빌어드린 뒤 대중공양을 하였습니다.

이 말세의 죄악으로 가득한 세상에도 스승에게 성의를 다하여 소홀히 여기지 않는 이를 이루 다 헤아릴 수 없지만, 스님께서도 이와 같이 거액을 들여 스승의 천도를 지극 성심으로 하시니, 참으로 밝고 어진 벗이요, 선 불자(善佛子)라고 하겠습니다. 모든 부처님과 여래가 다 알고 다 보시니, 어찌 말로 다 찬탄할 수 있겠습니까.

이와 같은 마음을 가지고 물러서지 않는다면 평등 정각(平等正覺)을 기약할 수 있으리니, 이 사바의 한 세계 안에 석주 스님과 같은 이가 몇 사람이나 되겠습니까. 멀리서 우러러 마지않습니다. 내내 강건하시기를 빕니다. 예의를 갖추지 못합니다.

-병자(1936년) 6월 19일 한암(漢巖) 배사

8월에는 「백초당 성우 선사 영찬(百草堂 聖雨 禪師 影讚)」이라는 게송을 지으셨습니다. 이 게송은 현재 경북 영천시 청통면 팔공산 기슭에 있는 대한불교 조계종 제10교구 본사인 은해사(銀海寺)의 산내 암자 운부암(雲浮庵)에 있습니다.

남아있는 기록이 전혀 없어서 백초당 성우 선사가 어떤 분인지는 전혀 알 수가 없습니다. 하지만 백초당 성우 선사의 영정(影幀)을 '백초 선사의 계율은 청정하기가 얼음이나 옥과 같다. 본래로 돌아가고 근원으로 돌아가니 산은 푸르고 물도 푸르네.'라고 찬양한 이 게송의 끝에 1936년(불기 2963년) 8월 그믐날이라는 날짜와 함께 봉래산인 한암(漢巖) 중원이라고 쓰신 걸 보면서 두 분의 관계를 생각해 봅니다.

운부암이 고승 대덕과 선지식들이 두루 거쳐 가신 수행처이자 조계종의 선맥을 이어온 유서 깊은 참선 도량이라는 점에서 한암(漢巖) 스님과 교류가 있으셨던 것이 아닐까 하는 막연한 추측을 해 보게 됩니다. 우리나라 근·현대 불교를 개창하신 경허 스님을 비롯해 조계종 종정을 지내신 동산 스님, 운봉 스님, 성철 스님 등이 이곳 운부암에서 수도하셨습니다.

음력 10월 11일, 효봉 원명(曉峰元明, 1888~1966) 스님에게 포운(泡雲)이라는 법호를 지어 주시면서 게송(偈頌) 한 편을 함께 써 주셨습니다. 효봉 스님은 1923년 금강산 신계사 보운암에서 출가한 후, 한 번 앉으면 절구통처럼 움직이지 않고 밤낮으로 수행한다고 하여 '절구통 수좌', 3년간 엿장수를 하며 구도의 고행을 했다 하여 '엿장수 중', 남의 잘못을 고자질하는 제자에게는 어김없이 "너나 잘해라! 너나 잘해!"라고 하셨다고 하여 '너나 잘해라 스님' 등으로 알려져 있는 분입니다.

평생 무(無) 자 화두를 들고 참구하셨던 효봉 스님은 법호를 받은 이해에 한암(漢巖) 스님과 만공 스님으로부터 도를 인가받으셨고, 1937년부터 10년 동안 송광사 선원인 삼일암(三日庵)에서 조실로 머물며 정혜쌍수에 관한 구도관을 확립했습니다. 법정(法頂, 1932~2010) 스님과 고은(高銀/법명 일초〈一超〉, 1933~) 시인의 은사로, 1947년 가야산 해인사 가야 총림 초대 방장과 1958년 조계종 비구 승단의 제4대 종정을 역임했으며, 불교 정화 운동의 주역으로 활동하며 1962년 통합종단 대한불교 조계종의 초대 종정을 지내시는 등 불교계의 발전에 큰 기여를 하셨습니다.

망망한 큰 바다에 물거품이요
적적한 산중(山中)의 봉정운(峰頂雲)이로다.
이것이 우리 집의 다함없는 보배이니
오늘 그대에게 서슴없이 주노라.

-세존응화(불기) 2963년(1936년) 병자 10월 11일

봉래 석한암(漢巖) 오대산 상원사 실중에서 쓰다

　아마도 효봉 스님이 불교계에 남기게 될 큰 족적을 예견하셨던 모양입니다. 망
망대해에 이는 파도와 고요한 산봉우리 꼭대기에 걸린 구름을 귀한 보배에 비유
하며 그것을 아낌없이 내어 준다는 짧은 게송에서, 법호를 지어 주시고 도를 인
가해 주신 한암(漢巖) 스님의 혜안이 느껴집니다.

6부

비구의 본분

승가오칙

1910년 대한제국을 강제 병합한 일제는 한민족을 무력으로 탄압하는 무단통치(1910년대)를 강행했습니다. 이에 항거하여 3·1 만세운동 등 대대적인 항일투쟁으로 이어지자, 일제는 대외적인 이미지를 쇄신하고 조선을 영구한 식민지로 삼기 위한 유화책으로 문화통치(1920년대)로 전략을 바꿉니다. 이후 만주사변, 중일전쟁, 태평양전쟁을 일으킨 일제는 한반도의 병참기지화, 조선인 징용, 자원 수탈 등 우리 민족의 역사와 문화, 정신을 뿌리째 뽑아버리기 위한 민족말살통치(1930년대~1945년)에 나서게 됩니다.

허울 좋은 문화통치가 이어지던 1926년 6월 10일 조선의 마지막 임금 순종의 장례식을 기해 종로를 시작으로 번지기 시작한 대대적인 만세운동은 항일 투쟁의 불길로 거세게 타올랐습니다. 이 날 일제는 경찰과 육군과 해군 병력 7,000천여 명을 동원한 무력 진압으로 시위 참가자 5,000여 명을 연행했으며 이 과정에서 160명의 중경상자가 발생했습니다. 6.10 만세운동은 이념을 초월한 민족독립운동으로 1919년 3·1 만세운동, 1929년 11.3 광주학생운동과 함께 3대 만세운동으로 평가받고 있습니다.

이런 역사의 질곡 속에서도 불서 간행은 꾸준히 이어져 왔고, 그 중심에 월정사가 있습니다. 월정사의 불서 간행 노력은 일제의 탄압으로 인해 쇄퇴 일로를 걷던 조선불교를 다시 일으켜 세우기 위한 자구책이자 일제에 대한 항거의 방법이기도 합니다.

초대 종정을 지내신 한암(漢巖) 스님에서 시작된 불서 간행은 원보산(1900~1965) 스님, 지암 이종욱 스님, 탄허 스님으로 이어지면서 100여 권의 귀한 출판물을 남깁니다. 불서 간행은 어느 산문에서도 찾아볼 수 없는 뿌리 깊은 전통으로, 부처님 진신사리를 간직하고 있는 불지종찰(佛之宗刹) 오대산문의 당당한 면모라고 할 수 있습니다.

한국불교 역사상 유례없이 네 차례나 조계종 종정에 올랐던 한암(漢巖) 스님께서는 1925년 오대산으로 들어온 후 스스로 불출동구의 원칙 아래 평생 계행을 지키며 승가오칙과 선교일치로 승가를 바로 세우셨고, 발우 하나뿐인 일발의 정신을 철두철미한 수행의 잣대로 삼으셨습니다.

오대산으로 들어온 다음해인 1926년(불기 2953년, 51세) 스님께서는 참선(參禪), 염불(念佛), 간경(看經), 의식(儀式), 수호가람(守護伽藍) 등 수행인이 갖춰야 할 다섯 가지 본분을 제시한 「승가오칙(僧伽五則)」을 제정해 선포하셨습니다. 맑고 깨끗한 계행과 넓고 깊은 학문, 일행삼매(一行三昧)의 정진으로 수행 승가의 참모습을 보여준 한암(漢巖) 스님은 「승가오칙」을 통해 선에만 천착하지 않고 교학 연찬과 염불 지송 등을 출가사문의 덕목으로 꼽았습니다. 선과 교를 겸수하고 불교 의식과 가람을 수호하는 일 또한 그에 못지않다고 강조하셨습니다.

제2의 백장청규(중국 선종의 의식과 규율을 정한 책)라 평가받는 이 「승가오칙」은 아쉽게도 문건이나 자료가 남아있지 않습니다. 현재의 「승가오칙」은 『법어집』을 간행하면서 문도들 사이에 구전되어 오고 있는 출가 수행인이 반드시 갖추어야 할 다섯 가지 강목에 설명을 더한 것입니다. 「승가오칙」과 관련된 내용은 불교 전문잡지 『불광』에 연재(1980년 5월~9월)된 조용명 스님의 〈우리 스님, 한암(漢巖) 스님〉 등 여러 곳에서 확인할 수 있습니다.

「승가오칙」

출가 수행인은 밖으로 향하는 생각을 돌이켜 살펴보면서 안과 밖의 경계를 깨달음을 얻는 찰나의 순간처럼 뛰어넘어야 하고 또한 보살의 대 원력을 발하여 널리 중생을 제도할 수 있는 원행을 닦아야 한다.

1. 선(禪) : 선은 수행인의 본분사이다.
 - 석가모니 부처님께서 육년 고행 끝에 보리수 아래 움직이지 않고 좌선하셨고, 달마 대사 또한 소림에서 면벽하셨으며, 모든 부처와 조사가 모두 선을 통해 큰 지혜를 얻으셨다. 불도를 이루고자 하는 염원이 있다면 반드시 선문으로 들어가야 하므로 선 수행을 제1칙으로 삼으신 것이다.

2. 염불(念佛) : 염불은 부처님을 생각한다는 뜻이다.
 - 일념으로 아미타불을 염송하여 무념의 경지에 이르면 이것이 곧 선정과 한 자리가 되는 염불 삼매(念佛三昧)다. 염불을 타인에게 기대어 수행하는 것이라며 도외시하는 것은 염불을 알지 못하기 때문이다. 아홉 가지 경서를 두루 깨우친 역대 대승보살들도 염불을 숭앙하고 권장하셨으니 염불 삼매가 곧 선정이기 때문이다. 그러므로 염불을 제2칙으로 삼으셨다.

3. 간경(看經) : 출가한 승려는 곧 사람과 하늘의 스승이다.
 - 출가 수행인은 불경을 읽음으로써 밝은 지혜와 중생을 교화할 만한 식견을 갖추어야 한다. 스님께서는 불도의 깨달음은 마음에서 마음으로 전하는 것이므로 말이나 글에 의지하지 말아야 한다고 고집하는 선가에 교학을 갖추는 선교 쌍수(禪敎雙修)를 제창하셨고, 안거 중에도 『금강경』을 독송하도록 하셨다. 여가 시간에도 경전과 관련된 특강에 주력하여 혜련, 동산, 고암, 탄옹, 보문, 탄허,

서옹 등 고승대덕을 배출하셨다.

4. 의식(儀式) : 의식은 종교적인 가르침을 표현하는 행위이자 중생을 교화하는 종교행사이니, 의식이 없는 종교는 존재할 수 없다.

- 스님께서는 계율이나 예법에 맞는 외재적 의식을 내면정신의 구현이자 자연법칙에 준하는 것으로 보고, 부처님의 공덕을 찬미하여 노래하는 스님을 초빙하여 선승납자들에게 의식을 지도하셨다. 문수보살에 대한 탄백(坦白)을 짓고, 예참문(禮懺文)을 재정리하여 의전 통일을 기획하셨다. 지금 전국의 여러 사찰에서 시행하는 간단한 예배문도 스님께서 정리하신 것이다.

5. 수호 가람(守護伽藍) : 가람을 지키고 보호하는 일은 사원의 보수와 중창은 물론 궁극적으로 웅장하며 위엄 있는 청정 불국토를 구현하려는 정신이다.

- 가람은 부처를 이루는 선불 도량(選佛道場)이며 부처님의 가르침을 믿고 불도를 실천하는 사람들의 안주 처로서, 미래불교의 근원지이며 모든 중생을 구제하는 광명의 발아 처인 것이다. 스님께서는 참선, 염불, 간경, 의식을 수행할 수 있는 선한 근본이 없거나, 부득이 이를 수행할 수 없을 경우 수호 가람의 원을 세워 가람을 수호 보전하고 수행자를 존중하여 보호한다면 선한 근본이 익어 필경 발심하게 될 것이라고 말씀하시면서 수호 가람을 제5칙으로 삼으신 것이다.

한암(漢巖) 스님을 모신 후 오대 산문의 법통은 확연한 변화를 보입니다. 스님께서는 조석 예불과 사시 불공, 대중 울력이나 여러 가지 식식 어느 것에도 기울어짐 없이 솔선수범하여 참여하셨고 저술과 출판, 윤독과 강의를 통해 후학 양성에도 힘을 쏟으셨습니다. 권위의식 없이 소탈하고 따뜻하면서도 단호함과 강직함으로 매사에 모범을 보이셨던 스님의 면면이 곧 오대 산문의 가풍이 되었습니다.

오대산 입산 후 대중들과 함께 생활하면서 스승 경허 스님이 주셨던 높은 평가 그대로 질박한 성품으로 학문에 정진하셨던 한암(漢巖) 스님을 일러 그 문하에 있던 수좌들은 '수졸(守拙)'의 살림살이라고 회고합니다.

　본디 지나치거나 과장하지 않은 질박함이 '졸'입니다. 그에서 한 발 더 나아가 더 이상의 무엇을 바라지 않고 스스로 처해있는 분복(分福)에 만족하는 것이 '수졸'입니다. 불가에서는 수많은 인연에 의해 생겨난 모든 존재가 갖고 있는 본래성을 질박함을 졸로 여깁니다. 스님께서는 여기에 머물지 않고 본연의 모습에서 한 발 더 낮아지는 겸손한 삶을 사셨습니다.

　한암(漢巖) 조실 스님께서 보조 스님을 숭상하긴 하셨지만 거기서 보조 스님과 좀 다른 것은 당신을 스스로 졸하다고 생각하여 수졸을 하셨던 점입니다. 보조 스님은 선종을 일으키셨고 불교 교단을 위하여 많은 일을 하셨습니다. 그렇지만 한암 스님은 먼저 자기 힘의 확충을 제일 요건으로 삼았습니다. 성실하시고 늘 고인들이 힘을 확충하는 것을 기다려 교화하신 것을 거울로 삼으셨습니다. 그래서 당신께서는 졸하게 지내는 것이 당신의 분에 맞는다 하였습니다.

　스님은 참선을 쉴 때마다 틈틈이 수좌들에게 조사어록을 바탕으로 한 소참 법문(小參法文)을 하셨습니다. 선을 추구하면서도 경전을 배척하지 않는 수행이었는데, 더러 거부감을 갖는 이들도 있었으나 대부분의 수좌들은 그것을 상원사와 한암(漢巖) 스님의 전통으로 받아들였습니다.

　월정사에 이르는 길도 멀기만 한데 상원사는 거기서 험한 산길을 더듬어 20여 리를 더 가야 비로소 모습을 드러냅니다. 이곳에서는 한국 선불교의 중흥조로 추앙받는 경허 스님을 비롯해 수월·운봉·동산 스님 등이 수행을 하셨습니다.

한암(漢巖) 스님이 주석하신 뒤로는 탄허·석주·효봉·서옹·고암·월하·지월·고송·범룡 스님 등 훌륭한 선지식들의 발길이 끊이지 않았던 곳입니다. 당시 상원사의 재정이 극히 열악해 감자밥으로 끼니를 때우고 수행 공간이라고는 법당인 문수전과 조그만 전각 몇 채가 전부였던 터라, 선원에서는 칼잠을 자야 했지만 스님은 찾아온 수좌들을 내치는 법이 없으셨다고 합니다. '북방 제일 선원'이라는 명성에 걸맞게 한암(漢巖) 스님의 명성을 듣고 스님의 회상에서 수행하려는 수좌들이 안거 때마다 40~50명, 많을 때는 80여 명이 상원사를 찾아 정진했다고 합니다.

이 때 상원사의 식량을 책임져 주었던 분이 지암 이종욱 스님입니다. 지암 스님은 월정사 부채 정리를 위해 1923년 월정사에 복귀하셨고, 한암(漢巖) 스님을 오대산문으로 초빙한 분입니다. 1927년(불기 2954년) 8월 25일 월정사 본말사 연합총회에서 임시 의장으로 선출되었고, 월정사 감무에 임명돼 탁월한 능력으로 월정사의 부채를 해결해 나가셨습니다. 이후 1928년 11월 30일 수송동 각황사(覺皇寺)에서 개최된 조선불교 승려대회에서 발기위원이 되었고, 1930년에는 조선총독부의 임명을 받아 월정사 주지가 되었으며 그해 불교계 대표 격인 종회(宗會)의 의장으로 선출되었습니다.

선원 규례와 화두 드는 법

네 번째 깨달음을 통해 '확철대오'한 한암(漢巖) 스님은 세상사에 흔들리지 않는 자유자재함으로 때와 장소를 가리지 않고 곳곳에서 선풍(禪風)을 떨치며 후학을 교화하셨습니다.

스님은 1921년(불기 2948년, 46세) 금강산 장안사(長安寺) 지장암(地藏庵)에 주석하고 계시다가 그해 9월 건봉사(乾鳳寺) 대중들이 만일원(萬日院)에 개설한 선원에 조실로 추대되어 선방 납자들을 지도하셨습니다.

스님께서는 대중이 서로 화합하고, 수행에 전념할 것을 가르치셨습니다. 만일원 선회(禪會) 동안거 결제일인 음력 10월 15일에 찬술·공포하신 「선원 규례(禪院規例)」에서도 스님의 생각을 엿볼 수 있습니다. '청규(淸規)'라고도 하는 규례는 청정한 대중들이 모두 함께 준수해야 할 규칙·규율을 뜻합니다. 선원의 운영 방침과 생활규칙, 참중(參衆)의 본분사와 소임자의 임무 등을 제정한 정관(定款)으로서, 한 도량에서 수행 정진하는 구성원이라면 상하노소를 불문하고 모두 지켜야 할 공통 규약(共住規約)이라고 할 수 있습니다.

선원에서 지켜야 할 참되고 바른 규칙을 정하고, 참중(參衆)의 본분사와 소임을 맡은 사람의 임무를 규정한 이 글은 1922년 동안거 해제일인 음력 1월 15일에 간행된 『한암선사법어(漢巖禪師法語)』에 수록되어 있습니다. 원본은 담양 용화사에 소장되어 있고, 복사본은 동국대 도서관과 『한암 일발록』 하권 자료 편에도 실려 있습니다.

〈선원 규례〉

　도를 배우는 학인이 대중과 함께 지내지 않으면 옥을 갈고닦아 그릇을 만들기 어렵고, 대중과 함께 사는 데 규칙이 없으면 권장하여 닦아 나갈 수 없다. 권장하여 닦아 나아가는 것은 선가(禪家)에 있어서 급선무이기에 몇 가지 규칙을 열거하여 후일의 귀감을 삼고자 한다. 간곡히 원하건대, 동지와 훌륭한 스님들은 이를 마음에 새겨 서로가 서로를 존중하여 가벼이 여기지 말지어다.

　1. 옛 총림의 청규(淸規)를 따라서 수좌 두 사람을 두되, 덕이 고매하고 계행이 청정한 자로서 대중의 모범이 되는 자를 가려서 맡겨야 한다. 만일 두 사람을 뽑지 못할 때에는 한 사람을 두어도 된다. 만일 적임자가 없을 경우 결재 대중을 통솔하는 소임을 맡은 열중(悅衆)만 둘뿐이지, 굳이 인원수를 채우려 해서는 안 된다.

　1. 열중은 사리가 명백하고 상벌이 공정한 자로서 대중의 마음에 기쁨을 주는 사람을 가려서 맡겨야 한다. 만일 이와 같은 사람이 없으면, 나이가 많고 공부가 원숙한 사람으로서 대중의 뜻을 잘 따르는 사람을 가려서 맡겨야 한다.

　1. 선원의 사무를 주재하는 원주(院主)는 인과를 알고 사리에 밝아 신심과 원력이 견고하고 욕심에 물들지 않는 사람을 가려서 맡겨야 한다. 만일 이와 같은 사람이 없으면, 마땅히 신심이 깊고 참을성이 있는 사람으로서 항상 대중의 의논을 따르고 사사로이 자신을 위하지 않는 사람을 가려서 맡겨야 한다.

　1. 대중 스님의 큰 방을 정리 정돈하는 지전(知殿)과 서기(書記)와 대중들의 건강을 돌보는 간병(看病)과 밥을 짓는 공사(供司)와 좌구 · 침구 · 음식을 마련하는 별좌(別座) 등의 여러 소임은 할 만한 사람을 가려서 맡겨 각기 그 소임에

맞게 하고, 또한 스스로가 부드럽고 따뜻하며 진실하고 부지런히 하여 맡은 바의 일을 잘 다스려 대중에게 거만히 대하거나 가벼이 여기는 일이 없도록 해야 한다.

1. 대중 가운데 괴팍하거나, 다투고 싸우거나 걱정을 끼치고, 어지럽히는 자가 있으면, 대중과 열중은 마땅히 자비심으로써 두세 차례 가르쳐 그 습관을 고치도록 하되, 만일 끝까지 잘못을 고치지 않고 여전히 사나운 자는 마땅히 검거하여 대중에게 고하고 선원에서 쫓아내야 한다.

1. 상당 설법은 의당 초 1일과 15일로 정하되 수시로 청할 수 있는 것이니, 학인의 부지런함과 게으름에 달려있는 것이지 일정한 준칙에 얽매이지 말아야 한다.

1. 이미 큰마음을 내어 이 선원에 참여하여 들어온 사람은, 마땅히 무상함을 생각하여 불처럼 정진하고 머리에 붙은 불을 끄듯이 하여 이 대사(大事)를 깨칠 것을 기약해야 할 것이다. 만일 이처럼 결렬한 마음이 없이 아만심과 게으름으로 부질없이 날을 보내면, 끝에 가서는 악업에 이끌린 바를 면할 수 없을 것이다. 이와 같은 사람은 자신을 묻어버릴 뿐 아니라, 또한 타인이 도를 행하는 데에도 피해가 될 것이다. 이는 스스로를 속이고 남을 속이며 구차히 의식에 안주하는 사람일 뿐이니 절대로 함께 참선하지 못하게 해야 한다.

1. 울력을 할 때는 마땅히 모두 모여서 한마음으로 함께 노력해야 하며 지체한다거나 빠져서 대중의 마음을 동요시키는 일이 없도록 해야 한다.

1. 위의 규례 이외에도 다시 자세하게 정해야 할 조목들이 있으나 본 선원의 초창기를 맞아 불편함이 있을 것 같기에 잠시 법화(法化)가 융성할 때 다시 일에

따라서 규칙을 정하되 반드시 종주(宗主)가 마음대로 스스로 제정할 수 없으며, 대중과 함께 의논하여 공명정대할 것이며, 부질없이 스스로 마음대로 집행하여 대중과 위화되는 일이 없도록 해야 한다.

한국불교에서는 일정한 기간을 정하고 평상시보다 한층 좌선 정진(坐禪精進)하는 경우가 있는데 이를 가행정진(加行精進)이라고 합니다. 번뇌를 끊고 성불하기 위하여 더욱 힘껏 수행하는 것을 이릅니다.

일반적으로 가행 정진은 7일, 21일, 100일 등으로 기간을 정해놓고 합니다. 기간은 짧게 기도 분량은 그리 많지 않게 잡는 것도 가행정진에 도움이 됩니다. 천일기도처럼 장기적인 가행정진을 하는 불자들은 100일 단위로 끊어서 입재와 회향을 반복하면 기도가 훨씬 더 잘됩니다. 입재와 회향이라고 하면 거창하고 어렵게 생각하는 분들이 많습니다만 그렇지 않습니다. 기도를 시작하면서 "지금부터 얼마 동안 어떠한 기도를 드리고자 합니다. 불보살님께서 지켜보시고 힘이 되어 주십시오"라고 하는 것이 입재입니다. 기도의 기간이나 내용은 저마다 다르겠지만 그 기간이 끝나고, 그동안 정성을 들인 기도의 공덕과 부처님의 가피를 많은 분들과 함께 나누는 것이 회향입니다. "저의 기도로 인하여 작은 공덕이 생겼다면 이를 모든 분들께 회향합니다"라고 하면 됩니다.

가행정진 중에는 가급적 오계(五戒)를 범하지 말아야 하고, 혹시 무슨 일로 당일 기도를 놓치게 되면 다음날이라도 보충하겠다는 각오로 임해야 합니다. 동안거나 하안거 중에는 7일 가행 정진을 많이 합니다. 한암 스님께서도 만일원 동안거 7일 가행 정진 중 소참법문(小參法門)으로 '거화방편(擧話方便: 화두 드는 법)'을 설하셨습니다. 화두 참구 방법에 대하여 말씀하신 이 글 역시 동안거 해제 때 간행된 『한암선사법어』에 수록되어 있습니다.

〈화두 드는 법〉

화두를 드는 방법은 급하지도 느슨하지도 않게 하는 데 절묘함이 있다. 너무 부지런히 하면 집착이 생기게 되고 망각하면 근본 번뇌인 무명(無明)에 떨어지게 된다.

천 갈래, 만 갈래 의심 덩이를 오직 한 의심으로 만들어서 마치 고양이가 쥐를 잡듯이, 암탉이 알을 품듯이, 배고플 때 음식을 생각하듯이, 목마를 때 물 생각하듯이 해서, 생각하여 헤아림도, 깨달아서 아는 것도 모두 놓아버리고, 한 치의 풀도 나지 않게 하고, 한 개의 티끌도 일어나지 못하게 해야 한다.

모든 감정과 지식을 다 끊고, 또 특별히 성스럽다는 생각도 하지 말고, 뚜렷하고 분명하게 하며(성성역력惺惺歷歷) 차근차근하고 끊임없이 해야 한다(밀밀면면密密綿綿).

오대산에 내려오는 화두 드는 법입니다. '성성역력(惺惺歷歷)하게 하고, 밀밀면면(密密綿綿)하게 해야 한다'라는 말은 서산대사가 쓴 『선가귀감(禪家龜鑑)』에도 나옵니다. "공부는 거문고 줄 고르는 법과 같아서 팽팽함과 느슨함이 알맞아야 한다. 너무 애쓰면 집착하기 쉽고 잊어버리면 무명에 떨어질 것이니, 뚜렷하고 분명하게 하며(惺惺歷歷) 차근차근하고 끊임없이 해야 한다(密密綿綿)." 밤낮으로 정진했으나 깨우침을 얻지 못해 비관에 빠져 있는 제자 소나에게 석가모니 부처님께서 정진을 거문고 줄 고르는 법에 비유하여 해 주신 말씀입니다.

너무 조급히 하면 병나기 쉽고 너무 느리면 게을러지게 되므로, 너무 집착하지도 말고 게으르지도 말며 꾸준히 힘써 닦도록 하라는 부처님의 말씀을 듣고 큰 깨달음을 얻게 된 소나처럼, 한암(漢巖) 스님께서도 살아가면서 배우는 부처님의 가르침을 성성역력하고 밀밀면면하게 계속해 나가라고 일러 주십니다.

음력 12월, 울산의 임화련(林火蓮) 거사에게 서신과 함께 게송을 써 보내셨습니다. 이 서신은 1921년 12월 동안거 때 보낸 답서로, 동안거 해제 때 간행된 『한암선사법어』에 수록되어 있습니다.

〈임화련 거사에게 보낸 답서〉

> 화두를 깨달을 때는 기세가 팔팔하니
> 비로소 털끝만큼도 서로 분리되지 않았음을 알았네.
> 산과 바다 겹겹이 막혀 있다 말하지 마오.
> 쇠로 만든 배와 기차는 날아가듯 빠르다오.

만공 스님으로부터 법(法)을 인가받은 첫 법제자 보월(寶月) 스님에게도 답신을 보내셨습니다. 보월 스님은 단 한 번도 법상에 오르지 않은 것으로 유명합니다. 자신의 경지가 스승을 따라갈 수 없다는 겸손함과 함께 법 은사인 만공 스님이 계신데 법상에 오를 수 없다는 효심에서 비롯된 것이었습니다. 그 뜻을 알게 된 만공 스님께서 제자가 마음껏 법을 펼 수 있도록 예산 보덕사(報德寺)에 조실 자리를 마련해 주었으나 보월 스님은 보덕사에서 선농 일치(禪農一致)를 실천하며 치열하게 공부하는 모범을 보이셨습니다.

『한암(漢巖)일발록』에 실려 있는 '보월 화상에게 보낸 답서'에는 보월 스님의 질문에 대한 답이 담겨 있습니다. 만공 스님과 한암(漢巖) 스님은 경허 화상의 제자로 사형제(師兄弟)의 관계였으므로, 만공 스님의 제자인 보월 화상은 한암(漢巖) 스님을 사숙(師叔)으로 모셨습니다. 보월 스님은 편지에 "옛날 발징화상(發徵和尙)은 아미타불을 염(念)하여 31인이 육신보살(肉身菩薩)이 되어 하늘로 올라갔는데,

올 동안거에는 무슨 상서(祥瑞)가 있었습니까?"라는 질문을 던졌습니다. 이 질문에 한암(漢巖) 스님은 "발징화상의 상서(祥瑞)는 세상 사람들이 듣고서 모두 합장한 채 귀의하거니와 오늘 여기의 상서는 지혜 없는 이와는 말하기 어려운 일인데, 만일 스님이 물어주지 않았으면 그만 묻히고 말 뻔했습니다"라는 말씀과 함께 다음과 같이 답하고 계십니다.

> 상서(祥瑞), 상서여,
> 드물고, 드물고, 드문 일이니,
> 자세히 듣고, 자세히 듣고, 자세히 들어라.
> 일념(一念)으로 대중들이
> 오줌 눌 때에는 오줌 누고,
> 똥 눌 때에는 똥 누니라.

선문답 21조(禪問答 二十一條)

1921년(불기 2949년, 46세), 건봉사 만일원 선원 동안거 결제 중에 미우이력(尾友 李礫) 수좌가 선에 대해 스물한 가지의 질문(二十一問)을 하자 한암(漢巖) 스님께서 는 그에 낱낱이 답(二十一答) 하셨는데 이것이 「선문답 21조(禪問答 二十一條)」입니 다. 이 「선문답 21조」는 다음 해(1922년) 동안거 해제 때(음 1월 15일) 간행된 『한암 선사 법어(漢巖禪師法語)』에 수록되어 있습니다. 원본은 담양 용화사에 소장되어 있고 복사본은 동국대 도서관과 『한암 일발록』 하권 자료 편에 실려 있습니다.

이 21조의 선문답은 한암(漢巖) 스님의 선사상을 가장 체계적으로 엿볼 수 있는 글로, 선의 본질과 수행 방법에 있어서 화두를 드는 간화(看話)와 돌이켜 살펴보는 반조(返照)의 조화, 지극한 깨달음에 이르는 구경(究竟)의 경지 등에 대해 밝히고 있습니다. 그중에서도 제10답에서 한암(漢巖) 스님은 간화와 반조가 수레의 두 바 퀴처럼 상호 보완 관계에 있음을 상세히 설명하셨습니다.

제11문부터 20문까지는 미우이력 수좌가 나옹(懶翁, 1320~1376) 선사가 제시한 공부의 열 가지 조목을 인용해 질문한 것이기 때문에 한암(漢巖) 스님께서는 간단 명료한 평만 붙이셨습니다.

〈선문답 21조(禪問答 二十一條)〉

제1문 : 참선은 인생과 어떠한 관계가 있습니까? 참선을 하지 않아도 무방한 것입니까? 아니면 참선을 하지 않으면 안 되는 이유가 있습니까?

　제1답 : 달마(達磨, ?~528년 추정) 조사께서 말씀하시기를, "마음이 곧 부처요, 부처가 곧 도요, 도가 곧 선이다"라고 하셨으니, 선이란 곧 중생의 마음임을 알아야 한다. 대체로 중생의 마음에는 두 가지의 구별이 있으니 첫째는 청정한 마음이요, 둘째는 물든 마음이다.

　물든 마음은 사람의 착한 마음을 해치는 세 가지 번뇌인 욕심, 성냄, 어리석음을 지닌 무명삼독(無明三毒)의 마음이요, 청정한 마음은 번뇌에서 벗어난 있는 그대로의 모습을 지닌 무루진여(無漏眞如)의 본성이다. 무루진여를 잊지 않고 진리가 둘이 아니라 하나임을 순순히 따르는 것은 모든 부처와 같아서 동요가 없는 해탈이요, 무명삼독을 좇아서 많은 악업을 짓는 것은 악한 사람이 죽어서 가는 세 가지의 괴로운 세계인 지옥도(地獄道)·아귀도(餓鬼道)·축생도(畜生道)의 삼악도(三惡道)와 선한 사람이 죽어서 가는 세 가지의 세계인 천상도(天上道), 인간도(人間道), 아수라도(阿修羅道)의 삼선도(三善道)에 빠져서 영원한 세월 동안 윤회하는 것이다.

　청정한 마음은 사람의 바른 길이요 편안한 집이며, 물든 마음은 사람의 험한 길이요 불구덩이이다. 어찌하여 지혜로운 자가 바른길을 버리고 편안한 집을 비워둔 채 험한 길로 나아가며, 불구덩이에 빠져 만겁의 괴로움을 받으려고 하는가. 그대는 이 점을 깊이 생각하여야 할 것이다.

　참선이란 특별한 일이 아니다. 참(參)이란 합(合) 함이니, 자성에 합하여 청정한 마음을 키우고 바깥으로 치달려 구하지 않음이다. 바라건대 모든 중생이 다 함께 진정한 신심을 발해서, 나고 죽고 흥하고 망하는 것이 덧없는 큰 도라는 것을 깨달아서 다시는 삿된 그물에 떨어지지 않고, 속히 불도를 닦아 부처의 경지에 올라 바른 지혜로써 진리를 깨달아 얻기를 바란다.

제2문 : 참선을 하려면, 어떠한 마음가짐을 가져야 합니까?

제2답 : 참선을 하는 사람이 이 일단대사(一段大事) 인연을 밝히고자 한다면, 맨 처음에 해야 할 일은 자신의 마음이 부처이며 자신의 마음이 법이어서 지극한 깨달음에 이르는 것과 다름이 없다는 사실을 철저하게 믿어야 한다. 만일 이와 같이 스스로 판단하지 못한다면 비록 만겁 동안 수행을 한다 할지라도 끝내 진정한 대도(大道)에 들어갈 수 없을 것이다.

이 때문에 보조 선사께서는 이렇게 말씀하셨다.

"만일 마음 밖에 부처가 있고, 본래 갖고 있는 진성 밖에 법이 있다는 생각을 굳건히 고집하면서도 불도를 구하고자 한다면, 비록 오랜 세월 동안 몸을 태우고, 뼈를 부숴서 골수를 내고, 피를 내어 경전을 베끼며, 오래도록 앉아 눕지 않고, 하루 한 끼로 몸과 마음을 깨끗이 하며, 석가모니 부처께서 일생 동안 설법하신 모든 경전을 모두 독송하며, 갖가지 고행을 한다 할지라도 모래를 쪄서 밥을 짓는 격이기에 스스로 수고로움만 더할 뿐이다."

이는 스스로 깨닫고 스스로 닦아서 스스로 불도를 이루는 것이 제일 중요하다는 가르침이다. 만일 마음 밖에 부처가 있다고 한다면 그 부처는 곧 외불(外佛)이니 나와 무슨 상관이 있겠는가. 그러므로 "모든 부처가 나의 도가 아니다"라고 말한 것이다.

제3문 : 이미 불문에 들고자 하는 마음을 지녔다면, 어떻게 공부를 해야 진실한 참선과 진리 탐구가 됩니까?

제3답 : 불교의 진리를 이해하고 실천할 수 있는 능력이 남보다 뛰어난 지혜를 가진 사람은 일기일경(一機一境), 선승(禪僧)이 어떤 동작이나 사물로 자신의 뜻을 나타내는 것을 보고 그 의미를 파악하여 그대로 활용할 수 있을 테니 굳이 많은 말이 필요하지 않다.

그러나 만일 참구에 대하여 논한다면 당나라에서 선풍을 크게 떨친 조주(趙州) 스님이 말한 '무 자(無字)'와 '뜰 앞의 잣나무(정전백수자 庭前栢樹子)', 중국 선종의 한 갈래인 조동종(曹洞宗)의 개조(開祖) 동산(洞山) 스님이 부처란 어떤 것인가를 묻는 한 승에게 답한 "마삼근(麻三斤 : 삼 세근), 어떤 것이 부처인가를 묻는 승에게 운문종(雲門宗)의 시조 운문(雲門) 스님이 답했다는 '마른 똥막대기(간시궐 乾屎橛)' 등 의미를 도통 알 수 없는 화두를 의심하고 또 의심하며, 참구하고 또 참구하되 마치 모기가 무쇠 소에 앉아 주둥이조차 박을 수 없는 곳에 몸뚱이째 뚫고 들어가듯 해야 한다. 만일 털끝만큼이라도 차별심과 분별심이 그 사이에 일어난다면, 옛사람이 말한 "잡독이 마음에 침투하여 지혜를 손상한다" 함이니, 배우는 사람이라면 가장 먼저, 깊이 경계해야 할 일이다.

고려 나옹 혜근(懶翁惠勤) 조사께서 말씀하시기를, "한 생각이 일어났다가 사라졌다 하는 것을 생사(生死)라 하는데, 한 생각이 일어났다가 사라졌다 할 그 즈음에 힘을 다해 화두를 들면 생사가 곧바로 다할 것이니, 생사가 곧바로 다한 것을 적(寂)이라고 한다. 적(寂)한 가운데 화두가 없는 것을 무기(無記)라 하고, 적(寂)한 가운데 화두가 성성(惺惺)한 것을 영(靈)이라 말하는 것이니, 텅 빈 충만함을 알아채는 일에 부서짐이 없고 어지러움이 없으면 곧바로 이루어진다"라고 하셨으니, 배우는 사람은 마땅히 이 말을 지침으로 삼아야 할 것이다.

제4문 : 이미 사실과 똑같이 참선하며 진리를 탐구했다면, 어떠한 것이 사실과 똑같은 힘을 얻는 것입니까?

제4답 : 옛 스님께서 "힘이 덜어지는 곳이 곧 힘을 얻는 곳이다"라고 하였으니, 화두가 의심(참구)을 하지 않아도 저절로 의심(참구)이 되고, 화두를 들지 않아도 저절로 들리는 경지에 도달하면 눈과 귀, 코, 혀, 몸, 뜻의 문이 자연히 툭 열리어 홀로 드높고 드높으며 평탄하고 평탄해진다. 비유하면 마치 격랑 속에 투사된 달빛과 같아서 부딪쳐도 흩어지지 아니하고, 흔들어도 없어지지 않을 때에 이르러야 비로소 큰 깨달음에 가까워질 수 있을 것이다. 여기에 이르러서 만약 털끝만큼이라도 알아서 깨닫고자 하는 마음을 갖게 되면 오히려 순수한 오묘함이 끊어져서 깨달음을 얻을 수 없을 것이니, 이 점을 엄히 경계해야 할 것이다.

제5문 : 이미 여실하게 힘을 얻었다면 반드시 깨달음이 철저해야 할 것이니, 어떠한 것이 여실한 깨달음의 철저한 경계입니까?

제5답 : 고승(古僧)이 "명명백백하게 깨달아야 할 법(法)이 없거니, 만일 깨달아야 할 법(法)이 있다고 한다면 도리어 사람을 미혹시킨다"라고 하였고, "깨닫고 나서 보면 도리어 깨닫지 않았을 때와 같다"라고 하셨으니, 만일 확철대오의 경지가 있다고 한다면 이것은 곧 확철대오가 아닌 것이다.

그렇다면 당나라의 영운(靈雲) 선사가 복사꽃을 보고 깨친 것과, 향엄(香巖) 선사가 대나무에 돌 부딪히는 소리를 듣고, 현사(玄沙) 스님이 발가락을 다치고 나서, 장경(長慶) 스님이 추녀에 매달린 주렴을 걷어 올리다가 깨달았던 일이 모두 모두 거짓으로 전해온 것이란 말입니까?

앙산(仰山) 스님이 말하기를, "깨달음이 없지 않으나 말을 해버린다면 제2류가 됨을 어찌하리오"라고 하셨으니, 절반만 말할 수 있을 뿐이다. 현사(玄沙) 스님이 "감히 노형을 보니 아직은 깨닫지 못했습니다"라고 말했으니, 실로 필요 이상으로 걱정하는 마음이 깊은 것이다. 여기에 이르러 깨달음에 철저한 경계가 있다고 하는 것이 옳은가, 깨달음에 철저한 경계가 없다고 말하는 것이 옳은가, 어떻게 하는 것이 분명한 것인가. 말없이 잠시 있다가 게송을 읊었다.

해천(海天)에 밝은 달이 처음 솟아난 곳에
암벽의 원숭이 울음 그칠 때니라.

제6문 : 이미 깨달음이 철저한 후에는 어떠한 것이 여실한 수양입니까?

제6답 : 옛사람이 말하기를, "이미 관문을 지난 자는 굳이 다시 나루터를 물을 것이 없다"라고 했으니, 이미 깨달음이 철저했다면 어찌 수양을 논할 필요가 있겠는가. 그렇지만 구름과 달은 한 가지이나 냇물과 산은 각각 다르니 아래의 풀이를 들을지어다.

한 줌 버들가지 잡지 못하여
봄바람에 날리어 옥난간에 스치네.

제7문 : 이미 수양한 후에는 바른 지혜로써 진리를 깨달아 얻기 위해 어떻게 해야 합니까?

제7답 : 어떤 스님이 조주 스님에게 "잣나무도 또한 성불할 수 있습니까?"라고 물었다. 조주 스님이 있다고 하자 그 스님이 어느 때 성불할 수 있느냐고 다시 물었다. 이에 조주 스님이 "허공이 땅에 떨어질 때까지 기다려야 한다"라고 하자 스님은 "어느 때 허공이 땅에 떨어집니까?"하고 물었고, 조주 스님은 "잣나무가 성불할 때까지 기다려라"라고 답했다.

이는 옛사람이 모든 법의 실상은 나고 없어짐이 없다는 무생(無生)의 도리를 철저하게 깨쳐서 거꾸로 사용하고 마음대로 예를 들어 쓰던 시절의 이야기이겠지만, 오늘날은 어떻게 해야 할까? 속히 일러라, 속히 일러. 허공이 땅에 떨어지는가, 잣나무가 성불을 하는가. 절대로 허공이 땅에 떨어지지 않는다는 생각과 잣나무가 성불할 수 없다는 생각을 해서는 안 된다.

손가락을 한 번 튕기고 이르시기를, "하마터면 풀이를 잘못 달 뻔했다."

제8문 : 이미 진리를 깨달아 얻은 후에는 어떻게 하는 것이 원만하게 끝을 잘 맺는 것입니까?

제8답 : 옛 스님이 말씀하시기를, "눈앞에는 스승이 없고 여기에는 노승이 없으니, 이것은 눈앞의 법이 아니요, 귀와 눈이 이를 바 결과가 아니다"라고 하니, 제방의 선지식들이 이 말을 가지고서 이것이 "어떠한 사람의 경계인가"라고 말하곤 한다. (그러나) 나는 여기에 이르러 모두 다 잊어버렸노라.

제9문 : 처음 발심으로부터 끝을 잘 맺는데 이르기까지 어떠한 마음이 제일 긴요하며 귀중한 경구(警句)가 되는 것입니까?

제9답 : 당나라 석두(石頭) 화상의 『참동계(參同契)』 맨 끝 구절에 "삼가 참선하는 자에게 고하노니 세월을 헛되이 보내지 말라"라는 말이 있다. 후일 법안(法眼) 스님이 이 글을 읽고 "참으로 그 은혜가 커서 갚기 어렵구나"라고 하였는데, 나 역시 참으로 은혜가 커서 갚을 길 없구나. 그렇지만 어떻게 해야 세월을 헛되이 보내지 않는 소식인가. 한 차례 큰 기침을 하고서 게송을 읊기를,

달콤한 복숭아와 감을 먹지 아니 하고
산을 따라 올라가 시큼한 배를 따노라.

제10문 : 화두를 드는 간화(看話)와 돌이켜 살펴보는 반조(返照)는 어떤 차이가 있습니까? 오늘날 참선하는 사람들을 보면 항상 서로 논쟁하니, 바라건대 자상히 말씀하여 밝혀 주소서.

제10답 : 나는 웃으면서 말하였다. 앞에서 질문한 것들은 곡조가 같은 곡조여서 들을 만했는데, 이번 질문은 또 다른 별조(別調)로구나. 하지만 나의 한 마디 말을 들어보아라.

큰 코끼리가 강을 건넘에 물의 흐름을 밟아 끊나니
토끼와 말이 밑바닥까지 닿지 못함을 탓하지 말라.

알겠는가. 만일 알지 못했다면, 나는 오늘 그대에게 자세히 말해주리라.

옛날에 앙산 스님이 위산 스님에게 물었다. "어떠한 것이 참 부처께서 살고 계신 것입니까?"

위산 스님이 말하였다.

"생각하되 생각이 없는 묘한 이치로써, 돌이켜 신령스러운 불꽃의 무궁함을 생각하라. 생각이 다하여 근원으로 돌아가면 만물의 본성과 현상이 생멸의 변화 없이 늘 그대로 있어서 일과 이치가 둘이 아니요, 석가모니 부처께서 변함이 없으리라."

앙산이 이 말에 곧바로 크게 깨우쳤다. 그 후 심문분(心聞賁) 선사가 이 화두를 들어서 말씀하셨다.

"'생각하되 생각이 없는 묘한 이치로써 돌이켜 신령스러운 불꽃의 무궁함을 생각하라. 생각이 다하면 근원(根源)으로 돌아간다'라고 하였으니, 여기에서 깨닫는다면 다시 깨끗한 척하는 선병에 걸릴 까닭이 있겠는가. 이렇게 해서 세속의 역순 경계에 들어가서, 물리치기도 하고 순응하기도 하면, 그런 경지에 있는 사람을 뉘라서 성나게 하고 기쁘게 할 수 있으리오.

그러한 이후에 밝음과 어둠 두 가지를 철저하게 타파하여, 밝지도 않고 어둡지도 않은 곳에서, 진주의 보화(普化) 화상이 말한 '대비원(大悲院)에 재(齋)가 있다(대비원리유재大悲院裏有齋)'라는 화두를 간파하여야 비로소 그 까닭을 알 수 있으며, 바야흐로 떨어지는 곳을 알 수 있을 것이다. 이런 때가 되면 혜안으로 산하대지를 지혜의 빛으로 비추어 깨닫게 하는 것이 마치 하늘에 장검을 빗겨든 것 같으리니, 어느 누가 감히 그 앞에서 고개를 들고 바라볼 수 있겠는가. 그대에게 이와 같은 힘이 있어야만 바야흐로 능히 성인의 대열에 들어가서, 인행(因行)을 부지런히 닦아 자비와 지혜의 원력을 성취하게 되며, 자신과 타인 모두에게 이로운 법문도 오직 이 길을 따라 나아갈 뿐이요 별다른 도리가 없는 것이다."

'돌이켜서 신령스러운 불꽃의 무궁함을 생각한다'라는 것이 반조가 아니겠는가. 그리고 '대비원에 재가 있다는 석가모니 부처의 말과 행동을 참선하며 탐구하는 것'이 화두를 말함이 아니겠는가. 앙산 스님은 '돌이켜서 신령스러운 불꽃의 무궁함을 돌이켜 생각한다'라는 말에서 이미 대오하였는데, 심문분 선사는 무엇 때문에 다시 화두를 참구하도록 하였을까?

깨달음을 얻은 자가 모두 앙산 스님과 같다면 다시 말할 것이 없으려니와, 만일 앙산 스님의 깨달은 바에 미치지 못한다면 분별심이 없어지지 않아서 생사의 마음을 타파하지 못할 것이다. 생사의 마음을 타파하지 못한다면 어떻게 대오라고 말할 수 있겠는가. 이는 심문분 선사가 특히 반조 중에 철저하게 깨닫지 못한 자를 위하여 이처럼 말한 것이다.

또한 원나라의 고봉(高峰) 스님은, "'만법귀일 일귀하처(萬法歸一 一歸何處)'의 화두를 들다가 '죽은 시체를 끌고 다닌다'라는 구절을 타파하여, 대지가 잠기고 바깥 사물과 자아, 객관과 주관을 모두 잊어서 분명한 볼 곳이 있었지만, 설암 화상의 '잠잘 때에 꿈도 없고 생각이 없는 곳에서는 주인공이 어느 곳에 있는가'라는 물음을 받았을 때, 곧바로 대답할 말이 없고 말할 수 있는 이치가 없었다.

설암 화상이 다시 나(고봉)에게 '일각주인공(一覺主人公)이 어느 곳에서 신념에 안주하여 신명의 안위를 조금도 걱정하지 아니하고 있는가'를 참구하도록 하였는데, 결국은 함께 잠자는 도반이 목침을 떨어뜨리는 소리를 듣고서, 그물 속에서 뛰쳐나온 듯이 툭 트이어 한 생각에 작위가 없어 천하가 태평하게 된 것이다. 하지만 여전히 옛 그 사람이오, 옛날의 일이 바뀌지 않았다"라고 말하였다.

여기에서 말한 '모든 것이 마침내 한 군데로 돌아간다 하니, 나는 어디로 가는가(일귀하처一歸何處)'가 화두를 말한 것이 아니겠는가. '일각주인공을 보라'라는 것이 반조를 말함이 아니겠는가. 고봉은 이미 '일귀하처'에서 분명한 견처가 있었거늘 설암 화상은 무엇 때문에 힐책하여 다시 '일각주인공을 참구하라고 한 것일까?

이는 특별히 화두를 참구하는 가운데 철저하지 못한 자를 위하여 이와 같이 가르쳐준 것이니, 과연 무엇이 우수하고 무엇이 열등하며, 무엇이 원만하고 무엇이 편벽하다는 차이가 있을 수 있겠는가. 이는 깨달음이 철저하고 철저하지 못함이 당사자의 진실과 허위, 지극한 깨달음을 얻었느냐와 못 얻었느냐에 달려있는 것이지 방편의 우열과 깊고 얕음에 있는 것이 아님을 알아야 한다. 삼가 석가모니 부처의 정법 위에서 어지럽게 이견을 내어 스스로 장애와 어려움을 지어서는 안 될 것이다.

또 송나라 대혜종고(大慧宗杲) 선사가 영시랑(榮侍郎)에게 보낸 답서를 보면 "다만 일상생활에서 마음이 이끌리는 곳을 무시로 살피되, 내가 타인과 더불어 명쾌히 옳고 그르고 굽고 곧음을 끊어버린 것은 누구의 은혜를 입은 것이며, 필경 어느 곳에서 나왔는가를 살피고 살핀다면, 평소에 생소한 곳은 저절로 익숙한 곳이 되리니, 생소한 곳이 이미 익숙하게 되면, 익숙한 곳은 도리어 생소한 곳이 될 것이다. 어느 곳이 익숙한 곳인가? 5음(五陰: 색온 色蘊 · 수온 受蘊 · 상온 想蘊 · 행온 行蘊 · 식온 識蘊 등 나고 죽고 변화하는 모든 것을 종류대로 나눈 다섯 가지) · 6입(六入: 눈 · 귀 · 코 · 혀 · 몸 · 기억 등 육식을 낳는 여섯 가지) · 12처(十二處: 두 가지의 접촉에 따라 모든 생각이 일어나는 육근과 육경) · 18계(十八界: 육근과 육진의 열여덟 가지 범위) · 25유(二十五有: 윤회의 생사계를 25가지로 나눈 것으로 욕계(欲界)에 14소, 색계(色界)에 7소, 무색계(無色界)에 4소를 말함) 등 무명업식(無明業識)으로 생각하고 헤아리며 서로 견주어 살펴보고는 인식하고 식별하는 마음이 밤낮으로 아지랑이처럼 번뜩여서 잠시도 쉼이 없는 것이 바로 이것이다.

이 한 줄기 번뇌가 사람들로 하여금 생사에 유랑케 하며 모든 고통을 만들어 내나니, 이 한 줄기 번뇌가 이미 생소하게 되면 보리 열반과 변함없이 자비로운 부처님의 마음이 문득 눈앞에 있을 것이다. 이때에 이르러서는 또한 눈앞에서 보았다는 생각도 없어야 하는 것이다. 그러므로 옛 스님이 깨달음을 얻고서 말하기를, '눈으로 볼 때에는 일천 개의 태양이 비춤과 같아서, 만상이 그림자를 벗어날 수 없고, 귀로 들을 때에는 깊은 골짜기와 같아서 크고 작은 소리가 족히 응하지 않음이 없다'라고 하였으니, 이와 같은 일들은 다른 데에서 찾을 필요도 없고 타인의 힘을 빌릴 필요도 없는 것이다. 자연히 마음이 이끌리는 곳에서 활발하게 일어나게 될 것이다. 아직 이와 같음을 얻지 못했다면, 또한 세간의 속된 일을 생각하고 헤아리는 마음을 가지고, 그것이 미치지 못하는 곳을 돌이켜 생각하고 헤아려 보아라. 어떤 것이 그 마음이 미치지 못한 곳인가.

어떤 스님이 조주 스님에게 개에게도 불성이 있느냐고 묻자 조주 스님이 없다고 말씀하셨으니, 이 하나의 글자에 어떠한 재주가 있는 것일까? 청컨대 안배하여 헤아려 보도록 하라. 서로 견주어 살펴보거나 알맞게 배치할 곳이 없을 것이다. 다만 뱃속이 답답하고 마음속에서 번뇌가 일어남을 알아차릴 때가 바로 좋은 때이니, 그때엔 유식종(唯識宗)에서 나누는 안식(眼識) · 이식(耳識) · 비식(鼻識) · 설식(舌識) · 신식(身識) · 의식(意識) · 말나식(末那識) · 아뢰야식(阿賴耶識)의 제8식(第八識)이 즉시 활동을 못 하게 될 것이다.

이와 같음을 알 때는 방치하지 말고 오로지 '무자(無字)'만을 참구해야 한다. 무자 화두를 참구하고 참구하면 살 곳은 저절로 숙소가 되고 숙소는 저절로 살 곳이 될 것이다"라고 하였으니, 대저 일상생활 속에서 살피고 살피는 것이 반조가 아니겠는가. 번뇌를 지우려는 마음을 가지고서 '무자상(無字上)'으로 돌아가서 참구하고 참구하는 것이 화두가 아니겠는가. 그렇다면 종고 선사 또한 사람들에게 반조하는 방법을 가르쳤고, 겸하여 화두 드는 것으로써 대강의 줄거리를 보여주었으며 분명하고 분명하게 말씀하셨다.

"보리 열반과 진묘한 부처의 본성이 문득 눈앞에 나타나면 사는 곳은 저절로 숙소가 되고 숙소는 저절로 사는 곳이 될 것이다."

이로 미루어 본다면, 화두를 드는 것과 반조, 이 두 가지는 공적 면에서 그 효험을 얻음이 어찌 깊고 얕음이 있겠는가. 옛사람이 이와 같이 가르쳐준 기연을 하나하나 낱낱이 들어 말할 수는 없으나, 모두 반조와 간화에 대하여 차별을 두지 않았거늘, 오늘날의 학인들은 어느 곳에서 서로 공격하며 비난하는 것을 배워왔는가.

어떤 사람은 본분 화두에 따라서 성실하게 참구하다가 조금 쉬워진 곳이 있으면 곧 만족하다고 생각하여 다시는 앞으로 나아가지 않고, 또 조금 이치로 탐구해본 자는 곧 이 간화를 쓸어버려서 자취를 없애고자 하니, 이는 석가모니 부처의 가르침 가운데 무한한 방편이 모두 의리(義理, 교학)에서 나와 진흙에 들어가고 물에 들어가 사람들을 위하여 대단히 애쓴 큰 방편인 줄 알지 못하는 것이다. 이러한 사람들은 인연과 생멸의 변화를 외면한 깊고 차가운 구덩이 속에 빠져 꼼짝도 하지 않는 자이다.

또 어떤 사람은 반조의 법문으로써 성실하게 참구하다가 조금이라도 얻은 것이 있으면, 스스로 다 얻었다고 생각하여 다시는 자세히 살피지 아니하고, 기이한 생각을 가져서 사람을 만나면 곧바로 도리를 말하고 지식과 견문을 드러내니, 이는 불가의 본분 정령(本分正令)이 부처도 삶고 조사도 삶으며, 뼈에 사무치고 골수에 사무쳐, 철저하게 생명의 근원을 모조리 끊어버리는 참 수단인 줄 전혀 알지 못한 것이다. 그 사람은 문호(門戶)의 빛과 그림자를 잘못 알아서 궁극의 안락처로 삼은 것이다. 만일 이와 같이 방치해 버린다면, 석가모니 부처의 바른 종지가 땅에 떨어질 것이니 애통하고 애석한 일이 아니겠는가.

생각이 여기에 미침에, 그대가 물은 바는 때에 맞게 힘써야 할 일을 바로 알고서 물은 것이라 하겠다. 내 비록 얕은 지식으로 공부한 게 없으나 어찌 한마디 말로 분명한 것을 가려서 말세의 폐단과 고질병을 구제하지 않을 수 있겠는가. 이 때문에 나도 모르게 이와 같이 말했노라.

그러나 옛사람이 말하기를, "학인은 다만 살아있는 글귀를 참구할지언정 죽은 글귀를 참구하지 말아야 한다. 죽은 글귀는 이야기와 말은 조리가 있으나 들어서 알게 된 생각이기 때문이며, 재미가 없고 모색할 것이 없기 때문이다"라고 하셨으니, 참선을 하는 사람이 반조와 간화를 막론하고 성실하게 참구하는 자라면, 마치 한 덩이의 불과 같아서 가까이하면 얼굴을 태우게 됨과 같다.

도무지 불법의 깨달음을 비할 곳이 없으리니 어느 겨를에 화두니, 반조니, 같으니, 다르니 하는 허다한 것들을 논할 수 있겠는가. 다만 한 생각이 앞에 나타나 투철하게 관조하여 남음이 없으면, 백천 가지 법문과 한없이 묘한 뜻을 구하지 않고서도 원만하게 얻어서 이를 성실하게 보고 행하여 씀으로써 사람이 나고 죽는 일에서 자유로이 벗어날 수 있을 것이다. 깊은 바람은 여기에 있다.

제11문 : 온 세상 사람들은 색을 보고 색을 초월하지 못하고, 소리를 듣고 소리를 초월하지 못하니, 어떻게 해야 소리와 색을 초월할 수 있습니까?
제11답 : 음악과 여색을 초월하여 뭘 하려는가.

제12문 : 이미 소리와 색을 초월했다고 하더라도 반드시 공부를 더 해야 하는 것이니, 어떻게 하는 것이 바른 공부입니까?
제12답 : 벌써 잘못되었도다.

제13문 : 이미 공부를 하였다면 반드시 공부가 무르익어야 할 것이니, 공부가 무르익었을 때에는 어떠합니까?

제13답 : 밥이 익는다는 것은 그럴싸하지만 공부가 익는다는 말은 옳지 못하다.

제14문 : 이미 공부가 무르익었다면 다시 더욱 콧구멍(본래면목)을 잃어버려야 할 것이니, 콧구멍을 잃어버릴 때는 어떠합니까?

제14답 : 공부가 무르익기 전에 또한 콧구멍이 있는가, 없는가.

제15문 : 콧구멍을 잃어버리면 냉랭하고 담담하여 전혀 맛이 없고 힘이 없어 의식이 미치지 못하고, 분별심이 없을 때 또한 미혹함이 사람에게 있는 줄을 알지 못한다 하니, 여기에 이르러서는 어떠한 시절입니까?

제15답 : 덧없는 사람의 육신이 곧 석가모니 부처의 진신이요, 번뇌와 본성이 곧 석가모니 부처의 성품이다.

제16문 : 공부가 이미 흔들림이 없고, 자나 깨나 항상 한결같아서 부딪쳐도 부서지지 아니하고, 휩쓸려도 잃지 아니하여, 마치 개가 뜨거운 기름 솥을 넘보는 것처럼 핥으려고 해도 핥을 수 없고, 버리려고 해도 버리지 못할 때에는 어떻게 해야 합니까?

제16답 : 절대 자만하지 말라.

제17문 : 갑자기 마치 120근의 짐을 부려버리는 것처럼 졸지에 꺾어지고 갑자기 끊어진 때에 이르러서는 어떠한 것이 그대의 본바탕입니까?

제17답 : 장한(張翰)이 강동으로 떠나가니, 때마침 가을바람이 부는구나.

제18문 : 이미 자성을 깨쳤다면 반드시 자성의 본래 쓰임새와 부처의 인연에 따라 사물이 일어나 적절히 쓰이는 것도 알아야 할 것이니, 어떠한 것이 자성의 본용과 수연의 응용입니까?

제18답 : 몸을 감춘 곳에서는 자취가 없어야 하고, 자취가 없는 곳에서는 몸을 감추지 말라.

제19문 : 이미 본성과 작용을 알았다면 생사를 초탈해야 하는 것이니, 눈빛이 땅에 떨어질 때(죽을 때를 말함)에 어떻게 초탈해야 합니까?
제19답 : 잠꼬대하지 말라.

제20문 : 이미 생사를 초탈하였다면 갈 곳을 알아야 할 것이니, 지·수·화·풍(地水火風)의 사대(四大)가 각기 흩어지면 어느 곳으로 갑니까?
제20답 : 긴 목숨도 있고 짧은 목숨도 있다.

제21문 : 이미 생사를 초탈하였다면 갈 곳을 알아야 할 것이니 바로 이와 같은 사람이 온다면, 어떻게 맞이하시렵니까?
제21답 : 그에게 대도를 체득하도록 하여줄 것이다.

또 물었다. "이미 이러한 사람인데, 어떻게 대도를 가르쳐줄 수 있습니까?"
답하였다. "다만 이 하나의 봉합을 어찌할 수 없다."

다시 물었다. "위에서 말한 스물한 가지의 대답은 철저하고 철저하지만 이후의 한 방망이는 어떻게 헤아려 생각하시렵니까?"
답하였다. 양화병(養化柄)으로 치면서 말하기를, "무슨 생각을 일으키는가?"

또 물었다. "나를 잘못 치지 마소서."
답하였다. "그만두어라. 그만두어…. 말하지 말라. 나의 법은 오묘하여 생각하기 어렵다."

비구의 본분

1943년(불기 2970년, 68세) 1월 25일에는 불교 잡지 『금강저』 제26호에 종정 방한암(方漢巖)의 이름으로 「금강저 권두언(金剛杵 卷頭言)」을 발표했습니다. 비구(比丘)에 대한 정의를 통하여 비구의 본분을 강조하고 있는 이 글은 비구로서의 본분을 다할 때 중생을 제도할 수 있다는 이야기와 함께 이와 반대되었을 때 일어나는 폐해에 대해서도 깊이 지적하고 있습니다.

〈금강저 권두언〉

비구(比丘)는 평범한 말이니, 많은 뜻이 포함되어 있어서 번역하지 않고 그대로 쓴다.

비구라는 말을 번역하자면 '깨끗하게 계행을 지킨다.', '번뇌를 파해 없앤다.', '능히 마군을 두렵게 한다.', 또는 '능히 여섯 감각기관의 도적을 쳐부순다.' 등의 뜻이 되고, 또는 '다툼을 없앤다.'라는 뜻이다. 다툼을 없애기 때문에 화합이요 화합하기 때문에 승보(僧寶)가 되고 인간계와 천상계 중생의 복을 거두는 밭이 되나니, 자성을 깨달아 닦으며, 중생을 제도하며, 국가를 복되게 하고, 세상을 도우며, 불법을 도와 중생들을 교화할 수 있기 때문이다.

이것이 반대로 되면 불법 광명을 드날리지 못하며, 국복(國福)을 영원하게 하지 못하며, 중생을 제도하지 못하며, 자성을 깨닫지 못하며, 인간계와 천상계 중생의 복을 거두는 밭이 되지 못하며, 부처님을 받들어 모시는 보배도 아니어서 필경에는 자기 하나도 구제하지 못하니 어찌 통탄하고 애석하지 않겠는가.

그러므로 우리 비구들은 삼가고 부지런히 닦아 옳고 그름과 나다 너다 하는 견해를 영원히 끊고 다시는 저 성냄과 자만심을 일으키지 않아야 한다.

또한 항상 선정에 드는 기쁨에 만족하며, 겸손하게 스스로를 길러 자비와 인욕을 키우며, 지혜의 몸을 성취하여 영원히 물러섬이 없게 한다면 어찌 위대하고 통쾌한 것이 아니겠는가.

비록 그러하나 자! 한 번 말해 보라. 이것이 지혜의 몸을 성취함인가, 성취하지 못함인가. 성취하고 성취하지 못함은 접어두고 어떤 것이 지혜의 몸인가.

만고의 푸른 못 허공의 달을 몇 번씩이나 건져 줘봐야 비로소 알 것인가.

음력 3월에는 직지사(直指寺)를 확장하고 사찰의 품격을 높이는 일에 헌신했던 제산 정원(霽山淨圓, 1862~1930), 퇴운 원일(退雲圓日, 1877~1939) 두 스님의 공덕을 기리는 「제산 정원 선사 비명 병서(霽山淨圓禪師碑銘 幷序)」와 「퇴운 원일 선사 비명 병서(退雲圓日禪師碑銘 幷序)」를 지으셨습니다. 이 글이 새겨진 비(碑)는 모두 1943년에 직지사 경내에 세워졌습니다.

제산 스님은 근대 직지사의 가람 수호에 전력했던 선승으로, 탁주를 좋아하여 탁배기 수좌라는 별명을 얻기도 했습니다. 하지만 40세 이후부터는 계행을 철저히 지키면서 엄격한 선승의 길을 걸어 산문을 드높였습니다. 퇴운 스님 역시 제산 스님과 함께 직지사를 확장하며 가람 수호에 남다른 열정을 기울이셨던 분입니다.

비명(碑銘)을 부탁받고 '본래 글을 익힌 바 없지만, 선사의 도행을 깊이 우러러 흠모하였으므로 간략하게나마 사실을 기록하여 전승되게 하고자' 이에 응한다는 문구가 곧 승가오칙의 한 가지 규범으로 가람 수호를 강조하셨던 한암(漢巖) 스님의 목소리인 듯도 하여 요점이 되는 대목만 정리해 보겠습니다.

〈제산 정원 선사 비명 병서〉

(…생략) 계축년 봄에 해인사에서 황악산 직지사로 옮겨온 후 17년 동안 대중을 거느렸고, 크게 교화를 떨쳤다. 경오년 가을에 가벼운 병세를 보이던 중 8월 24일 문인을 불러 뒷일을 부탁하자 문인 등이 "내생엔 어디에 태어나시겠습니까?" 하고 물었다.

선사께서는 "본래 나지도 죽지도 않는 것인데 어찌 죽음이 있겠는가. 바람이 서로 고동치고 불이 바다 밑을 태우니 천고 만고에 다만 이러할 뿐이로다." 하고는 말을 마친 후 단정히 앉은 채로 고요하게 입적하니 향년 69세요, 법랍이 56세였다. 법문과 동량이 무너지니 총림에서 모두 그때의 운수를 잘못 만난 것을 마음 아파하였다. (중략)

전생에 선의 근본을 심어
일찍이 불도에 들어오셨네.
뜻과 행실이 고결함이여
흑백이 절로 분명하네.

항상 성현과 같이 함이여
세상사는 뜬구름같이 보았네.

사방 40리 큰 바위산이 변한다 해도

선사의 도(道)는 영원히 남으리.

〈퇴운 원일 선사 비명 병서〉

(…생략) 병진년 봄에 해인사에서 직지사로 이주하여 법화(法化)를 도와 드날려 큰 공덕을 쌓았다. 무진년 봄에 각 법당과 요사채의 기와를 갈아 얹는 불사를 했고, 기묘년 4월 4일 문인에게 천불전 중수 불사를 부탁하고는 바로 큰목수를 불러 계약하고 붓을 놓은 다음 조용히 눈을 감고 입적하니, 향년 62세요 법랍은 48세였다.

평소에 근검절약하면서 상주물을 아끼고 보호하여 논 100여석 지기를 사들이니 거두어들인 곡식으로 선원의 식량이 충분하였다. 이것을 영구히 준행하여 다른 데에 쓰지 말라고 임종 시에 유언을 하니, 그 신심과 원력이 굳고 깊었으며, 사리가 명백하였으니 어느 누구인들 기뻐하고 감탄하지 않겠는가. (중략)

직지사에 주석하여

법당과 요사를 중수하셨네.

전답을 마련하여 식량을 충당하셨으니

뜻과 바라는 것이 견고하셨네.

중생을 교화하고 공덕 쌓으셨으니

맑은 하늘 달과 같은 풍광이네.

스스로 선심(禪心)을 깨달았으니

반드시 불법을 다시 만나리.

한산 시에 담은 뜻

이해 봄, 전주 청류동 관음 선원(觀音禪院)의 묵담 성우(默潭聲祐, 1896~1981) 스님이 한암(漢巖) 스님께 실참 법문(實參法門)을 내려주십사 간청하자 한암(漢巖) 스님께서는 직절 법문(直截法門)을 삼도록 한산 시(寒山詩) 24편을 골라 손수 써서 보내주셨습니다. 묵담 스님은 1947년 이후 대한불교조계종 제5~7대 종정을 지낸 뒤 태고종 제3대 종정을 지냈습니다.

직절(直截)이란 지엽적인 사족을 붙이지 않고 번뇌 망상을 바로 끊음을 말하며, 직절 법문은 이 번뇌 망상을 바로 끊고 여래지(如來地)에 드는 법문으로 곧 지름길을 의미합니다.

한산은 한산자(寒山子)라고도 알려진 당나라 때의 시승(詩僧)입니다. 절강성에 있는 천태산 국청사(國淸寺) 부근 깊은 산중인 한산(寒山)에 숨어 살았기 때문에 한산이라는 이름이 붙여졌습니다. 한산의 시는 대부분 선을 탐구하는 내용으로 선가에서 많이 읽혔으며, 때로는 전통적인 운율을 무시하기도 하지만 시와 선(禪)을 일치시켜 당 시(唐詩)의 독특한 경지를 이루었다는 평가를 받을 만큼 뛰어난 문학성을 겸비하고 있습니다. 미친 사람 비슷한 행동을 하면서도 하는 말이 불도의 이치에 맞고, 시를 잘하였기 때문에 세상에서는 한산 성인이라고도 불렀고, 문수보살의 재현(再現)이라고도 했습니다. 천태산과 은거지 일대의 바위와 숲속에서 발견된 그의 시 314수가 전해지고 있습니다.

한암(漢巖) 스님께서 한산시를 직절 법문으로 삼도록 하신 것은 한산(寒山)의 한산(寒山) 은거와 스님의 오대산 불출동구에 담긴 수행의 의지가 같고, 시에 담긴 뜻 역시 스님의 생애와 선(禪)의 경지를 대변하기에 충분하다고 생각하셨기 때문일 것입니다. 한암(漢巖) 스님께서 이 한산 시와 함께 써 보내신 글 중에 이런 대목이 있습니다.

　　나는 본디 한 법도 남에게 줄 것이 없으며, 필법 또한 능하지 못하다. 이 때문에 그의 종이를 더럽히고 싶지 않았지만, 간곡한 청을 물리칠 수 없어 한산 시 24수를 뽑아 이를 적어 보낸다. (중략)

　　이 책을 책상 위에 얹어두고 때때로 자세히 읽으면서 몸과 마음을 추스르고, 맹렬히 정신을 가다듬어 불법의 근원 자리를 투철하게 깨치기 위해 서로서로 권유하고 격려한다면 어찌 부처님의 가르침에 대한 깊은 은혜에 보답함이 아니겠는가. 이로써 스스로 자신을 경책하고 아울러 다른 사람도 경책하고자 한다.

　높은 경지의 한암(漢巖) 스님께서 '한 법도 남에게 줄 것이 없으며, 필법 또한 능하지 못하여 그의 종이를 더럽히고 싶지 않았다.'라고 하셨는데, 학문이 미천한 소승이 감히 무엇을 안다고 하겠습니까. 소승은 시에 대해 잘 알지도 못할 뿐만 아니라, 한산 시 314수의 가운데 24편을 골라서 적절 법문으로 삼으신 한암(漢巖) 스님의 깊은 뜻 또한 헤아릴 식견이 없습니다. 부족하나마, 『한암 일발록(漢巖一鉢錄)』 하권(下卷)에 수록된 「적절 법문 한산 시초(直截法門 (寒山詩抄)」의 해설을 인용하여, 쉽게 읽히면서도 한암(漢巖) 스님의 심오한 수행 경지와 가르침을 엿볼 수 있는 시 몇 수를 옮겨볼까 합니다.

　1)
　안신처를 얻고자 한다면
　한산에서 길이 보존하리.

실바람 솔숲에 스며드니

가까이 들을수록 그 소리 더욱 좋아.

그 아래 반백의 늙은이가

중언부언 황로 경(黃老經) 읊조리네.

십 년 세월 돌아갈 줄 몰랐더니

오던 길 까마득히 잊었어라.

(해설)

　안신처(安身處)란 생명을 길이 보존할 수 있는 곳으로, 해탈의 자리를 말한다. 삶과 죽음이 없는 그 자리에서 보면 선과 악, 부처와 중생, 미혹과 깨달음 등의 차별이 없다.

　깨침의 자리는 아름다움과 추함, 사랑과 증오, 친함과 친하지 않음 등의 모든 상대적인 개념을 초월한 절대의 세계이다. 거기에는 모든 일상생활이 곧 도의 경지요, 부처의 길이기에 불교 이외의 다른 교(敎)에서 설하는 말과 마구니의 유혹조차도 또한 모두가 진리이다.

　이러한 안신처에서 미풍의 솔바람 소리에 노래하고, 고요하고 쓸쓸한 대자연과 어우러져 세속을 벗어난 경계에서 속박 없이 살아가는 노승을 떠올려 보자. 반백의 노인이 『황로 경(黃老經)』을 읽다가 무아의 삼매경에 들어 십 년인지 백 년인지의 세월을 초월하고, 돌아갈 길을 잃었으니 이는 곧 우주 만물의 시작과 끝을 뛰어넘은 해탈의 경지를 이름이다.

　2)

한결같이 한산(寒山)에 앉아

머문 지도 어언 30년

옛날 찾아오던 친구들

거의 다 황천객이라.

점점 꺼져가는 촛불 같고

강물처럼 덧없이 떠나만 간다.

오늘 아침 외로운 그림자 마주하니

두 줄기 눈물 흘러내리네.

(해설)

한산의 시이지만 우리나라 역사상 가장 암울했던 시대인 일제강점기에 민족의 아픔을 뼈아프게 절감하면서 온몸으로 한국불교의 맥을 이어오신 한암(漢巖) 스님의 생애와 마음을 표현하는 가장 적절한 글이다.

이 시는 시간과 공간을 거꾸로 하여 오히려 한산이 한암(漢巖) 스님의 만감을 표현했다 해도 틀리지 않을 만큼 한암(漢巖) 스님의 심경을 정확히 대변한 글이다.

고락을 함께했던 도반은 하나둘 가고, 고해에서 허덕이는 가없은 중생은 도처에 있으니 그들을 향한 슬픈 마음으로 한암(漢巖) 스님의 자비스러운 얼굴에 눈물이 흐른다.

생각만 해도 가슴 뭉클해지는 모습이다. 27년 동안 오대 산문을 나가지 않으신 채 열반에 드신 한암(漢巖) 스님의 고매한 뜻을 한산의 시에서 느껴본다. 다만 짐작해 볼 뿐, 여기에 군더더기 말을 붙인다는 것 또한 사족일 것이다.

3)
물이 맑아 옥처럼 투명하면

모든 것 자연히 볼 수 있으리.

마음에 한 가지 일도 없으면

어떤 경계에도 바뀌어 달라지지 않으리라.

마음에 망상이 일어나지 않으면

영겁토록 변함이 없을 터….

만일 이와 같이 안다면

이러한 지혜는 앞뒤 없는 참 지혜이리.

(해설)

　선문(禪門)에서는 흔히 마음을 맑은 거울과 고요한 물에 비유하는데, 한산 시도 마음의 본체를 청정하고 고요한 물에 비유하고 있다. 맑고 고요해서 모든 것을 비추어 주는 그 본체의 자리는 『반야심경』에서 말한 바와 같이 지혜도 없고 또한 얻은 바도 없다. 또한 만물을 주재하는 것이지 만물에게 부림을 당하는 것이 아니다. 이렇듯 본체의 당처는 원만 구족하여 시작과 끝이 없기에 '마음에 망상이 일어나지 않으면 영겁토록 변함이 없을 터…'라고 말한다.

　한암(漢巖) 스님도 "티끌같이 많은 부처 세계 모두가 헛것이다. 한 생각 일어나면 그것은 곧 큰 잘못이다."라고 말씀하셨다. 이렇게 볼 때, 묵담 선사가 청한 법문 구게(法門九偈)를 한산 시로 대신한 데는 스님이 익히 한산 시를 음미하면서 꼭 들어맞는 바가 있어서 군더더기를 필요로 하지 않은 때문이다.

　"옛 성인과 후대 성인의 도를 헤아려 보면 한 가지"라는 옛말이 새삼스럽다.

　4)
자만한 마음 산악처럼 드높아

나를 내세워 굽힐 줄 모르는 사람아.

인도의 베다 경전을 외울 줄 알고

유·불·도교 문장을 잘도 말하며

마음에 부끄러움 없이

계율을 범하고 어기면서

제 스스로 지혜와 덕을 갖춘 승려라 하고

자칭 제일인자이니

어리석은 자는 모두 칭찬하지만

지혜로운 이는 손뼉 치며 비웃네.

모두 아지랑이 허공의 꽃이니

어찌 이로써 생사를 면할 수 있으리.

아무것도 아는 것 없이

고요히 앉아 근심 걱정 끊음만 못하리.

(해설)

　한암(漢巖) 스님은 일찍이 선(禪)을 최우선으로 생활하셨고, 또한 줄곧 선문의 승려들을 지도해 오셨다. 하지만 선 본래의 뜻을 잊어버리고, 자기를 자랑하고 남을 업신여기는 생각이 하늘을 찌를 것 같은 선승(禪僧)의 폐해 또한 적나라하게 꾸짖어 선종의 무아 사상(無我思想)을 정립하고자 하셨던 한암(漢巖) 스님의 간절한 노파심을 다시 느끼게 해주는 인용구라 하겠다.

　지식만을 추구하는 것은 아지랑이나 허공의 꽃을 추구하는 것과 같아서 생사를 면할 수 없다. 따라서 수행자는 화려한 명예를 멀리하고 실참실구(實參實究)로써 오로지 생사 해탈에 전념하여 선승의 본분을 다해야 한다.

　5)

　내 출가인을 살펴보니

　출가자의 배움엔 들어가지 않네.

참으로 출가의 도를 알고자 하면

마음이 깨끗하여 얽매임이 없는 것.

맑고 맑아서 깊고 미묘함도 없고

변함이 없어 의탁함도 없어라.

삼계를 임의로 종횡하고

사생(四生)에 머무르지 않으니,

하는 일도 없고 할 일도 없는 이여

자유롭게 거니는 이 몸 참으로 즐겁네.

(해설)

　1933년 『선원』 제3호에 실린 「양어가추」라는 법문은 불교계의 병폐를 직시하여 청정 국토를 이룩하려는 한암(漢巖) 스님의 고심 어린 충고이다. 한암(漢巖) 스님의 마음 또한 진정한 출가 구도자를 찾기 위한 것으로, 한산의 시를 빌어 이를 대신하고 있다.

　진정 출가라는 이름으로 승려가 되었으니 밖으로는 세속의 먼지를 씻고, 안으로는 번뇌를 끊어 삼계(三界)에 자유자재하고 태생·난생·습생·화생의 사생(四生)을 초월하여 얽매임이 없어야 할 것이다. 이러한 출가의 길만이 진정 승려의 본분이다. 참 삶의 길이며 영원불멸의 길이다.

　한암(漢巖) 스님께서는 묵담(默潭) 스님의 초상화를 보고 「묵담 선사 영찬(默潭禪師 影讚)」이라는 게송도 쓰셨습니다. 검소하고 걸림이 없는 묵담 스님의 모습이 승려의 본분사라는 게송의 뜻이 우리 모두에게 전하는 한암(漢巖) 스님의 말씀 같아서 여기에 함께 전합니다.

〈묵담 선사 영찬〉

　　　한 자루 주장자에 육도 혜(六度鞋) 신고

　　　먹물 옷 걸친 채 삿갓은 소나무에 걸려 있네.

　　　외로운 구름처럼 떠다녀도 오히려 한가하니

　　　하루 내내 무심히 푸른 산을 대하고 있네.

수행의 지침

한암(漢巖) 스님께서 평생의 좌우명으로 삼으셨던 「계잠(戒箴)」이 『불교(신)』 제38호(1942년 7월호)와 제41호(1942년 10월호), 『불교 시보』 제90호(1943년 1월호)에 각각 수록됐습니다. 언제 완성된 것인지는 알 수 없지만 스님 스스로 수행자로서 반드시 지켜야 할 바를 항상 보고 마음에 새겨 본분으로 삼기 위해, 이 「계잠」을 써서 방에 걸어놓으셨던 것으로 봐서 『불교(신)』이나 『불교 시보』에 발표되기 훨씬 전일 것입니다.

「계잠」은 1월에 종무 보고 차 상원사를 방문했던 조계종(曹溪宗) 종무원 교무부장 임기산, 재무부장 김법룡, 『불교』지 장도환 편집장 등이 한암(漢巖) 스님의 방에 걸린 글을 필사하여 게재하면서 세상에 알려지게 되었습니다. 『불교(신)』지에는 필명(筆名) 금성(錦城, 장도환), 「상원사행(上院寺行)」이라는 제목으로 2회에 나뉘어 실렸고, 『불교 시보』에는 필명(筆名) 석대은(釋大憶), 「총본산 태고사 종정 중원(重遠) 대종사의 계잠(戒箴)」이라는 제목으로 실렸습니다.

「계잠」은 선정(禪定), 지계(持戒), 불방일(不放逸) 세 가지로 구분되어, 각각 여덟 가지 법을 실천하여 청정함을 얻도록 한다는 내용을 담고 있습니다.

〈계잠〉

• 선정(禪定)

- 참선하여 삼매경에 이르려면 이 여덟 가지 법을 실천하여 허물과 번뇌의 더러움에서 벗어나야 한다.

  1. 항상 절에 살면서 고요히 참선 수행을 할 것

  2. 대중과 모여 앉아 잡담하지 말 것

  3. 바깥 세계에 대하여 탐착하지 말 것

  4. 몸과 마음의 영화로움을 버릴 것

  5. 음식을 탐하지 말 것

  6. 밖으로 의지할 대상을 두지 말 것

  7. 말과 글을 꾸미지 말 것

  8. 성심껏 다른 사람을 가르쳐 성인의 즐거움을 얻게 할 것

• 지계(持戒)

- 계법을 지키려면 이 여덟 가지 법을 빠짐없이 골고루 갖추어 허물과 번뇌의 더러움에서 벗어나야 한다.

  1. 몸과 행동을 단정하고 바르게 한다.

  2. 모든 업(業)을 깨끗이 한다.

  3. 마음에 때가 묻지 않게 한다.

  4. 뜻은 고상하게, 지조는 굳게 갖는다.

  5. 바른생활로 바탕을 삼는다.

  6. 두타행으로 자족한다.

  7. 모든 거짓과 진실치 못한 행동에서 떠난다.

  8. 항상 보리심(菩提心)을 잃지 않는다.

• 불방일(不放逸)

- 방탕하지 않으려면 이 여덟 가지 법을 실천하여 허물과 번뇌의 더러움에서 벗어나야 한다.

1. 계율을 지킨다.

2. 항상 깨끗이 하고 많이 듣는다.

3. 신통한 능력을 골고루 갖춘다.

4. 성불할 수 있는 지혜를 수행한다.

5. 모든 선정(禪定)을 성취한다.

6. 스스로 자신을 높이지 않는다.

7. 모든 논쟁을 일삼지 않는다.

8. 선(善)을 닦는 일에서 물러서지 않는다.

모든 부처님의 경계는 마땅히 일체중생의 번뇌 속에서 찾아야 한다. 모든 부처님의 경계는 오는 것도 가는 것도 없는 것이며, 중생의 번뇌 자성도 또한 오는 것도 가는 것도 없는 것이다. 만일 부처님 경계의 자성이 중생의 번뇌 자성과 다르다면 여래는 곧 평등 정각이 아니다.

장상봉(張祥鳳) 스님이 『불교(신)』 제54호(1943년 10월호)와 제55호(1943년 11월호)에 기고한 기행문 「문적멸보궁(問寂滅寶宮)」 속에 한암(漢巖) 스님의 「교회(教誨 : 수행의 지침)」가 소개되었습니다.

함경남도 함주군 설봉산에 있는 귀주사(歸州寺) 출신으로 중앙불교전문학교를 졸업한 장상봉 스님이 10월 3일과 4일, 적멸보궁 참배에 나섰던 길에 한암(漢巖) 스님을 뵙고 법을 청하자 한암(漢巖) 스님께서 그들에게 정성스럽게 가르쳐 주신 수행의 지침이 「교회(教誨)」입니다. 누구나 삶의 지침으로 삼아도 좋을 내용이라 전문을 소개합니다.

〈수행의 지침〉

1. 연꽃에 물이 묻지 않는 것처럼 세간사에 집착하지 말라. 항상 해탈과 삼매 경의 경지에 들라. 모든 사물의 참모습에 통달하여 걸림이 없어야 한다. 허공과 같음에 귀의하여 의지하는 바가 없어야 한다. 시끄러운 가운데 힘을 얻는 것이 고요한 가운데서 힘을 얻는 것보다 더 미더운 것이니, 일하는 틈틈이 항상 해탈 과 삼매의 경지를 닦아서 부단히 노력해야 한다.

2. 시끄러운 가운데 화두 공부가 깊어지는 것이 가장 중요하다는 것을 알아야 한다.

3. 활구(活句)를 참구하는 납자들이여, 세간에는 이보다 더 이상 견줄 것이 없 다. 목숨 마치는 날, 염라대왕이 와서 스스로 귀의할 것이다.

4. 천 가지 생각, 만 가지 생각은 모두 화로 속의 한 점 눈과 같은 것이다. 진흙 으로 만든 소가 물 위를 가나니, 대지와 허공이 갈라지도다.

5. 고해는 끝이 없다. 그러므로 이 사바세계에서 마음을 돌이켜라.

6. 책은 책대로, 나는 나대로 되어서는 아니 된다(지식과 행동이 하나가 되어야 한다는 뜻).

7. 지식이란 나의 수행에는 무익한 것이다.

8. 공부하는 중에 조금 재미를 느낀다고 하여 자만해서도 안 되고, 거리끼거 나 희열을 느껴서도 안 된다.

9. 되묻는 사람의 소리를 듣되 천착은 하지 말라.

10. 항상 깨어 있기 때문에 대각(大覺)인 것이다. 또 이 마음이 바로 부처이니, 마음 밖을 향하여 별도로 깨달음을 구해서는 안 된다.

11. 결정심(決定心), 용맹심(勇猛心)을 두텁게 하여 물러나지 않도록 해야 한다.

이 무렵 저 먼 이집트 카이로에서 미국의 루스벨트 대통령, 영국의 처칠 수상, 중국의 장제스 총통 등 제2차 세계대전에 참전한 세 연합국 수뇌가 모여 세계 전쟁에 대한 대응과 전후 처리 문제 등을 사전 협의하는 카이로 회담을 열었습니다. 제1차 11월 22일에서 26일까지, 제2차 12월 2일에서 7일까지 두 차례에 걸쳐 열린 카이로 회담에서는 일본의 무조건 항복을 받을 때까지 서로 협력하여 싸울 것과, 식민지에 대한 포기와 일본이 패전했을 경우 일본이 차지한 섬의 반환 문제에 대한 논의와 함께 우리나라의 독립에 관한 특별 조항을 넣는 등 연합국의 기본 방침을 결정했습니다.

1943년 11월 27일 조인되어 12월 1일에 발표된 카이로 선언은 1945년 7월 26일 독일 포츠담에서 미국·영국·중국 3개국 수뇌가 회담을 갖고 발표한 대일(對日) 공동 선언인 포츠담 선언에서도 재확인되어, 일본의 항복에 관한 기본 방침이 되었습니다. 연합국 정상들은 이 선언에서 일본에 대해 무조건 항복을 요구하였고, 제2차 세계대전 후의 대일 처리 방침을 다시 한 번 밝혔습니다. 국제적으로 우리나라의 독립을 처음 보장한 뜻깊은 회담이었던 만큼 카이로 선언*의 내용을 다시 한번 되새겨 보겠습니다.

---

* 　정일화, 『카이로선언(한미안보연구회 총서 2)』 (선한 약속 , 2010)

〈카이로 선언(Cairo Declaration)〉

1. 3국은 일본에 대한 장래의 군사 행동을 협정하였다.

2. 3국은 야만적인 일본에 가차 없는 압력을 가할 것을 결의하였다.

3. 3국은 일본의 침략을 저지, 응징하나 모두 영토 확장의 의사는 없다.

4. 제1차 세계대전 후 일본이 탈취한 태평양 여러 섬을 박탈하고, 또한 만주·타이완·펑후 제도 등을 중화민국에 반환하고, 일본이 약취한 모든 지역에서 일본 세력을 축출한다.

5. 〈특별조항〉 한국의 미래에 대하여 언급하고 독립을 보장하는 국제적 합의를 하였다. "현재 한국민이 노예 상태 아래 놓여 있음을 유의하여 앞으로 적절한 절차에 따라 한국의 자유와 독립을 줄 것이다."

上院

7부

불교는
실행에 있다

조선불교 7인의 교정 추대

1929년(불기 2956, 54세) 3월 7일부터 8일까지 이틀간 서울에 있는 선학원(禪學院)에서 조선불교 선교 양종(禪敎兩宗) 승려대회가 열렸습니다. 선학원은 불법의 정통인 선리를 탐구하고, 선풍을 선양함으로써 불교 중흥을 이룩하기 위해 만공(滿空)·용성(龍城)·혜월(慧月)·도봉(道峰)·석두(石頭)·남천(南泉)·상월(霜月) 등 여러 고승 대덕(高僧大德)들이 중심이 되어 1920년 설립한 불교단체입니다. 일제 강점기에는 서정희(徐正熙)·여운형(呂運亨)·신명균(申明均)·김법린(金法麟) 등 수많은 애국지사들의 독립운동의 요람이 되었고 광복 후에는 불교 정화의 산실이 되었던 곳입니다.

이 대회에서는 종헌(12장 31조), 교무원규(7장 19조), 종회법 등을 제정하고 종내 최고 원로 기관에 7명의 조선불교 교정[敎正, 종정(宗正)]을 추대했습니다. 의결기관으로 종회를 두었으며 종회는 각 본·말사 평의원회에서 뽑은 종회 의원(宗會議員)으로 구성하였습니다. 사무기관인 중앙 교무원에는 서무부, 재무부, 교학부를 두었습니다.

한암(漢巖) 스님은 김환응(金幻應)·서해운(徐海雲)·박한영(朴漢永)·이용허(李龍虛)·김동선(金東宣)·김경운(金擎雲) 스님과 함께 7인 교정에 선출되셨습니다.

이를 시작으로 한암(漢巖) 스님께서는 뛰어난 수행력으로 불교를 대표하는 종단의 교정(敎正)을 두 차례, 종정(宗正)을 두 차례로 모두 네 차례나 지내셨으나 "수행에만 전념하는 본분 종사(本分宗師)이므로 오대 산문을 나갈 수 없다."라는 소신

대로 행정 일선에 나서서 직접 업무를 관할하지는 않으셨습니다. 스님께서는 교정에 선출되자 취임 거절의 뜻을 밝히셨으나, 지암 이종욱 스님을 비롯한 사절단의 간곡한 청 때문에 오대 산문을 나서지 않는다는 조건으로 취임을 허락하셨습니다.

호국 호민의 법통 아래 수행에 전념해 온 스님께서 보여 주신 불출산(不出山)의 교·종정 취임의 의미는 오로지 불법과 교단을 수호하려는 의지의 산물이었습니다. 산문을 나오지는 않으셨지만 한 달에 두 번 교·종정의 결재권을 행사하셨는데, 종무원들이 직접 오대산으로 스님을 예방하여 결재를 받아 종무를 처리하는 방식을 취하셨습니다.

후일 1941년 조선불교조계종 초대 종정에 선임된 한암(漢巖) 스님은 종무총장 선임 기준으로 '신심이 견실해서 불사에 시작과 끝맺음이 분명한 자, 금전상 과실이 없는 자, 어려움에 처해서도 잘 인내하는 자, 사리가 분명하고 막힘이 없어 대중들의 마음을 기쁘게 하는 자, 불사 문중에 공로가 많아도 자랑하거나 아만이 없는 자'의 다섯 가지를 제시하며 직분의 본질을 명확하게 꿰뚫어 보는 혜안을 보여 주십니다.

이런 가운데도 한암(漢巖) 스님 문하에 입방하기를 원해 전국 각처에서 수많은 선지식들이 상원사를 찾았다고 합니다.

평소 헛되이 생사에 연연하여 떠도는 일을 통탄하여 아깝게 여겨야 한다며 후학들을 경책하고 지도하셨던 스님께서는 〈불영사 수선사 방함록서(佛影寺 修禪社 芳啣錄 序)〉를 지어 머리에 불붙은 듯 한시도 공부의 고삐를 놓지 말 것을 간절하게 기원하셨습니다. 방함록(芳啣錄)이란 선원에서 동안거와 하안거에 동참한 안거 대중의 명부요 이 명부에 붙이는 서문을 방함록 서라고 합니다. 수선사(修禪社)

는 고려 후기 보조 지눌 국사가 선종을 중심으로 교종을 통합하기 위해 만든 신앙 결사 단체로, 수선사 결사를 통해 불교 수행의 핵심인 정과 혜를 함께 닦자는 실천 운동을 전개하였습니다. 수선 안거 대중이 발심을 일으켜 의심을 끊고 이치를 완전하게 깨달음에 이르기를 바라는 뜻이 간곡하게 담겨 있습니다.

〈불영사 수선사 방함록서〉

옛 선승들은 도를 닦을 때 밤에 잠이 오면 송곳으로 넓적다리를 찔러 잠을 쫓았으며, 날이 저물면 통곡하면서 도를 깨닫지 못할까 걱정하였다. 모든 사람들이 이와 같이 진실하고 간절하게 마음을 쓴다면 어찌 일생토록 이루지 못할 이치가 있겠는가.

그러나 모두들 그럭저럭 세월을 보내다가 경책하고 공부하는 것을 간절하게 하지 않으면, 장구히 도를 이룰 마음이 없어져 중간에 그만두거나, 끝내는 게을러져서 끝마치지 못한 채 헛되이 생사에 유랑하니 실로 통탄하고도 애석한 일이다.

슬프다. 사람의 한 세상 삶이 아침 이슬과 같은지라, 백 년 세월이 찰나에 지나가나니, 원컨대 모든 참선하는 고사(高士)들은 생각을 여기에 두고 머리에 불이 붙은 듯 부지런히 정진하여 큰일을 속히 이루기를 지극히 빌고 또 비노라.

그러나 무엇을 큰일이라 하는가. 이 속에 이르러서는 털끝만큼도 용납할 수 없나니 분별심으로 얻겠는가, 생각으로 헤아려서 얻겠는가. 이미 분별심과 생각으로 헤아림이 불가능하다면 필경엔 어떻게 해야 깨닫는가. 잠시 있다가 이르기를,

선원에서 듣는 저 두견새 소리

강산에 울리는 만고불변의 마음인 저.

-세존 응화 2956(1929년) 기사 자자일

봉래산인 한암(漢巖) 중원 삼가 적다

1929년 11월 3일에는 학생 운동 사상 기념비적인 사건으로 기록되는 광주학생항일운동이 일어납니다. 민족 차별 교육, 식민지 노예교육에 반대해 광주에서 시작된 학생들의 항일 투쟁은 사회·청년 단체들의 적극적인 참여 아래 3·1운동 이후 최대의 민족적인 독립운동으로 전개됐고, 간도와 일본을 비롯한 국외로도 확대됐습니다. 이듬해 3월까지 전국 320여 개 교에서 5만 4천여 명의 학생이 동맹휴학을 하고 학생 항일 시위에 참여해 1,462명이 퇴학, 3,000여 명이 무기정학 등의 처분을 받았습니다.

광주학생항일운동이 전국적인 민족 항일 독립운동으로 확산될 수 있었던 데는 1927년 2월에 결성된 항일 독립운동 단체인 신간회(新幹會)의 도움이 컸습니다. 3·1운동 이후 일본은 방향을 바꿔 일제 아래에서 자치를 이루는 자치운동을 추진했는데, 이에 맞서 민족 운동의 통일을 목적으로 민족주의 진영과 사회주의 진영이 함께 결성한 단체가 신간회입니다. 신간회는 "우리는 정치적·경제적 각성을 촉진한다. 우리는 단결을 견고히 한다. 우리는 기회주의를 일체 부인한다."라는 강령 아래 창립 후 각지의 독립운동가·민중운동가에게 폭넓은 지지를 받아 1년 후인 1928년 2월에는 지회 123개소, 회원 2만여 명, 2년 후인 1929년 2월에는 지회 144개소, 회원 3만여 명으로 급증했고, 해산될 무렵인 1931년 5월에는 지회가 126개소로 줄었으나 회원 수는 3만 9,914명에 달했습니다.

불영사 사적비   미륵바위

불영사 전경

불영사 대웅전

불영사 겨울 전경

광주학생항일운동이 일어난 이 무렵은 일제의 보도 탄압이 자행되던 시절이었으므로, 신간회에서는 김병로(1888~1964) · 허헌(1885~1951) 변호사 등을 주축으로 한 조사단을 광주로 파견하고 학생들의 항일 투쟁 소식을 전국으로 널리 알렸습니다. 김병로 · 허헌 변호사는 이인(1896~1979) 변호사와 함께 독립투사를 비롯한 민족 지도자들에 대한 무료 변론, 일제의 소작제도로 피해 받던 농민들의 구제 활동 등 조선인의 권익을 위한 무료 변론을 맡아 '독립운동가의 변호인', '조선의 3대 민족 인권 변호사'로 이름을 떨친 분들입니다.

만해 한용운 스님도 신간회 발기인 중 한 분으로 중앙 집행위원 겸 경성 지회장을 맡아 민족의 정통성을 찾기 위해 민족이 하나로 뭉쳐야 한다고 역설하셨고, 광주학생항일운동과 관련돼 허헌, 김병로 변호사 등과 함께 옥고를 치르고 이듬해 초에 풀려나셨습니다. 만해 스님은 1931년 불교 변혁운동과 친일파 승려 비판에 앞장섰던 조선불교청년회를 조선불교 총 동맹으로 개편하고, 제자인 김상호(金尙昊, 1889~1965) 김법린, 최범술(崔凡述, 1904~1979) 스님 등과 함께 일제의 불교 탄압에 맞서 불교 대중화에 진력하셨습니다.

조선불교 총 동맹 개편으로 1922년 4월 우봉운 · 김일엽 · 김난득 · 박성옥 스님 등이 주축이 되어 여성의 교양과 지식을 함양하고, 불교 교리를 보급시키려는 목적으로 창립됐던 조선불교 여자 청년회도 그 산하의 조선불교 청년 여자 동맹으로 전환됐습니다. 조선불교 여자 청년회는 불교계 여성들의 의식 계몽과 교육을 위해 1922년 9월 능인 여자학원을 창설하는 한편 매월 법회, 강연회, 토론회, 부인 강좌 등 불교교육에도 앞장섰으나 1925년 이후 경영권이 일본 사찰인 서본원사(西本願寺) 경성별원으로 넘어가면서 운영의 어려움을 겪게 됩니다.

이로 인해 침체기를 겪게 된 조선불교 청년 여자동맹 구성원들은 근우회와 조선 여성 동우회 등 일반 사회단체와 여성운동 단체에서 활동하며 재기의 원동력을 만들어나갔습니다. 1929년 재결성에 성공한 조선불교 청년 여자 동맹은 불교 일요학교, 부인 강좌, 재봉 학원을 운영하였고, 1931년 조선불교청년회와 재단 법인 조선불교 중앙 교무원의 지원과 재정적 후원을 받아 재봉 학원의 후신인 명성 여자실업 학원을 운영하게 됩니다. 그러나 1935년 일제의 가혹한 식민지 정책으로 총 동맹이 침체되면서 조선불교 청년 여자 동맹도 활동을 중단하게 됩니다.

해동 초조 도의(道義) 국사

1930년(불기 2957, 55세) 스님께서는 『불교』 제70호(1930년 4월호)에 교정 방한암(方漢巖)의 이름으로 조계종의 종조 확립을 주장하는 종조론(宗祖論)「해동 초조(海東初祖)에 대하여」를 발표하셨습니다.

조계종 법통 연원을 밝히는 이 글에서 한암(漢巖) 스님은 당시 태고 보우(太古普愚) 국사(國師) 계승 의식에 따라 불교인들이 해동 초조를 태고 보우 국사로 정하려는 생각과 그 움직임에 대해 강한 이의를 제기하셨습니다. 그러면서 종조, 즉 선종의 초조(初祖)는 육조 혜능의 4세손 서당 지장(西堂智藏) 화상(和尙)에게 인가를 받은 신라의 승려 도의(道義, 생몰년 미상) 국사(國師)로 추대되어야 하고 범일(梵日) 국사(國師), 보조 지눌(普照知訥) 국사(國師)로 이어지는 해동 조계종의 줄기를 바로 세워야 한다는 소신을 강력히 펼치셨습니다.

종조는 종단을 처음으로 일으킨 스님을 말하는데, 대한불교 조계종의 종조는 간화선 수행의 근간인 조사선을 우리나라에 최초로 전파해 해동 선문의 초조로 추앙받는 도의 국사입니다. 도의 국사는 통일신라시대에 당나라로 건너가 서당 지장(西堂智藏, 735~814) 선사(禪師)의 인가를 받고 조사(祖師)가 되어 신라로 돌아와 이 땅에 최초로 석가모니 부처님의 깨달음인 선(禪)을 전한 스님입니다. 인도에서 중국으로 선을 처음 전한 분이 초조 달마 대사이고, 이 달마 대사의 선을 우리나라에 처음 전한 분이 도의 국사입니다.

도의 국사는 대한불교 조계종 제3교구 신흥사의 말사로 양양군 강현면 설악산

(雪嶽山)에 있었던 진전사(陳田寺)를 창건하고, 중국 육조 혜능의 남종선 전통을 도입해 선법을 펼치셨습니다. 삼국유사를 쓴 일연(一然, 1206~1289) 스님이 출가한 진전사는 우리나라 불교사에서 중요한 위치를 차지하고 있습니다.

현재 절터에는 국보 제122호로 지정된 양양 진전사지 삼층 석탑 1기와 보물 제439호로 지정된 양양 진전사지 도의 선사 탑이 있으며, 절터는 '양양 진전사지'라는 명칭으로 강원도 기념물 제52호로 지정되어 있습니다. 2005년 진전사지에 진전사가 복원되었고, 2009년 전통사찰로 지정되었습니다.

오대 산문을 나서지는 않으셨지만, 도의→보조→각엄→졸암→구곡→벽계로 이어지는 합리적인 종통관을 제시하는 이 글을 통해 스님께서는 교정으로서 종단의 일에 적극적인 관심을 나타내고, 종단의 정체성을 선으로 보았던 종조론을 분명하게 강조하셨습니다. 중요한 몇 대목만 살펴보겠습니다.

〈해동 초조에 대하여〉

부처와 부처가 세상에 나타나 마음 법을 전수하실 때 반드시 가사와 발우로써 표준을 삼아 두 곳을 기준으로 전수하시니, 첫째는 부처와 부처가 서로 전수함이니 전불(前佛)이 후불(後佛)에게 전수하심이요, 둘째는 조사와 조사가 서로 전수함이니 부처께서 열반하신 후에 조사와 조사가 서로 전수하여 도법이 끊어지지 않게 하신 것이다.

제28대 달마 조사에 이르러서 조사의 도가 우리나라에 전파될 시기를 관찰하시고 중국으로 오시어 종지를 드날리시되, 보이는 것을 배척하고 바로 마음을 가리키시니, 이는 교법이 들어온 뒤에 일찍이 없었던 일대 변혁적인 일이다. 보는 자나 듣는 자가 모두 놀라고 두려워서 전부 물러갔지만 오직 혜가(慧可) 대사

(大師)가 팔을 끊어 법을 구하셨다. 이에 깨달음의 경지를 아신 달마 조사께서 "까닭을 말하라."라고 하심에 절을 세 번 올리니, "너는 나의 골수를 얻었노라." 라는 인가를 받게 되어 중국의 제2조가 되시고, 달마는 초조(初祖)가 되었다.

신라 도의 국사가 선풍을 우러러 보고 중국으로 건너가 서당 지장 화상을 뵙고 법인(法印)을 얻어 우리나라로 돌아오신 것이 기록에 분명하니, 그러면 달마가 중국의 초조가 되신 것 같이 도의 국사가 해동의 초조가 됨은 지혜 있는 자가 아니더라도 쉽게 알 수 있는 일이 아닌가.

그뿐만 아니라 선후의 차이는 있으나 홍척(洪陟)·혜철(惠哲)은 함께 서당 지장에게, 범일(梵日)은 염관(鹽官)에게, 무렴은 마곡(麻谷)에게, 철감(澈鑑)은 남전 보원(南泉普願)에게, 현욱(玄昱)은 장경 회휘(章敬懷暉)에게, 모두가 동일하게 마조(馬祖) 휘하의 선지식에게 심인(心印)을 얻어 왔으니, 모두 다 육조의 5세 손이다.

도의 국사가 육조를 우러러 조계종이라 칭할 때에 홍척·혜철 등 모든 대사들도 따라서 한마음으로 우러러본 것은 정한 이치가 아닌가. 또한 『불교』 58호에 퇴경(退耕) 화상의 조계종에 대한 변론을 보면 「선문조사예참문(禪門祖師禮懺文)」 중에 '가지산 조사 해외 전등 도의 국사(迦智山 祖師 海外 傳燈 道義國師)'라 칭한 것과, 「가영(歌詠)」 중에 '조계 문선 시수개(曹溪門扇是誰開 : 조계의 문호를 그 누가 열었는가)'라는 구절과 『삼국유사』에 '조계종 가지 산하(曹溪宗 迦智山下)'라 칭한 글 등이 유력하게 증명되었으니, 조계종은 도의 국사로부터 창립된 것임을 조금도 의심할 여지가 없다.

아 슬프다. 세월이 아득히 흘러갔고 전해지는 역사가 혼미하여 중간의 연원은 누가 누구에게 계승하였는지 상세히 가릴 수 없으나, 보조 국사께서 범일의 후예로서 송광사에 대 법당을 세우시고, 최고의 불법을 열어 펴시어 세상을 이롭게 하시고, 또한 『수심결(修心訣)』·『진심직설(眞心直說)』·『간화결의론(看話決疑論)』·『원돈 성불론(圓頓成佛論)』 등 직절 경요(直截徑要)의 법문을 저술하여 후학을 널리 깨닫게 하시니, 이에 조사(祖師)의 도를 크게 일으키고 부처님의 광명을 거듭 빛나게 하셨다.

조정의 칙지를 받들어 산 이름을 조계(曹溪)로 고치셨으니, 이는 곧 멀리로는 육조를 경모하고 다시 해동의 모든 국사께서 조계종을 창립한 연원을 계승함이 아닌가. 그렇지 않으면, 왜 이름을 조계로 바꾸어서 번거롭게 하였겠는가.

또한 국사의 출가한 사실을 〈동비명(同碑銘)〉에, "나이 겨우 8세에 조계운손(曹溪雲孫) 종휘 선사(曹溪雲孫 宗暉禪師)에게 귀의하여 삭발하고 구족계를 받았다."라고 하였으니, 종휘 선사를 조계운손이라 하였은즉 계승 연원이 단절되지 아니한 것도 미루어 짐작할 수 있다. 이로부터 뒷날 진각(眞覺)·자명(慈明) 등 16국사가 계속 계승되었기 때문에 도가 전해져 온 연원의 공명정대함이 서천사칠[西天四七: 석가모니 부처님 입멸한 후, 불법(佛法)이 이심전심(以心傳心)으로 전승되어 온 인도의 28조(祖)]과 당토오종(唐土五宗: 중국의 다섯 가지 종파)에 비교된다 할 것이다.

국사 가운데 모두 다 보조의 직손인 것은 아니라고 말하는 사람은 조문(祖門)의 도통 연원이 국가의 왕위 계통과 같음을 모르기 때문이다. 무슨 파의 원손이든 왕위에만 오르면 곧 계통이 되나니, 마음 밝혀 종지를 통달하고 국사 지위를 계승하여 제 몇 세, 제 몇 세 손이라고 당당하게 칭함에 어찌 직손이 아니라고 이의를 두겠는가. 이처럼 분명한 대로를 버리고 왜곡된 길에서 도통 연원을 찾는 역설은 덮어 두고 논하지 말아야 할 것이다.

그런데 근래 학문상에 태고 보우 국사를 해동 초조로 정하는 일이 간혹 나타나니, 이는 스스로 위배됨이 극심하다 하겠다. 태고(太古)가 중흥조(中興祖)라 함은 혹 가할지는 모르나 어떻게 초조가 되겠는가. 태고의 도덕이 광대하고 고명하지만 초조라는 '초(初)'에는 적당하지가 않다.

신라의 모든 국사들이 처음 조문에 들어가서 법을 얻어 동(東)으로 돌아오신 일이 오늘날 태고가 초조라는 주장 때문에 허황하게 되었으니 어찌 애석하지 아니하겠는가. 또한 연원 계통을 정확하게 가릴 것 같으면 오늘날 우리 형제가 태고 연원이 아님을 단언하는 바이다. 구곡 각운 선사(龜谷覺雲 禪師)가 조계종 제13국사 각엄 존자(覺儼尊者)의 손제자가 됨은 이능화 선생이 저술한 《조선불교통사》에 분명히 기록되어 있는데, 태고 국사의 손제자라는 문구는 고래로부터 전해오는 기록이나 비명(碑銘)에도 전혀 없다고 하는 바, 무엇을 근거로 하여 태고를 구곡의 스승으로 했는지 생각해 볼 일이다.

우리 형제들은 해동 조계종 보조 국사로부터 제13국사 각엄 존자의 손제자인 구곡 선사와 구곡을 멀리 계승하여 조계종을 부활하게 하신 벽계(碧溪) 선사의 연원이요, 태고의 연원이 아님을 단언할 수 있다.

그런즉 지금으로부터 도의 국사를 초조로 정하고, 그다음에 범일 국사, 그다음에 보조 국사로, 제13국사 각엄 존자에 이르러서 졸암 온연 · 구곡 각운 · 벽계 정심 등으로 연원을 정하여 다시 해동 조계종을 부활하는 것이 정당하다. 만일 그렇지 아니하고 옛 선승이 이미 오랫동안 시행한 것을 갑자기 개정하기 어렵다 하여 태고 국사를 계승한다 하더라도, 초조는 반드시 도의 국사로 정하고, 그다음에는 동시에 법을 얻어 오신 홍척 · 혜철 · 범일 등 여러 국사로, 그다음에는 보조 국사나 16국사를 으뜸으로 하고, 그다음에 조계종 대선사를 봉한 차례대로 태고 보우 국사를 계속하여, 태고 · 환암(幻庵) · 구곡 · 벽계 · 벽송(碧松), 이렇게 계통을 정하여 해동 조계종의 연원을 정당하게 드러내는 것이 타당하다.

첫째는 도의 국사께서 조계종을 창설하신 공덕을 찬양하고, 둘째는 보조 국사의 상승법(上乘法)을 깨우치도록 하여 조도(祖道)를 빛내 후학들에게 이익을 주신 은혜를 존경하고 사모하며, 셋째는 해동 조계종을 계승 전파하게 하신 모든 대종사의 성덕을 널리 알리고, 넷째는 벽계 선사가 구곡 선사를 이어받아 조계종을 부활하게 하신 깊은 뜻을 나타내어 억 백 세에 무궁토록 정법이 전해지기를 바라고 바라는 바이다.

한암(漢巖) 스님은 승려들의 소임으로 가장 널리 알려진 주지 소임을 맡은 적이 한 번도 없으셨습니다. 스님이 맡았던 소임은 통도사 내원 선원 조실, 건봉사 만일 선원 조실, 봉은사 조실, 상원사 조실, 삼본사 연합 승려수련소 조실뿐이었습니다. 깨달은 도인으로서 당연히 맡아야 하는 조실 소임을 기꺼이 수행하셨지만, 사찰의 관리와 운영(행정) 등 살림살이를 맡아하는 주지 소임은 한사코 마다하신 것입니다.

조실 소임 외에는 일체 공적인 소임을 사양하셨던 스님께도 예외가 있었으니 1930년 5월에 발족된 오대산 석존 정골탑묘 찬앙회(五臺山 釋尊頂骨塔墓 讚仰會) 법주 소임을 맡으신 일입니다. 지암 이종욱 스님의 주도로 결성된 오대산 석존 정골탑묘 찬앙회는 일제 치하에서 구심점을 잃어버린 지 오래인 조선인과 불자들의 마음을 모으기 위해 중대(사자암) 적멸보궁에 봉안된 진신사리 탑을 정비하는 한편, 월정사 승려의 정책적인 실수로 오대산의 재산이 일본 식산은행에 압류를 당하게 된 것을 저지하기 위해 만들어졌습니다.

석존 정골탑묘 찬앙회에는 당시 교정이었던 한암(漢巖) 스님을 법주로 하여 용성 스님과 만공 스님 등 당대의 선지식과 박영효(朴泳孝, 1861~1939)·김병로·최남선 등 민족 지도자, 동아일보 사장 송진우(宋鎮禹, 1887~1945), 조선 총독 사이토 마코토(齋藤實)를 비롯한 조선총독부 관리 등 정·재계, 학계, 언론계, 불교계 인사 138명이 대거 참여했습니다.

정신적 지주인 한암(漢巖) 스님을 법주로 하여 신앙의 원력으로 오대산 적멸보궁을 외호하는 명분을 확보하고, 지도급 인사들의 공감대를 형성한 지암 스님의 적극적인 찬앙회 활동을 통해 월정사는 회원 회비 1만 2천 원과 특별 희사금 4만 원 등을 모아 1930년 말쯤 막대한 부채에서 벗어나게 되었습니다.

그 해 7월, 1927년경에 작성된 '일제의 사찰 기록'에 '배일사상을 가지고 조선 독립을 몽상하여 그 운동을 할 우려가 있는 인물'로 올라있던 지암 스님은 공민권 제한에서 풀려나 조선총독부가 임명하는 월정사 주지에 취임하고, 불교계 대표 격인 종회의 의장으로도 선출됩니다. 지암 스님은 이후 1945년 광복 때까지 20여 년간 월정사 주지 소임을 맡게 됩니다.

언어 문자에 얽매이지 말라

1932년(불기 2959, 57세) 상해 임시정부의 백범 김구 선생이 이끌던 한인 애국단원 이봉창·윤봉길 의사가 무장 의거를 일으켜 당시 침체 양상을 보이던 독립운동에 활기를 불어넣으면서 상해 임시정부에 대한 국내·외의 신뢰를 회복해 주었습니다.

이봉창 의사는 1월 8일 동경 교외의 요요기 연병장에서 열린 육군 관병식에 참석한 히로히토 천황의 행렬에 수류탄을 던져 군사적·정신적으로 큰 타격을 입혔습니다. 윤봉길 의사는 4월 29일 천황의 생일을 기념하는 천장절 겸 만주사변 전승 축하 행사가 열린 홍커우 공원에서 물통형 폭탄을 터뜨렸습니다. 이로 인해 상해 파견 일본군 사령관인 육군 대장 시라카와 요시노리와 상해 일본 거류민 단장 가와바다 사라쓰구가 폭사했고, 단상에 있던 일본 군부와 정계 인사가 치명적인 중상을 입었습니다.

이봉창·윤봉길 의사의 의거는 1931년 일본의 술책에 말려들어 우리나라와 중국 농민들이 중국 길림성 만보산 부근에서 관개 수로 문제를 놓고 유혈 분쟁을 일으키면서 악화되었던 두 나라의 관계를 회복하고, 항일 연합 전선을 강화하는 전환점이 되었습니다.

일제가 임시정부 요인들의 대대적인 검거에 나서자 임시정부는 상해를 떠나 중국 각지로 이동해야 했습니다. 이봉창 의사는 1932년 10월 10일 33세의 나이로 이치가야 형무소에서 사형을 당했고, 윤봉길 의사는 두 달 뒤인 12월 19일 25

세의 나이로 일본의 가나자와 육군형무소에서 미간을 명중한 총알과 함께 형장의 이슬로 사라졌습니다.

잃어버린 나라를 되찾기 위한 숭고한 희생이 이어지던 그해 2월, 한암(漢巖) 스님께서는 불교 잡지 『선원(禪苑)』 제2호(1932년 2월호)에 법어 악기식(惡氣息)을 발표하셨습니다. 악기식이란 지독한 구린내를 뜻합니다. 선문(禪門)에서는 지식을 자랑하는 것, 글을 쓰는 것, 자기 자랑, 깨달아 아는 것(지해 知解), 학문에 깊이 빠지는 것(천착 穿鑿) 등을 가장 구린내 나는 물건으로 여깁니다. 깨달으면 세간의 속된 말들도 모두 실상 법문이 되지만, 언어에 떨어지면 염화미소의 선기(禪機)도 모두 언어 문자에 불과할 뿐이라는 깨우침을 담고 있는 법문입니다.

〈악기식〉

　옛 선승께서 "이 문에 들어와서는 지식을 자랑하지 말라.", "학문에 깊이 빠지는 것도 꺼린다.", "종이로 된 경전에 얽매일까 두려워한다."라고 하셨다.

　부처님께서 마갈타국에서 외부와의 문을 막고 수행하신 일과 달마 대사께서 소림에서 9년간 면벽하고 좌선하신 일의 발자취가 부끄럽고, 법 묻는 수행자에게 고함을 쳤다는 임제(臨濟) 선사의 할(喝)과 도를 묻는 수행자를 때렸다는 덕산(德山) 스님의 몽둥이가 모두 마음을 훔치는 귀신을 면하지 못하는 것임에, 긴 문장과 어지러운 말로 사람을 속이며 대중을 미혹케 함이랴.

　영리한 이가 삼각산 생기기 전과 한양성이 형성되기 전과 선학원(禪學院)이 창립되기 전에 알았다 하더라도, 오히려 허물이 적지 않고 크게 우둔한 것임에야 하물며 한강 물 소리에 귀를 기울이고 관악산 빛에 눈을 붙임이랴.

허허! 말세가 되어서 그러한가. 불법의 시운이 변해서인가. 소위 본색이 납자인 자가 입을 열어 지식을 과장하며 글 쓰는 것을 일삼아 가지를 당기고 넝쿨을 끌어다가 다듬어서, 시작을 알 수 없는 오래전부터 전해온 업식(業識)의 씨앗으로 생사의 뿌리와 싹을 일으킴이랴.

조금이라도 선가의 가풍을 드러낼 것 같으면, 이 나라 모든 선원(禪院)에 모인 선중에게 모두 한 30대씩 몽둥이를 때려서 쫓아버리고 껄껄 웃고 돌아오면 조금쯤 그럴듯할 것이다.

하지만 당장 나부터 이 위에 말한 몇 마디 말이 지독한 냄새로 집안의 부끄러움을 들춰내 대중에게 자랑하고 말았으니, 이른바 혹 떼려다가 혹 하나 더 붙인 셈이다. 참으로 우습고 우습도다. 피를 토하도록 울어도 소용없으니 입을 다물고 남은 봄을 보내는 것만 못하리라.

그러나 모든 부처와 조사가 가까운 사람에게 인정이 더 쏠리는 것은 어쩔 수 없는 일이라고 말씀하셨다. '팔이 안으로 굽지 밖으로 굽지 않는다.'라는 속담과 같은 말이니 큰 자비의 원력으로 출현하신 까닭이다. 그리하여 삼각산이 생겨나고, 한양성이 형성되고, 선학원이 창립되고 작은 책자까지 창간되었으니 부지런히 정진하여 이 위 없는 큰 도를 대중에게 권하시오.

이 몸을 이 세상에서 제도하지 못하면 어느 생에서 다시 이 몸을 제도하리오. 백천만겁에 만나기 어려운 불법을 만났으니 부지런히 닦아보세.

동산(洞山) 화상이 자신을 경계하여 "한낱 허황한 몸이 능히 몇 날이나 사는데, 저 부질없는 일을 위하여 무명(無明)을 기르는고."라고 하셨으니, 우리 중생들이 조석으로 마음 쓰는 것을 살펴보면 모두가 성현께서 꾸짖으실 일이로다.

탐욕과 성냄과 질투와 아만과 게으름으로, 죄업의 불에 나무 섶을 더하며, 헐 뜯고 칭찬하고, 옳고 그르고, 얻음과 잃음, 영광됨과 욕됨으로 항상 쓰는 재보로 삼으니, 어찌 가련하지 않으리오. 부처님과 조사의 성실한 말씀으로 업행을 돌아보고, 법의 세계를 깨달아 닦으면 범부가 성현이 되는 것이 한 생각 사이에 자유롭게 되리니, 나의 지식이 보잘것없으나 대강 말하리라.

탐심이 일어나는 근본은 본래 텅 비어 쓸쓸하나니, 없는 마음에 자기 스스로 장애와 어려움을 일으켜서 무한한 고통을 받는 것이 마치 누에가 몸속에서 실을 내어 제 몸을 결박하는 것과 같습니다.

이런 생각은 당장에 한칼로 두 쪽을 내어 다시는 이어지지 않게 해야 합니다. 그렇지 않으면 범부의 망령됨을 그대로 사용함이요, 억누르고 끊어서 나지 않게 하면 이승(二乘)에 항복함이요, 그곳이 텅 비어 쓸쓸하여 끊음 없이 끊어야 대승(大乘)의 지혜를 깨달은 것이니, 깨달은 지혜가 둥글게 밝아서 생각마다 어둡지 않으면 탐욕과 애착이 곧 해탈의 근원이요, 마왕이 곧 호법의 선신(善神)이 됩니다.

집착과 질투, 남을 업신여기는 일과 게으름도 이와 같으니 그것을 깨달아 벗어나면 그 마음이 곧 부처입니다. 그러므로 육조 대사(六祖大師)가 이르시되, "앞생각이 미숙하면 중생이요, 뒷생각을 깨달으면 부처요, 앞생각이 경계에 집착하면 중생이요, 뒷생각이 경계를 잃으면 부처니라." 하셨습니다.

그런즉 부처와 중생이 한 생각 사이에 나의 마음 쓰는 대로 이루어지니 이것이 곧 죽고 사는 것을 자유롭게 가르는 방편입니다. 이 방편을 쥐고 내 뜻대로 수용하게 되면 어찌 보리도를 성취하지 못할까 근심하겠습니까. 마음 마음을 깨달아서 깨달음이 순일하게 익어지면 자연히 항상 깨어있게 되리니 항상 깨어있기 때문에 크게 깨달았다 함이요, 크게 깨달았으므로 각사(覺士)라 합니다.

인연 없는 대자비를 잘 운용하여 인연이 있는 모든 중생을 제도하면 그 누가 대장부·천인사·세존이 아니리오. 그런즉 성불이란 마음에 있는 것이지 겉모양이나 치장에 있지 않습니다.

또 지혜로 깨달아 살피는 데 있을 뿐, 의식적으로 널리 힘들여 구하는 데 있지 않습니다. 그러므로 옛 선승이 이르시되, "고기가 뼈를 바꾸어 용이 됨에 그 비늘을 바꾸지 않고, 범부가 마음을 돌이켜 부처가 되어도 그 얼굴을 고치지 않는다."라고 하셨습니다.

불심은 스스로 뜻을 얻은 후에 스스로 도를 이루는 것이요, 결코 언어 문자에 얽매이지 않습니다. 그러므로 뜻을 얻고는 말을 잊는다고 하시고, 또 마음을 얻으면 세간에 거친 말이나 자상한 말이 모두 실상 법문(實相法門)이요, 말에 떨어지면 영축산 마하가섭 염화미소 또한 경전에 있는 문자에 지나지 않는다고 하셨습니다.

그러면 위에 제시한 말들이 불가의 법문인가, 경전 외의 특별한 전승인가. 마음의 얻음인가, 말에 떨어짐인가. 몸에 혈기 있는 사람은 정신을 바짝 차려 속히 말해 보시오. 머뭇거리는 사이에 십만 팔천 리나 멀어짐이올시다. 그렇다고, 머뭇거리지 않으면 얻을 수 있는가?

주장자로 한 번 법상을 치고 이르기를, "밤길 걸을 때 흰 것을 밟지 마소. 물이 아니면 돌이올시다."

부끄러움을 드러내다

5월에는 『불교』 제95호에 번역문 「경허 화상 행장(禪師鏡虛和尙行狀)」을, 이어 8월에는 『선원(禪苑)』 제3호(1932년 8월호)에 법문 「양어가추(揚於家醜/집안의 허물을 드러냄)」를 기고하셨습니다.

이 글에서 한암(漢巖) 스님은 허물을 개인적 입장과 선문적 입장으로 나누어서 말씀하십니다. 선문(禪門)이라는 특수한 입장의 가추를 설명하기 위해서는, 세존의 '유아독존(唯我獨尊)'에 대해서 "내가 당시에 있었더라면 몽둥이로 때려죽여 개에게 던져 주었을 것이다…"라고 한 운문(雲門) 선사의 말과 세존께서 중생 구제를 위해 세상에 오신 일을 두고 "평지풍파를 일으켰다."라고 설한 청허(淸虛) 스님의 예를 들으셨습니다. 양어가추란 겉으로 보기에는 집안의 허물을 드러내는 일인 것 같지만 실상은 집안의 허물을 내보임으로써 더 큰 진리와 진실을 드러내기 위한 일이라는 말씀입니다.

〈양어가추(揚於家醜)〉

가추(家醜)란 제 집안의 허물되는 일이니, 제 집안의 허물을 드러낸다면 누구나 다 옳지 못하다고 생각할 것이다. 그러나 가추에는 두 가지가 있으니, 하나는 사소하고 비열한 일이요, 하나는 광대하고도 특수한 일이다.

어떤 것이 사소하고 비열한 일인가. 개인이 한 일이 타인에게 알려지면 크게 수

치스러워질 일과, 그리고 대중이 공동으로 한 일이라도 다른 대중에게 파급되면 크게 손상을 입을 일이니, 이러한 일에 대해서는 혀를 끊을지언정 드러내지 말아야만 불자의 바른 행이 될 것이다. 그러므로 보조 국사가 이르시되, "손님(일반인)을 대하여 이야기할 때에는 집안의 허물을 드러내지 말라."라고 하셨다.

하지만 내가 정반대로 집안의 허물을 드러낸다고 함은, 위에 말한 광대하고 특수한 일에 속한다. 어떤 것이 광대하고 특수한 일인가. 일하는 자신부터 뭇사람들을 기탄없이 대하고 쾌활하게 그 뜻을 펼치는 것을 말함이니, 다시 말하면 즉 석가모니 부처님께서 하신 사실과 꼭 같은 말씀과 깊은 말씀(심심어 甚深語)이다.

겉으로 들으면 두려움이 생겨서 비방이 담겨 있는 것 같지만 자세히 이해하여 터득하면 무한한 이익을 얻기 때문에 드러내려는 것이다. 여기에 약간은 비방하는 뜻이 있기 때문에 집안의 허물이라는 의미에서 '집안의 허물을 드러낸다(양어가추 揚於家醜)'라고 제목을 붙인 것이다.

청허(淸虛) 노사(老師)께서 이르시되, "부처와 조사가 세상에 출현하심은 바람 없는 바다에 파도를 일으킴이라. 문자도 마구니의 업이며, 명상도 마구니의 업이며, 부처님의 말씀이라도 마구니의 업이라." 하셨으니, 이 말씀에 의하면 어느 것인들 집안의 허물이 아니리오. 가추(家醜)도 가추요, 가추를 드러냄도 가추요, 가추를 드러내지 않음도 역시 가추이다.

그런즉 「양어가추」라는 제목으로 석가모니 부처님의 말씀을 풀어서 드러냄은 크게 허물되는 일이니, 이는 곧 필자의 허물을 드러냄이다. 그런 줄 알고도 짐짓 범하는 것은 『선원(禪苑)』의 청탁에 의한 부득이한 경우로 이것을, 소위 울며 땡감 먹는 격이라고 하는 것이다.

이제부터 가추 몇 가지를 바로 말하고자 한다.

삼계의 큰 스승이요, 사생(四生)의 자애로운 아버지 석가모니 부처님께서 탄생할 때에 두루 일곱 걸음을 걷고 사방을 돌아보며 한 손으로 하늘을 가리키고 한 손으로 땅을 가리키며 "하늘 위 하늘 아래 오로지 내가 홀로 높다."라고 하셨다.

이 말씀을 하신 세존은 설주(說主)가 되고, 이 말씀을 듣는 일체 중생은 청중이 되는 것이다. 청중 가운데도 부처님의 말씀을 믿는 자와 믿지 않는 자가 있고, 믿는 가운데도 조문(祖門)의 믿음과 교문(敎門)의 믿음이 다르고, 일승(一乘)의 믿음과 삼승(三乘)의 믿음이 다르다 하였다.

믿는 자는 "이 일이 이와 같다" 하여 긍정하고, 믿지 않는 자는 "이 일이 이와 같지 않다"라고 하여 부정하니, '이와 같다'라고 하는 긍정심 덕분에 기쁜 마음으로 찬탄하고 믿으며 받들어 행해서 한량없는 이익을 얻게 되고, '이와 같지 않다'라고 부정하기 때문에 비방하고 훼욕하며 경만하고 질투하여 한량없는 업장을 짓게 되는 것이다.

어떤 사람은 '천상천하 유아독존'에 대하여 '석가모니 부처님께서는 대 성인(大聖人)인데 웬 아만이 그렇게 높은가'라고 비방한다. 산골짜기에 있는 나도 그렇게 비방하는 소리를 종종 들었다.

또한 조문(祖門, 禪門)의 믿음은 여러 인연이 만들어내는 생멸 무상의 인과를 일절 믿지 않고, 오로지 자기가 본래 부처라 하여 천진 자성(天眞自性)이 사람마다 갖추어져 있고, 열반의 묘체(妙體)가 이루어져 있으므로 다른 데서 찾을 필요가 없다고 믿는 것이다.

교문(敎門/ 교학)의 믿음은 복락을 좋아하는 이에게는 열 가지 선(善)을 닦아 인간계와 천상계 중생의 복락이 되게 하고, 낙과 공적(樂果空寂, 성문, 연각)을 즐기는 이에게는 생멸 인연(生滅因緣)으로 인한 고집멸도(苦集滅道)를 닦게 하고, 성과 불과(聖果佛果, 보살승, 대승)를 좋아하는 이에게는 오랜 세월 육바라밀을 닦아 보리 열반(菩提涅槃)에 이르는 정과(正果)를 믿게 하는 것이다.

또한 성불할 수 있는 오직 하나의 길을 믿는 것은, 헤아릴 수 없이 긴 시간이 곧 하나의 생각이요 그것이 곧 생각 없음이니 부처님의 밝은 지혜를 의지하여 부처님의 가르침을 믿어 의심하지 않는 십신(十信)·십주(十住)·십행(十行)·십회향(十回向)·십지(十地)·십일지(十一地)를 두루 닦아서 덕행이 원만하고, 진리를 깨달아 한순간도 삼매를 잃어버리지 않음을 믿는 것이다.

중생을 열반에 이르게 하는 성문승, 독각승, 보살승에 대한 믿음이란, 미혹을 끊고 진리를 깨닫거나, 미혹을 그대로 두고 중생을 제도하거나, 보살이 부처님의 자리에 이르기까지 오랜 시간 수행을 닦아야 한다거나, 중생이 사는 사바세계 밖에 따로 정토(淨土)를 구할 수 있음을 믿는 것이다.

교문과 삼승에 대해 자세히 말하자면 한량이 없고, 또 필자가 일찍이 잘 익히지 못하여서, 옛 선승의 말씀에 의하여 대강을 말했거니와 이 선문에 대하여 선근 있는 자는 곧 신자(信者)와 신자 가운데에 조사 문중의 믿음과 일승 수행자의 믿음이 그것이니, 이러한 힘이 있는 자에게는 부처와 조사를 뛰어넘는 견해와 사자가 사람을 무는 것 같은 역량이 있는 것이다.

본래 평등한 성품 가운데 누가 우수하지 않겠냐마는, 믿고 믿지 않는 관계와 또 여러 가지의 차별된 믿음으로 인하여 우수한 힘과 그렇지 못한 힘이 있으니 석가모니 부처님께서 열반하신 뒤에 무수한 조사와 선지식이 출현해서 그 깊은 뜻을 간파하여 모두 우수한 능력을 갖게 되었다.

그중에서 가장 특수하고 가장 믿지 않는 자로부터 훼방을 불러온 공안(公案)을 들어 말하고자 한다.

운문 문언(雲門文偃) 선사(禪師)가 바로 그 사람이다. 선사는 일찍이 목주(睦州) 땅 진존숙(陳尊宿) 화상을 배알하였는데, 진존숙이 운문 선사가 오는 것을 보고 문을 닫기에 운문 선사가 문을 두드리니 진존숙이 누구인가를 물었다. 이에 선사가 문언이라는 것을 고했더니 진존숙은 다시 무엇을 하러 왔는가를 물었고 선사가 "자기 일을 밝히지 못하였으니 스님께서 가르쳐 주십시오."라고 말했다. 그러자 진존숙이 문을 열어서 한 번 보고는 도로 문을 닫았다.

그렇게 하기를 사흘째 되던 날 존숙이 문을 열었고, 운문 선사가 들어가려고 하자 존숙이 "말해 봐라. 말해 봐…."라고 하며 멱살을 움켜잡아 문밖으로 밀어내고 문을 닫았다. 그 순간 운문 선사는 큰 깨달음을 얻었는데, 한 쪽 발을 다치고 말아 별호를 파각(跛脚) 옥사(阿師)라고 하였다.

운문 선사가 유아독존의 화두를 들어서 이르시되, "내가 만일 그 당시에 있었다면 여래를 몽둥이로 때려서 개에게 주어 천하가 태평하게 했을 것이다."라고 하신 이 말씀에 대하여, 믿는 자는 설사 그 뜻을 엿보지 못했다고 하더라도 이미 믿으므로 다른 말이 없겠지마는, 믿지 않는 자는 훼방이 적지 않으리라. 그러나 비방하는 것도 인연이 되어서 필경에는 들어오기 때문에 비방하는 사람이라고 미워하거나 꺼리지 않는다.

당시에 법안 문익(法眼文益) 선사 같은 어른도 이 말씀을 들으시고, 매우 놀라 온몸에 땀을 흘리며, "부처님을 비방함이 어찌 이럴 수가 있느냐?"라고 하셨지만 20년 뒤에야 비로소 철저히 깨닫고 난 후 희열에 차서 법좌에 올라 대중에게 이르기를, "운문 선사의 기세가 옥과 같으나 이와 다른 불법의 도리가 없도다. 운문이야말로 참으로 부처님의 은혜를 갚은 사람이다."라고 하셨다. 운문 선사가 그 말을 듣고 이르기를, "나의 평생 공부가 이 절강성 사람에게 간파되었구나!" 하셨으니, 이 깊고 오묘한 도리는 법안 선사와 같이 스스로 간파한 뒤에야 비로소 의심이 없는 것이요, 먼저 깨달은 사람이 설파해 주는 것이 아니다.

그러므로 옛 선승이 깨달은 뒤에 운문 선사를 찬탄하여 이르기를, "내가 선사의 덕 높음을 중히 여기지 아니하고, 다만 선사가 나를 위하여 말해 주지 아니함만을 중히 여겼으나, 만일 나를 위하여 설파하셨다면 어찌 오늘날 이와 같은 깨달음을 얻을 수 있겠는가." 하셨으니, 이런 말씀을 보면 선문의 비밀한 말씀은 알음알이로 헤아려서 체득하지 못한다는 것을 확신하신 말씀이다.

그런즉 이 뜻을 진정하게 체득한 선지식이 염(拈)·송(頌)·상당(上堂)하여 제시하신 것이 예로부터 끝이 없지마는, 그 가운데 조계문하(曹溪門下)의 직전 정맥(直傳正脈) 17대 본분 종사이신 대혜 종고(大慧宗杲) 선사의 상당 법어를 해석하여 대중에게 알려 드리고자 한다.

대혜 종고 선사께서 법좌에 올라 이르시되, "마지막 한 구절 '최후의 궁극적 진리'가 음성 이전에 적나라하게 드러나서 벗은 듯 하늘땅을 덮고 소리와 빛을 덮었으니 석가모니 부처께서 그 하나를 얻고 말씀하시기를, '도솔천을 떠나기 전에 이미 왕궁에 탄생하였고 어머니의 태(胎)에서 나오기 전에 이미 중생을 다 제도하였다.'라고 하셨고, 탄생하실 때엔 온 세계를 진동하며 한 손으로 하늘을, 한 손으로 땅을 가리키면서 '하늘 위 하늘 아래 오로지 나만이 홀로 높다'라고 하셨다.

이는 일대사 인연인 생멸의 실상을 밝히기 위하여 부처님의 지혜와 식견을 열고, 부처님의 지혜와 식견을 보이고, 부처님의 지혜와 식견을 깨닫게 하고, 부처님의 지혜와 식견에 들어가게 하신 것이다. 수천 년 뒤에 절름발이 중 운문에게 '한 방망이로 때려죽여 개나 배불리 먹여주어 천하의 태평을 도모하겠다.'라는 말을 들을 줄은 모르셨으리라.

대중은 말해보라. 석가모니 부처님의 허물이 어디에 있는가? 하늘과 땅을 가리키면서 큰소리를 한 탓일까, 남의 집 남녀들을 들뜨게 한 탓일까? 부처님의 지혜와 식견을 열고 보이고 깨닫게 한 탓일까? 이런 식으로 따진다면 석가모니 부처님만을 비방할 뿐 아니라 운문 선사의 법은(法恩)을 저버리는 것이니, 여기에 이르러서 만일 운문의 본뜻을 안다면 자기의 본뜻도 알 것이니 말해보라. 본뜻이 어디에 있는가."

잠깐 있다가 게송으로 이르기를, "만고의 푸른 못 하늘에 떠 있는 달을 두세 번 건져 봐야 비로소 아나니라."라고 하였다.

필자가 이에 대하여 낯가죽이 세 치나 두꺼움을 잊고 잠깐 몇 마디 붙이려 한다. 대혜 선사의 이 법어를 보면 석가모니 부처님의 말씀을 심의식으로 체득할 수 없음을 스스로 알 수 있다. 그러나 또한 한 결 같이 심의식으로 체득할 수 없다는 것만 알고 체득하려고 하지 않는 것도 또한 옳지 못하다.

그러면 석가모니 부처님의 뜻이 과연 어느 곳에 있는가. 만일 대혜 선사가 말한 핵심을 알면 곧 자기의 핵심을 알 것이요, 자기의 핵심을 알면 곧 운문의 핵심을 알 것이요, 운문의 핵심을 알면 곧 석가모니 부처님의 핵심을 알 것이다.

자, 말해 보아라. 핵심이 어디인가? 마혜수라 천왕이 오도다. 알겠는가? 불로도 태울 수 없으며, 물로도 적실 수 없으며, 바람으로도 날릴 수 없으며, 칼로도 쪼갤 수 없도다. 부드럽기는 희고 고운 솜과 같으며 견고하기는 철과 같으니, 고금 천하에 아는 이가 없도다. 어찌하여 아는 사람이 없는가?

    잠시 있다가 "늙은 오랑캐(달마)의 지(知)는 인정하지만, 늙은 오랑캐의 분별심(會)은 인정할 수 없다."라고 일렀다.

참선에 대하여

　한암(漢巖) 스님은 『불교』 제100호(1932년 10월호)에 선에 대한 법문 「참선(參禪)에 대하여」를 발표하셨습니다. 이 글에서 양(梁) 나라를 세운 무제(武帝)가 최고의 성스러운 진리에 관하여 물었을 때 달마 대사가 모른다고 답하였고, 부처님께서도 모른다고 하셨고, 육조(六祖) 혜능(慧能) 대사 또한 불법을 모른다고 했으며, 경허 스님도 게송에서 나는 부처와 중생을 모른다고 말씀하셨듯이 선(禪)은 말로 다 표현할 수 없는 경지임을 이야기하면서 수행자가 가야 할 길을 일러주십니다.

　참선이 군중을 놀라게 하는 이상한 일도, 억지로 지어서 하는 일도 아니며, 사람마다 평등하게 본래 가지고 있는 일이라고 합니다. 믿음과 원력이 없어서 참선을 시작하지 못하거나, 근성이 부족해서 쉽게 이르지 못하더라도 오래 익히면 마침내 그 경지에 들어갈 수 있다는 한암(漢巖) 스님의 법문을 듣는 마음으로 「참선에 대하여」를 몇 군데 살펴보겠습니다.

〈참선에 대하여〉

　우리가 평소에 선(禪)에 대하여 말하지 않는 것은 선을 알지 못하기 때문이다. 비단 우리들만 알지 못하는 것이 아니라 과거 · 현재 · 미래의 모든 부처와 역대 조사와 천하 선지식, 노화상이 한 사람도 선을 아는 자가 없기 때문이다.

　때로는 우리가 선에 대하여 잘 말하는데 그것은 선을 잘 알기 때문이다. 비단 우리들만 잘 아는 것이 아니라 삼세의 모든 부처와 역대 조사와 천하 선지식, 노화상과 꿈틀거리는 모든 미물까지 선을 알지 못하는 자가 없기 때문이다.

선을 알지 못할 때는 부처님과 조사께서 입을 벽 위에 걸고 눈을 이마 뒤에 두거니와, 선을 잘 아는 때는 말이 천하에 가득하더라도 말의 허물이 없는 것이니, 이제 말의 허물이 없는 소식을 가지고 한 줄기 도를 통하려 한다. 이 소식은 온전히 일체중생의 보고, 듣고, 느껴 아는 알음알이가 아니며, 또한 보고, 듣고, 느껴 아는 것을 떠나서 따로 있는 것도 아니다. (중략)

이 심성을 깨달으면 일반적으로 모든 부처와 동등하고 이 심성을 미혹하면 만겁에 생사를 윤회하나니, 과거와 현재, 미래의 보살이 한 가지로 배움이 이 마음을 배움이요, 과거와 현재, 미래의 모든 부처가 한 가지로 바른 지혜로 진리를 깨달아 얻는 것이 이 마음을 깨달아 얻는 것이요, 방대한 경전에 설해진 것이 이 마음을 나타냄이다.

인생의 혼미함이 이 마음을 혼미함이요, 수행인의 깨달음이 이 마음을 깨달음이요, 모든 조사가 서로 전함이 이 마음을 전함이요, 천하 납승의 탐구함이 이 마음을 탐구함이니, 이 마음을 통달하면 온갖 것이 모두 옳고 만물에 온전히 드러남이요, 이 마음이 부족하면 가는 곳마다 전도되고 생각마다 어리석어지니, 이 본체는 일체 인생의 본래 있는 깨달음의 성품이며, 진소 국토(塵少國土)가 발생하는 근원이다. (중략)

도는 배워서 알 수 있는 것이 아니니 마음을 가져 도를 배우려 하면 도리어 혼미하여 배울 수가 없기 때문에 깨달음도 없고, 깨달음이 없기 때문에 닦을 것도 없고, 닦을 것도 없기 때문에 바른 지혜로 깨달아 얻어야 할 진리도 없는 것이다.

이렇게 없다는 말을 듣고 없다는 생각에 집착하면 또한 없다는 것의 실체를 볼 수 없다는 마음에 사로잡히고, 보고 들어 아는 것을 잘못 인식하여 얻고자 하는 마음이 있다고 집착하면 또한 없다는 것을 볼 수 있다는 마음에 사로잡히게 되나니, 그러므로 육조 대사가 이르시되, "허망 됨이 따로 처소가 없고 어디든지 집착하는 곳이 바로 허망 됨이라." 하셨다.

시작도 끝도 없이 찾아드는 습성과 망령된 집착은 견고하여 뽑아 버리기 어렵기가 수미산과 같고, 용솟음쳐서 멈추지 아니함은 큰 바다의 풍랑과도 같아서, 도에 들어가기가 어려운 것으로 말하자면 푸른 하늘로 올라가기보다 더 어려운 것이다.

그러나 한 생각을 바꾸면 지혜로운 빛이 사람마다 고루 갖추어지게 되어 석가모니 부처님과 털끝만큼도 다르지 않으므로, 불도를 잘 닦아 큰 지혜가 있는 자는 한 번 들으면 천 가지를 깨달아서 큰 지혜를 얻나니, 얻고 나면 피곤할 때 잠자는 것보다 쉬운 것이다.(중략)

부처와 중생이 평등하고, 범부와 성현이 둘이 아니건만 이를 믿지 않는 것이 유감이니, 믿는 마음만 있으면 원래 타고난 불성을 누구에게 양도하며 무슨 마음으로 물러서리오. 그래서 『화엄경』에 이르기를, "믿음이 석가모니 부처님의 땅에 이르며, 믿음이 지혜의 공덕을 자라게 한다."라고 하셨다. 그런즉 신심을 내는 자가 곧 여래의 불법을 이을 분이다.

오호라! 성현께서 태어나신 지 오래되어 게으른 사람이 많고 부지런한 이는 적어서, 자기의 일을 전부 망각하고 쓸데없는 노여움과 오만, 허망한 망상과 생멸 무상에 집착하여, 마음을 돌이킬 줄을 모르고 일생을 헛되이 보내서 어느덧 머리가 백발이 되었도다. 극락으로 갈지 지옥으로 갈지 앞길이 막막하니 누구를 탓하겠는가. 참선 못 한 내 탓이다. (중략)

옷 안의 밝은 구슬을 속히 찾고 집 안의 보물 창고를 얻으려면, 온몸의 살과 뼈가 헛된 것임을 알고, 마음을 어지럽히는 빛과 소리, 냄새, 맛, 감촉, 법의 여섯 가지 욕정이 진실하지 못하다는 것을 깨달으라. 석가모니 부처님의 진실한 말을 한 부분만 베끼는 것도, 바닷물로 먹을 갈아 쓴다 해도 다 하지 못하리라. 진실한 공부를 얻으려면 많은 말이 필요 없는 것이다.

그해 12월에는 『금강저(金剛杵)』 제20호에 금강저의 공덕을 기린다는 뜻을 지닌 「송 금강저(頌金剛杵)」를 발표하셨습니다.

금강저는 인도 고대 때부터 무기로 사용됐던 무기로 불교 의식에 사용되는 불교 용구 중 하나입니다. 수미산 정상의 하늘 도리천의 주인이라는 제석천(帝釋天)이, 코끼리를 타고 금강저를 무기로 아수라의 무리를 쳐부쉈다는 전설이 불교에 받아들여져 중생의 무명 번뇌를 굳세고 날카로운 지혜로써 부수어 버리는 데서 유래됐습니다.

부처님이나 보살, 천왕의 모습을 잘 살펴보면 손에 각기 다른 물건이 들려 있습니다. 권능이나 자비를 상징하는 지물(持物) 중 한 가지입니다. 지장보살이 지닌 지옥문을 여는 석장(錫杖, 지팡이의 일종)과 어둠을 밝히는 명주(明珠, 구슬), 문수보살이 지닌 무명 번뇌를 끊어버리는 지혜의 칼, 관음보살이 지닌 중생의 고통이나 목마름을 달래 주는 단 이슬을 담고 있는 정병(淨甁, 물을 담은 병) 등 불경에 나타난 지물의 종류가 많습니다.

금강저의 근본 뜻은 금강과 같은 석가모니 부처님의 지혜로 마음속에 깃든 어리석은 망상의 악마를 파멸시키고 본래의 청정한 지혜 광명을 발현시키려는 데 있습니다. 불법을 수호하는 호법신들을 그린 우리나라의 불화를 보면 불법을 수호하는 동자의 모습을 한 동진 보살(童眞菩薩)이 반드시 금강저를 들고 있는데, 이는 『열반경』에 밀적 금강역사가 부처님의 위엄과 신망을 받들어 금강저로 모든 악마를 티끌과 같이 부쉈다는 내용에서 근거한 것입니다.

〈송 금강저〉

호법의 인연 막중하여
굳세고 날카로운 몸으로 태어났네.
호령이 엄숙하니 삿된 마구니가 스스로 굴복하고
설법이 직절하니 교화가 더욱더 새롭네.

비록 계법의 수행과 실천은 철저하지 못하나
어찌 천하고 비열한 양거(羊車 소승)와 가까이하리.
다시 여섯 가지 광명을 더하니
지혜로운 눈이여 곧 동진 보살이어라.

울진 불영사 사적비기 찬술

근대화의 물결 속에 1933년(불기 2960년, 58세) 1월 우리나라 최초로 경성~일본 오사카 간 국제전화 업무가 개시되어 7월에는 경성과 일본 도쿄 간 직통전화가 개통됐습니다. 4월에는 여의도 비행장이 준공됐으며 10월에 열린 서울~안양 왕복 마라톤 대회에서 손기정 선수가 2시간 29분 34초로 세계신기록을 수립하면서 우승했고, 조선어학회에서 '조선 문자 철자법' 통일안을 내놓았습니다.

이해 음력 7월, 한암(漢巖) 스님께서는 대한불교조계종 제11교구 본사 불국사의 말사인 불영사(佛影寺) 중창에 나섰던 주지 영암 임성(暎巖任性 1907~1987) 박기종 스님의 청을 받아들여, '울진 불영사 사적비기(蔚珍佛影寺事蹟碑記)'를 지으셨습니다. 당시 불영사가 월정사의 말사이기도 했지만 두 분 스님의 불연(佛緣)이 깊었던 까닭입니다.

영암 스님은 경북 울진이 고향으로, 17세에 양산 통도사에서 청담(淸潭) 스님을 은사로 출가해 구하 스님을 계사로 사미계를 받고 1930년 통도사 강원 대 교과를 졸업했습니다. 1933년 한암(漢巖) 스님을 계사로 비구계와 보살계를 받고 같은 해 경상북도 울진 불영사 주지에 취임하여 이청담(李靑潭) · 김자운(金慈雲) 등과 함께 3년 결사(三年結社)를 맺고 오후불식(午後不食)으로 천일정진을 성취했습니다. 1938년 지암 스님의 초빙을 받아 월정사 재무를 맡아 일본인의 수탈로부터 사찰림을 수호했고, 이후 강원 종무원 재무, 총무를 거쳐 1952년 해인사 총무로 가기까지 주로 월정사에서 지내셨습니다.

영암 스님의 좌우명은 수행자로서 멀리해야 할 간식, 차(茶), 과일, 떡, 낮잠, 구경, 여행, 화초(花草), 서화, 골동품 등 '열 가지를 모른다'는 뜻의 '십 부지(十不知)'였습니다. 공과 사를 엄격히 구분하고 청렴결백해서 '불교계의 청백리(淸白吏)'로 존경받았던 영암 스님은 해인사 주지, 조계종 총무원장, 동국역경원장을 역임하면서 정화불사에도 적극 참여하여 종단을 반석에 올려놓는 데 큰 기여를 하셨습니다.

한암(漢巖) 스님에게 비구계와 보살계를 받은 1933년, 폐사 위기에 처한 불영사 주지에 취임해 대대적인 불영사 복원 불사와 함께 '불교를 일으키겠다'는 원력으로 도반 스님들과 함께 3년 결사에 들어간 영암 스님이 같은 해 7월 한암(漢巖) 스님을 찾아옵니다. 영암 스님은 신라 의상 대사가 창건한 불영사의 유구한 역사에도 불구하고 조선 이전, 고려 시대의 연혁이 남아있지 않음을 개탄하면서, 지금의 일을 기록하지 않는다면 고려 시대의 일처럼 지금의 일 역시 후세에 전해지지 않을 것이라는 안타까움을 털어놓았습니다. 뿐만 아니라 폐사 직전의 불영사가 설운 봉인(雪耘奉忍) 장로(長老) 스님의 불사로 옛 모습을 되찾게 되었으니 비(碑)를 세워 역사적인 사실을 알리고, 설운 장로 스님의 공덕을 기록하여 후세에 전하고 싶다는 뜻을 밝혔습니다. 영암 스님의 간곡한 청에 한암 스님께서는 기꺼이 이 글을 써 주신 모양입니다.

이렇게 하여 쓰인 한암(漢巖) 스님의 〈울진 불영사 사적비기〉는 근대에 만들어진 불영사 역사에 관한 각종 기록 중 가장 자세한 것으로 꼽힙니다. 의상 스님이 불영사를 창건한 내용을 시작으로 조선 초기 소운(小雲) 스님의 재건, 불영사에서 올린 기도 덕에 울진 현령 백극재(白克齋)가 환생한 이야기, 임진왜란을 전후해서 성원(性元) 스님이 이룬 장쾌한 불사와 태성(泰性) 법사의 선당 개축과 명부전 신축, 장희빈의 모함으로 궁에서 쫓겨났던 인현 왕후가 자결 직전 꿈에서 불영사 스님을 꿈에서 만난 후 용기를 되찾고 곧이어 환궁했던 일, 17세기 중창을 이끈 천옥(天玉) 스님 이야기 등 창건 이후 1930년대에 이르는 불영사의 역사가 일목

요연하게 잘 정리되어 있습니다.

후반부에는 신라에서 고려 말까지 700여 년 간의 기록이 남아있지 않음에 대한 안타까움과 함께 불영사 중창에 기여한 설운 장로 스님의 공덕을 자세하게 기록하셨습니다. 설운 장로 스님은 불영사뿐 아니라 상원사와 오세암에도 많은 도움을 주셨던 분으로, 한암(漢巖) 스님은 1934년에 쓰신 〈오대산 상원사 선원 헌답 약기(上院寺禪院獻畓略記)〉와 〈설악산 오세암 선원 헌답 약기(五歲庵禪院獻畓略記)〉에도 그 공적에 대한 감사함을 진솔하게 드러냈습니다.

설운 장로 스님은 14세 때 설악산 오세암에 들어가 몽성(夢聖) 화상께 머리를 깎고 계를 받으셨던, 강직하고 근검한 성품으로 베푸는 일을 많이 하셔서 보살이라는 칭송을 받으셨던 분이라고 합니다.

〈울진 불영사 사적비기〉에 보면 1899년 봄, 용상(龍象) 대덕이 머물던 불영사가 폐허로 변한 참담함을 마주한 설운 장로 스님께서 가람 보수와 정비에 박차를 가하는 한편, 그동안 방치되다시피 했던 불영사의 재산 관리에 팔을 걷어붙이셨던 일이 꼼꼼하게 기록되어 있습니다.

특히 몇 년에 걸쳐 여러 곳에 있던 논을 시가로 쳐서 돈으로 거두어들인 일이며, 그런 과정에서 쓴 경비와 선방의 양식을 돕고 선회의 폐지를 막기 위해 그 자본을 사중(寺中)의 향화(香火) 자본과 선방의 것으로 나누어 정해 놓은 일도 소상하게 쓰여 있습니다. 그 덕분에 계묘년(1903년) 동짓날부터 봄까지 염불회를 설치하고 여름 결제를 위해 마련한 선원에서 지금까지도 선회가 계속되고 있다는 사실도 나타나 있습니다.

임인년(1902년) 봄에 각 법당과 요사채를 중수할 때 불상과 16 나한상, 관음상 2

위를 개금(改金) 하고, 신도들의 기부금 외에 2,143냥의 자비 부담금을 들여 후불 탱화 1위와 신중, 칠성 각 1탱, 달마 2탱, 독성 소상 2위를 새로 조성했으며, 무오년(1918년) 여름, 범종루를 중수하면서 대승경전과 조사 어록을 인쇄하고 지장 1, 관음 2, 법기 1 등, 4 보살상을 개금했다는 기록이 있습니다.

기미년(1919년) 여름에 화엄회를 개설하고, 계해년(1923년) 봄에 각 법당과 요사 채를 중수하면서 각종 과일나무를 재배하는 태성원을 만들고, 불기와 일용 집물 까지 알뜰하게 갖추어 놓았는데 자비 부담금 2,943원을 들였다고 합니다.

한암(漢巖) 스님께서는 갑진년(1904년) 봄에 칠성계를 만들어 모금하고, 이자를 늘려서 논 23두락을 2,000냥에 매입하고, 지장계를 만들어 논 5두락, 밭 6두락을 매입하여 상주(常住)의 자산을 삼았던 불영사의 역사가 설운 장로 스님의 노력으로 이제야 비로소 도량이 엄숙한 모습을 되찾게 되어 중생과 제불보살이 기뻐하고, 종봉산의 산색이 마니주(摩尼珠)의 향운을 재현했다고 칭송하셨습니다.

후일 주지와 일을 주관하는 사람에게 장로 스님의 뜻을 실추시키지 말고 잘 받들어서 상주물을 아끼고 보호하며 선원을 잘 이어나가는 것이 등 하나를 켜서 백 개 천 개의 밝힌 것과 같다고 하였습니다. 설운 장로 스님의 공덕이 사방 허공과 같아서 헤아릴 수가 없다는 말씀도 남기셨습니다.

한암(漢巖) 스님께서는 "선악이 분명하고 인과가 역연하니 천당과 지옥이 다만 눈앞에 있도다. 오호라! 후학들은 가히 거울삼아 경계할진저."라는 조사의 말씀 을 들어 사사로운 욕심으로 선원을 폐지하거나 사중의 재산을 없애는 자는 죄업 이 깊고 무거워서 반드시 악도에 떨어질 것이라니 두려워하라는 경계의 말씀으 로 글을 마무리하셨습니다. 그렇듯 〈울진 불영사 사적비기〉의 곳곳에서 선승 한 암(漢巖) 스님의 단호한 면모를 엿볼 수 있습니다.

울진 불영사는 울진읍에서 서쪽으로 약 20km 가면 있는 곳으로 맑은 물과 기암괴석, 울창한 숲이 오밀조밀한 명승 제6호 불영계곡을 품고 있는 천축산의 서쪽 기슭에 자리 잡은 비구니 도량입니다. 산 위에 있는 부처님 형상의 바위 그림자가 연못에 비친다 하여 불영사라는 이름을 갖게 되었습니다.

절로 들어가는 어귀에 우뚝 서 있는 일주문은 기둥을 양쪽에 하나씩만 세워서 지은 양식이 특이합니다. 주차장에서 불영사까지 약 1km 남짓한 길을 중심으로 산과 물이 태극 모양을 이루고 있어서 그 길을 걷는 것만으로도 신비로운 기운을 느낄 수 있습니다. 절 초입의 잘 가꾸어진 채마 밭과, 법영루 앞의 연못 불영지, 정갈한 가람이 만들어내는 아름다운 풍광이 따뜻하게 다가옵니다.

대한불교조계종 제11교구 본사인 불국사의 말사 불영사에서 가장 오래된 건물인 응진전(보물 제730호/영산전), 대웅보전(보물 제1201호), 후불탱화(보물 제1272호/영산 화상도), 부도(지방 유형문화재 제112호), 3층 석탑(지방 유형문화재 제135호/무영탑), 의상전, 황화실(환생전), 명부전, 극락전, 조사전 등의 단아한 당우와 돌거북 2기가 있습니다.

한암(漢巖) 스님께서 비문을 쓰신 불영사 사적비(事蹟碑)는 불영지 앞에 있습니다. 사적비의 머릿돌 이수(螭首)는 길이 46㎝, 폭 75.5㎝, 두께 59㎝이고, 비문을 새겨 넣은 비신(碑身)은 높이 155㎝, 폭 51.1㎝, 두께 23.8㎝입니다. 비석과 바탕돌을 잇는 비좌(碑座)는 높이 19㎝, 폭 1.07m, 측면 폭 83㎝로 2단의 모각(模刻)을 새겨 비를 꽂는 비공(碑孔)을 팠습니다. 이 비는 최근에 다시 세운 것이나 이수와 비좌는 이전에 있던 것에 비신을 다시 만든 것입니다.

수호 가람의 공덕 찬양

1934년(불기 2961년, 59세)은 한암(漢巖) 스님과 탄허 스님 두 분께 매우 뜻깊은 해입니다. 9월 5일, 수제자 탄허 스님이 한암(漢巖) 스님을 뵙기 위해 상원사를 찾으셨습니다. 한암(漢巖) 스님을 뵙는 순간, 22세의 젊은 유생 택성은 서신을 통해 존경하고 흠모해온 한암(漢巖) 스님의 고매한 인품과 사상에 매료돼 한 달 만에 머리를 깎고 불제자 탄허의 삶을 살아가게 됩니다.

탄허 스님의 수행은 치열했습니다. 출가 직후 3년간 묵언 정진하신 일이나, 15년간 상원사를 떠나지 않고 한암(漢巖) 스님 밑에서 불도를 공부하신 일은 많은 수행자의 표상이라고 할 수 있습니다. 이미 한학의 기초가 튼튼하게 갖추어져 있었고, 학습 능력이 뛰어났던 제자 탄허를 일러 한암(漢巖) 스님께서는 '이미 다 배우고 들어와서 더 배울 것이 없는 사람'이라는 칭찬을 아끼지 않으셨습니다. 그만큼 탄허 스님의 학문을 높고 귀하게 여기셨으며 그 재능이 우리나라 불교에 크게 쓰이기를 바라고 또 믿으셨습니다.

스승 한암(漢巖) 스님에 대한 탄허 스님의 존경도 남달랐습니다. 주변에서는 이미 유교와 노장 철학에 일가를 이룬 탄허 스님이 유교의 경서를 해석하거나 연구하는 경학(經學)에 치우치지나 않을까 염려하기도 했지만 한암(漢巖) 스님은 오히려 경을 배울 것을 권하며 탄허 스님에게 당시 강백으로 이름을 날리던 박한영, 진진응, 백초월 등의 스님을 추천해 주셨습니다. 하지만 탄허 스님은 "제가 출가를 한 것은 글을 보기 위해서가 아닙니다. 굳이 글을 배워야 한다면 스님께서 책을 펴 주시면 스님한테 배우지 공부하러 다른 곳에 가고 싶지는 않습니다."라며 한암(漢巖) 스님에 대한 존경심을 나타내셨다고 하니 그 스승에 그 제자로 학문으로나 인품으로나 얼마나 큰 신뢰를 지니셨던가를 알 수 있습니다.

평소에 문자를 남기는 것을 경계하셨던 한암(漢巖) 스님이었지만 「울진 불영사 사적비기」처럼 수호 가람의 미덕과 공덕을 찬양하는 글을 몇 편 남기셨습니다. 「오대산 상원사 선원 헌답 약기(上院寺 禪院 獻畓略記)」와 「설악산 오세암 선원 헌답 약기(五歲庵 禪院 獻畓略記)」를 쓰신 것도 '승가오칙'에서 말씀하셨던 다섯 가지 수행의 덕목 가운데 '수호 가람'에 대한 칭송에서 비롯된 것으로 생각됩니다. 스님께서는 "수행자는 오로지 참선, 염불, 간경, 의식을 수행할 수 있는 선근이 없거나, 부득이 이를 수행할 수 없을 때는 수호 가람의 원(願)을 세워 가람을 수호 보전하고 수행자를 존중하여 보호한다면 좋은 공덕이 익어 필경 깨달음을 구하게 되리라."라고 하셨습니다.

한암(漢巖) 스님께서 「울진 불영사 사적비기」나 「오대산 상원사 선원 헌답 약기」, 「설악산 오세암 선원 헌답 약기」에 모두 설운 봉인(雪耘奉忍) 장로 스님을 거론하고 계신 것도 승려 대중에게 그만큼 가람 수호가 중시됐던 일이기 때문일 것입니다. 월정사의 산 내 암자 상원사의 어려운 살림살이가 담긴 「오대산 상원사 선원 헌답 약기」는 원문을 짚어보고, 「설악산 오세암 선원 헌답 약기」는 요점만 간단히 살펴보면서 한암(漢巖) 스님이 누누이 강조하셨던 수호 가람의 의미를 되새겨 보겠습니다.

「오대산 상원사 선원 헌답 약기」

오대산은 우리나라의 명산이다. 그 웅장하고 깊은 산줄기가 삼백여 리나 쭉 뻗어 있다. 비로봉 아래 중대(中臺) 위에 부처님 정골(頂骨)을 봉안한 탑이 있고, 탑 아래 5리쯤에 신라 자장(慈藏) 법사가 세운 사찰 상원사가 있다. 효소왕(孝昭王)의 태자 보천(寶川)과 효명(孝明) 두 사람이 이 절에서 문수보살의 서른여섯 가지 변화를 친견하고, 상원사 앞에 진여원(眞如院)을 창건하여 문수보살의 불상을 조성하여 봉안하였는데 진여원이 폐허가 되어 부득이 상원사에 옮겨 봉안하였다.

조선조 세조대왕이 몸이 편치 못하여 혜각 존자(慧覺尊者)인 신미(信眉) 대선사(大禪師)와 학열(學悅) 등에게 명하여 문수보살에게 기원했다. 상원사 계곡에서 목욕하던 중, 등을 밀어준 문수동자를 친견한 후 등에 있던 종기가 말끔히 회복되자 세조가 몹시 기뻐하며 문수동자 상을 조성하여 봉안하고, 강릉 신석 뜰의 논(신석 답 申石畓) 500석 세수(歲收)를 상원사에 넘겨주어 제례를 끊이지 않도록 주선해 주었다.

아! 고승은 이미 열반하고, 무상한 세월의 변천으로 축원 논의 토지는 모두 월정사에 귀속되어 회중(會衆)의 수효에 따라서 월정사로부터 양식을 받아 선승 납자의 뒷바라지를 지탱해 왔다. 그런데 지난 갑자·을축 두 해 사이에 월정사는 십여 만 원에 달하는 거액의 부채로 인해 선객의 양식을 스님 한 사람이 주석할 만큼도 공급하지 못하고, 매월 초하루마다 6말의 쌀을 받아 방을 지키고 있을 뿐이었다.

무진년 여름, 납자 5~6인이 상원사에 모여들었지만, 양식을 조달하기 어려워지자 설운 봉인 장로 스님이 쌀 50말을 보내주어 안거를 마칠 수 있도록 마련해 준 후, 경오년 겨울 또다시 쌀 50말을 보내어 선원의 양식을 채워 주었고, 그 이듬해 여름·겨울로부터 임신년 여름까지 변함이 없었다.

이어 논 4,529평(14,972㎡), 도지 37석, 세수 27석을 거두어서 세수를 상원사에 헌납하여 납자의 뒷바라지를 하고, 10석 세수는 여래 탑(如來塔)에 헌납하여 제례가 끊이지 않도록 하였다. 두 곳의 세수는 모두 상원사에 귀속시키고 탑 묘(塔廟)의 공양미와 중대(中臺)의 선량은 상원사로부터 일에 따라서 지출하도록 하여 이곳저곳에서 서로 나누어 가지는 폐단을 없앴다. 이는 논을 헌납한 설운 장로 스님의 부모와 선사 및 설운 장로 스님의 사후에 매년 기일마다 여래 탑과 문수전, 나한전에 축원하여 천도하도록 배려함이었다.

거룩하고 장한 일이다. 이는 보살의 원력이다. 후학들이 스님의 원력과 같이 성심으로 보호하여, 선회를 폐지하지 않는다면 옛 석가모니 부처님을 먼저라고 말할 수 없을 것이요, 오늘날의 미륵 또한 뒤라고 말할 수 없을 것이다. 만일 세력을 믿고 대중을 속이거나 사사로운 일로 대중을 무시하여 만에 하나라도 다른 사찰에 귀속시킨다든지, 또는 마음대로 낭비하고 전용하는 자는 인과가 분명하여 털끝만큼도 어긋남이 없이 과보를 받을 것이니 두려운 일이 아니겠는가. 이 때문에 이를 기록하노라.

-한암(漢巖) 중원 삼가 짓다

「설악산 오세암 선원 헌답 약기」는 오대산과 금강산 사이에 있는 설악산의 장엄한 산세가 오대산이나 금강산 못지않으며, 설악산 최고봉 앞으로 뻗어 내린 가운데 산줄기에 신라 자장(慈藏) 법사가 봉안한 부처님의 사리탑이 있다는 이야기로 시작됩니다.

오세암은 그 사리탑 기슭 오른쪽으로 30리(12km)쯤에 위치한 암자로, 의상(義

湘) 조사(祖師)가 창건했다고 전해집니다. 춘천에서 찾아온 5세 동자가 도를 깨우친 후 주석하여 오세암이라는 이름이 붙여졌습니다.

계해년 여름, 이곳에 선회를 창설하고 해마다 쌀 100말을 헌납해서 선원의 양식을 도와주셨던 설운 스님은 임신년 가을, 희사의 마음을 더욱 크게 내어 논 589평(1,947㎡), 도조 4석의 세수를 봉정암 사리탑에 헌납하여 인등 기도비(引燈祈禱費)로 삼으셨다고 합니다.

그뿐만 아니라 신흥사 내원에도 논 1,526평(5,045㎡), 도조 7석의 세수를 헌납하여 선원의 식량을 충당하게 하고, 겸하여 돌아가신 스승 몽성당(夢聖堂) 전홍(典洪) 스님의 영위를 축원토록 하셨습니다. 또한 논 3,450평(11,405㎡), 도조 20석 세수를 헌납하여 영원토록 선원의 식량으로 삼도록 하고, 자신의 부모님과 전홍 스님 부모님의 기일에 제사 비용으로 쓰도록 하셨습니다.

한암(漢巖) 스님께서는 상좌들이 은사 스님께 성의를 다하지 않는 현실을 개탄하면서, 본인의 속가 부모님은 물론이려니와 은사 스님의 속가 부모님까지 지성으로 받들어 모시는 설운 장로 스님의 진실한 효성을 칭송하셨습니다. 후학들이 설운 장로 스님의 높은 뜻을 기리고 따른다면 다 함께 바른 신심을 내는 일이요, 다 함께 청정한 과보를 닦아 필경 다 함께 바른 깨달음을 얻을 수 있게 될 것이라고 말씀하셨습니다.

마지막 부분에서는 「울진 불영사 사적비기」에서처럼, 만일 주지와 삼직이 사욕에 얽매이고 의심과 비방으로 선회를 폐지하여 그 논을 다른 절에 귀속시킨다거나 마음대로 독식한다면, 살아서는 큰 죄업을 짓고 죽어서는 삼도(三途)에 떨어질 것이니 이를 삼가라고 준엄한 경계의 말씀으로 마무리를 짓고 계십니다.

이해 6월 8일과 9일, 이틀간 조선 총독부의 이케다 경무국장과 『조선불교』 발행인 나가무라, 강원도 경찰부장 야마시타 일행이 상원사를 방문했는데, 그 내용을 담은 글이 「이케다 경무국장, 방한암(漢巖)(方漢巖) 선사를 방문함」이라는 제목으로 『조선불교』 제101호(1934년 8월호)에 실려 있습니다.

이케다 경무국장은 1932년 겨울 동안거 때 약 4개월간 간 상원사에 머물며 한암(漢巖) 스님 지도 아래 참선 수행을 했던 일본의 승려 소마 쇼에이로부터 한암(漢巖) 스님의 명성을 전해 들었다면서 자신을 소마 쇼에이의 친구라고 소개합니다. 소마 쇼에이는 고마자와 대학 출신으로 1929년부터 조선 각지의 선사를 찾아 수행 중인 조동종(선종) 스님입니다.

이케다는 소마 쇼에이가 한암(漢巖) 스님으로부터 지도 편달 받은 것을 감사히 여기고 있으며 다시 한번 한암(漢巖) 스님을 찾아 수행하고 싶다는 인사를 전하고, 덕망 있는 한암(漢巖) 스님을 뵙게 된 데 대한 기쁨의 인사도 함께 올립니다.

『조선불교』에 실려 있는 글은 주로 이케다가 묻고 한암(漢巖) 스님이 대답하는 형식으로 쓰여 있습니다. 언제 출가를 하셨는지, 상원사에는 언제 오셨는지, 몇 번이나 하산하셨는지를 묻고 난 이케다는 산중에서의 수행 생활이 힘들 것 같다고 말합니다.

한암(漢巖) 스님은 많은 사람 덕분에 편안한 생활 속에서 수행하고 있어서 매우 행복하다고 답하십니다. 이케다가 한암(漢巖) 스님을 존경해서 모여드는 운수납자들을 일일이 보살펴 주시는 것도 조선불교계로서는 다행스러운 일이라고 하자 스님께서는 자신에게는 다른 사람을 가르칠 힘이 없을 뿐 아니라 자신의 마음조차도 자유롭지 못해서 괴로워하고 있다며 겸손해 하십니다.

그날 이케다는 플란넬 모직물을 선물로 가지고 왔습니다. 당시만 해도 귀한 물건이었을 테지만 승려에게는 아무것도 필요치 않다는 말로 큰 관심을 두지 않으셨던 걸 보면 물질에 연연하지 않았던 스님의 결기가 느껴집니다.

이때 통역을 맡았던 사람은 한암(漢巖) 스님에 대해 "얼굴에는 법열의 모습이 빛나고 눈빛이 반짝거리면서도 자비함이 느껴졌다. 꾸밈이 없고 말이 없는 농부와도 같은 모습에, 누구도 넘보기 어려운 분위기가 50년이 넘는 수행에서 온 결과 같았다."라고 전했습니다.

1934년은 조선불교가 새로운 전기를 마련한 해입니다. 12월 5일, 선학원(禪學院)이 재단법인 조선불교 중앙선리참구원(朝鮮佛教 中央禪理參究院)으로 인가를 받게 되면서 이사장에 만공 스님, 부이사장에 한암(漢巖) 스님이 당선(취임은 하지 않으셨음)되었습니다.

재단법인 선학원은 1921년 11월 왜색 불교에 맞서 조선불교를 수호하기 위해 남전 · 도봉 · 석두 · 만공 · 만해 · 성월 · 용성 스님 등의 주도로 설립됐습니다. 일본 불교가 들어온 지 40여 년, 사찰령이 시행된 지 10여 년이 된 이 무렵, 일본 불교를 답습하여 처를 거느리고 고기를 먹는 승려가 늘어났고 거침없는 행동으로 무엇이든 가리지 않고 먹는 풍습이 만연했던 시절이었습니다. 절을 뜻하는 사(寺)나 암(庵) 대신 원(院)을 쓴 것도 조선총독부 사찰령의 지배를 받지 않겠다는 뜻이 담겨 있습니다.

1922년 선우 공제회를 조직해 청정 비구의 수행 요건을 마련하기도 했으나 재정난 때문에 지지부진하던 선학원은 1931년 적음(寂音) 스님이 주지로 취임하면서 중흥기를 맞이하게 되었습니다. 전국의 선승들이 모여 호법(護法)과 항일을 위한 조선불교 선종 수좌 대회를 1931년, 1934년, 1935년, 1939년에 열고 재정 기반 확립, 선의 대중화를 위한 남녀 선우회 조직, 대중 포교를 위한 기관지 『선원(禪苑)』 발행 등을 통해 일제 패망 때까지도 조선불교의 선풍을 유지하려는 노력을 계속했고 이는 해방 후 불교 정화 운동의 토대가 됐습니다.

두 번째 종정 추대

월정사가 부채 문제에서 완전히 벗어나게 된 1935년(불기 2963년, 60세), 그해 3월 7일과 8일 이틀간 선학원에서 선리참구원 수좌들의 주도로 제3차 조선불교 전국 수좌 대회(朝鮮佛教全國首座大會)가 열렸습니다. 한국불교의 청정 전통을 사수하기 위해 1934년 12월 스님과 불자들이 재산을 출연해 재단법인을 설립한 데 이어 이 수좌 대회에서 조선불교 선종(禪宗)이 만들어졌습니다. 종정에 한암(漢巖) 스님과 함께 혜월 나운(慧月蘿雲 1861~1937) 스님, 만공 스님이 추대되었습니다.

선종의 창종은 조선 총독부 사찰령의 지배를 받고 있던 31 본산 연합 사무소와는 그 성격이 다름을 분명히 함으로써, 조선불교의 연원이 선종에 있음을 대외적으로 알리는 일인 동시에 조선불교의 독자성을 만방에 선포한 뜻깊은 일입니다. 또한 선학원을 중심으로 한국불교의 청정 전통 선맥이 면면히 이어져 왔으며, 전국 선원의 중앙기관이 선학원이었다는 증표입니다.

한암(漢巖) 스님의 종정 추대는 1929년(불기 2956, 54세) 조선불교 선교 양종(禪教兩宗) 승려대회에서 7인의 교정 중 한 분으로 선출된 후 두 번째였습니다. 이후 1941년(불기 2968년, 66세)에 조선불교조계종 초대 종정, 1948년(불기 2975년, 73세)에 제1대 교정 석전 한영(石顚漢永, 1870년~1948년) 스님에 이어 조선불교 제2대 교정에 추대되셨습니다. 이는 우리나라 불교사상 전무후무한 일로, 이를 통해 우리는 스님께서 계·정·혜 삼학을 근본으로 한 추상같은 수행 가풍을 정립해 일제 강점기 한국불교를 이끌고 지켜내신 불법 수호의 정신적 기둥이었음을 되새기게 됩니다.

한암(漢巖) 스님은 보조 지눌 국사의 선사상을 계승해 선을 중흥시켰던 선사로, 금강산 장안사와 신계사 등에서 공부하고 청암사 수도암에서 경허 화상으로부터 법을 듣기도 했습니다. 이후 전국 각지를 다니며 법을 강론했고 통도사 내원선원, 강남 봉은사 조실로 추대돼 선승들을 지도하셨습니다.

종정(교정)은 불교 종단의 종통을 계승하는 최고의 정신적 지도자를 상징하는 신성한 자리입니다. 최고의 권위를 지닌 자리인 만큼 큰 어른으로 존중받고 흠숭받는 자리이기도 합니다. 하지만 한암(漢巖) 스님께서는 네 차례의 종정과 교정을 지내셨지만 매번 한사코 추대를 사양하셨다고 합니다. 오대 산문을 지키며 오로지 참선, 염불, 간경, 의식, 가람 수호 등 승가오칙을 바탕으로 한 수행과 선과 교를 겸수한 후학 양성에 힘을 쏟았던 스님으로서는 당연한 일이었을지도 모릅니다. 대중의 간곡한 뜻에 따라 교정 추대를 수락하면서도 스님께서는 불출동구의 원칙을 고수하셨습니다.

네 차례의 교정(종정) 추대 중 어느 때인지 정확히 알 수는 없으나, 어느 날 한암(漢巖) 스님 앞으로 경성에서 열리는 취임식에 참석하라는 통지가 날아왔다고 합니다. 갑작스러운 전갈을 받은 한암(漢巖) 스님께서는 "내가 교정 노릇을 못하면 못했지 공부하다 말고 경성에 갈 수는 없다."라는 말로 일언지하에 거절을 하셨습니다. 엄정한 수행가풍을 몸소 보여 주셨던 것입니다.

한암(漢巖) 스님께서는 막힘이 없는 선사상과 근본에 충실한 수행, 선종과 교학의 병행, 선과 염불의 조화를 두루 아우른 참 스승이었습니다. 그럼에도 불구하고 늘 자신의 공부가 모자람을 한탄하며 참구에 매진하셨습니다. 한 번도 뵌 적이 없지만, 스님의 단호한 모습이 눈앞에 선연히 그려집니다.

세상에서는 조선불교 선교 양종(禪敎兩宗)의 교정을 지내고, 다시 또 조선불교 선종(禪宗)의 종정에 추대되었으면서도 종단에조차 모습을 드러내는 일 없이 깊고 깊은 오대 산문에 칩거하면서 오로지 수행과 후학 양성에만 전념하시는 한암(漢巖) 스님에 대한 궁금증이 컸을 것입니다. 마침내 여러 잡지사 기자들이 스님을 뵙기 위해 오대산 상원사로 향하는 장도(長途)에 올랐으니, 한암 스님께서 3인 교정에 추대된 해 10월 28일의 일이었습니다.

지금이야 서울에서 몇 시간이면 월정사나 상원사에 이를 수 있지만 80여 년 전인 당시만 해도 까마득히 먼 험로였습니다. 문득 소승이 출가를 결심하고 탄허 스님의 명성을 따라 오대산으로 향했던 시절이 떠오릅니다. 4.19 혁명과 5.16 군사 쿠데타로 사회가 극도로 혼란하던 1960년대만 해도 강원도에는 비포장도로가 대부분이었고 버스가 다니는 곳도 드물었습니다. 막연한 짐작으로만 나섰던 터라 길을 잘못 들어 민·관·군 합동 검문에 걸려 밤새도록 조사를 받았던 일이며, 간첩이라는 오인을 받아 경찰의 총구 앞에 섰던 일까지 아직도 그때의 기억이 새롭습니다. 그렇게 온갖 고초를 겪으면서 제무시(G. M. C)라고 불리던 산판 트럭이 뽀얀 흙먼지를 날리는 산길을 걷고 또 걸어 6박 7일 만에 오대산에 당도했을 때가 1960년대였습니다. 그로부터 20여 년 전인 1935년에 오대산을 찾은 기자들에게는 그 험한 여정이 먼 길을 뜻하는 장도(長途)이자, 오대산의 도인 한암(漢巖) 스님에 대해 속속들이 알아보겠다는 중대한 사명을 띠고 떠나는 길 장도(壯途)였을 것입니다.

상원사에 도착한 기자들은 한암(漢巖) 스님께 종교에 대한 말씀을 들려 달라는 요청을 합니다. 이에 한암(漢巖) 스님께서는 평소에 갖고 있던 생각을 자세히 설명하면서 불교는 실천이 가장 중요하다는 말씀을 들려주셨습니다. 이날의 말씀은 스님께서 제정하고, 생활 속에서 강조하고 실천하시는 승가오칙에 바탕을 둔 내용이라고 할 수 있습니다. 스님께서는 조선불교를 중흥하는 길은 승려 한 사람

한 사람이 승려답게 사는 것이며, 승려답게 사는 길은 알고 있는 내용을 실천하는 것이라고 말씀하셨습니다.

『한국 근 · 현대 불교 자료 전집』 64권, 233~235쪽에 보면 '…이날 말씀하신 스님의 법어(法語) 「불교는 실행에 있다」는 당시 이 자리에 참석했던 기자가 일본어로 정리하여 『심전 개발에 관한 강연집(1936년 조선총독부)』에 게재한 것입니다. 이 글은 내용에서 알 수 있듯이 심전 개발과 관련해서 말씀하신 것도 아니고, 심전 개발을 위해 하신 말씀도 아닙니다. 내용이 매우 좋으므로 수정 없이 그대로 법어집에 수록하고자 한다.'라는 해설이 달려 있습니다. 모든 것이 일제의 손에 달려있던 시대임에도 불구하고 이 해설은 한암(漢巖) 스님의 법어가 심전 개발과 무관하다는 것을 분명히 밝히고 있습니다.

1931년 일본이 만주사변을 일으켜 만주 침략을 시도하고 1937년 중일전쟁을 일으켜 본격적인 대륙 침략을 감행하던 시기에 조선인을 일본인화 하는 황민화 정책의 전초전격으로 만들어낸 '심전 개발 운동'에 대해 살펴보겠습니다. 심전 개발 운동이 불교계와 많은 관련이 있기 때문입니다.

1925년 6월 27일 일제는 조선신사를 조선신궁으로 개칭해 매년 10월 17일 이곳에서 제사를 지내는 한편 조선인들의 참배를 강요하기 시작했습니다. 인격신 천황제에 대한 숭배를 바탕으로 일본인과 조선인 모두를 충성스러운 신민으로 만들겠다는 일제의 식민지 동화주의 정책은 1932년 정신 교화 운동으로, 1935년부터는 심전 개발운동으로 점차 그 강도를 더하며 구체화됩니다.

일제가 경제 국난, 사상 국난, 외환 국난이라는 3대 위기를 겪고 있던 1931년 7월, 제6대 조선 총독으로 부임한 우가키 가즈시게는 1932년부터 조선의 농촌 상황을 개선하기 위한 농촌진흥운동과 함께 정신 계몽운동인 심전 개발 운동을 실시합니다. 심전은 불교와 유교 경전에 모두 나오는 말로 마음의 밭을 잘 가꾸어야 한다는 뜻을 담고 있습니다. 하지만 일제는 조선인들로 하여금 정책에 순응하게 하고, 천황에게 충성을 다하는 황국신민을 만들기 위한 수단으로 심전 개발 운동을 시행했습니다.

일제는 종교계를 동원하면서 불교계를 중심으로 심전 개발 운동을 전개했습니다. 그들은 불교가 오랜 전통과 영향력, 잠재력을 가졌음에도 조선의 숭유억불 정책으로 피폐해진 점을 이용해 승려의 지위를 상승시켜주고 정책적으로 지원해 줌으로써 그들의 목적을 쉽게 달성할 수 있을 것으로 판단했기 때문입니다.

불교계가 공식적으로 '심전 개발 운동'에 참여한 것은 1935년 7월 경성에 있는 주지들이 재단법인 조선불교 중앙 교무원에 모여 심전 개발 운동 촉진 발기회를 연 것이 그 시작이었으나, 불교계의 심전 개발 운동은 성공적으로 진행되지 못했고 성과도 미미했습니다.

불교는 실행에 있다

　　한암(漢巖) 스님은 서슬 퍼런 일제 치하에서도 수좌들을 지도한 선사로서,『금 강경』과 화엄사상에 정통한 강백으로서, 엄정한 율사로서의 면모를 잃지 않으셨 습니다. 조선불교의 자존심이자 근·현대 한국불교의 이정표를 세워주신 한암 (漢巖) 스님의 법어「불교는 실행에 있다」를 겸허한 마음으로, '내용이 매우 좋으 므로 수정 없이 그대로 법어집에 수록하고자 한다.'라는『한국 근·현대 불교 자 료 전집』의 해설처럼 한 말씀 한 말씀 빠짐없이 깊이 되새겨 보겠습니다. 쉬운 말 씀 속에 담긴 실행의 불교가 더욱더 가슴에 와닿습니다.

「불교는 실행에 있다」

　　먼 길 와주셔서 대단히 감사합니다.
　　이전부터 현 조선(朝鮮)의 종교와 신앙 문제에 대해서 말씀해 달라고 하는 부 탁이 있었지만, 그것에 대해서 나는 어떠한 지식도 가지고 있지 않습니다. 그래 서 말씀드릴 만한 어떠한 소재도 없습니다.

　　기자 여러분께서는 "아무것도 알지 못하니 가르쳐 주십시오"라고 합니다만, 그저 "아무것도 모르므로 가르쳐 주십시오"라고 하는 것은 곤란합니다. 모르고 있는 것은 어떤 것이며, 어떠한 점을 모르고 있는지, 그리고 정말 모르는 것이나 물어보고 싶은 것이 있다면 그것이 무엇인지 구체적으로 이야기를 해주시면 알 고 있는 범위 내에서 대답을 해드리겠습니다. 단지 "저희들이 아무것도 모르니까"라고만 말씀하시면 정말로 대답하기 곤란합니다.

나는 당국이 성의를 가지고 노력을 해주신다면, 조선의 불교는 반드시 널리 확장되고 전파되리라고 생각하고 있습니다. 물론 우리 불교도들도 열심히 노력하고 있습니다.

옛말에 '줄탁동시(啐啄同時)'라는 말이 있습니다. 이 말은 계란이 다 부화되어 껍질을 뚫고 나올 때, 알 속의 새끼와 어미가 서로 같은 곳을 쪼아야 함을 비유한 말인데, 우리 불교가 번창하는데도 그 말이 그대로 적용됩니다. 정말로 의미심장한 말이라고 할 수 있습니다.

그러므로 나는 항상 '실천하는 것이 제일 중요하다.'라고 주장하는 사람입니다. 이른바 '심행부재구념(心行不在口念)', 즉 마음먹고 실천하는 데 있는 것이지 구호를 외치는 데 있지 않다는 말이 있듯이, 지금 사람들은 지식은 아주 많은데 실천으로 옮기지 못하고 있다고 비난을 받고 있습니다.

좌선을 하는 사람은 좌선을 하고, 경을 읽는 사람은 경을 읽고, 염불하는 사람은 염불을 하는 등, 각자가 열심히 착실하게 그것을 실행한다면, 그곳이 도시이든 산중이든, 보아주는 사람이 한 사람이든 두 사람이든, 그리고 보아주는 사람이 많든 적든, 반드시 동조자가 나타나리라고 믿습니다.

이렇게 했을 때 정말로 부처님의 참다운 제자라고 말할 수 있습니다. 그렇게 한 발 한 발 실천해 가면 한 사람이 두 사람이 되고, 두 사람 세 사람씩 불교신자가 늘어간다면 불교의 번창은 걱정할 것도 없으며, 머지않은 시간에 참 불교도가 되고, 불교는 한반도에서 그 꽃을 활짝 피우게 되리라고 생각합니다.

조금 전에 이야기했습니다만, 모두가 마음을 단단히 먹고, 허리띠를 꼭 조여 매고 실행에 옮기는 것입니다. 모두가 그렇게 한다면 특별히 연설이나 강의나 선전을 하지 않아도 자연히 불교는 번창하게 될 것입니다. 잘 알고 있는 것처럼 불성(佛性)은 누구에게나 있으며, 누구든 결심하고 노력한다면 누구나 불교신 자가 될 수 있으므로 불교가 번창하지 않을 이유가 없습니다.

다만 세상일에 바쁜 사람들로서는 실천 수행하는 것이 쉽지 않습니다. 바쁘 기 때문에 자주자주 잊어버리곤 합니다. 그러나 항상 실천 수행을 잊지 않고 염 두에 둔다면 앉아 있는 곳, 누워 있는 곳에서, 장소와 때를 가리지 않고 실천 수 행을 할 수 있습니다. 모든 것이 다 그렇습니다.

'선(禪)'에 대한 이야기를 했지만, 덧붙여서 말한다면 선은 결코 알 수 없는 어 떤 것이 아닙니다. 하고자 하는 마음만 먹고, 그것을 실천해 보면 되는 것입니 다. 나의 의견이나 선에 대한 설명으로는 아무런 도움이 되지 않습니다. 선 그 자체의 본질은 결심하여 실행하면 저절로 알아지는 것입니다. 선은 본질상 가 르쳐 주거나 설명할 수 있는 것이 아닙니다. 단지 결심하고 실천하기만을 바랄 뿐입니다.

"신앙의 대상으로서 절에 칠성각(七星閣)과 산신각(山神閣)이 있는 것에 대하 여 어떻게 생각하십니까?"라고 질문을 하셨습니다만, 어떤 바람을 위해서 칠성 각이나 산신각에 가서 기도하고 참배하는 것도 일종의 신앙이라고 할 수 있습 니다. 물론 산신각이나 칠성각은 불교를 외호하는 신(神)에 불과하지만, 그것들 (산신각이나 칠성각)을 믿고 기도하다 보면, 자연히 부처님도 함께 믿게 되리라 고 생각합니다.

다시 말하면 불교는 포용성이 매우 커서 불교만 신앙해야 된다는 것은 아니기 때문이며, 칠성각에서 기도하든지, 산신각에서 기원하는 사이에 저절로 불교를 믿으려고 하는 마음이 생기게 되기 때문입니다.

두서없이 이야기를 했습니다만, 요점은 "불교는 실행에 있다."라고 말한 것에 지나지 않습니다.

이해 10월 스님께서는 교정 방한암(漢巖)의 이름으로 『선원(禪苑)』 제4호(1935년 10월호)에 법어 「년년경유신조재(年年更有新條在) 하야 뇌란춘풍졸말휴(惱亂春風卒末休)」를 발표하셨습니다. 초판에는 「항상 새로운 날」이라는 한글 제목으로 실렸으나 후에, 글의 뜻을 살려서 「해마다 새 가지가 돋다」로 바꿨다고 합니다.

「해마다 새 가지가 돋아나 봄바람을 끝없이 어지럽게 만드네」라는 뜻을 가진 이 법어에서 한암(漢巖) 스님은 경청 선사(鏡淸禪師)와 명교 선사(明敎禪師)가 "새해 아침에도 또한 불법의 진리가 있습니까?"라는 어느 수좌의 질문에 약속이나 한 듯이 "오늘 손해를 보았다."라고 답한 일과 훗날 대혜 종고(大慧宗杲) 스님도 "오늘 손해를 보았다."라고 답한 일을 말씀하시고, 스님 역시 "오늘 손해를 보았다."라는 일구로 끝을 맺고 계십니다. 불법의 진리를 묻는 말에 모두 손해가 적지 않았다는 일구가 마치 동문서답과도 같습니다. 그 높은 뜻을 헤아리지 못하는 부족한 소승, 오늘도 붓방아를 찧으며 송구스러운 마음으로 스님의 법어 몇 대목을 옮겨봅니다.

〈해마다 새 가지가 돋다〉

어떤 수좌가 경청 선사께 물었다. "새해 아침에도 또한 불법의 진리가 있습니까?" 경청 선사가 이르시되, "있느니라." 수좌가 이르되, "어떤 것이 신년의 불법입니까?" 선사가 이르시되, "새해 복 많이 받게." 수좌가 이르되, "스님께서 대답해 주신 데 대하여 사례하나이다."선사가 이르시되, "경청이 오늘 손해를 보았도다."

또 한 수좌가 명교 선사에게 물었다. "새해 아침에 불법이 있습니까?" 선사가 이르시되, "없느니라."수좌가 이르기를, "해마다 좋은 해요, 날마다 좋은 날인데 어째서 없습니까?" 선사가 이르시되, "장 씨 노인이 술을 먹었는데 이 씨 노인이 취했느니라."수좌가 이르기를, "소위 어르신이라는 분이 용두사미가 되었습니다."선사가 이르시되, "명교가 오늘 손해를 보았도다."

훗날 대혜 종고 스님이 이 이야기를 들어 이르시되, "이 두 고승 중 한 사람은 높고 높은 봉우리를 향하여 섰으되 이마를 드러내지 않았고, 한 사람은 깊고 깊은 바다 밑을 향하여 다녀도 발을 적시지 않았으니, 옳기는 옳으나 약간의 잘못을 면하지 못했도다."라고 말씀하셨다.

오늘 밤 혹 어떤 사람이 나에게 "새해 아침에도 불법이 있는가?" 하고 묻는다면 (중략) 한참 있다가 그에게 말하되, "대혜 종고가 오늘 손해를 보았도다." (중략)

오늘 어떤 사람이 한암(漢巖)에게 묻기를, "새해 아침에 불법이 있습니까?"하면, 곧 그를 향하여 "오대산 위에 그물을 치리라."라고 말할 것이니, 만약 어떤 이가 이 말을 알면 일생 동안 참구하던 일을 마치게 되리라. 그러나 요즈음 이 도리에 딱 맞는 사람을 얻기 어려우니 시절이 그래서인가, 숙명적인가. 또한 어찌하여 그러는가.

또 기억하건대, 심문분(心聞賁) 선사가 경청·명교 두 고승의 말에 대하여 다음과 같이 송(頌)하였다.

칠보의 보배 잔에 포도주를 마시고 금화지(金華紙) 위에다 청평사(淸平詞)를 쓰노라. 봄바람 고요한 후원에 보는 사람 없으니 한가롭게 군왕의 옥피리를 잡아 부노라.

七寶盃酌葡萄酒 칠보배작포도주

金華紙寫淸平詞 금화지사청평사

春風靜院無人見 춘풍정원무인견

閑把君王玉笛吹 한파군왕옥적취

이 게송에 담긴 무한한 의미와 중생을 구제하기 위한 묘한 수단과 방법이 사람의 마음을 서늘하게 할 뿐 아니라 흥미진진하여 한 번 읽으면 일체 진로망념(塵勞妄念)이 끓는 물에 얼음 녹듯 하여 자연히 버들 꽃을 꺾는 소식을 얻는 줄 알지 못하거니와, 다시 한 번 살펴보면 바람이 없는데 크고 작은 물결을 일으킨 것이고, 일이 없는데 일을 만든 것이다. 어찌 이렇듯이 시끄러운가.

한암(漢巖)에게 게송이 하나 더 있으니, 중생을 구제하기 위한 묘한 수단과 방법의 의미는 비록 고승의 게송에 미치지 못하지만 간략하고 뚜렷해서 사람들이 보기가 쉬우니 시험 삼아 대중께 바치려 하노라.

지난해는 이미 돌 원숭이를 따라갔고 새해는 가만히 나무 닭을 좇아오는구나. 지금 사람들은 나무 닭소리를 잘 들을 것이요 다시 돌 원숭이 재주를 그리워하지 말지니라.

舊歲已隨石猿去 구세이타석원거

新年暗逐木鷄來 신년암축목계래

時人善聽木鷄聲 시인선청목계성

更莫戀顧石猿才 갱막련고석원재

비록 보기는 쉬우나 이 게송에 문이 둘이 있으니 만약 누가 가려내면 네가 친히 조사를 보았다 하리라. 알겠는가. 한암(漢巖)이 오늘 손해를 보았도다.

한암 스님에 대한 회고담

1936년(불기 2963년, 61세)은 한암(漢巖) 스님이 환갑을 맞이한 해입니다. 평소에도 근검절약을 몸소 실천하셨던 한암(漢巖) 스님의 엄명에 따라 환갑잔치는 산내 대중들이 상원사 경내에 모여 점심을 같이 먹고 스님의 건강을 축원하는 조촐한 자리로 마련됐습니다. 떠들썩한 잔치를 마다하고 소박한 생신 상을 받은 스님께서는 대중들에게 감사 인사를 한 후, '절을 찾아 집을 떠나면서 부모님께 지은 죄, 중노릇마저 제대로 못하여 불가에 지은 죄' 양가 득죄(兩家得罪)를 면하기 위해서는 중이 해야 할 일을 하면서 중답게 살아야 한다고 말씀하셨습니다. 중이 해야 할 일은 참선에 주력하고, 경전 공부를 열심히 하며, 지극정성으로 염불에 임해야 하고, 제사나 축원 기도 등의 의식 집전을 능통하게 할 수 있어야 하며, 자신이 몸담고 있는 가람을 수호하는 일에 정성을 쏟아야 한다는 이 말씀은 곧 승가오칙을 지키라는 말씀입니다.

한암(漢巖) 스님의 일상은 중답게 사는 일의 실천이었습니다. 근검절약도 빼놓을 수 없는 덕목으로, 한암(漢巖) 스님 회상에서 수행 정진하면서 스님의 검소한 생활을 직접 목격한 분들의 후일담이 참 많습니다. 『그리운 스승 한암(漢巖) 스님』(김광식, 민족사)에 실린 스님들의 회고담을 중심으로 한암(漢巖) 스님의 검소하고 질박한 생활뿐 아니라 인간적인 면모, 수행 등을 살펴보겠습니다.

『그리운 스승 한암(漢巖) 스님』은 저자인 김광식 교수가 2004년 12월부터 1년 동안 한암(漢巖) 스님과 인연이 깊은 스님과 재가자 등 총 25명을 만나 채록한 내용을 묶어 2006년 4월 민족사 출판사에서 펴낸 책입니다.

1931년 한암(漢巖) 스님을 은사로 출가해 생식 6년, 장좌불와 7년의 고행 정진을 했던 동성(東星, 1909~2011) 스님은 대중들의 반대에도 불구하고 중은 첫째로 염불, 간경, 예식, 가람 수호 같은 것을 배워야 한다며 예식을 의무적으로 가르치셨던 한암(漢巖) 스님 덕분에 상원사 출신은 다 예식과 염불을 할 줄 알았다는 말씀을 하셨습니다.

스님은 세세한 것, 예를 들면 지붕에 기와 덮는 법, 문 바르고 도배하는 일, 빨래하고 목욕하는 것까지 말씀하셨지. 내가 정식으로 출가한 후 언제인가 스님이 직접 『초발심자경문』을 가르쳐 주셨고. 식기 닦는 것, 위패 접는 것을 세밀히 가르쳐 주셨어. (중략)

상원사에서는 봄이 되면 감자 심는다고 변소를 치거든. 그러면 한암(漢巖) 스님은 탄허부터 불러서 "너부터 들어가라."라고 하셨어. 바지는 느지렁한 상태에서 변소를 치니 그 똥물이 옷에 묻고 그랬어. 그것은 아끼는 상좌지만 솔선해서 해야 한다는 말이지.

동성 스님은 글씨를 쓰고 싶으셨다고 합니다. 하지만 이렇다 할 설명도 없이 이를 만류하는 한암(漢巖) 스님에게 불만이 컸던 터라 스님의 말씀을 어기고 뒷방에서 혼자 글씨를 쓰곤 하셨는데, 어느 날 이를 보신 한암(漢巖) 스님께서 동성 스님에게는 아무 말도 안 하시고 오히려 옆에 있던 탄허 스님을 혼을 내시더랍니다.

그래 나중에 내가 스스로 잘못 찾아왔다고 생각했어. 저렇게 편벽한 사람이 무슨 도인인가 하는 생각도 들었고. 또 그때 기분이 나쁜 것은 탄허를 위해서는 수련소도 짓고, 선방에서 강의를 할 수 있도록 해 주면서 나는 못 쓰게 하는 이유를 알 수 없었어. 사중 돈을 쓰는 것도 아니고 우리 아버지가 돈을 보내서 그 돈으로 신문지를 사서 쓰는데, 야단을 치려면 나를 불러 종아리를 치든가 목침으로 패든가 할 일이지 왜 탄허를 혼내느냐는 것이지. 더욱이 한암(漢巖) 스님은 탄허만 생각하고 나는 생각 안 하니 분통이 나서 참을 수 없었어. 그렇다고 스님에게 항의할 수도 없고.

나는 눈길을 헤치고 보궁에 가서는 대성통곡을 했어. 울면서 생각하기를 '나는 이제 오대산이 마지막이다.'라고 하였지. 그런 생각을 하니 더욱더 눈물이 나더라고. 이제 오대산도 보궁도 마지막이라고 생각하면서 한참 우는데 바깥에서 사람 소리가 와글와글해. 수백 명이 온 것 같더라고. 속으로 웬 사람들이 왔을까 하는 생각을 했지. 그래서 울음을 그치고 밖에 나가니 아무도 없어. 보궁에서 내려오면서 '이상하다. 내가 분명히 수백 명의 소리를 들었는데…'하고 가만히 생각해 보니 그것은 부처님이 공청을 했다고 여겨졌어. 그러면서 '내가 잘못 생각했구나.' 판단하였지. 한암(漢巖) 스님 말씀이 다 이유가 있을 터인데 내가 오해를 했구나 하면서, 오대산을 떠난다는 생각을 바꾸었어.

분통이 나서 보궁에 올라가 대성통곡을 하고 왔다는 동성 스님의 말을 듣고 "나도 요즘엔 글씨를 쓰지 않지 않느냐? 그러니 너도 쓰지 마라."라고 하셨다는 한암(漢巖) 스님의 자애로움이나, "제가 스님의 가르침을 어겼는데 이제는 다시는 글을 안 쓰겠습니다."라고 답한 동성 스님의 순박함이 사제지간이 아니라 마치 부자지간처럼 정겹게 느껴집니다. 동성 스님에게 한암(漢巖) 스님은 아버지와 같은 분이었을 겁니다.

스님이 돌아가신 후에 상원사에 가 보니 스님 사진만 걸려 있어. 나는 엄청 울었지. 스님 방에 들어가니 스님 생각에 뼈가 저리는 듯하였어. 살아서 나에게 대할 때에는 몰인정하고 냉정하셨지만, 어떤 때에는 온화하게 귓속말로 속삭이시고 때로는 방망이로 맞기도 하였으나 막상 가시니 자상한 모습이 새록새록 일어나더라고.

한암(漢巖) 스님은 내 평생의 좌우명을 주셨어. 지금도 나는 스님이 주신 자훈인 겸손, 관용, 검소를 지키고 있어. 늘 그걸 실천하려고 노력하고 있지.

나는 속가의 아버지 생각은 잘 안 나는데 한암(漢巖) 스님 생각을 하면 눈물이 나. 나를 그렇게 가르쳐 준 은혜를 생각하면, 나의 법으로도 스님의 은혜가 크며 인정으로도 참으로 나는 정이 많이 들었지. 내가 볼 때 한암(漢巖) 스님의 수행은 고금을 막론하고 철저하였으며 사리판단이 매우 밝으신 분이었어.

1935년 유점사에서 만허 스님을 은사로 득도한 후 삼본사 승려연합수련소에서 2년간 공부한 범룡(梵龍, 1914~2005) 스님은 운수납자가 되어 전국의 선방을 찾아다니며 참구했던 분입니다. 1941년 상원사에서 한암(漢巖) 스님을 계사로 보살계를 받은 후 6·25 전쟁 때도 피란을 가지 않고 만화 스님과 함께 스님을 시봉하며 입적을 지켜보셨던 스님은 한암(漢巖) 스님을 서릿발처럼 엄하면서도 자비롭고 진실한 분이라고 기억합니다. 절대 자기 자랑하는 일이 없고 남 흉보는 일도 없으며 밤새도록 앉아서 참선하시는 모습을 볼 때마다 '도인도 저렇게 일구월심으로 공부하는데' 하는 반성을 하면서 자신을 채찍질하셨다고 합니다.

1937년 삼본사 승려연합수련소에서 공부하면서 4년 동안 한암(漢巖) 스님 회상에서 수행 정진한 설산(雪山, 1919~2007) 스님은 한암(漢巖) 스님을 대단한 근검절약가라며, 스님의 근검절약 덕분에 많은 대중이 그 산중에서 배곯지 않고 지낼 수 있었다고 회상하십니다.

간혹 젊은 수좌들이 조실[한암(漢巖)] 스님에게 이의를 제기해요. "맨날 왜 죽만 줍니까?" 하면서. 저도 처음에는 못 먹겠어요. 그런데 1년 먹고 나니 소화도 잘 되는데 바로 그게 약이에요. 어느 미련한 수좌가 매일 죽 먹는 것에 이의를 제기하자 한암(漢巖) 스님께서 "그러면 그대는 죽을 먹지 말고 죽 대신 냉수를 하루에 세 번 세 사발을 먹어 봐라. 그러면 네가 장사가 될 것이고 힘을 쓸 것이다."라고 하셨어요. 그 수좌가 하루를 냉수만 먹어 보니 눈이 쏙 들어가고 죽겠지 않겠어요? "아이고! 죽이라도 먹겠습니다." 하였어요. 그래 한암(漢巖) 스님께서 "네가 죽 먹는 법을 아는구나." 하셨지요. (중략)

다른 사람들은 그분의 근검절약을 놓고 "한 푼을 아낀다.", "절약을 한다." 말들을 하지요. 그러나 생각해 보세요. 그 산중에서 80명씩 사는데 근검절약을 안 하면 어떻게 먹습니까? 누가 쌀을 가져옵니까? 그러니 아침에 죽을 먹고 그랬지요.

영암 스님이라고 살림살이 잘하기로 유명한 스님이 있었잖아요. 그 스님이 오대산 감무를 하시면서 한암(漢巖) 스님으로부터 돈을 아끼는 것을 배우신 거예요. 그분이 저에게 "내가 오대산의 한암(漢巖) 스님에게 배웠어."라고 하였어요.

설산 스님에게는 특별한 기억이 하나 더 있습니다. 상원사에서 수행한 지 얼마 되지 않아 어머니가 돌아가시자 한암(漢巖) 스님께서는 금강경 강론을 쉬고 어머니를 위한 설법을 해 주고, 대중에게도 어머니의 영가 천도에 동참하라고 권유하며, 49일 동안 기도하라는 말씀을 해 주셨습니다. 이에 감동한 설산 스님이 일어나 한암(漢巖) 스님과 대중 스님들에게 오체투지의 절을 했다고 합니다. 이후에도 참선과 간경 시간을 제외한 나머지 시간에 늘 법당에 모신 어머니의 위패에 가서 기도를 할 수 있게 배려하셨다고 하니, 스승의 큰 자리는 이렇듯 살피고 아우르는 마음에서 시작되는 것이 아닌가 하는 생각이 듭니다.

한암(漢巖) 스님의 인가를 받고 상원사에서 3~4년 한암(漢巖) 스님을 모시고 공부하면서 보문 스님과 같은 좋은 도반을 만났다는 화산 학명(華山鶴鳴, 1019~2013) 스님 역시 한암(漢巖) 스님께서 시주물 아끼는 것에 매우 철저하셨으며, 솔선수범하여 남은 음식을 드시면서 "이 음식을 여기까지 가져오느라고 얼마나 노고가 많았는데 그것을 알지 못한다."라며 안타까워하셨다고 전합니다.

이를 닦을 때에 치약이 없어 주로 소금으로 양치질을 하던 시절에 상원사에서는 버드나무를 다듬어서 쓰고 그랬지요. '너희들이 소금을 만들어 내냐? 월정사에서 상원사까지 40리를 땀 흘리고 지고 오는데 그것으로 함부로 양치질한다.'라고 그러세요. 이것은 우리에게 공부 잘하라는 뜻인 줄 알게 하려고 강조한 것이지요. 시주물 은혜를 귀히 알고 공부를 잘할 수 있도록 절약하라는 말씀입니다.

그런 것이 기본적으로 몸에 배어서 나는 평생을 그렇게 살아왔어요. 그 정신은 『범망경』에도 다 있잖아요. (중략) 차라리 펄펄 끓는 쇠를 몸에 감을지언정 공부도 안 하면서 남의 시주에게 공양을 받지 말라고.

한암(漢巖) 스님의 검소함은 그것이 만들어지기까지의 노고와 그것이 내 앞에 놓이고 내 손에 쥐어지기까지의 수고도 함께 알고 감사해야 한다는 가르침이기도 했습니다.

훗날 만해 한용운 스님과 함께 불교 혁신 운동, 백범 김구 선생과 함께 신탁통치 반대 운동을 전개한 선지식 화산 스님은 『그리운 스승 한암(漢巖) 스님』의 저자 김광식 교수와 인터뷰를 하는 동안 '그리운 스승' 한암(漢巖) 스님을 떠올리며 눈물을 감추지 못하셨다고 합니다. 그때 화산 스님이 흘리신 눈물의 의미를 알 것 같습니다.

창조(昌祚, 1913~?) 스님은 공부를 시켜 준다는 말에 끌려 18세에 삼척(현 동해시)에 있는 삼화사(三和寺) 만운 스님 아래 출가하여 월정사에서 행자 노릇을 하며 6년간 공부한 후, 월정사 공비생으로 일본 유학을 다녀오신 분입니다. 유학까지 다녀왔지만 중노릇을 잘 하기 위한 특별 교육이 필요하다는 생각으로 상원사 선방에 들어가 동안거, 하안거를 나며 정진했던 학구파 스님의 기억 속 한암(漢巖) 스님은 어떤 분일지 궁금합니다.

안거 시작할 때와 마칠 때 법문을 하시는데 그게 참으로 인상적이야. 그때나 지금이나 다른 강사들은 반드시 어려운 부처님의 말씀과 조사의 어록을 외우지 않습니까? 그런데 스님은 그런 것이 전혀 없어요. 그냥 담담하고 알기 쉽게 일러 주셨어요. 즉 글귀를 갖고 법문을 하지 않아. 그리고 평상시에도 제자고 스승이 없고, 다른 대중이나 모든 사람에게 하심(下心)으로 똑같은 대우를 하셨지요.

스님은 대중들과 똑같이 하셨어요. 큰스님이라고 빠지는 때가 없어요. 당시 상원사에는 천도재, 제사가 많이 들어왔어요. 공양물인 쌀, 떡, 의복, 음식, 약이 많이 쌓여 있어요. 그러면 대중들에게 똑같이 갈라 주어요. 그리고 평소에도 인자해요. 그것이 생활화된 것으로 보여요. (중략)

그분의 특징은 학인이나 스님들이 잘못하였을 적에 그 잘못된 이유를 이야기하지 않고 듣기 좋게 이야기를 해 주시지요. 이유를 중언부언하지 않아요. 만일에 문제가 있으면 "이렇게 하는 법이 사람이 사는 법이다."라고 말씀하셨지.

도원(道源, 1928~) 스님은 열네 살에 출가해 열여덟 살이 되던 1945년, 글공부를 하고 싶어서 한암(漢巖) 스님이 계신 상원사를 찾아와 공양주로 2년, 채공으로 2년을 지내고 한암(漢巖) 스님을 2년간 모셨던 분입니다. 한암(漢巖) 스님을 모셨던 시자(侍者)였고 후일 월정사 주지를 지내셨던 만큼 도원 스님의 기억은 더욱 각별

합니다. 도원 스님에게 한암(漢巖) 스님은 도량에 다니다가도 쌀 한 톨, 팥 하나라도 일일이 다 주울 정도였고, 방에도 조그만 책상 하나뿐이고 아침에는 죽, 점심은 밥, 오후에는 불식을 철저히 지키셨던 검박한 분, 그러면서도 선교를 겸비하고 청백 가풍이 철저했던 스승이었습니다.

한암(漢巖) 스님은 평소 우리에게 가르치시길 "중노릇을 잘 하려면 부처님 탁자 밑에서 살아야 한다."라고 하셨어. 우리에게 늘 "중노릇을 잘하려고 생각해야 한다. 절대 딴 생각을 갖고 그곳을 떠나서는 안 된다."라고 하신 이 말씀은 '중은 독살이 하면 죽는다.'라는 뜻이지. 이는 '중은 절집 생활을 해야 한다, 대중처소를 떠나지 않아야 한다.'라는 것을 강조하신 뜻인 거야.

그다음으로 한암(漢巖) 스님은 다섯 가지를 잘 못하면 중이 될 수 없다고 하셨어. 그 다섯 가지는 참선하는 것, 간경 보는 것, 염불, 대중을 위해 봉사하는 것, 중생에게 교화(포교) 하는 것이었어. 이 다섯 가지에 참여하지 못하면 중이 아니라고 하셨어. 한국불교 현실을 볼 때 이 다섯 가지에 참여해야 한다고 누누이 말씀하셨어.

그리고 늘 말씀하시는 것은 말세 중생들은 근기가 허약하기 때문에 수승한 인연을 맺기가 어렵다고 하시면서, 참선하는 대중이 모여 있는 곳이었지만 예불을 마치고는 꼭 관음보살에게 정성을 다하여 부지런히 기도하는 일을 두 시간씩 하셨어. 칠십 넘은 노인이 첫새벽에 일어나셔서 꼬박 서서 두 시간씩 기도를 하시고 그랬어. 우리에게도 두 사람씩 짝을 이루어 예식을 가르쳤어. 한 사람은 법주를 하고, 다른 사람은 바라지를 하고. 천수를 치면서 제 위치에서 관음정근을 하도록 하셨지. (중략)

중은 인과를 제대로 알아야 하고, 사리를 분명히 알아야 한다고 하셨지. 스님은 자주 지인과 명사리를 말씀하셨는데, 그분처럼 인과를 철저히 알고 사리에 밝은 스님도 드물어. 인과를 분명히 알면 중노릇을 하지 말라고 떠밀어도 저절로 중노릇을 하지 않을 수가 없다고 하셨어. 그리고 사리 판단을 잘 해야 한다고. 사람이 세상 살면서 사리 판단을 잘못하면 자기 생활도 그르친다고 하셨지.

중은 시주물건을 무섭게 알라고 하셨어. 도량을 거닐다가 쌀이나 팥, 무 껍질, 콩 등 먹을 것을 보면 그것을 주워서 부엌으로 가져오시거나 애들을 불러서 전해 주셨어. 음식물이 얼마나 많은 사람들의 공이 든 것인지를 모르면 안 된다고 하셨지.

궁녀나 신도들이 두루마기나 버선 등을 보내오면 1년간 전부 모아두었다가 음력설이 되면 원주(院主)에게 그것을 전부 내놓으라고 하여 당신의 옷 두 벌만 남기고는 모두 대중에게 나눠 주라고 하셨어. 하여간에 스님은 검박하게 생활하셨어.

병약하고 당돌했던 열네 살 어린 소녀가 절 밥을 세 번만 얻어먹으면 병이 낫는다는 말을 듣고, 속가의 이모인 본공(本空, 1907~1965) 스님을 따라 월정사 지장암으로 향했습니다. 하지만 3일만 자고 집으로 돌아가겠다던 소녀는 "네 눈빛을 보니 너는 가지 말고 여기 살아야겠다."라고 하신 한암(漢巖) 스님의 말씀대로 평생 절 밥을 먹게 되었습니다. 다시 집으로 돌아갔지만 절이 그리워진 소녀는 부모님의 반대를 뒤로 한 채, 금강산의 삼일포에서 더 들어간 고성에서 오대산 상원사 지장암(地藏庵)에 이르는 멀고 험한 길을 되짚어 왔습니다. 38선이 막히는 바람에 두 번 다시 부모님을 뵐 수 없었던 경희(慶熙, 1931~ /대구 서봉사 주지) 스님의 동진 출가(童眞出家 : 어린 나이에 출가하는 일)에 얽힌 가슴 아픈 사연입니다.

경희 스님은 한암(漢巖) 스님을 어려운 큰스님이 아니라 자상한 할아버지처럼 생각하셨던 것 같습니다. 1946년 1월 한암(漢巖) 스님에게 사미니계를 받을 때의 일이라고 합니다.

저의 스님이 저를 상원사로 데리고 가서 법당에 꿇어앉아 계를 받는데, 다리가 저려서 계의 내용이 후반에 가니 아무 소리도 안 들어와요. (중략) 그날 점심밥을 먹고 나서 방으로 또 들어오라고 해서는 5계, 10계, 식차마나니계를 설명해 주었어요. 그런데 제가 방에 들어가서는 한암(漢巖) 스님에게 "큰스님! 그만 꿇어앉으라고 하세요. 다리가 저려서 너무 힘들어요. 그래야만 잘 알아듣잖아요."라고 했어요. 그랬더니 탄허 스님이 "하여튼 애는 양반 뼈를 삶아먹고 온애"라고 한 마디 하셨지요.

한암(漢巖) 스님께서는 "그래, 네 말이 맞다. 꿇어앉으면 얼마나 발이 저리고 아프겠냐?"라고 하시면서 편히 앉으라고 하시더군요. 그래 제가 식차마나니계를 받을 때는 편히 받았어요. 탄허 스님이 그 후에도 저만 보시면 "또 편히 앉아계 받으려 하느냐?"라고 하시면서 놀렸지요. (중략)

옛날 스님네는 자신을 칭할 때 '스님' 소리를 안 하고 '중'이라고 했어요. 저는 그 말을 듣기 싫어했어요. 자기가 자기 스스로를 낮추어 '중'이라고 하는 것이 싫었어요. 그래 저는 한암(漢巖) 스님에게 "스님, 자꾸 중, 중 하십니까? 저는 듣기 싫어요."라고 반문하고 그랬어요. 그러면 한암(漢巖) 스님께서는 "그래. 아한테도 배워야겠구나." 하시면서도 항상 "우리 '중'은 겸손해야 하고, 부지런해야 하고, 잠을 적게 자고, 열심히 정진해야 한다. 정진하는 도중에도 우리 '중'은 무식해서는 안 된다."라고 말씀을 하셨어요.

1948년 뇌묵(雷默)이라고도 불리는 비구니 희원(喜元, 1925~) 스님에게 진주(眞住)라는 법호와 함께 『신심명(信心銘)』에 있는 게송을 주셨습니다. 남아있는 기록으로는 이것이 한암(漢巖) 스님께서 마지막으로 내리신 이름과 법호, 게송입니다.

〈비구니 희원에게 주다―증 비구니 희원(贈比丘尼喜元)〉

인연을 쫓아가지도 말고,
공무(空無)에도 빠지지 말라.
한결같이 마음이 평온해지면
모든 번뇌는 저절로 녹아 없어지리라.

-불기 2975년(1948년) 무자 6월 17일
오대산 상원사에서 한암(漢巖) 쓰다

한암(漢巖) 스님께 계를 받고 스님께서 직접 써 주신 이름과 호, 화두가 담긴 친필 문서를 70여 년이 지난 지금까지 소중하게 간직한 채 "적게 먹고, 강력하게 정진해야 한다."라는 한암(漢巖) 스님의 말씀을 실천하며 살아오셨다고 합니다. 한암(漢巖) 스님을 세세생생 존경해야 하는 스승으로 생각하신다는 뇌묵 스님의 회고담을 통해 한암(漢巖) 스님의 발자취를 되새겨 보겠습니다.

세상이 하도 험난하여 세속에서도 살기가 너무 어렵지만, 절에 들어와 중노릇 하기도 어려운 시절이라고 하셨어. 먹고 죽지만 않으면 모든 것을 먹고서라도 정진을 부지런히 해야 한다고 하셨지. 예전의 선지식들도 칡뿌리 캐먹고, 바위에 흐르는 물도 먹고 정진을 하였다는 말씀을 하시면서 정진 수도를 제대로 하라고 하셨어요. (중략)

입산 후 첫걸음에 만난 큰스님이지만, 이분같이 살아온 스님이 없어요. 한암(漢巖) 스님같이 자비하고 원만한 도인이 어디에 계십니까? 내가 보기에 이 스님은 불가와 세속에서도 전혀 걸림이 없는, 통달한 인간이었습니다. 저에게는 항상 그 정신이 살아있는 것입니다.

한암(漢巖) 스님께 배울 점은 근검절약입니다. 아끼는 것이 우선이고, 다음으로는 정진에 열중하라는 가르침입니다. 한암(漢巖) 스님은 정진이 아니면 중노릇을 할 필요가 없다고 하셨어요.

뇌묵 스님은 현재 월정사와 100m 정도 떨어진 골짜기 언덕에 자리 잡은 비구니의 참선 도량 육수암에서 정진하고 계십니다. 육수암은 월정사 산내 암자로 여섯 손을 가지고 중생을 제도하신 육수관세음보살상이 모셔져 있는 곳으로, 결제기간에는 30여 분의 비구니 스님들이 수행 정진을 하십니다. 백수(白壽)를 바라보는 연세에도 밝고 맑은 성품을 지니고 계신 뇌묵 스님은 불법에 대해 이렇게 말씀하십니다.

"한바탕 꿈꾸다 가는 세상, 아옹다옹 불평불만 늘어놓고 살 것 있는가.
내게 허물이 없으면 남의 허물도 보이지 않는 법,
항상 부드럽고 선하고 어질게 살면 된다.
인과를 믿으면 모든 것이 그 자리에 있고 모두가 편안하다.
그것이 또한 불법이다."

지장암에서 출가하여 한암(漢巖) 스님의 수행 가풍을 배우고 그것을 평생 동안 실천하신 비구니 진관(眞觀, 1928~2017) 스님은 한암(漢巖) 스님을 일러 대중 화합을 으뜸으로 삼으신 스님이라고 말씀하셨습니다.

한암(漢巖) 스님의 말씀은 "공부를 하는 데는 화롯불의 재를 들쑤셔 봐서 불씨가 하나도 없이 다 꺼진 재라야 된다."라는 것이었어. 중노릇을 하는 데는, 화로 재에 그런 불씨가 조금이라도 있으면 안 된다는 말이지. 그러니까 다 식은 재라야 공부를 제대로 할 수 있다는 것이야. 불씨가 있으면 다시 불이 살아나니까

안 된다는 것이지. 다시 말하면 중노릇하려면 마음을 비우고, 하심을 해야 된다고 하셨어. (중략)

한암(漢巖) 스님은 대중의 뜻을 귀하게 여기셨어. 당신의 뜻도 중요하지만 늘 대중 화합이 제일이라고. 당신 뜻이 아무리 옳아도 여기에 앉아있는 대중이 "스님, 그건 안 맞습니다."라고 하면 대중의 뜻을 따르셨지. 당신의 의견을 고집하지 않으셨어. 한암(漢巖) 스님은 대중 위주로 사신 분이야.

열네 살이 되던 1944년 강릉 보현사에 입산하여 1945년부터 4년간 월정사 강원에서 수학한 후 강릉사범학교를 다니셨던 덕수(德修, 1931~?) 스님은 시봉하는 사람조차도 비구니나 여자 신도를 두지 않으셨던 한암(漢巖) 스님의 행을 청정 계율이라고 회상했습니다. 의식에도 능통하셨다는 회고담입니다.

스님은 어산과 의례를 잘하셨지요. 손수 만든 예참(禮懺 : 부처나 보살 앞에 예배하고 죄과를 참회함)도 있어요. 제가 스님이 짓고 제작한 예참을 지금도 가지고 있어요. 스님이 옛날에 지으신 것으로 당시 전국에서 재나 의식을 한다든가 다비를 할 때에는 스님이 만든 대 예참(大禮懺 : 부처나 보살의 이름을 부르며 절을 많이 하는 예법)을 갖고 하였어요. 지금도 서울의 비구니 절인 탑골 승방의 비구니 스님네들은 아마 스님의 예참을 다 외울 것입니다.

상원사에 노인네 스님이 있다더라, 얼굴이 둥그렇고 인상이 좋다더라, 무엇이든 아끼고 또 아낀다고 하더라…. 월정사 인근 마을 사람들은 한암(漢巖) 스님을 그렇게 이야기했다고 합니다. 우러러봐야 할 초대 종정이 아니라 평생을 겸손하고 질박한 '중'으로 사셨던 한암(漢巖) 스님께서 들으시면 아마도 슬며시 웃으실 것 같습니다.

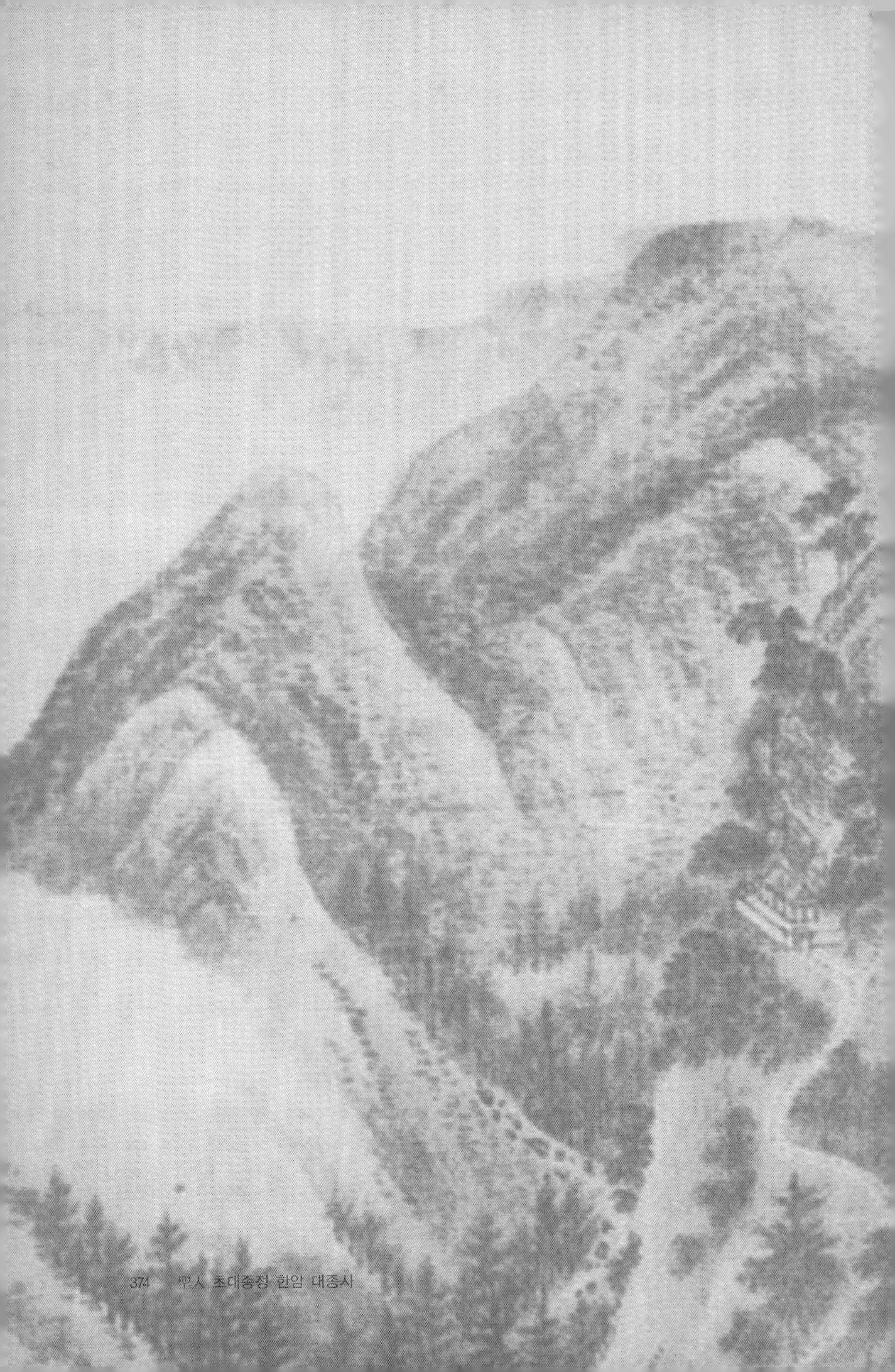

空山中景

8부

모두
모릅니다

자광사 중창과 한암(漢巖) 스님의 의발

1935년 5년 작정으로 한문을 배우기 위해 상원사에 갔다가 한암(漢巖) 스님의 법문에 감명을 받아 탄허 스님을 은사로 사미계를 받은 보경(寶鏡, 1919~) 스님의 불연을 빼놓을 수가 없습니다. 보경 스님은 한암(漢巖) 스님의 손상좌입니다.

산은 높은 대로 바다는 깊은 대로 평등(平等)한 것이다. 오리의 다리는 짧은 대로 평등(平等)한 것이고, 황새의 다리는 긴 대로 평등(平等)한 것이다.

산을 깎아 바다를 메우면 산(山)은 산대로 바다는 바다대로 불평(不評)을 하게 된다. 오리의 다리가 짧다고 해서 황새의 다리를 잘라 붙일 수 있겠는가.

빈부의 원인이 자기가 전생에 지은 결과라는 한암(漢巖) 스님의 법문은 어려운 가정 형편 때문에 공부를 하지 못한 불평등에 대한 보경 스님의 불만을 한순간에 가라앉히고, 불교를 새롭게 바라보는 계기를 만들어 주었습니다. 연합 수련소의 3기 수련생이기도 했던 보경(희태) 스님의 회고에서 존경과 그리움이 묻어나는 듯합니다.

한암(漢巖) 스님은 자상하고 자비롭지만 법 거래에서는 엄격하시거든요. 법(法)에 대해서 굉장히 밝으셨기 때문에 기면 기고, 아니면 아니고가 분명했어요. (중략)

한암(漢巖) 스님은 사리(事理)에 밝으셨어요. 잘못된 것이 있으면 어김없이 깨우쳐 주시곤 했지요. 그리고 한암(漢巖) 스님께서는 늘 상(相)이 없어야 된다고 말씀하셨고, 누가 고집을 부리기라도 하면 어김없이 부처님 말씀을 적절히 예로 들어 설명하셨어요. (중략)

대중 화합을 많이 강조하셨지요. 한암(漢巖) 스님께서는 항상 "울뚝배기 살인 치고, 허욕이 망신하고, 고집불통 패가한다."라는 말씀을 자주 하셨어요. 평생 동안 타인에 대해서는 말씀 안 하셨어요. 그리고 평생을 당신 자랑은 안 하셨어요. 다만 "내가 젊어서부터 이름 석 자가 알려져서 공부에 손해가 많았다."라는 말씀은 두고두고 하셨어요.

한암(漢巖) 스님께서는 사람 차별을 안 하십니다. 세 살 먹은 어린아이가 와서 절해도 가만히 앉아서 받지 않고 맞절해서 받으셨어요. 겸손하셨어요.
한암(漢巖) 스님은 사리(事理)에 매우 밝으셨어요. 저는 한암(漢巖) 스님을 사리에 밝으신 전무후무한 스님으로 보고 있습니다. 대개 큰 스님들은 강(講)이면 강(講), 염불(念佛)이면 염불(念佛) 그것 하나만 고집하지 한암(漢巖) 스님처럼 골고루 하는 분은 없어요.

보경 스님이 주지로 계셨던 자광사는 탄허문화재단 소속의 조계종 사찰입니다. 대전시 유성구 학하농 649번지 계룡산에 위치해 있으며 1969년 7월 탄허 스님께서 창건하셨습니다.

법당 건물의 1층은 계룡산 국제 선원(2004년 개관) 겸 조사전, 요사채로 쓰이는 곳으로 탄허 스님이 평생의 스승으로 받들어 모신 한암(漢巖) 스님의 영정과 함께 탄허 스님의 영정이 봉안되어 있습니다. 탄허 스님의 학술대회도 열립니다. 2층은 대웅전으로 석가모니불을 비롯하여 지장보살과 관세음보살을 모시고 있으며, 영가를 모시는 영단과 신중단도 있습니다. 3층은 적광전으로 비로자나불을 중심으로 석가모니불과 노사나불의 삼존불을 모시고 있고 주변 벽에는 삼천불이 봉안되어 있습니다.

탄허 스님의 발자취가 남아있는 자광사는 소승과도 불연이 깊은 곳입니다. 이야기를 『신화엄경합론(新華嚴經合論)』이 발간된 1969년(불기 2514년)로 되돌려 보겠습니다. 집필을 시작한 지 10년 만인 1967년 3월에 원고지 63,000여 장에 달하는 대 역경 불사를 끝내고도 월정사의 어려운 형편 때문에 출판하지 못하고 있던 『신화엄경합론』이 부산 삼덕사(三德寺)에서 출판된 1969년 7월, 탄허 스님께서는 한반도 불교의 중심 도량으로 만들고자 하는 큰 뜻을 펼치기 위해 계룡산에 자광사를 창건하십니다. 그리고 여러 곳에 흩어져 있던 장경과 소지품을 모두 이곳으로 옮겨 장경각(藏經閣)이라 이름하고, 오대산과 계룡산을 주처(住處)로 하여 장경 번역과 출판을 계속하셨습니다.

소승은 매년 봄과 가을에 은사 만화 스님의 심부름으로 공양미를 짊어지고 가서 탄허 스님을 뵙고는 했습니다. 그럴 때마다 스님께서는 소승에게 자광사로 내려와서 중창 불사를 하라고 권유하셨습니다. 하지만 탄허 스님께서 전국 각처를 오가며 집필과 강연, 법회, 대담 등으로 바쁜 시간을 보내시는 동안 소승은 중창 불사에 매진하는 월정사의 가난한 살림을 사느라 눈코 뜰 새가 없었고, 1980년 10.27 불교 법난과 1981년 월정사 분규 사태를 겪느라 정신이 없었습니다.

1983년 6월에는 탄허 스님께서 열반하시고, 6개월 뒤인 12월에 은사 만화 스님께서 열반하시는 참담함을 겪었습니다. 두 분 큰스님이 입적하신 후 월정사 주지 소임을 둘러싼 분규와 종권 다툼이 날로 커져만 갔습니다. 절이 싫으면 중이 떠나라는 말처럼, 법의 스승으로 의지하던 두 분 큰스님을 잃은 충격 속에서 천박한 싸움을 지켜봐야 했던 소승은 결국 1984년 1월, 은사 만화 스님의 49재를 마친 후 걸망 하나 짊어지고 빈손으로 월정사를 떠났습니다. 해인사에 주석하고 계신 종정 성철 스님을 찾아가는 제2의 출가였습니다.

우여곡절 끝에 어렵사리 해인사에 도착하니 성철 스님께서 "잘 왔다."라고 하시며 내복 한 벌과 광목옷 한 벌을 내어주시며 『팔만대장경』을 지키는 장주라는 큰 소임을 맡겨 주셨습니다. 오대산 적멸보궁에서 4분 정근으로 기도 결사를 한 것처럼 『팔만대장경』 장주 소임을 보면서도 법보전에서 4분 정근기도를 올렸습니다. 하루를 새벽(4시~6시), 오전(9시~11시), 오후(2시~4시), 저녁(6시~8시) 네 번으로 나누어서 두 시간씩 네 번의 기도를 올리는 것을 4분 정근기도라고 합니다. 하루에 8시간씩 서서 목탁을 치고 염불하고 기도를 올리면 피가 아래로 쏠려 장딴지와 발등이 퉁퉁 부어오릅니다. 피를 토하는 일도 여러 차례였습니다.

그야말로 죽음을 무릅쓴 기도 정진 중이던 어느 날, 비몽사몽간에 〈법륜전지(法輪轉旨)〉라는 흰 글씨가 뚜렷이 보였습니다. 검게 타버린 월정사 대적광전 뒷벽에 선명하게 쓰인 그 글씨는 탄허 스님의 친필이었습니다. 깜짝 놀라 정신을 차리고 그 글귀를 곰곰이 생각해봤습니다. 30여 년이 지난 지금까지도 그 뜻을 정확하게 알 수는 없으나, 선명하게 남은 탄허 스님의 필체는 다시 탄허 스님의 회중으로 돌아가 스님이 못 다 이루신 꿈을 이어가라는 계시와도 같았습니다.

소승은 한 치의 망설임도 없이 해인사 장주 소임에서 물러나 계룡산의 자광사로 향했습니다. 도착해 보니 폐허가 되다시피한 그곳에는 탄허 스님의 영정이 햇빛에 바래고 비에 얼룩진 채 방치돼 있었습니다. 참회의 눈물을 흘리며 1,000일 기도 불사를 시작했습니다. 시주금을 모으기 위해 온갖 고초를 겪어가며 전국을 돌면서 10년의 원력으로 불사에 매진하여 탄허 스님의 유언대로 지금의 3층짜리 자광사 법당을 완공했습니다.

자광사를 인재 양성과 미래교육의 산실이자 도 교육의 중심지로 만들어 삼교회통을 바탕으로 한 동양학의 응집처로 발전시켜서 미래를 준비하고자 하셨던 탄허 스님의 뜻에 미력이나마 힘을 보탠 것 같아서 그동안의 어려움이 눈 녹듯 사라지는 것 같았습니다. 소승 혼자서는 할 수 없는 일이었습니다. 부처님의 원력과 적극적으로 동참해 주신 불교 도량과 스님들, 신도님들께 오랜 세월이 지났지만 다시 한 번 감사의 인사를 올립니다.

　한창 불사 중이던 1990년 어느 날의 일입니다. 만화 스님의 유족으로 경북 안동시 유하사에 계신 일무당(一無堂) 묘행(妙行) 스님과 선법 스님으로부터 급히 오라는 전갈이 왔습니다. 지체 없이 달려가니 만화 스님의 속가 동생인 덕운 거사(장인호)도 함께 있었습니다. 묘행 스님은 소승에게 한암(漢巖) 스님께서 상원사에 주석하실 때 쓰시던 발우 한 벌과 나무로 된 수저와 가사 세 벌을 내주셨습니다. 가사 세 벌 중 한 벌은 명주실로 짠 새 가사였고 두 벌은 더러 입기도 한 것이었습니다. 이 의발은 세 겹의 흰 광목천에 곱게 싸여 있었습니다.

　묘행 스님은 당신도 이제 나이가 많아 언제 세상을 뜰지 몰라서 이제나저제나 오대산에 한암(漢巖) 스님의 의발을 전달할 때를 보고 있었지만 월정사 분규가 끊이지 않아 불안한 마음에 소승에게 맡기는 것이라 하셨습니다. 소승이 탄허 스님의 법맥을 이어받아 자광사 중창 불사를 하는 것을 크게 기뻐하셨고 그래서 한암(漢巖) 스님의 의발을 전하기로 했다는 말씀도 덧붙이셨습니다. 탄허 스님이 현몽하신 뜻을 받들어 자광사 중창 불사를 하면서 수행에 정진하니 이렇듯 분에 넘치는 영광을 안게 된 것 같아서 감사한 마음에 소승은 가슴이 뭉클한 감동으로 목이 메었습니다. 자광사 캐비닛에 고이 간직했던 한암(漢巖) 스님의 의발은 1994년 불교종단 사태로 현해 스님이 주지로 임명되고, 소승이 월정사로 돌아오면서 모시고 돌아와 성보박물관에 소장했습니다.

　월정사 성보 박물관에는 2014년 12월 26일 대한민국 등록문화재 제645호로 지정된 한암(漢巖) 스님의 가사가 세 벌 있습니다. 21조 금직 금란 가사, 25조 홍색 모본단 가사, 100조 담홍색 모시 가사가 그것입니다. 문화재 위원회는 한국 근대불교를 이끌었던 한암(漢巖) 스님의 가사에 대해 근대 불교계의 주요 인물인 한암 스님의 유물인 데다가 희소성이 있는 한국 전통 가사로 시대상을 반영하고 있으며, 역사적·문화적·종교적·복식사적·불교 공예사적 등 다방면으로 가치가 높으므로 근대문화재로 지정해 보호할 가치가 있다고 밝혔습니다.

21조 금직 금란 가사는 폭 205.4cm, 길이 109.7cm의 납작한 단면을 지닌 금실과 다양한 색실로 짠 비단에 모란과 봉황, 구름 문양의 수가 놓여 있습니다. 네 모서리에는 흰색 공단 바탕에 금사로 천(天) 자와 왕(王) 자를 수놓은 사천왕첩(四天王貼)이 있고, 위쪽에 고리 모양의 짧은 끈 두 개가 달려 있습니다. 중앙에는 금사로 메운 지름 7cm의 원 안에 황색 비단 실로 삼족오(三足烏)를 수놓아 해를 표현하고, 흰 비단 실로 토끼를 수놓아 달을 표현한 일월광첩(日月廣貼)이 부착되어 있습니다. 이 가사는 순종을 모시던 김 상궁이 직접 수놓아 공양한 것으로 전해지고 있습니다.

25조 홍색 모본단 가사는 3점의 가사 중 보존 상태가 가장 양호합니다. 폭 101cm, 길이 234cm로 중앙에 부착된 지름 8.8cm의 원형 일월광첩에는 삼족오와 토끼가 오색 실로 수놓은 구름·연꽃·파도·원형 범자(梵字) 문양과 함께 묘사되어 있습니다. 사방 끝단에는 흑색과 청색 실로 천(天) 자, 홍색과 녹색 실로 왕(王) 자를 수놓은 사천왕첩이 붙어있고 위쪽에는 짧은 끈 두 개가 달려 있습니다. 바느질이 매우 정교한 것이 특징입니다.

100조 담홍색 모시 가사는 폭 83.5cm, 길이 321cm로 바탕에 문양이 없습니다. 네 모서리에 흑색과 청색 실로 천 자, 홍색과 녹색 실로 왕 자를 수놓은 사천왕첩이 있고, 연금사와 견사로 홍색 바탕에는 삼족오를, 흰 바탕에는 토끼를 수놓아 붙인 지름 7.8cm의 일월광첩이 아름답습니다. 전통 가사와 달리 조(條 가지)

의 수가 짝수이고, 흔히 볼 수 없는 모시 가사이며 상상품(上上品)에 해당하는 품계인 25조 가사를 월등히 뛰어넘는 100조 가사라는 점에서 귀한 유물 자료로 평가되고 있습니다.

종단 개혁이 일어난 1994년, 소승은 일본 유학을 마치고 돌아와 월정사 주지로 취임하신 현해 스님의 부름에 따라 월정사로 돌아왔습니다. 출가한 승려는 애착에 매여서도 종단과 문중의 부름을 거역해서도 안 됩니다. 탄허 스님의 현몽을 받들어 자광사 중창 불사에 전력투구한 것처럼, 소승은 다시 오대 산문의 부름을 받아 다시 걸망 하나 짊어지고 월정사로 향했습니다.

그런 인연 덕분에 지난 7월 4일에는 탄허 스님 생가 복원 사업 추진을 위한 현장답사와 간담회에 다녀왔습니다. 전북 김제시는 생가 복원 사업을 위해 2017년 스님의 생가 터 부지를 매입한 데 이어 2019년부터 2개년 계획으로 3억 5,000만 원의 예산을 투입해 2020년 6월께 사업을 마무리한다는 계획을 내놓았습니다만 아직도 완결되지 못했습니다. 생가가 복원될 장소는 탄허 스님이 태어난 김제시 만경읍 대동리(대지 면적 1,167㎡)입니다. 설립이 완료되면 탄허 불교문화 재단 등의 도움을 받아 탄허 스님 관련 전시도 이뤄질 것이라고 하니 자광사를 중건했던 20여 년 전의 감회가 떠오르면서 문득 아직까지도 성사되지 못하고 있는 한암(漢巖) 스님의 생가 복원 사업에 대한 아쉬움을 감출 수가 없었습니다.

한암(漢巖) 스님의 생가 복원은 지난 2004년에 소승이 몸담고 있는 오대산 월정사(주지 정념 스님)와 화천군에서 공동 추진하기로 했던 사업입니다. 2008년 완공을 목표로 총 94억 원을 투입해 스님께서 태어난 화천군 하남면 계성리에 생가를 조성한다는 계획이었습니다. 한암(漢巖) 스님의 유물과 화천군 불교 유적을 소개하는 자료를 전시할 예정이었던 생가 복원 사업은, 생가 주변에 있었던 고려 중기 때의 사찰 계성사 복원, 일반인을 위한 불교문화 수련관 건립 등과 함께 추진될 예정이었습니다.

　하지만 이 사업은 남북문제 등 대내외적인 여러 가지 사정으로 인해 진전을 보지 못한 채 15년이 지난 지금까지도 추진 여부가 불투명한 상태입니다. 그나마 위안이 되는 것은 화천군 하남면 위라리 490번지에 있는 화천민속 박물관에 한암(漢巖) 스님의 흉상이 모셔져 있다는 사실입니다. 이곳에는 한암(漢巖) 스님을 비롯해 조선 후기의 문신 곡운 김수증(谷雲 金壽增, 1624~1701), 시조 전문지 『시조문학』을 창간한 한국 시조계의 대부 월하 이태극(月河 李泰極, 1913~2003), 제3대 해병대 사령관을 역임한 중장 김대식(1918~1999), 조선 시대를 통틀어 최고의 효자로 꼽히는 송란(1513~?) 등 화천을 빛낸 인물 다섯 분의 흉상이 있습니다. 한암(漢巖) 스님의 진면목을 널리 알리고, 대중들이 불교에 대한 이해의 폭을 넓힐 수 있는 교육의 장이 될 생가의 복원이 이루어질 수 있기를 소승 삼가 합장 축수합니다.

삼본사 승려연합수련소

1936년 6월, 상원사에 선(禪)과 교(敎)를 두루 겸비한 인재를 양성하기 위한 강원도 삼본사(월정사 · 건봉사 · 유점사) 승려연합수련소가 설치됐습니다. 매년 월정사(月精寺)와 건봉사(乾鳳寺), 유점사(楡岾寺)에서 유능한 중견 승려 열 명씩을 뽑아 1년간 상원사 한암(漢巖) 스님 밑에서 공부를 시키는 과정이었습니다.

이 무렵 조선 총독부는 불교를 통한 심전 개발 운동에 박차를 가하고 있었습니다. 강원도청 참의관 홍종국이 찾아와 한암(漢巖) 스님을 뵙고 심전 개발 운동에 대한 협조를 부탁했습니다. 도내에 있는 사찰을 돌면서 승려들을 교육해 달라는 것은 표면적인 것이고, 안으로는 심전 개발 운동을 도와 달라는 청이었습니다. 거듭해서 거절하던 한암(漢巖) 스님께서는 '신(信) · 원(願) · 행(行)'을 갖춘 승려를 선발해서 상원사로 보내주면 힘껏 교육하겠다.'라는 조건으로 승려수련소 설치를 승낙하셨습니다.

일제의 개입으로 시작되었지만 한암(漢巖) 스님은 이 승려수련소를 일제의 눈치를 보는 일 없이 상원사(上院寺)와 스님 자신의 전통에 따라 운영하셨습니다. 타락한 왜색 불교에 맞서 청정한 조선불교를 바로 세우고자 하는 큰 뜻도 담겨 있었습니다. 순수 선(禪)만을 지향하지도 않고, 경전을 배척하지도 않는 수행 방법, 다시 말하자면 순수 선(禪)과 조사 어록, 경전의 수학을 겸비한 선교 일치(禪敎一致)의 수행 방법을 일관되게 지키셨습니다. 수련생들은 『범망경(梵網經)』, 『화엄경(華嚴經)』, 『금강경(金剛經)』 등을 배우면서 참선(參禪)과 울력 등을 통한 승려 교육을 받았습니다. 뛰어난 상좌 탄허 스님의 헌신적인 노력이 있었기에 가능한 일이기도 했습니다.

승려수련소의 3기생이었던 탄허 스님이 한암(漢巖) 스님의 권유로 조교 겸 강사 역할인 중강을 맡게 됐습니다. 그도 그럴 것이 당시 상원사에서는 승려수련소와는 별개로 각처에서 온 수좌 50여 명이 한암(漢巖) 스님의 가르침을 받으며 치열한 수행을 하고 있었으므로 한암(漢巖) 스님 혼자 80여 명을 지도할 여력이 없었던 것입니다.

책이 귀하던 시절이라 승려수련소의 승려들은 책 한 권을 가운데 두고 빙 둘러앉아 그야말로 머리를 맞대고 공부를 했다고 합니다. 탄허 스님이 읽으면 한암(漢巖) 스님이 해설과 주석을 해주시기도 하고, 탄허 스님이 해석을 하면 한암(漢巖) 스님이 옳고 그름을 가려서 보충 설명을 해 주기도 하셨습니다. 수련생이 잘못 외우면 한암(漢巖) 스님이 직접 종아리를 때리면서 "참선할 때 참선하고 글 외울 때 외워야 한다."라는 꾸지람도 내리셨습니다. 아침저녁 예불 직후 참선, 점심공양 전후 경전 학습 등 교(教)와 선(禪)의 조화를 중시한 선교 겸수(禪教兼修)의 가르침이었습니다.

탄허 스님에 대한 한암(漢巖) 스님의 사랑과 신뢰가 매우 크셨던 것처럼 한암(漢巖) 스님에 대한 탄허 스님의 존경과 흠모도 그에 못지않았습니다. 탄허 스님이 한암(漢巖) 스님께 계를 받고 3년간 묵언 참선을 하려고 하셨지만 탄허 스님의 높은 학식을 아끼셨던 한암(漢巖) 스님께서는 "자네 같은 사람이 부처님의 교리를 알아야 후생들이 도움을 받을 수 있다."라며 강원에 가서 박한영, 진진응, 백초월 스님과 같은 선지식의 지도를 받으며 방대한 경전을 두루 공부할 것을 권하셨습니다. 한암(漢巖) 스님을 뵙기 위해 상원사를 찾고, 한암(漢巖) 스님의 고매한 경지와 인품에 이끌려 불제자가 된 탄허 스님 역시 "스님이 책을 펴 주시면 스님께 배우지 딴 데로 가지 않겠습니다. 여기서 살겠습니다."라고 답하셨으니 두 분의 깊은 불연은 들을 때마다 뭉클한 감동으로 다가옵니다.

　그런 두 분도 공부하는 과정에서 가끔 충돌하기도 하셨다고 합니다. 한문에 능통했던 탄허 스님이 문장의 해석이 한문의 문리에 합당해야 한다고 이견을 제시하는 경우였습니다. 이럴 때면 한암(漢巖) 스님께서는 "불교는 유학과 다르다."라고 말씀하시면서, 경전의 내용은 학문으로 풀이하기에 앞서 불교적인 내용으로 풀어야 한다는 사실을 강조하셨습니다. 때로는 그런 문제로 반나절씩 토론을 벌이기도 했지만, 탄허 스님이 한암(漢巖) 스님을 이긴 적은 단 한 번도 없었다는 것이 당시 수련생들의 증언입니다.

　그러면서도 한암(漢巖) 스님은 유교적인 해석과 불교적인 해석의 차이점을 짚어내며 이의를 제기하는 탄허 스님의 실력과 안목을 높이 평가하셨습니다. 이 과정은 단순한 충돌이 아니라, 한암(漢巖) 스님의 불교관이 탄허 스님에게로 옮겨가는 과정이었으며, 탄허 스님이 유교와 불교의 차이를 이해하고, 불교적인 눈을 갖게 되는 계기가 되었습니다.

　한문으로 쓰여 있어 읽기조차 어려운 경전, 그조차도 구하기가 힘들었던 시절에 한암(漢巖) 스님을 도와 승려들을 지도하는 동안 탄허 스님은 후학 양성을 위해서는 경전을 번역하고 교재를 보급하는 일이 시급하다는 것을 절감하셨습니다. 이는 훗날 동국 역경원 개원사(1966년)에서 "한국불교의 미래는 법당 100 채를 짓는 것보다 학인들을 공부시키는 것이 중요하다."라고 역설하신 것과 일맥상통합니다.

　탄허 스님은 근·현대 한국불교사 최고의 학승으로 꼽히는 분입니다. 일제강점기 혼란스러운 시기에도 종교의 근본은 정신이고, 이 정신을 세우는 일을 교육이라고 생각하고, 일본 불교의 영향 속에서 정체성을 잃은 우리 불교의 해법을 교육에서 찾으려고 하셨습니다. 그러기 위해 필요한 가장 기초적인 것이 누구나 쉽게 읽고 이해하고 배울 수 있는 경전이었습니다. 한암(漢巖) 스님은 탄허 스님에게 경전 번역을 권하셨습니다.

탄허 스님은 경전을 번역하고 토를 다는 등 한국불교 역경 역사상 가장 큰 불사를 통해 현대 한국불교 교육의 토대를 세우셨습니다. 그 대표적인 예가 80권 『화엄경』, 이통현(李通玄, 635~730)의 『신화엄경론(新華嚴經論)』, 징관(澄觀, 738~838)의 『화엄경수소연의초(華嚴經隨疏演義鈔)』·『화엄현담(華嚴玄談)』, 계환(戒環)의 『화엄 요해(華嚴要解)』, 보조 지눌(普照知訥, 1153~1210)의 『원돈 성불론(圓頓成佛論)』 등 화엄경과 관련된 방대한 저술을 우리말로 번역한 『신화엄경합론(新華嚴經合論)』입니다.

전 47권의 『신화엄경합론』은 1956년 한암(漢巖) 스님의 유촉(遺囑)을 받아 본격적으로 번역 작업에 착수한 지 10년 만에 세상에 나오게 되었습니다. 이를 계기로 승려는 물론 재가불자들도 불교 경전에 쉽게 다가가게 되었으며, 그동안 기복 신앙의 범주를 크게 벗어나지 못하고 있던 신행 풍토 역시 이를 바탕으로 진리 탐구의 수행 정진으로 탈바꿈하게 되었습니다. 탄허 스님은 승려수련소의 경험을 바탕으로 1956년 4월 월정사에 오대산 수도원을 개설하셨고, 불교 전통강원 교재를 포함해 총 18종 78권에 달하는 경전 번역의 대업을 이루어내셨습니다.

일제의 압박 속에서도 삼본사 승려연합수련소는 한암(漢巖) 스님의 치열한 수행자 정신과 승려 교육에 대한 열정, 교학에 대한 깊은 이해, 그리고 유능한 제자 탄허 스님의 뒷받침 속에 조선불교의 전통과 두 분 스님의 교육관을 이어왔습니다. 그러나 1940년 3월에 수료식이 거행되었다는 기록을 마지막으로 다른 기록이나 수련생 출신 승려들의 증언이 남아있지 않는 실정이라 승려수련소가 언제까지 존속했는지는 분명하지 않습니다. 다만 1941년 일본의 진주만 기습으로 시작된 태평양 전쟁과 일제의 군국주의와 식민 통치 강화 등 어지러운 시국과 끊임없이 들고나는 100여 명에 가까운 승려들의 숙식을 책임져야 했던 상원사의 경제적 부담감 등이 삼본사 승려연합수련소의 폐지로 이어지지 않았나 하는 생각이 듭니다.

당시 상원사에는 승려수련소 외에도 한암(漢巖) 스님께서 『보조 어록』, 『화엄경』, 『신화엄경론』, 『육조단경』 등을 강론하시는 청량 선원이 운영되고 있었습니다. 선원의 수좌들에게는 울력에 동참할 의무는 주어졌지만 공부는 자율에 맡겨졌습니다. 하지만 한암(漢巖) 스님께 배우기 위해 전국 각처에서 모여든 수좌들인지라 강론에 빠지는 사람은 없었습니다. 한암(漢巖) 스님의 인품과 가르침에 감화하여 공부에 열중한 수좌들이 자청하여 『화엄경』과 『신불기화엄경론』을 독송하는 화엄결사(華嚴結社)와 특강 법회인 화엄산림(華嚴山林)을 열었다는 전설 같은 이야기도 전해지고 있습니다.

'오대산 도인' 한암(漢巖) 스님 회상에서는 한암(漢巖) 스님의 토대에서 탄생해 그 법통을 계승하면서 승과 속을 두루 아우르는 계몽과 교육에 평생을 매진한 '오대산 사자' 탄허 스님을 비롯해, 후일 한국불교계를 대표하는 효봉(曉峰, 1888~1966)·고암(古庵, 1899~1988)·영암(映岩, 1907년~1987)·월하(月下,1915~2003)·서옹(西翁, 1912~2003)·범룡(梵龍, 1914~)·설산(雪山)·보경(寶鏡)·탄옹(?~1947)·관응·(觀應,1910-2004)·석주(昔珠, 1909~2004) 스님 등 수십 명의 승려가 배출되었습니다.

『금강경오가해(金剛經五家解)』 현토 간행

선(禪)의 정통 의식에 투철했고 더불어 교에 대한 의식도 중시했던 한암(漢巖) 스님께서는 언제나 경전 읽기를 권하셨고, 좌선을 하는 틈틈이 대중들에게 경전을 강의하며 소리 내어 읽고 외우게 하셨습니다.

참선(參禪), 경전 수학(經典修學)이 승려수련소의 제도적 기반이었던 만큼, 승려수련소가 운영되는 동안 경전(經典)을 통한 교육을 뒷받침해 줄 수 있는 불서(佛書)의 저술이나 발간도 꾸준히 이어졌습니다. 한문으로 된 경전에 토와 뜻을 달아 읽기도 쉽고 이해하기도 쉽게 하는 현토(懸吐) 간행이 많았습니다.

1937년(불기 2964년, 62세) 1월 『금강경오가해설의(金剛經五家解說誼)』를 편집하고, 한문에 토와 뜻을 달아 『금강경오가해(金剛經五家解)』라는 책으로 내놓으면서 서문 「금강반야바라밀경 중간 연기서(金剛般若波羅密經重刊緣起序)」를 지으셨습니다. 1월 30일에는 금강저 제22호에 법어 묘포서(猫捕鼠/고양이가 쥐 잡듯이)를 게재했습니다.

『금강경오가해(金剛經五家解)』가 어떤 경전인지를 알기 위해서는 대승불교의 사상을 가장 잘 담고 있는 『금강경』에 대한 이해가 필요합니다. 『금강경』은 『금강반야바라밀경(金剛般若波羅蜜經)』을 줄인 말입니다. 금강(金剛)은 금강불괴(金剛不壞)라고 하여, 어떠한 물질이나 변화에도 결코 깨지지 않는 단단한 성질의 보석광물 다이아몬드(금강석)를 뜻합니다. 단단하고 청정하며, 깨끗한 광채를 내뿜는 다이아몬드의 특성을 어떤 번뇌라도 깨뜨릴 수 있는 부처님의 지혜에 비유해서 『금강반야바라밀경』, 또는 『금강경』이라고 합니다.

석가모니 부처님과 수보리(須菩提) 존자(尊者)의 문답식 대화로 이루어져 있는 『금강경』은 불성(佛性)과 반야(般若)의 의미를 동시에 담고 있습니다. 금강(다이아몬드)이 그러하듯 사람에게는 세상의 어떤 변화 속에서도 결코 깨지거나 변하지 않는 불성이 있고, 그런 불성을 온전히 깨달아 성불에 이를 수 있는 반야의 지혜가 숨어 있습니다. 반야(般若)는 깨달음의 지혜를, 바라밀(波羅密)은 '저 언덕에 이른다(도피안 到彼岸).'라는 뜻으로 『금강반야바라밀경』은 지혜의 완성을 의미합니다. 다이아몬드처럼 견고하고 빛나는 깨달음의 지혜로 번뇌와 고통이 사라진 평화의 땅 도피안에 도달할 수 있도록 이끌어 주는 경전입니다.

부처님 최상의 지혜를 담고 있는 『금강경』은 불교의 단일 경전으로는 세계에서 가장 널리 읽혀 온 불자들의 수행 지침서입니다. 그 깊고 오묘한 경계를 몇 마디의 말로 요약할 수는 없지만 한곳에 집착해 마음을 내지 말고 머물지 않는 마음을 일으키는 가운데, 부처를 모양으로 보지 말고 진리로서 존경하고, 자신 안에 깃든 생명력을 발휘해 불교의 깊고 오묘한 지혜와 대자비의 물결을 온 세상에 전파하라는 말씀을 담고 있습니다. 30분 정도면 읽을 수 있고 독송을 통해 재앙이 소멸되어 소원이 성취되는 공덕을 얻을 수 있습니다. 부처님께서는 과거세의 죄업을 씻고 현생의 몸 그대로 성불하기를 원한다면 『금강경』을 수지 독송하라고 하셨습니다. 『금강경』을 수지하는 공덕 몇 구절을 옮겨 보겠습니다.

이 경에는 생각할 수도 없고 헤아릴 수도 없는 한없는 공덕이 있다. 여래는 대승에 나아가는 이를 위해 설하며 최상승에 나아가는 이를 위해 설한다.

어떤 사람이 이 경을 받고 지니고 읽고 외워 널리 다른 사람을 위해 설해 준다면 여래는 이 사람들이 헤아릴 수 없고 말할 수 없으며 한없고 생각할 수 없는 공덕을 성취할 것임을 다 알고 다 본다. 이와 같이 사람들은 여래의 가장 높고 바른 깨달음을 감당하게 될 것이다.

이 경전이 있는 곳은 어디든지 모든 세상의 천신, 인간, 아수라들에게 공양을 받을 것이다. 이곳은 바로 탑이 되리니 모두가 공경하고 예배하고 돌면서 그곳에 여러 가지 꽃과 향을 뿌릴 것임을 알아야 한다.

『금강경』에는 이 경전을 수지 독송한 공덕이 말로 표현할 수 없을 정도로 크다고 쓰여 있습니다. 부처님께서는 수지 독송의 공덕에 대해 자세히 말하면, 그 말을 듣는 사람의 마음이 어지러워져서 오히려 의심하고 믿지 못하게 될 것이라고 하셨습니다. 그만큼 누구나 쉽게, 크나큰 부처님의 가피를 받을 수 있는 경전이 『금강경』입니다.

하지만 당시 거의 모든 경전이 그러했듯이 『금강경』 또한 한문으로 되어 있었습니다. 한암(漢巖) 스님께서 서문 「금강반야바라밀경 중간 연기서」에서 말씀하신 대로 『금강경』은 한문에 통달한 사람이 아니고서는 누구나 쉽게 읽고 이해하기가 어려웠습니다. 그래서 필요한 것이 당나라 규봉 종밀(圭峰宗密) 스님의 『금강반야경 소론 찬요(金剛般若經疏論纂要)』, 당나라 육조 혜능(六祖慧能) 스님의 『금강반야바라밀다경 해의(金剛般若波羅蜜多經解義)』, 양나라 쌍림 부대사(雙林傅大士)의 『금강경 송(金剛經頌)』, 송나라 야부 도천(冶父道川) 스님의 『금강경 주(金剛經註)』, 송나라 예장 종경(豫章宗鏡) 스님의 『금강경 제강(金剛經提綱)』 등 중국의 다섯 조사의 풀이를 모아 엮은 책이 한암(漢巖) 스님이 현토 간행한 것과 같은 이름의 『금강경 오가해(金剛經五家解)』입니다.

조선 시대에 이르러 함허 득통 스님이 이 『금강경오가해』의 중요한 부분에 다시 간결하면서도 명료한 설명을 덧붙이니 이것이 『금강경오가해 설의(金剛經五家

解説詡)』입니다. 『금강경오가해 설의』에 한암(漢巖) 스님께서 한 번 더 토와 해설을 단 것이 『금강경오가해』인데, 그 서문 「금강반야바라밀경 중간 연기서」에서 한암(漢巖) 스님은 글이 어려워서 해박한 사람이 아니면 그 뜻을 깨닫기 힘들다, 그 때문에 많은 사람들이 토와 해설을 붙여 읽기 쉽게 해달라고 청하므로 기쁜 마음으로 이에 응한다는 뜻을 밝히셨습니다.

『금강경오가해』의 역사적인 내력과 현토 간행의 목적도 소상히 설명하면서 『금강경』을 소리 내어 읽음으로써 불법을 터득하고, 선정과 지혜를 닦아 항상 머리에 새김으로써 극락에 이르고 부처의 헤아릴 수 없는 지혜를 갖게 될 것이라는 말씀도 남기셨습니다. 실제로도 스님께서는 도반들에게 경전 읽기를 권하셨고, 좌선의 여가에는 대중들과 글을 읽고 토론하며 외우셨습니다.

학문이 높지 않은 대중의 눈과 귀를 열어주기 위해 한문으로 된 어려운 경전에 토와 함께 뜻을 달고, 그것을 읽고 쉽게 풀어서 들려주고 가르쳐 주면서 소리 내어 읽기를 적극 권장하셨던 참스승 한암(漢巖) 스님의 모습이 보이는 듯합니다.

같은 해인 1937년 1월 30일에는 불교잡지 『금강저(金剛杵)』 제22호에 법어(法語) 「묘포서(猫捕鼠: 고양이가 쥐 잡듯이)」를 발표하셨습니다. 간화선 수행의 상징적 표본이 되는 법어라고 할 수 있는 이 글은 화두를 참구할 때는 고양이가 쥐를 잡듯이, 암탉이 알을 품듯이 한마음으로 화두를 들어야 대 자유 해탈의 경지에 이를 수 있으며, 그러기 위해서는 혼미한 정신이나 어지러운 생각을 물리쳐야 한다는 뜻을 담고 있습니다.

한암(漢巖) 스님의 법어가 실렸던 『금강저』는 1924년 5월에 창간된 재일(在日) 불교청년회의 기관지로, 몇 차례나 일제의 검열에 단속되다가 1943년 1월 통권 26호로 종간되었습니다. 제25호(1941년 12월호)까지는 한글로 나왔으나 마지막

호인 제26호는 한글은 한 자도 없는 '일문판'으로 나왔습니다.

『금강저』가 폐간되기 전인 1940년 8월에는 일간신문 『동아일보』와 『조선일보』가, 1941년 4월에는 문예지 『문장(文章)』이, 1942년 5월에는 잡지 『한글』이 강제 폐간 당하는 등 우리말과 글을 죽이는 사건들이 줄을 잇던 시절이었음을 상기해 볼 때, 『금강저』는 단순한 불교잡지가 아니요, 여기에 실린 글 또한 종교를 초월한 그 이상의 의미가 담겨 있었을 것이라는 생각이 듭니다.

고양이가 잡고자 하는 것, 암탉이 품고 기다리는 것이 우리가 이루고자 하는 화두입니다. 쥐를 잡으려는 고양이는 네 발을 웅크리고 앉아서 꼼짝도 하지 않고 온몸의 감각을 온통 쥐에게 집중합니다. 병아리를 까기 위해 암탉은 스무하루 동안 둥지 속에 웅크린 채 알을 품습니다. 그런 집중과 자기희생이 수행자가 가져야 할 가장 기초적인 정신입니다. '어느 순간 고양이가 마음과 눈을 움직이면 쥐만 잡지 못하는 것이 아니라 고양이 자신까지 달아나고 만다.'라는 글귀는 곧 온전히 한마음으로 화두를 들지 못하면 성취할 도리도 없을 뿐 아니라 자기 자신까지도 잃게 될 수 있으니 '고양이가 쥐 잡듯이, 암탉이 알을 품듯이' 화두를 들고 수행 정진해야 한다는 말씀입니다.

〈묘포서-고양이가 쥐 잡듯이〉

내가 먼저 실행한 뒤에 말을 하면 다른 사람이 반드시 믿고, 내가 먼저 실행하지 아니하고 말을 하면 타인은 반드시 믿지 않으니, 믿지 않는 말을 하는 것은 어리석은 범부의 말이요, 진실하고 믿을 만한 말을 하는 것은 성현의 말이다. 성현의 말을 듣고 실행하면 범부가 즉 성현이요, 성현의 행을 행하여 부처님의 교훈을 내리면 그 교훈이 역시 성현이니, 그러므로 우리 범부는 성현의 교훈을 힘

써 배우고 본받아 행하지 않으면 안 될 것이다. (중략)

그대는 보지 못했는가. 큰 저택의 담장 가에서 고양이가 쥐 잡는 것을…마음과 눈이 움직이지 않고 한곳만 응시하고 있구나.
또 보지 못했는가. 촌집 둥지 속에서 암탉이 알을 품는 것을…따뜻한 기운을 주느라 잠시도 떠나지 않는구나.

뜻을 지닌 사람이 불도를 이루고자 하는 것도 이와 같아서 순일(純一)하여 묘함을 얻어 혼연히 말을 잊는다.
혼연히 말을 잊음이여, 혼미한 정신에도 떨어지지 않고 망상도 하지 않는다. 수행자의 행동과 덕을 여기에서 이루나니 이루고 못 이룸은 모두 자기에게 달렸도다.

음력 8월 28일에는 『보조법어(普照法語)』를 편집하여 현토 간행하고, 서문인 「고려국 보조 선사 어록 찬집중간 서(高麗國普照禪師語錄纂集重刊序)」를 쓰셨습니다. 스님께서는 불교 잡지 『불교』 제70호(1930년 4월호)에 조계종 법통 연원을 밝히는 「해동 초조(海東初祖)에 대하여」를 발표하신 바 있습니다. 이 글에서 한암(漢巖) 스님은 우리나라 조계종의 초조를 신라 도의(道義) 국사라 밝히시고, 범일(泛日) 국사와 보조 국사로 이어지는 해동 조계종의 연원 정맥(淵源正脈)을 바로 세워야 한다고 하셨습니다.

스님께서는 출가하신 지 2년째 되던 해, 금강산 신계사(新溪寺) 산내 암자 보운암(普雲庵)의 보운 강회(普雲講會)에서 보조 지눌(普照知訥) 국사(國師)의 『수심결(修心訣)』을 읽다가 '자기의 마음이 곧 부처인 줄 모르고 이와 같은 고행을 하는 것을 무모한 일이며, 수행의 근본이 마음에 있다'라는 구절에서 충격에 가까운 깨달음을 얻으셨습니다. 그동안 매진해 왔던 교학(教學)에서 선(禪)으로 전향하신 것도 그 일이 계기가 되었습니다. 보조 지눌 국사의 영향력이 그렇게 지대했던 만큼, 선의 정통 의식에 투철했던 한암(漢巖) 스님께서는 특히 보조 지눌 국사의 선법에 깊은 관심과 넓은 이해의 폭을 갖고 계셨습니다.

보조 국사를 각별하게 우러러 받들어 왔던 한암(漢巖) 스님께서는 흩어져 있던 보조 국사의 글을 모아 한 권의 책으로 편찬하고 그 내용을 쉽게 읽고 이해할 수 있도록 토를 달았습니다. 서문 「고려국 보조선사 어록 찬집중간 서」를 읽으면 『보조법어』는 큰스승 보조 국사의 선맥 전통을 잇는 제자 한암(漢巖) 스님이 존경심을 담아 올린 헌정서(獻呈書)와 같은 것은 아니었을까 하는 생각이 듭니다. 스스로 아는 바가 부족하다고 자신을 낮추면서 보조 국사의 높은 뜻을 전하여 후학들이 깨달음을 얻는 데 도움이 되고자 한다는 한 구절, 한 구절의 글에서 한암(漢巖) 스님의 마음이 느껴집니다.

스님께서 『보조법어』의 한문에 토를 다는 일에 심혈을 기울이셨던 것은 대중들이 읽기 쉽게 하려는 것이 가장 큰 뜻이었을 것입니다. 그러나 이 서문을 읽어 보면 알 수 있듯이 보조 선풍의 맥을 잇는 선사로서의 자의식도 강하게 느낄 수 있습니다. 글이 길지 않고 편하게 읽을 수 있으며, 마치 한암(漢巖) 스님께서 직접 들려주시는 말씀 같아서 그 내용을 더 쉽게 풀고 요약하여 옮겨 봅니다.

〈고려국 보조 선사 어록 찬집중간 서〉

보조 국사께서는 후학을 가엾게 여기시고, 깨달음을 얻을 수 있도록 분발시키고자 하셨다. 그 간절한 뜻을 이어 받은 이들과 몇 편의 법어를 모아 책을 묶기로 하고, 자신의 부족함을 잊어버린 채 토를 달아 도반에게 주고자 했다.

그런데 어떤 이가 "서방정토에서 온 깊은 뜻은 문자와 관계가 없는데, 요즈음 마음을 닦는 이들에게 말이나 기억하게 하고 구절이나 좇아서 진리를 어둡게 하는 것이 옳은 일이겠는가?"라고 물었다.

이에 나는 "다만 글과 말에만 집착하고 성실하게 참선하고 공부하지 않는다면 비록 대장경을 모조리 읽더라도 오히려 도깨비장난에 지나지 않는다. 하지만 말이 떨어지기가 무섭게 납자가 그 핵심을 알아서 바로 볼 수 있는 눈이 시원하게 열리면 길거리에 흘러 다니는 이야기와 재잘거리는 소리라도 부처님의 훌륭한 가르침을 설함이 되는데, 하물며 우리 조사께서 곧바로 헤아려 판단하여 설하신 가르침에 여부가 있겠습니까?"하고 답하였다.

이러한 까닭에 남의 비방과 싫어함에 연연하지 않고 이 일에 주력하여, 수행자들이 수시로 읽고 깊은 뜻을 체득해서, 도에 이르는 근본을 삼게 하려던 것인데, 보산 천일(寶山天一) 선사가 이를 널리 배포할 수 있도록 출간 자금을 모으니 그 공덕이 크도다. 이에 그 사유를 책머리에 간략히 적어서 뒷날의 귀감을 삼고자 하노라.

-불기 2964(1937년) 정축 장월(8월) 어느 날
한암(漢巖) 중원 삼가 쓰다

이해 여름 혜월(慧月 1861~1937) 스님이 부산 금정산 안양암에서 입적하셨습니다. 혜월 스님은 한암(漢巖) 스님, 수월(水月, 1855~1928) 스님, 만공(滿空, 1871~1946) 스님과 함께 경허 선사의 법제자로 불리면서 한암(漢巖) 스님, 만공 스님과 함께 1935년에 창종된 조선불교 선종의 종정에 오르셨던 분입니다.

끊임없이 정진하라

1939년(불기 2966년, 64세) 4월에 쓰신 「송라사 칠성계 서(松蘿寺 七星楔 序)」도 마음을 숙연하게 합니다. 지금은 강릉시로 편입된 연곡면 송라사에 대한 간단한 소개와 함께 송라사를 후원하는 칠성계 신도들이 봄가을로 불보살(佛菩薩)과 칠원성군(七元星君) 앞에 공양을 올리고 발원하면서, 군주와 어버이의 은혜에 감사하고 중생의 고난과 재앙을 막아 부처님의 뜻을 이루기 위해 노력하는 것을 칭송하는 글이 마치 '이미 머리를 깎고 승복을 입고 집을 나와 산속으로 들어왔으니 진성을 밝히고 부모님 은혜에 보답하며 극락에 왕생하리라.'라는 한암(漢巖) 스님의 출가 서원 시구처럼 느껴지기 때문입니다.

7월 19일 오대산 상원사에서 수행납자 백여 대중을 위한 상당 설법(上堂說法)을 하셨습니다. 「무설무문(無說無聞)이 진설진문(眞說眞聞)」, '따로 설할 법이 없고 따로 들을 법이 없다'라는 제목이 말해주듯, 이 법문은 언제나 머물며 법을 설하고 계신 부처님처럼 끊임없이 정진하라는 불교 본래의 경지를 담고 있습니다. 설할 것도 들을 것도 없는 것이 바로 참된 법문이고 참된 들음이라는 말씀은 곧 정진하는 공간이 산속에만 있지 않고, 어느 곳이든 수행처가 될 수 있어야 한다는 뜻입니다.

이 법문은 같은 해 10월 1일 자 『불교 시보』 51호에 실려 있습니다. 따로 해석을 붙이지 않아도 쉽게 이해할 수 있는 글이므로 원문에 가깝게 옮겨 보겠습니다. 말하지 않아도 통하는 진정한 법문의 경지를 함께 생각해 볼 수 있기를 바랍니다.

〈무설무문이 진설진문〉

참으로 법문(法門)이라 하는 것은 설할 것도 없고 들을 것도 없는 것이 진설진
문이 되는지라.

상승 법문(上乘法門)과 종승 법문(宗乘法門)은 부처님께서 출현하시기 이전
에 설해 마쳤고, 오대산이 생기기 전에 설해 마쳤고, 상원사가 건립되기 전에 설
해 마쳤고, 대중 스님들이 오시기 전에 설해 마쳤습니다. 그러므로 무설무문이
참으로 법문을 듣는 소식이라. 이것이 진설진문이 되는 것입니다.

불교의 본래 경지가 이러하며, 선(禪)의 면목이 원래 이러한 것이니, 내가 무
슨 법문을 설할 것이 있으며, 대중이 무슨 법을 들을 것이 있겠습니까. 그러나
여기에 모인 대중은 이 무설무문의 진리를 아시는지요? 만일 모르는 이가 있다
면 뜻을 풀어 드리겠습니다.

주장자를 들어서 세 번 탁자를 치고 "대중은 모두 알겠는가?" 물으신 후 잠시
침묵이 흐르자 "만일 그래도 또 모르신다면 다시 뜻풀이에 뜻풀이를 더해 드리
겠습니다." 하시고 게송 한 수를 읊으셨다.

꽃 지고 고요한데 산새 우짖고
버들잎은 푸른데 물 건너는 사람이여.

落花寂寂啼山鳥/ 낙화적적제산조
楊柳靑靑渡水人/ 양류청청도수인

이 법문이 실린 『불교 시보』 51호에는 퇴경 권상로(退耕 權相老, 1897~1965) 교수가 상원사로 한암(漢巖) 스님을 찾아뵙고 나눈 선문답이 「불전 권상로 교수와 방한암(漢巖) 선사의 선적 문답(佛專 權相老 敎授와 方漢巖 禪師의 禪的 問答)」이라는 제목으로 실려 있습니다.

권상로 교수는 스님이자 유명한 불교학자로 1931~1944년에는 중앙 불교전문학교(1940년 혜화전문학교로 변경, 1946년 동국대학으로 승격) 교수로 재직했고, 1946년 동국대학교 교수로 취임해 1952년 동국대학교 학장을 거쳐 1953년 초대 총장직을 맡으며 당대의 석학으로 이름을 떨쳤습니다. 하지만 친일 행적으로 인해 친일 반민족 행위자라는 오명을 남기게 되었으니, 오늘을 올바르게 사는 것이 내일의 역사 앞에 자유롭고 당당한 일이라는 생각이 들어 새삼 옷깃을 여미게 됩니다.

이 글에서 권상로 교수는 한암(漢巖) 스님께 세 가지 질문을 던집니다. 그 첫 번째가 월정사에서 상원사까지, 상원사에서 중대(中臺) 적멸보궁(寂滅寶宮)까지의 거리가 얼마나 되느냐는 것이었습니다. 두 번째 질문은 수개월간 가뭄이 계속되고 있어서 오대산 밖의 초목은 모두 타서 말라죽고 있는데, 오대산에는 무명초(無名草)가 무성하니 웬일이냐는 것이었습니다. 세 번째 질문은 한암(漢巖) 스님께서 동쪽에 있는 탑(塔)을 옮겨다가 정중(庭中)에 세워서 만들었다는 정중 탑(庭中塔)을 다시 동쪽으로 옮겨 세우는 게 어떻겠냐는 것이었습니다.

첫 번째 질문을 받은 한암(漢巖) 스님은 잠시 침묵하시다가 손에 들고 있던 부채를 번쩍 들어 보이셨습니다. 두 번째 질문에도 역시 잠시 침묵하시다가 윗니와 아랫니를 마주쳐서 세 번 소리를 내셨고, 권상로 교수가 미소를 띠며 던진 세 번째 질문에 이르러서야 비로소 "지금 정오가 돼서 몹시 더우니 그냥 쉬고 앉으셨다가 석양이 되어 서늘해지거든 내려가시지요."라는 답을 하셨습니다.

질문이나 답이나, 거기에 담긴 심오한 뜻을 어찌 헤아릴 수 있겠습니까만, 후학들은 한암(漢巖) 스님의 말씀을 언어적인 유희를 하지 말라는 뜻으로 받아들이고 있습니다.

조선불교조계종 초대 종정[*]

1940년(불기 2967년, 65세) 2월 11일 일제가 민족말살정책의 일환으로 내선일체를 강조하며 우리나라 사람의 이름을 일본식 성과 이름으로 바꿀 것을 명령하는 참담한 사태가 발생했습니다. 조선총독부는 8월 10일까지 호주가 의무적으로 창씨개명을 해야 한다고 압력을 넣는 한편 창씨를 거부하는 자는 불온하고 불량한 조선인으로 몰아 감시하게 했으며 해고, 고용 금지, 월급 삭감, 직장 폐쇄, 입학 금지 및 퇴학 조치, 폐교, 교통편 이용 불허, 물자 및 배급 대상 제외 등 불이익 조치를 내렸습니다.

그럼에도 불구하고 창씨개명 참가율은 터무니없이 낮기만 했습니다. 시한의 절반이 지난 5월 20일까지 창씨개명을 한 가구는 전체 428만 2754 가구 중 고작 32만 6,105호에 불과했습니다. 7.6%라는 엄청난 비협조에 당황한 총독부는 강제로 창씨개명을 밀어붙여서 나머지 3개월 동안 300만 가구를 창씨개명 시켰습니다. 창씨개명 업무가 종료되어 1940년 8월 10일에 집계된 통계로는 전체의 80.3%인 320만 116호가 창씨개명을 완료했다고 합니다.

일제의 강압에 의해 일본식 성과 이름을 따라야 했던 우리 민족은 광복 후인 1946년 10월에 제정된 조선 성명 복구령(朝鮮姓名復舊令)에 따라 원래 이름을 되찾을 수 있게 되었습니다.

추석 연휴 전날인 2019년 9월 11일 우리 정부가 일본의 반도체 소재 수출 규제 조치에 대해 WTO 관세 및 무역에 관한 일반 협정(GATT) 제1조 최혜국대우 위

[*] 심정섭, 『한국불교의 최초를 찾아서』 (운주사, 2010)

반, 자유무역 원칙 위반으로 세계무역기구(WTO)에 제소했습니다. 그해 7월 일본은 반도체·디스플레이 등의 생산에 필수적인 품목의 한국 수출 규제를 강화한 데 이어 8월에는 우리나라를 일본의 백색 국가(수출 절차 간소화 대상국) 명단에서 제외했습니다. 일본은 강제징용에 대한 우리 대법원의 판결(2018년 10월)을 그 이유로 내세웠으나, 이후 한국의 전략물자 밀반출과 대북 제재 위반 의혹, 수출국으로서의 관리 책임 등으로 말을 바꿔 왔을 뿐 아니라 수출 규제 등 경제 보족 조치에 대해 합당한 이유나 근거조차 제시하지 못하고 있어, 다른 많은 나라로부터 신뢰성이 떨어진다는 거센 비판을 받고 있습니다.

이에 대해 우리 정부는 소재·부품·장비 경쟁력 강화 대책 발표(8월 5일), 일본을 화이트리스트에서 제외(8월 12일), 한일군사정보보호협정 종료 결정(8월 22일) 등 강력한 대응 방안을 펼치고 있습니다. 국민들 사이에서도 대규모 불매운동이 확산되고 있습니다. 일본 제품 불매운동은 7월에서 8월, 9월로 진행되면서 대상 품목이 더 많아진 반면 소비재 수입액은 대폭 감소되고 있는 추세입니다.

일본은 세계무역기구(WTO) 협정을 위반하지 않았다는 주장을 되풀이하면서 한일 '무역 전쟁' 국면을 악화시키고 있습니다. 지금이야말로, 나라와 민족을 잃고 이름마저 잃게 됐던 아픈 역사를 타산지석으로 삼아야 할 때입니다.

창씨개명이 실시된 1940년 9월 17일 중국 충칭(重慶)에서 대한민국 임시정부 항일 투쟁 정신의 총체라고 할 수 있는 한국광복군이 창설됐습니다. 임시정부는 한국광복군 선언문에서 '대한민국 22년(1940년)'에 대한민국의 독립을 위해 일본 제국주의를 타도하고 연합군의 일원으로 싸워 이길 것을 목적으로 한국광복군이 창설됐음을 세계만방에 선언합니다. 한국광복군은 1941년 12월 7일 일본의 진주만 기습 공격으로 태평양전쟁이 터지자, 연합군의 일원으로 전투에 참여하여 전 세계에 대한민국의 존재와 우리 민족의 자주독립 의지를 알렸습니다. 중국에서는 중국군과 연합하여 일제에 대항했고, 버마(미얀마), 인도 전선에서 영국군과 연합 작전을 수행했습니다. 한국광복군 대일 항전의 가장 큰 목표는 국내로 진입하여 일본군과 전면전을 벌이는 일이었습니다. 하지만 직접 일본군과 전투를 벌여 우리 힘으로 국권을 되찾고자 했던 계획은 1945년 일본의 항복으로 무산되고 말았습니다.

비록 남의 나라에서 초라한 모습으로 창설됐지만 한국광복군은 임시정부 직할의 독립적 군대라는 점에서 독립운동사에 길이 남을 족적을 남겼습니다. 열악한 물적 인적 기반과 남의 나라에서 감수해야 하는 많은 제약 속에서도 1,000여 명의 병력을 가진 무장 세력으로 발전하며 항일 투쟁과 독립의 의지를 불태웠던 한국광복군은 역사의 소용돌이 속에서 1946년 6월 해체되었습니다.

한암 스님게서 한 해가 기울어 가는 음력 11월 22일에 월곡 백천(月谷百千) 선자(禪子)에게 도호(塗糊)라는 호와 함께 써 주신 게송이 이 어지러운 시국을 잠재우려는 관조의 눈길처럼 여겨집니다.

〈월곡 선자에게 주다〉

　　푸른 솔밭 깊은 계곡에 말없이 앉으니
　　어젯밤 삼경의 달이 하늘에 가득하네
　　백천 삼매가 어디에 꼭 필요하리오
　　목마르면 차 마시고 피곤하면 눈 붙이네.

- 경진년(1940년) 11월
오대산 방한암(漢巖)

1941년(불기 2967년, 66세) 4월 23일 조선의 사찰 및 승려를 통합하는 '조선불교 조계종 총본사 태고사 법'이 조선총독부의 인가를 받아 조선불교조계종(朝鮮佛教曹溪宗)이 만들어졌습니다. 불교의 자주화와 일본 불교와의 차별화를 위해 새롭게 출범한 종단에서는 6월 15일 31본사 주지들이 태고사에 모여 주지 총회와 동시에 임시종회를 개최하고, 절대적인 지지로 한암(漢巖) 스님을 초대 종정에 추대했습니다. 한암(漢巖) 스님으로서는 세 번째 종정 추대였습니다.

한암(漢巖) 스님께서는 종정 소임을 극구 사양하셨습니다. 운수납승인 자신에게 그 중책이 맞지 않을 뿐 아니라 동구불출의 원을 지키겠다는 신념을 고수하셨던 것입니다. 이에 안향덕 스님, 원보산 스님, 지암 스님 등이 상원사로 한암(漢巖) 스님을 찾아뵙고 간청하여, 경성의 태고사(종무원)에는 부임하지 않는다는 조건부 승인을 받아냈습니다. 물론 한암(漢巖) 스님께서는 취임식에도 참석하지 않으셨습니다.

한암(漢巖) 스님께서는 조선불교조계종 초대 종정에 추대된 후, 8월에 실시될 종무총장(현, 총무원장) 선출을 앞두고, 엄격한 인선 기준을 제시했습니다. 소승이 외람되게 정리를 해 보자면, 그 첫 번째가 신심(信心)입니다. 믿음이 확고해서 불사에 시작과 끝맺음이 분명한 사람입니다. 그 두 번째는 청렴이라고 할 수 있습니다. 금전상 과실이 없고 욕심이 없어야 합니다. 그 세 번째는 인내입니다. 어떤 어려운 일에 처하더라도 잘 참아낼 수 있어야 합니다. 그 네 번째는 배려나 화합이라고 할 수 있을 것 같습니다. 사리가 분명하고 원만해야 하고 대중을 기쁘게 할 수 있어야 합니다. 그 다섯 번째가 겸손입니다. 불사 문중에 공로가 많아도 자랑하거나 남을 업신여기지 않는 사람이라야 합니다. 이 다섯 가지 덕목이 어찌 종무총장의 자격에 한한 것이겠습니까. 승(僧)과 속(俗) 모두가 청정한 기쁨에 이르는 길이 여기에 있습니다.

한암(漢巖) 스님의 초대 종정 추대와 관련해 『매일신보』(1941. 6. 6.)는 〈종정에 방한암(方漢巖) 노사(方漢巖 老師)〉라는 제목으로 한암(漢巖) 스님께서 절대다수의 신임을 받고 조선불교의 최고 통수권자인 종정에 선출되었다는 기사를 실었습니다. 당대 최고의 사학자나 지식인들은 한암(漢巖) 스님을 일러 범행이 청정하고 계·정·혜 삼학을 고루 갖춘 고승, 선종 및 불교를 갱신한 도인, 인격과 사상적 깊이를 지닌 선지식이라고 평가했습니다.

조선불교조계종(曹溪宗)이라는 새 이름을 제정할 때도 한암(漢巖) 스님께서는 중국에도 없고, 일본에도 없는 독자적인 이름을 강조하며, 조계종의 연원을 들어 그 지침을 내려주셨습니다. 일찍이 「해동 초조에 대하여」(『불교』제70호, 1930년 4월호)에서 말씀하신 것처럼, 도의 국사가 우리나라의 초조가 되어야 한다는 논리적·체계적 증명을 통해, 우리 선종의 가풍이 중국에 맞설 수 있는 대등한 위치에 있음도 명확하게 밝히셨습니다.

또한 '조계'를 사용한 용례를 들어 조계종의 연원을 논증하고, 일부에서 주장하고 있는 태고 보우(太古普愚) 국사 초조설의 부당함도 낱낱이 역설하셨습니다.

"도의 국사를 초조로 정하고, 그다음에 범일 국사, 그다음에 보조 국사로, 제13국사 각엄(覺儼) 존자(尊者)에 이르러서 졸암 온연(拙庵昷衍)·구곡 각운(龜谷覺雲)·벽계 정심(碧溪淨心) 등으로 연원을 정하여 다시 해동 조계종을 부활하는 것만이 정당하다."라는 주장에는 조계종이 도의 국사 이래 이 땅에서 성취한 동국 선풍의 독자성을 계승해 왔다는 자부심이 담겨 있습니다.

"만일 그렇지 아니하고 옛사람이 이미 오랫동안 시행한 것을 갑자기 개정하기 어렵다 하여 태고 국사를 계승한다 하더라도, 초조는 반드시 도의 국사로 정하고, 그다음 동시에 법을 얻어 오신 홍척(洪陟)·혜철(慧徹)·범일(梵日) 등 여러 국사로, 그다음에 보조 국사로, 내지 16국사로 으뜸을 삼고, 그다음에 조계종 대선사를 봉한 차서로 태고 국사를 계승하여 태고(太古) · 환암(幻菴) · 구곡(龜谷) · 벽계(碧溪) · 벽송(碧松) 등으로 계통을 정하여 해동 조계종 연원을 정당하게 드러내어 억 백 세에 정법이 무궁하도록 유통하기를 바라고 바라는 바이다."라는 말씀에서 엿볼 수 있는 선에 대한 스님의 투철한 정통 의식과 주체 의식이, 조선불교조계종이라는 종명 제정에 큰 영향을 미쳤음을 알 수 있습니다.

12월 7일, 일본의 진주만 공격으로 태평양전쟁이 터지게 됩니다. 미국을 주축으로 한 연합군과 전쟁을 치르는 동안 일본은 식량과 지하자원은 물론이고 전쟁에 필요한 무기를 만들기 위해 숟가락이나 그릇은 물론이고 심지어는 교회의 종까지 쇠붙이란 쇠붙이는 모두 거둬 갔습니다. 수많은 청년과 학생, 어린아이까지 무기를 만드는 공장이나 공사장, 전쟁터로 끌고 갔을 뿐 아니라 젊은 여성들을 강제로 데려가 '일본군 위안부'로 만드는 인면수심의 잘못도 저질렀습니다. 우리 민족에게 크나큰 피해와 상처를 준 이 전쟁은 1945년에 미국이 일본 히로시마와 나가사키에 떨어뜨린 원자 폭탄으로 큰 피해를 입은 일본이 연합군에 항복을 함으로써 끝이 나게 됩니다.

덕이 있는 나라가 이긴다

태평양 전쟁이 일어난 직후의 일입니다. 1942년(불기 2969년, 67세), 조선총독부의 부 총독(副總督) 격인 정무총감 오노 로쿠이치로(大野綠一郞)가 총독 미나미 지로(南次郞, 재임 기간 : 1936년 8월~1942년 5월)를 대신해서 상원사를 방문했습니다. 이에 앞서 미나미 총독이 새로 출범한 조계종의 초대 종정인 한암(漢巖) 스님을 총독부로 불렀다가 거절당한 일을 만회하기 위해 택한 방법이었습니다.

서슬 퍼런 일제강점기였습니다. 일본의 지배하에 일본의 법에 따라 일본의 지시대로 움직여야 했던 시절이었습니다. 조선 총독이 불교계의 가장 큰어른을 와라 가라 한 것도 점령국 일본이 식민지 조선에 갖는 오만함에서 비롯된 일이었습니다. 조계종의 설립도 조선총독부의 총본사 태고사 법에 대한 승인이 있었기에 가능했던 일이었습니다.

한암(漢巖) 스님께서는 이 부름을 단호히 거절하셨습니다. 표면적으로는 어떠한 일이 있어도 산문을 나서지 않겠다는 불 출산의 서원을 지키겠다는 것이었지만, 그 이면에는 우리 민족과 조선불교의 자존심을 지키겠다는 뜻도 분명 있었을 것입니다.

부르면 얼른 달려올 줄 알고 목에 힘을 주고 있던 미나미 총독은 한암(漢巖) 스님의 거절에 입장이 난처해질 대로 난처해졌습니다. 상대가 조선불교를 대표하는 종정이니 강제로 서울로 오게 할 수도 없고, 그렇다고 총독 자신이 오대산으로 간다는 것도 체면을 구기는 일이었으니 말입니다. 고민하던 미나미는 궁여지

책으로 정무총감 오노에게 상원사행을 명령합니다.

태평양 전쟁이 터진 직후라서 그랬는지, 상원사에 도착하여 종정인 한암(漢巖) 스님과 인사를 나눈 오노는 먼저 "이번 전쟁(태평양 전쟁)은 어느 나라가 이기겠습니까?"하고 물었습니다. 때가 때인지라 수행했던 일본인들도 곁에 있던 스님들도 모두 긴장하여 숨을 죽인 채 한암(漢巖) 스님을 바라보고 있었습니다. 일본이 이긴다고 하면 그것은 아첨하는 말이 될 것이고, 그렇다고 일본이 진다고 하면 어떤 불똥이 튈지 알 수 없으니 그야말로 진퇴양난인 순간이었습니다. 하지만 스님께서는 조금의 망설임도 없이 "덕자승(德者勝)이오."라고 답하셨습니다. '덕(德)이 있는 나라가 이긴다.'라는 한암(漢巖) 스님의 명답에 오노는 할 말을 잃어버렸습니다. 너무나 당연한 말, 그러나 많은 의미를 담은 말씀이었습니다.

한암(漢巖) 스님의 짧은 한 마디에 감동한 오노가 평생 지침이 될 수 있는 법문을 청하자 스님께서는 묵묵히 백지 위에다 〈正心〉이라는 두 글자를 써 주셨습니다. '정심', 바른 마음을 가지라는 뜻입니다. 정심! 어느 칼끝인들 이보다 더 날카로울 수 있겠습니까. 그 순간 오노는 덕이 없는 나라, 바른 마음이 없는 나라, 그의 조국 일본의 패망을 예감했을 것입니다. '덕자승', '정심', 한암(漢巖) 스님께서 이 다섯 글자 속에 담은 뜻은 그리 머지않아 닥쳐올 일본의 패망에 대한 예언이었다고, 소승 감히 추측해 봅니다.

이와 비슷한 이야기가 하나 더 있습니다. 『그리운 스승 한암(漢巖) 스님』 165쪽부터 170쪽까지 이어지는 이 이야기는 한암(漢巖) 스님의 손상좌 동성 스님의 회고담입니다. 동성 스님은 한암(漢巖) 스님께 서운한 일이 많아서 상원사를 떠날 결심을 하고 눈길을 헤치고 보궁에 올라가 대성통곡을 했다는 바로 그 스님입니다.

동성 스님의 회상에 의하면 일제 말기에 일본 천황의 대신이 오대산에 다녀간

적이 있다고 합니다. 천황의 대신이 왔으니 조선총독부의 총독이며 도지사, 국장
들이 줄줄이 수행을 해서 월정사에 왔더랍니다. 일행은 월정사에 사흘간 머물면
서 심전 개발 운동 같은 것을 했는데, 월정사 주지였던 지암 스님이 한암(漢巖) 스
님께 내려오셔서 참석하시는 것이 좋겠다며 가마를 올려 보냈답니다.

그러자 한암(漢巖) 스님께서는 몸이 불편해서 내려갈 수 없다면서 가마를 돌려보
내셨고, 그 소식을 들은 일본 대신 일행이 상원사로 올라가서 한암(漢巖) 스님을 뵙겠
다고 했답니다. 지암 스님은 손님 대접할 준비를 하라며 쌀과 반찬을 바리바리 싸서
올려 보내면서 한암(漢巖) 스님께 신선골까지 마중을 나와 주십사 청을 넣었습니다.

한암(漢巖) 스님은 일행이 올라온다는 날, 월정사에서 보낸 것을 그대로 두고 평
소에 먹던 대로 준비를 하라고 이르신 뒤, 마중은커녕 대중들과 함께 풀베기를
하러 보궁으로 올라가셨습니다.

평소 손님이 올 때마다 곁에서 시중을 들었고, 그날도 그 자리에 함께 계셨던
동성 스님의 회고담을 요점만 추려서 정리해 보면 다음과 같은 이야기가 됩니다.
한암(漢巖) 스님의 추상같은 면을 엿볼 수 있는 일입니다.

점심때가 다 되어서 일행이 도착했다는 전갈을 받고 보궁에서 내려오신 한암
(漢巖) 스님께서 가사장삼을 입고 손님을 맞으려니 시간이 늦었지. 서로 간에 인
사를 하고 얘기를 하다가 그이들이 "이번 대동아전쟁을 스님은 어떻게 보십니
까?"하고 물었어. 그랬더니 갑자기 한암(漢巖) 스님이 바짝 쪼그려 앉더니 책상
을 꽝 치면서 "그게 무슨 소리인가? 신하가 되었으면 천명(天命)을 따를 것이지,
뭘 물어보느냐?"라고 하셨어.

나는 그때 그렇게 하실 줄 몰랐어. 우리들한테도 그렇게 야단을 치시지 않았

는데. 나는 그때 깜짝 놀라서 가만히 보고 있었는데, 그래도 일본 사람들은 긴장하고 "잘못했습니다."라고 하면서 빌더라고.

일본 사람들이 혼꾸멍나고 식사시간이 돼서 밥을 먹으러 갔는데 월정사에서 올라온 음식은 다 없어지고 오히려 우리가 먹는 것보다 더 못한, 시커먼 밥과 시래깃국을 차려 놓은 것이지. 그이들이 먹는데 한암(漢巖) 스님이 한 바퀴 돌면서 "절에서는 음식을 남기는 법이 없습니다. 다 잡숴 주시기 바랍니다."라고 말씀하였어. 그때도 통역이 따라다니니 일본 말로 다 전달이 됐지.

대동아전쟁을 치르더라도 귀한 사람들이 그런 험한 음식을 먹어 봤겠어? 콩깻묵도 모르는 사람들이 다 먹느라 곤욕을 치르고 나서 내려가겠다면서, 방에 계신 한암(漢巖) 스님께 인사를 드리는데도 스님께서는 가사장삼을 입고 앉으신 채, 잘 가시라는 딱 한 마디뿐이었어. 그이들이 떠나간 후에 "노스님, 그이들을 호령하셔서 괜찮겠습니까?"하고 물었더니 한암(漢巖) 스님께서는 "저희가 저질러 놓은 일인데 어떻게 하겠냐? 그러니 내가 호령을 하였지." 하셨어. (중략)

나중에 내가 월정사에서 지암 스님한테 들은 얘기야. 지암 스님이 상원사에서 내려가면서 "조실(한암) 스님이 마중도 안 나왔고, 음식도 험하고, 호령을 하신 것을 생각하면서 조선불교는 망했다, 이제 결딴났다." 하면서 애를 태우고 있는데 일본 사람들이 관대 거리에 이르러서 자기들끼리 하는 얘기를 가만히 들어보니 "우리가 그간 큰스님들을 많이 만났지만 한암(漢巖) 스님처럼 훌륭한 분은 처음이야." 하더라는 거야. 지암 스님이 그때야 안심을 했다고 하더라고.

훗날 예산 정혜사, 평창 월정사, 동래 묘관음사, 문경 대승사와 봉암사 등의 선원에서 수십 안거를 지내며 비구니의 대모라 추앙받았던 인홍(仁弘, 1908~1997) 스님에게 사미니계를 주셨습니다. 1941년 지장암으로 출가하여 정자(淨慈) 스님을

은사로 수계를 받은 인홍 스님은 철저하게 계율을 지키며 선 수행의 모범을 보여
준 한암(漢巖) 스님을 존경했습니다. 1943년 상원사에서 삼 하안거(三夏安居)를 거
치면서 한암(漢巖) 스님이 설하는 『금강경』에 감동하여 법문을 듣고 난 심경을 이
렇게 노래했습니다.

세간에 영화롭고 욕되는 일들
알고 보니 거품이요 몽환이로다.
오늘날 법문 듣고 모두 잊으니
천지가 내 것이요 광명뿐일세.

모두 모릅니다

초대 종정으로 추대된 이듬해 그러니까 1942년에 발행된 『불교(신)』38호(1942년 7월호)와 41호(1942년 10월호)를 보면 「상원사행(上院寺行)」이라는 글이 실려 있습니다. 불교 기관지 『불교(신)』의 편집장이었던 금성 장도환(金城 張道煥, 1903~?) 스님이 총무원 간부 일행과 함께 업무 보고 차 상원사를 방문했습니다. 한암 스님께선 다음과 같은 법구를 내리셨습니다.

〈세간과 출세간 모두 모름〉

多感諸師珍重意/ 여러분의 깊은 마음 참으로 감사하오.
遠程來訪正當春/ 먼 길을 오셨는데 화창한 봄이구려.
世與出世吾不識/ 세간법 출세간법 내 모두 모르나니(不識)
慙愧深山久藏身/ 깊은 산에 오래 은거함이 부끄러울 뿐이오.

이 모른다는 것은, 달마가 양무제에게 "짐을 대하는 사람은 누구요?"에서 답한 모른다는 것과, 중국 선종의 오조(五祖) 황매 홍인(黃梅弘忍)이 육조(六祖) 혜능에게 "황매의 뜻을 어떤 사람이 아는가?"하고 물었을 때 혜능이 "불법을 수행하는 사람이 압니다."라고 답하자 황매가 다시 "그대도 아는가?"라고 물었는데 혜능이 "나는 모릅니다."라고 대답했다는 데서 유래합니다. 혜능이 "나는 불법을 모른다."라고 답한 것처럼, 나(한암)도 세간과 출세간을 모르고(不識) 모릅니다(不會). 종단의 일을 내가 어찌 알 수 있겠습니까. 세간과 출세간 모두 모릅니다. 오직 여러분이 믿고 맡겨 주시는 일에 결재나 하겠습니다.

「세여 출세도 불식 世與出世都不識」이라는 이 게송은 「세간과 출세간 모름(不識)」이라는 제목으로 번역되었습니다. "나는 세상사에 대해서는 잘 모른다."라고 해석되기에 자칫 그저 겸양하는 말로 여기고 흘려 버릴 수 있으나, 불식(不識)은 알지 못하는 것에 대한 깊이를 헤아리기 어려운 선어입니다. 알지 못한다는 것을 아는 것이 궁극의 앎일 것입니다.

한암(漢巖) 스님은 상원사에 머물면서 종단의 종정 일을 보셨습니다. '모두 모릅니다.'라고 말씀하셨지만 스님께서는 상원사를 떠나지 않으면서도 종정의 역할을 철저히 하셨습니다. 종단 기관지라고 할 수 있는 잡지 『불교』에 시국이나 종교의 책임 등에 대한 목소리를 내기도 하셨습니다. 보경 스님의 회고입니다.

종정이 되시고 한 달에 한 번 총무원에서 부장 두 명이 한 보따리씩 서류를 갖고 오면 결재를 꼬박꼬박 하셨어요. 밤새 검토하셔서 아주 제쳐놓은 것도 있고, 수결을 하신 것도 있고, 이것은 수정해 가지고 오라고 하시면 다음 달에 가지고 와서 결재를 받고 그랬지요.

거사 혹은 법사라고 불렸던 재야의 이론가이자 승려인 불화(佛化) 이재병(李載丙/李在烈, 1915~1981)의 저서 『조선불교사지연구(제1)朝鮮佛教史之研究(第一)』에 수록된 「전 조계종정 한암(漢巖) 노사 서한(前 曹溪宗正 漢巖 老師書翰)」이라는 제목의 글은 한암(漢巖) 스님께서 음력 8월 3일에 쓰신 〈답 불화학인 이재병(答 佛化學人 李載丙)〉이라는 답장입니다. 이 책의 출판을 앞두고 한암(漢巖) 스님께 머리글을 부탁한 듯합니다. 이에 한암(漢巖) 스님께서는 산중에 있어서 아무것도 모르니 머리글을 쓰는 것이 당치 않다고 겸손하게 사양하고 계십니다.

이 답장에서 한암(漢巖) 스님은 불화 스님의 성명서도 보았고, 선불교의 법맥을 밝힌 전등보(傳燈譜)를 참고하여 상세한 연구를 해서 종파를 확정한 책의 내용에 대한 칭찬과 함께 그것을 역사에 정통한 사학자나 덕망 있는 선지식의 자문을 얻고, 필요한 절차를 밟아서 출판을 앞두고 있다는 일에 대해 격려를 보냅니다. 그러면서 부처님의 도움으로 일이 잘 성사될 것이므로 자신의 머리말 같은 것은 필요하지 않을 것이라고 말씀하십니다.

또한 불사는 화합이 중요하니 총본산의 지암 총장과 상의하여 일을 추진하기를 바란다면서 자신은 세간사와 출세간사에 모두 어두워서 간섭할 일이 없으므로, 오대산에서 마음으로 불사에 협력하여 불은에 보답하겠다는 말씀으로 마무리를 짓습니다.

이재병 선생은 1940년대부터 '보조 국사 종조론(普照國師 宗祖論)'을 주장한 사람입니다. 조계종의 종조 논쟁을 촉발한 그는 평생을 조계종사라는 주제에 몰입했습니다. 1958년에 개명한 재열(在烈)이라는 이름보다 본명인 재병(載丙)으로 많이 알려져 있습니다. 한암(漢巖) 스님의 이 답신을 싣고 있는 『조선불교사의 연구(朝鮮佛敎史之硏究)(第一)』(동계문화연양사〈1946년, 東溪文化硏揚社〉)라는 그의 저서도 개명 전의 이름으로 출간되었습니다.

얼마 후 경성제대(京城帝大 현, 서울대) 교수로 와있던 일본 조동종(曹洞宗)의 관장이자 명승인 사토 타이준(佐藤泰舜, 1890~1975) 화상이 한암(漢巖) 스님을 뵙기 위해 상원사의 본사인 월정사를 방문했습니다. 큰 절 월정사에서는 급히 한암(漢巖) 스님께 사람을 보내 월정사로 내려와서 사토 교수를 만나라는 기별을 했습니다. 그러나 이번에도 한암(漢巖) 스님은 두 말도 하지 않고 거절을 하셨습니다. 대중들과 김장 준비 울력을 하고 있어서 내려갈 수 없다는 것이 그 까닭이었습니다. 단호하면서도 사리에 어긋남이 없는 거절에, 사토 교수가 상원사(上院寺)로 한암(漢巖) 스님을 찾아뵙고 선문답을 청했습니다.

〈사토(佐藤) 화상과 선문답〉

    사토 교수가 스님께 인사를 올리고 나서 물었다.
    "본래 청정한데 어찌하여 산과 강과 들판이 생겼습니까?"
    그의 물음에 한암(漢巖) 스님은 아무 말 없이 창문을 활짝 열고 청산(靑山)을 보여 주었다.

    사토가 또 물었다.
    "어떤 것이 불법(佛法)의 큰 뜻입니까?"
    그러자 조용히 앉아 있던 한암(漢巖) 스님이 방에 놓여 있던 자신의 안경집을 들어 보였다.

    "스님은 일대장경과 모든 조사 어록을 보아오는 동안 어느 경전과 어느 어록에서 가장 깊은 감명을 받았습니까?"
    사토의 물음에 이미 도력이 깊지 않다는 것을 간파한 듯 스님께서는 사토의 얼굴을 물끄러미 들여다보면서 한 말씀하셨다.
    "적멸보궁(寂滅寶宮)에 참배나 다녀오시지요."

    사토가 잠시 주춤거리다가 다시 물었다.
    "스님께서는 젊어서 입산하여 지금까지 수도해 오셨는데, 만년의 경계와 초년의 경계가 같습니까, 다릅니까?"
    한암(漢巖) 스님은 점잖게 한마디로 잘라 답했다.

"모르겠노라."

사토가 일어나 절을 올리며 말했다.

"살아있는 법문(活句法門)을 보여 주시어 대단히 감사합니다."

사토의 말이 끝나자마자 한암(漢巖) 스님께서 한마디 하셨다.

"살아있는 글이라고 말하여 버렸으니 이미 평범한 글이 되어버렸군."

　사토는 3일 동안 상원사에서 머물다 갔는데, 떠나는 길에 진부에 들른 그는 지역 유지들이 모인 자리에서 "당신들은 대단한 행복을 누리는 사람들이다. 한암(漢巖) 스님처럼 큰 선지식을 모시고 산다는 것 자체가 얼마나 행복한가? 우리는 멀리 있어서 뵐 수도 없다. 너희는 가까이서 모시고 사니 얼마나 좋은가?"라는 찬탄을 했다고 합니다. 뿐만 아니라 그 후에도 많은 사람들에게 "한암(漢巖) 스님은 일본 천지 어디에서도 찾아볼 수 없는 큰스님이고, 세계적으로도 둘도 없는 존재다."라고 존경과 칭찬을 아끼지 않았다고 합니다. 이 글은 탄허 스님이 쓰신 『한국의 인간상(신구문화사)』 3권 「현대불교의 거인」에 수록되어 있습니다.

9부

앉은 채 생사를
맞이하노라

광복과 남북 분단

1944년(불기 2971년, 69세) 1월, 『불교(신)』 제56호(1944년 1월 1일)에 권두언으로 신년 법어 「원단착어(元旦着語)」와 법어 「성불하는 것은 결심에 달려 있다/ 오인 수행이 전재어결심성변(吾人修行이 專在於決心成辨)」를 게재하셨습니다.

한암(漢巖) 스님께서는 「원단착어」를 통해 석가모니 부처님께서 부다가야에서 도를 깨우치신 후 열반하실 때까지 수많은 법을 설하셨으면서도 "일찍이 한 마디도 설하지 않았다."라는 사례를 들어, 설하지 않는 설하심과 들음이 없는 들음의 경지에 이르기 위해서는 언어적인 유희나 수단에 빠지지 않아야 한다는 것을 깨우쳐 주셨습니다.

〈원단착어(元旦着語)〉

세존께 "처음 녹야원의 설법으로부터 발제하에서 열반에 들 때까지 그 사이에 한 글자도 말한 적이 없다."라고 하셨으니, 이미 한 글자도 일찍이 말한 바가 없다면 지금 널리 퍼져 항상 잊지 않고, 머리에 새기며 읽고 외우는 경전은 어디서 온 것인가.

이미 경전이 널리 퍼졌으니, 세존의 이러한 말씀은 무슨 도리인가. 설하되 설하지 아니함인가, 설하지 않되 설함인가. 듣되 듣지 않음인가, 듣지 않되 들음인가.

이와 같이 논한다면, 말에 따라서 견해를 내어 고기의 눈알을 밝은 구슬로 잘 못 인식함을 면할 수 없을 것이다.

자, 말해 보아라. 만약 정확히 말한다면 옛 석가모니 부처께서 먼저가 아니요, 후세 미륵이 나중이 아니거니와, 만약 절실하고 확실하게 깨닫지 못하였다면 다시 30년을 더 참구해야 될 것이다. 쯧쯧.

「성불하는 것은 결심에 달려 있다」라는 긴 법문을 간단하게 요약하자면, 각자 자기의 입장에서 자기의 일에 용맹스럽게 정진하는 것이 진정한 결심이며, 그 결심을 굳건히 지키면 성불에 이를 수 있다는 내용이 됩니다. 그 내용을 누구나 이해하기 쉽도록 풀어 보면서 한암(漢巖) 스님의 깊은 뜻을 되새겨 보겠습니다.

한암(漢巖) 스님께서는 결심을 결정심(決定心)이라고 하셨습니다. 할 수 있는 일에 대하여 반드시 한 번 해보겠다는 마음이 결심이니, 다시 말하면 즉 용맹하고 정직하고 견실한 마음을 뜻합니다. 한암(漢巖) 스님께서는 진실로 결심하고 용맹 정진한다면 누구나 성공을 거둘 수 있다는 말씀과 함께 그에 대한 증명으로 석가모니 부처님께서 설산에서 6년 동안 고행하신 끝에 깨달음을 얻으신 일, 혜가 대사가 눈 위에 서서 팔을 잘라 마침내 인가를 받고 선의 진수를 얻으신 일도 결심에서 시작해 이루어내신 경지라 이르셨습니다.

이 밖에도 80세에 출가하여 깨달음을 얻기까지 3년간 옆구리를 땅에 붙이고 눕지 않았다는 협존자(脇尊者), 대매산(大梅山)에 들어가 30년 동안 나뭇잎 옷을 입고 송홧가루를 먹으면서 졸지 않기 위해 8촌(八寸) 철탑을 머리에 이고 수행했다는 법상 선사(法常禪師), 손과 팔이 끊어지도록 돌을 두드리며 참회한 끝에 지장·미륵 두 성현이 정수리를 쓰다듬어 계율을 주셨다는 신라의 진표 율사(眞表

律師), 두 손바닥에 구멍을 뚫어 노끈으로 묶고 북을 두드리며 정진 염불(精進念佛)하여 지붕을 뚫고 솟아올라 서쪽 교외에서 육신을 버리고 진신(眞身)을 나타내 연화대에 앉아서 큰 빛을 발했다는 아간(阿干)의 계집종 욱면(郁面)에 이르기까지 옛 성인과 조사께서 정진 고행하며 수행한 사실을 열거하여 결심의 본을 삼도록 하셨습니다.

결심의 원을 세워 세속의 욕망과 쾌락을 끊어버리고, 초심을 잃지 않고 그 결심을 되새기면서 굳고 단단한 마음으로 결코 물러서지 않을 때 비로소 성공을 이루게 됩니다. 석가모니 부처님께서 끝이 없는 시간 그 이전에 이미 올바른 깨달음을 이루셨고, 수행자가 지켜야 할 행동과 덕행을 갖추어서 중생을 제도하셨습니다. 하지만 성공을 거두었다 하더라도 깨달음을 얻은 수행자가 자비와 지혜로 중생을 제도하지 않는다면 이것은 처음 결심이 도심(道心)을 잃고 속심(俗心)으로 떨어지는 일이라는 말씀도 하셨습니다.

그러면서도 한암(漢巖) 스님께서는 모두 다 석가모니 부처님처럼 입산 고행하고, 법을 구하려는 일념으로 달마 스님의 응답을 기다리면서 밤새도록 눈을 맞으며 꼼짝도 없이 서 있다가 "너의 믿음을 바치라!"는 달마 스님의 말씀에 지체 없이 예리한 칼을 뽑아 왼팔을 잘라 버렸다는 혜초 스님처럼 해야 한다는 것은 아니라는 말씀도 하셨습니다.

참선하는 사람은 의심이 드러나야 하고, 염불하는 사람은 입과 마음이 하나로 어지럽지 않아야 하고, 불경을 읽는 사람은 문자의 얽매임에서 벗어나야 하고, 가람을 수호하는 사람은 인과를 잘 알아서 사리에 통달하여 부처님을 받들어 모셔야 하고, 기도하고 주문을 외우는 사람은 지극한 마음으로 업장을 소멸하여 사람을 위하는 작은 일이라도 성심을 다해 실패하지 않게 해야 합니다. 그것이 하늘이 준 임무를 다하는 일이며 동시에 석가모니 부처님께서 부탁하여 맡기신 사명을 다 하는 것입니다. 각기 자기 입장에서 자기의 소임에 용맹 정진하여 퇴전하지 아니하는 것이 진정한 결심이라는 것을 다시 한 번 강조하시기도 합니다.

편안한 것만 찾고, 진리에 어두운 그릇된 마음에 빠져서 분발하고자 하는 마음이 없으면 성공을 거둘 수 없습니다. 작은 일을 결심하여 이루어낸 사람은 큰일도 이루어 냅니다. 마찬가지로 작은 일을 등한히 한 사람은 큰일을 만나면 물러나거나 굴복하게 됩니다. 그러므로 각기 자기의 일에 힘과 공력을 다하는 것이 결심의 뿌리와 근원을 튼튼하게 하는 일이니 어떤 일이든 그에 맞게 결심하여 각자의 직책대로 최선을 다하면, 사람은 물론이요 모든 면에서 성공을 거두게 될 것입니다.

나라에 대한 충성이나 부모에 대한 효, 선행을 베푸는 일, 부처가 되고 조사가 되는 일도 결심에 달려 있으니 승과 속, 남녀, 노소, 귀천을 가리지 말고 모두 물러섬 없이 용맹한 결심을 세우고 또 세워야 한다, 또한 결심을 세워 실행하면 부처님의 뜻이 날로 빛나고 부처님의 법이 영원할 것이라는, 한암(漢巖) 스님의 말씀을 따라 우리 모두 겸손한 마음으로 성불하고자 하는 결심을 세우고, 그 결심을 실행해 나갈 수 있기를 소승 합장하여 기원합니다.

> 그날이 오면 그날이 오며는
> 삼각산이 일어나 더덩실 춤이라도 추고
> 한강물이 뒤집혀 용솟음칠 그날이,
> 이 목숨이 끊기기 전에 와주기만 하량이면,
> 나는 밤하늘에 날으는 까마귀같이
> 종로의 인경(人定)을 머리로 들이받아 울리오리다.
> 두개골은 깨어져 산산조각 나도
> 기뻐서 죽사오매 오히려 무슨 한이 남으오리까.

그날이 와서 오오 그날이 와서

육조(六曹) 앞 넓은 길을 울며 뛰고 뒹굴어도

그래도 넘치는 기쁨에 가슴이 미어질 듯하거든

드는 칼로 이 몸의 가죽이라도 벗겨서

커다란 북을 만들어 둘쳐메고는

여러분의 행렬에 앞장을 서오리다.

우렁찬 그 소리를 한 번이라도 듣기만 하면

그 자리에 거꾸러져도 눈을 감겠소이다.

〈심훈의 시(詩), 「그날이 오면」*〉

이 시를 읽으면 독립을 갈망하는 심훈(沈熏, 1901~1036) 선생의 절규가 들리는 듯합니다. 광복의 기쁨과 격정의 순간을 역동적으로 표현한 「그날이 오면」은 심훈 선생이 1930년 3월 1일 기미 독립선언 일을 기념하여 쓴 대표적인 저항 시입니다. 『상록수』의 저자이기도 한 심훈 선생은 1910년 한일 강제 병합 이후 20년이 지나고 일제의 횡포가 극에 달하던 상황에서도 독립의 열망을 잃지 않았던 민족 문학가이자 독립운동가입니다. 일제에 의해 출판이 금지되었던 그의 작품은 광복 후인 1946년에 유고 작품집 「그날이 오면」으로 세상의 빛을 보게 되었습니다.

1945년(불기 2972, 70세) 8월 15일, 심훈 선생의 시구(詩句) 속에서 끓어넘치던 광복의 기쁨이 찾아왔습니다. 일본이 태평양 전쟁에서 연합군에 패하면서 우리나라는 36년간의 일제 식민통치에서 벗어나 빼앗겼던 국권을 되찾게 되었습니다. 광복을 맞은 우리 민족은 계급과 지역, 교육, 빈부, 남녀노소를 가리지 않고 거리로 쏟아져 나와 서로를 얼싸안고 만세를 불렀습니다.

하지만 일본이 연합군에게 무조건 항복을 하면서 광복을 했지만 38선을 중심

---

* 　심훈, 『심훈 시집』(작은 고래, 2018)

으로 남쪽에는 미국이, 북쪽에는 소련이 주둔하면서 우리나라는 둘로 나누어지게 되었습니다. 38선이 생길 때만 해도 일시적인 것이라고 생각했던 분단은 이후 6·25 전쟁으로 이어지고, 70여 년이라는 오랜 세월을 남과 북, 민족을 둘로 나누는 비극의 역사로 남게 되었습니다.

역사의 소용돌이는 우리나라의 광복에 앞서 2월 4일부터 11일까지 소련의 크림반도에 위치한 얄타에서 미국, 영국, 소련의 수뇌가 모여 독일의 제2차 세계대전의 패전과 전후 문제에 대하여 의견을 나눈 얄타 회담에서 시작되었습니다.

이 회담에서 미국은 당시 일본과 상호 불가침 조약을 맺고 있던 소련으로부터 대일전 참전을 약속받았고, 그 대가로 1905년 러·일 전쟁 후 포츠머스 조약에 의해 일본령이 되었던 남사할린(북위 50도 이남의 부분)을 소련에 반환하기로 합의합니다. 하지만 태평양 전쟁은 소련이 참전한 지 7일 만에 미국이 일본에 원자폭탄을 투하하면서 일본의 무조건 항복으로 끝이 나게 됩니다.

얄타 회담의 피해는 고스란히 우리나라가 떠안게 됩니다. 미국, 영국, 소련이 서로 다른 목적을 갖고 우리나라의 독립 문제를 논의하게 된 것입니다. 새로운 세계대전을 피하려는 목적이 강했던 루스벨트는 한국을 독립시키는 과정에서 세계열강의 이권 다툼을 방지하기 위한 방법으로 신탁통치를 제안합니다. 신탁통치의 결정은 한반도가 38선을 경계로 미소 양국에 의해 분할 점령되는 계기가 됩니다. 우리도 모르는 사이에 우리의 뜻과는 무관하게 한반도의 운명이 강대국들에 의해 결정되어버렸습니다. 우리나라는 광복의 기쁨을 채 누려보지도 못한 채 남과 북으로 나뉘는 민족 분단의 비극을 맞고 말았습니다.

광복을 한 달여 앞둔 음력 6월 1일, 청우 경운(聽雨景雲, 1912~1971) 스님에게 '참선은 말이 필요하지 않나니 생각 생각에 의심을 일으켜 화두를 보라. 문득 분별과 망상이 끊어지면 대지는 한 털 끝에 있도다.'라는 게송과 함께 보광(寶光)이라

는 호를 주셨습니다. 경운 스님은 석전(石顚) 박한영(朴漢永, 1871~1946) 스님의 제
자로 한암(漢巖) 스님의 가르침을 받았으며 탄허 스님과 함께 오대산 수도원과 상
원사 봉찬회를 결성한 분입니다. 일제강점기에서 벗어나기 위해서는 교육이 중
요하다는 것을 절감하고 평남 순천 안국사(安國寺) 주지 소임을 맡은 후 야학을 개
설하고, 매주 두 차례 설교회를 열어 주민들에게 불교의 가르침과 함께 민족의
현실 등에 눈을 뜨도록 계몽 활동을 펼치셨습니다. 가난에서 탈피할 수 있도록
부업과 저축을 장려하고 농촌 소비조합을 결성하는 등 선구자적인 활동에 앞장
섰습니다.

  6월 11일에는 평생의 좌우명으로 삼을 만한 법어를 청하는 수좌 화산(華山,
1919~2013) 스님에게 출가승의 본분을 담은 중봉 선사(中峰禪師)의 법어(法語)와 금
언(金言)을 써 주셨습니다. 대구 보광선원 조실로 주석하셨던 화산 스님은 마치 석
가모니 부처님의 예지와 한국불교의 현실을 예견한 것 같은 한암(漢巖) 스님의 금
언을 평생 보관했다고 합니다.

  〈말세 비구(末世比丘)〉

    모양은 중이나 마음은 부끄러움조차 모르고몸은 법의를 걸쳤으나 생각은 거
  짓에 오염돼 있고
    입으로는 경전을 외우나 마음은 탐욕만을 생각하니
    낮에는 명리를 탐하고 밤에는 애착을 취한다.
    겉은 지계를 말하나 안으로는 범계를 일삼고
    항상 세상일에 관심 두니 길이 출가한 뜻을 잊었구나.
    망상에만 집착하니 바른 지혜를 던져 버렸도다.

8월 15일 라디오에서 일본 천황의 떨리는 목소리가 흘러나왔습니다. 태평양 전쟁을 일으킨 일본이 연합군에 무조건 항복한다는 내용이었습니다.

일본의 패망은 불교계에도 큰 파장을 불러왔습니다. 광복이 되자 일제강점기에 조계종을 재건하여 운영한 종정 한암(漢巖) 스님과 지암 종무총장 등 교단 지도부는, 새 시대는 새 인물에 맡겨야 한다며 자진 사퇴를 했습니다. 그 뒤를 이어 재경 유지 승려 35명이 태고사에 모여 임시집행부인 조선불교 혁신 준비 위원회를 결성하고, 9월 22일~23일까지 이틀간 광복 후 첫 승려대회를 개최했습니다.

남한 대표 60여 명이 참가한 이 승려대회에서는 교단 개혁을 위해 조선불교조계종이라는 종명을 조선불교로 바꾸고, 1대 교정에 박한영 스님, 총무원장에 김법린 스님을 추대했습니다. 식민지 불교와 관련 있는 제반 법규를 폐지하고 조선불교 교헌을 제정 반포했습니다. 각 교구에 교무원을 설치하고, 중앙에는 집행부인 총무원과 심의기관인 입법부, 감찰기관인 감찰부를 설치하는 등 교단 조직도 새롭게 정비했습니다. 조선불교는 1954년까지 1대 교정 한영 스님에 이어 2대 교정에는 다시 한암(漢巖) 스님이, 3대 교정에는 만암 스님이 추대되었습니다.

조선불교는 1946년 3월 7일 제1회 중앙 교무회의를 열어 종지와 종통, 불교의식, 승가와 비구니의 자격 등을 종합한 조선불교 교헌을 통과시켰고, 5월 28일 반포하였습니다. 새로운 교헌의 제정은 종명의 개정과 함께 사찰령 등의 일제 법령 폐지, 교구제와 교도제의 시행, 불교 재산의 통합 등을 통한 식민지 불교 청산의 의지를 표명한 것입니다. 그러나 일제 법령의 폐지 건은 미 군정 당국이 인준을 보류함으로써 1962년 불교재산 관리법이 제정될 때까지 그대로 계류되었습니다.

조선불교는 1954년 조계종으로 복원되었다가 이승만 대통령의 불교 정화 유시 발표 후 불붙기 시작한 비구승과 대처승 간의 갈등으로 인한 승단 정화 운동을 거치면서 1962년 대한불교 조계종(大韓佛敎 曹溪宗)으로 개편되어 오늘에 이르고 있습니다. 대한불교 조계종은 대한민국 불교의 여러 종단 중에서 조계종을 말하며 1,700년에 이르는 한국불교의 역사와 전통을 계승한 대표 종단입니다.

'수졸(守拙)'의 살림살이

　1946년(불기 2973, 71세) 음력 2월, 한암 스님은 효봉(曉峰) 스님에게 초청을 사양하는 내용의 편지를 보내셨습니다. 이 글은 1945년 송광사에 주석하고 있던 효봉 스님이 한암(漢巖) 스님께 어느 사찰의 조실로 와 주셨으면 하는 부탁의 편지에 대한 답장으로 『삼소굴 소식』(통도사 극락 선원, 1977)에 실려 있습니다.

　효봉 스님은 절구통 수좌, 엿장수 중, 너나 잘해라 스님으로 불렸던 분입니다. 38세 늦깎이로 출가하여 44세(1931년)에 신계사 법기암(法起庵) 토굴에서 깨달음을 얻었는데, 이곳 토굴에서 6년 동안 눕지 않고 앉아서 수행 정진하셨습니다. 불교 정화 운동이 한창이던 1954년 음력 11월, 지금의 조계사 법당에서 손가락을 잘라 불교 정화 운동을 다짐하는 500자 혈서의 격문을 썼던 구산 수연(九山秀蓮, 1910~1983) 스님과 『무소유』로 널리 알려진 법정(法頂, 1932~2010) 스님의 은사이기도 합니다. 1958년에 대한불교조계종 종정을 지내셨습니다.

　한암(漢巖) 스님의 답장은 늦가을에 편지를 받고도 해를 넘기게 된 것에 대한 사과로 시작됩니다. 그 까닭이 동짓달 초순의 낙상 사고 때문이었습니다. 어느 날 새벽에 문밖으로 나서다가 발을 헛디뎌서 허리와 팔을 다치는 바람에 겨우내 누워 있었으며, 석 달이 지날 때까지도 완쾌하지 못하고 기혈이 쇠약한 것이 팔구십 노인보다 더 심하다는 사정을 이야기하면서, 다른 곳으로 옮길 엄두조차 내지 못할 형편이라는 말로 사양의 뜻을 밝히셨습니다.

　스스로 졸(拙)함을 지키면서 덜 자란 깃털을 깊은 산속에 감추고 사는 것이 분수에 맞는다는 말씀과 함께 한암(漢巖) 스님께서는 세상의 일이 꼭 정해져 있는 것이 아니므로 만약 거처를 옮긴다면 효봉 스님의 뜻을 따를 생각이었으며, 굳이 오라는 말을 하지 않더라도 때가 되면 갈 생각을 하고 있으니 다른 말씀은 말아달라는 당부로 편지의 끝을 맺습니다. 사제(師弟)인 향봉(香峰, 1901~1983) 스님이 지난가을 탄허 스님과 함께 월명암에서 동안거를 보냈으니 염려 말라는 정다운 소식도 추신으로 전합니다.

편지에도 썼듯이 한암(漢巖) 스님께서는 '스스로 졸함을 지키면서 덜 자란 깃털을 깊은 산속에 감추고 사는 것이 분수에 맞는다.'라는 말씀처럼 늘 자신을 낮추셨던 분입니다.

한암(漢巖) 스님의 어록 『한암 일발록』의 일발(一鉢)은 나무나 놋쇠 따위로 대접처럼 만들어 안팎에 칠을 한 승려의 공양 그릇을 말합니다. 흔히 바리때, 발우라고 합니다. 최소한의 소유를 나타내는 기물로 탁발, 즉 걸식이라는 하심의 삶을 상징하고 있습니다. 한암(漢巖) 스님께서 『한암 일발록』에 담고자 했던 것 역시 발우 하나만을 들고 맨발로 탁발을 나가는 출가수행자로서의 절제된 삶이었을 것입니다.

'졸'이란 본디 지나치거나 과장하지 않은 질박함을 뜻합니다. '수졸(守拙)'은 더 이상의 무엇을 바라지 않고 스스로 처해 있는 분복에 만족함을 말합니다. 한암(漢巖) 스님은 늘 꾸민 데가 없이 수수하고, 과장하지도 않고, 더 이상의 것을 바라지도 않고 스스로 처해 있는 자리에 만족한 수졸의 삶을 사셨습니다. 오대 산문에 드신 이후 조석 예불과 사시 불공, 각종 시식, 울력 등에 빠짐없이 참여하는 솔선수범을 보였고, 후학 양성에 힘쓰며 대중들을 통솔하고 대중들과 함께 생활하셨습니다. 단독으로 1인 종정과 교정을 지내실 때도 드러나지 않는 곳에서 그 소임에 충실하셨습니다.

스님의 상좌였던 조용명(1906~2003) 스님이 『불광』지에 쓴 「우리 스님 한암(漢巖) 스님」을 통해 회고한 철저한 수행자 한암(漢巖) 스님의 수졸의 살림살이 이야기 두 편입니다.

1)

　　우리 스님의 24시간은 어떠하였던가. 밤에 잠시 누운 밖에는 언제나 큰 방에서 대중과 함께 계셨다. 새벽 3시에서 밤 9시까지 항상 허리를 꼿꼿하게 펴고 앉아 참선만 하고 계셨다. 허리를 구부리는 것을 허락하지 않으셨다. 당시의 운정(雲頂) 스님이나 단암(檀庵) 스님, 설봉(雪峰) 스님, 동산(東山) 스님, 모두가 그랬다.

　　고단하면 밖을 거닐라고 하였다. 종일 눕지 못하고 발도 못 뻗고 벽에 기대지도 못했다. 따로 있을 지대방도 없었다. 그러므로 여간한 수좌가 아니면 한암(漢巖) 스님 회상에서 지내기 어렵다고 겁을 먹고 오지 않았다.

　　『군자는 꼿꼿하여 쉬지 않는다』라는 신조 그대로였다. 3시에 기상하여 참선 예불 공양을 대중과 함께하셨고, 조실 방이 있어도 가시지 않았다. 언제나 큰방에 앉아 계시니 대중이 꼼짝할 수가 없었다.

　　이러한 가풍은 노조(魯祖) 스님을 본받은 것으로 보인다. 당나라 남천(南泉) 스님 제자인 노조 스님은 납자가 찾아오면 벽을 보고 돌아앉았다. 한 길을 말하는 것이 한 자를 가느니만 못하다는 뜻이다. 묵묵히 생각하는 것이 제일이라는 뜻이다. 스님도 항상 노조 스님을 칭찬하셨는데 내가 보기에 스님은 그 가풍을 숭상한 것이 분명하다. 조실 스님으로 대중과 함께 이렇게 행한 분이 또 어디 있을까!

2)

　　우리 한암(漢巖) 조실 스님께서 보조 스님을 숭상하긴 하였지만 거기서 보조 스님과 좀 다른 것은 당신을 스스로 졸하다고 생각하여 수졸을 하셨던 점이다. 보조 스님은 선종도 일으키셨고 불교 교단을 위하여 많은 일을 하셨다. 그렇지만 우리 스님은 먼저 자기 힘의 확충을 제일 요건으로 삼았다. 힘이 확충되지 못하였을 때는 힘을 확충하는 데 온 힘을 써야 한다. 결코 지나치거나 과장하는 것과는 천 리 만 리였다. 성실하시고 늘 고인들이 힘을 확충하는 것을 기다려 교화하신 것을 거울로 삼으셨다. 그래서 당신께서는 졸하게 지내는 것이 당신의 분에 맞는다 하였다.

　　5월에는 강원도 강릉에 사는 신도 최태규 선생에게, 6월에는 묘련심 보살에게 답장을 보내셨습니다. 일여행 보살님에게 보내신 답장은 1949년의 것인데, 묘련심 보살에게 보낸 것과 마찬가지로 한글로 쓴 편지라 마지막에 함께 음미해 보겠습니다. 여성 신도들에게 보낸 편지는 읽기 쉽도록 배려한 듯 한글로 쓰셨으며, 내용도 겸손하고 따뜻한 것이 특징입니다.

「최태규 선생에게 보낸 서신」에서 한암(漢巖) 스님은 어떻게 하면 죄를 씻어 버리고 복이 들어올 수 있겠느냐는 최태규 선생의 물음에 "죄를 씻고 복을 맞아들이는 것은 부처님이 하신 말씀 외에도 선(善)을 쌓으면 그 복과 후광이 상서로움으로 돌아온다."라는 답을 들려주십니다. 또 맹자의 말씀에 "고대 중국이 태평성대를 누리던 요순시대의 순임금은 어떤 사람이며 나는 어떤 사람인가? 노력하면 다 이와 같이 된다."라고 하였고, "사람은 모두 요임금이나 순임금 같은 훌륭한 사람이 될 수 있다."라고 했는데, 흉한 것을 길한 것으로 만들고, 악을 고쳐서 착한 것을 만드는 것도 당사자의 진실한 마음과 노력에 달려 있다는 말씀을 들려주셨습니다.

「묘련심 보살에게 보낸 서신」은 병을 앓고 있는 딸로 인해 괴로움을 겪고 있는 묘련심 보살을 위로하고 격려하는 답장입니다. 시주금을 잘 받았다는 인사와 함께 성심으로 올리고 있던 관음 기도에 더욱 정성껏 축원해 드리고 있으니 염려 말라는 따뜻한 말씀을 해 주십니다. 관세음보살 성호(聖號)를 일심으로 생각하면 모든 화액이 없어지고 많은 행복과 즐거움을 받게 되므로 병석의 딸에게도 관세음보살 염송을 권하라는 당부하십니다.

「일여행 보살님」이라는 두 통의 편지는 강원도 홍천에 사는 한 씨 성을 가진 보살에게 보낸 답장입니다. 첫 번째 편지에서는 바쁜 일 때문에 한암(漢巖) 스님의 법문을 듣지 못해 한탄하는 일여행 보살에게 법문은 신심으로 만나보는 것도 법문이고, 선지식이라고 믿는 것도 법문이고, 재수 형통하기를 기도하는 것도 법문이고, 모두가 다 법문이라는 것을 일러 주십니다. 화두가 따로 있는 것이 아니라 일심으로 염불하는 것이 화두와 다르지 않으며, 화두도 염불도 일상사도 한 일심으로 진실하고 꾸준하게 하면 성취된다는 법문과도 같은 가르침을 주고 계십니다.

두 번째 편지는 일여행 보살이 앞장서서 힘쓰고 있는 가사불사에 대한 감사와 따뜻한 염려를 담고 있습니다. 가사불사는 급한 것도 아니므로 굵은 베를 열 바탕 정도 마련해서 없는 수좌들에게 나누어 주었으면 했던 것인데, 생각과 달리 큰 어려움을 드린 듯해서 죄송하다는 말씀과 함께 억지로 하느라 애쓰지 말고 힘 닿는 데까지만 해도 좋고, 힘이 모자라면 하지 않아도 좋다는 뜻도 밝히셨습니다.

계율에 엄격한 수행자

음력 10월 20일, 만공(滿空, 1871~1946) 스님이 서산 간월암(看月庵)에서 입적하셨습니다. 하지만 한암(漢巖) 스님은 조문의 형식이 옳지 않다고 하여 조문을 하거나 보내지도 않으셨습니다. 보경 스님이 탄허 스님과 의논을 해서 고향인 서산에 다녀오겠다는 핑계를 대고 조문을 다녀오셨다고 합니다. 그 까닭에 대해 보경 스님은 『그리운 스승 한암(漢巖) 스님』에서 "노스님은 만공 스님에 대해 칭찬하지는 않으셨어요. 경허 스님의 법을 받은 선배 예우는 하셨지만 칭찬은 하지 않으셨지요. 노스님께서는 참 철저하시거든요. 특히 계율에 대해서는 철저했어요."라고 회상하셨습니다.

계율에 엄격하셨던 한암(漢巖) 스님이라 그럴 법한 일입니다. 먼저 스승 경허 화상에 대한 이야기입니다. 경허 화상의 파행에 대해 한암(漢巖) 스님은 1931년에 찬술한 「선사 경허 화상 행장」에서 "후대의 학인들이 화상의 불법에 관한 이야기를 배움은 옳으나 화상의 일을 배우는 것은 옳지 못하니, 사람들이 믿어서 이해할 수가 없기 때문이다."라고 말씀하셨습니다.

고승이 이르기를 "다만 안목이 바름을 귀하게 여기고 그 일은 귀하게 여기지 말라." 하였으며, "나의 법문은 선정과 해탈, 계율, 깨달음을 논하지 않고 오직 부처의 지혜에 이를 뿐이다."라고 하였으니, 이는 먼저 바른 눈이 열리고 난 뒤에 행리를 논한 것이 아니겠는가? 그래서 화상의 법화를 배움은 옳으나 화상의 행리를 배움은 옳지 못하다고 말한 것이니, 이는 다만 법을 택하는 눈을 갖추지 못하고 먼저 그 일의 자유자재만을 본받는 자를 꾸짖은 것이며, 또한 생멸 무상의 만남에 집착하여 마음의 근원을 밝게 깨닫지 못하는 자를 꾸짖은 것이다.

앞의 내용만 본다면 경허 화상의 파행을 따르지 말라는 것인데, 뒤에서는 고승의 말을 빌려서 경허 화상을 옹호하는 글이 이어집니다. 제자의 도리로는 마땅한 일일 것입니다. 하지만 계ㆍ정ㆍ혜 삼학을 중시하는 청정 가풍의 선승으로서는 행여 후학들이 계행을 무시한 채 경허 화상의 파행만을 배울까 염려하여 에둘러서 완곡한 주의를 주고 계신 것인지도 모릅니다.

같은 맥락에서 만공 스님이 스승인 경허 화상에게 거리낌 없이 술과 고기를 올린 일도 한암(漢巖) 스님의 눈에는 옳지 않게 비쳤을 것입니다. 만공 스님은 선불교를 중흥해 큰 법맥을 형성하면서 근대 한국불교 전통을 계승하고 선을 대중화하는 데 크게 기여한 분입니다. 또한 한국불교를 일본 불교화하려는 총독부의 종교 정책 방침에 정면으로 맞섰던 '선기발로(禪機發露)' 사건의 주인공입니다.

1937년 3월 11일 열린 31본산 주지회의에 참석한 조선 총독 미나미가 "이전 초대 총독인 데라우치(寺內正毅)가 사찰령을 제정하는 등 조선불교 진흥에 공이 크다."라고 하자, 만공 스님은 "데라우치는 조선 승려로 하여금 일본 승려를 본받아 대처, 식육, 음주 등 파계하도록 하였으니 큰 죄인이다. 마땅히 무간지옥에 떨어져 큰 고통을 받고 있을 것이다."라고 질책한 뒤, 조선불교가 일본 불교로 인해 변질되어 계율이 문란해지고 조선불교의 전통과 종교적 순수성이 흔들리고 있다는 점을 항변했습니다. 이어 종교가 정치로부터 분리되어야 한다는 점을 강조하고, 향후 조선불교를 자주적으로 운영하겠다는 입장을 명확히 밝혔습니다. 일제의 불교 장악 의도에 일침을 가한 그때의 일을 『만공 선사 어록집』에서는 이렇게 전하고 있습니다.

1937년 3월 11일 전국 31본산 주지와 전국 13개 도지사가 모인 조선총독부

어전회의에서 "우리 선불교는 1천5백 년 역사를 유지하고, 그 수행 정법과 교화의 방편이 여법하거늘 일본 불교와 합하여 잘 될 필요가 없으며, 정부에서 종교를 간섭하지 않는 것만이 유일한 진흥책이다."하고 스님이 분연히 자리를 차고 일어나 등단하여 크게 호령하여 이르되 "청정 본연커늘 어찌하여 산하대지가 나왔는가?"하고 좌중에게 물었다. 이에 좌중은 물을 끼었은 듯 조용하였다. 스님이 큰소리를 떨쳐 한번 할을 하니 그 소리와 위엄이 장내에 넘쳤다.

이 일을 전해 들은 선학원의 석우, 적음, 남전 스님 등은 회의를 마치고 돌아온 만공 스님을 맨발로 맞으며 "조선은 죽었어도 불교는 살아있다."라고 가슴 벅차게 외쳤다고 합니다. 만해 스님도 "선기 법봉(禪機法鋒)의 쾌한이 아니면 도저히 불가능하다. 조선불교사의 한 페이지가 여기에서 빛나는 것을 아는가?"라며 만공 스님의 기개를 극찬하고 그 일을 '선기 발로 사건'이라고 명명했습니다. 세속의 눈으로 본다면 경허 화상을 같은 스승으로 모신 사제(師弟)로서 사형(師兄)을 조문하지 않았다는 것이 퍽 매몰차게 느껴질 수도 있습니다. 하지만 계율에 지엄했던 수행자 한암(漢巖) 스님의 반듯한 생활, 고매한 성품과 올곧은 선풍에서 비롯된 결단이 아니었을까 하는 생각을 하게 됩니다.

상원사 화재

1947년(불기 2974, 72세) 1월, 동안거 직후 상원사에 화재가 발생해 법당과 요사채가 전소되는 사태가 발생했습니다. 때마침 그날 인근의 신선골에 산불이 나서 불을 끄러 갔다 온 대중들이 저녁 공양을 마치고 고단해서 모두 누워 있었는데 "불이야!"하고 외치는 소리가 터져 나왔습니다. 소리를 듣고 뛰어나가 보니 조실채 아궁이에서 번진 것으로 보이는 불이 거칠게 타오르고 있었습니다. 추운 겨울이라 계곡이고 어디고 물이라는 물은 죄다 얼어붙었고, 물이라고는 공양간에 받아다 놓은 것이 고작이라 달리 불을 끌 수 있는 방법도 없었습니다. 다들 손을 놓고 발을 동동 구르고 있는데 한암(漢巖) 스님께서 법당 안의 대장경을 끌어내라고 지시를 하셨습니다. 하지만 거세게 번지는 불길 때문에 대장경 궤짝도 반 정도밖에 꺼내지 못했습니다. 조실채의 짐을 꺼내려던 자월 스님도 문을 열자마자 순간적으로 확 달려드는 불길 때문에 큰일을 당할 뻔했습니다.

이 화재로 인해 법당과 요사채가 순식간에 잿더미로 변하면서 그 안에 있던 여러 가지 자료도 대부분 함께 불탔습니다. 문수보살과 문수동자를 모시고 있던 법당 양쪽 탁자 밑에, 한암(漢巖) 스님이 눈병을 앓아가면서 토를 달았던 율문(律文) 천여 권도 불에 타 없어졌습니다. 탄허 스님께서 읽어보려고 원주실에 갖다 두었던 한암(漢巖) 스님의 자필 『일발록』도 이때 불길 속으로 사라지고 말았습니다. 『일발록』은 한암(漢巖) 스님께서 평생 동안 쓴 게송, 편지, 현판 등 여러 가지 글을 한지에 적어서 묶어 놓은 문집입니다. 지금 전해지고 있는 자전적 구도기 『한암일발록』은 탄허 스님이 한암(漢巖) 스님의 구술을 받아 적은 것으로 추정되고 있습니다.

화마로 인해 큰 상처를 입었던 상원사는 그해 늦가을, 한암(漢巖) 스님의 크나큰 원력과 탄허 스님, 만화 스님의 조력 속에 당시 월정사의 주지였던 지암 스님이 금강산 마하연의 건물을 본떠 중창 불사를 마치고 삼동 결제(三冬結制)에 안거, 정진할 수 있게 되었습니다.

현존하는 당우로는 동북 45도 방향의 전면 8칸, 측면 4칸의 ㄱ자형 건물인 문수전을 비롯하여 선원인 청량선원, 승당인 소림 초당, 종각인 동정각, 영산전 등이 있습니다. 중요문화재로는 목조문수동자좌상(국보 제221호), 목조문수동자좌상 복장 유물 23점(보물 제793호), 상원사 석가여래좌상(보물 1811호), 상원사 동종(국보 제36호) 등이 있고 「상원사 중창권선문」은 한문과 한글이 함께 쓰여 있어 한글 연구에 귀중한 자료가 되고 있습니다.

상원사의 중심 전각은 대웅전이 아니라 문수전입니다. 문수전에는 여느 법당과 달리 부처님 대신 문수동자와 문수보살을 나란히 주존으로 모시고 있습니다. 한 몸을 둘로 나누어 모시고 있는 까닭은 인(因)과 과(果)가 둘이 아니라 하나라는 연기법의 깊은 뜻을 담기 위해서입니다. 문수전으로 올라가는 계단 옆에는 자객으로부터 세조를 구해 줬다는 전설이 있는 고양이 석상 2점이 있습니다.

상원사에는 3점의 국보가 있습니다. 상원사동종(국보 제36호)은 높이 167cm, 지름 91cm로 우리나라에 남아있는 동종 가운데 가장 오래되고 아름다운 범종으로 음향이 맑고 깨끗합니다. 범종은 중생의 어리석은 마음을 부처님 품으로 이끌어 주고 듣는 이의 마음을 맑게 해 줍니다. 상원사동종은 보전을 위해 지금은 사용하지 않으며 바로 옆에 모조품을 만들어 종을 울립니다.

상원사 목조문수동자좌상(국보 제221호)은 높이 98cm로 1466년(세조 12년) 제작되었으며 예배의 대상으로 만들어진 국내 유일의 동자상이라는 점에서 그 가치를 인정받고 있습니다. 이 불상은 세조가 왕위에 오른 직후, 몸에 난 종기를 고치려고 상원사로 가던 길에 동자처럼 생긴 문수보살이 등을 씻어주면서 병이 깨끗하게 나았다는 영험한 일을 기리기 위해 조성했습니다. 문수동자상은 '석굴암본존불', '금동미륵보살반가사유상'과 함께 우리나라 불교예술의 3대 걸작으로 꼽히고 있으며, 이 불상의 뱃속에서 나온 유물 23 종류는 '목조문수동자좌상 복장유물'이라는 이름으로 보물 제793호로 지정되었습니다. 오대산 상원사 중창권선문은 세조가 상원사를 중창할 때 지은 글로 1963년 보물 140호로 지정되었다가 1997년 국보 292호로 승격되었습니다. 필사본으로 크기는 2첩이며 한글과 한문이 병기되어 있는데, 한글에 방점이 찍혀 있는 등 한글 제정 초기의 모습을 그대로 보여주고 있어 한글 연구에 매우 소중한 자료가 되고 있습니다. 지금은 월정사 성보박물관에 소장되어 있습니다.

상원사 서쪽 비로봉에서 동으로 뻗어 내린 곳에 있는 적멸보궁은 자장 율사가 당나라에서 가져온 석가모니의 진신사리가 묻혀 있어 우리나라 사찰 중 제일의 성지이자 기도처로 꼽히고 있습니다.

어지러운 시국

1948년(불기 2975, 73세)은 나라 안팎이 말 그대로 격동의 한 해였습니다. 1946년 미국과 소련의 1차 공동위원회가 결렬되면서 이념 갈등이 갈수록 심해졌습니다. 이승만 박사는 남한 단독정부 수립을 주장하고, 중도 좌파의 여운형 선생과 중도우파의 김규식 선생은 남쪽에 있는 사회주의자와 민주주의자가 단결해서 미국과 소련을 몰아내고 우리 민족끼리 자주 통합을 하자는 주장을 펼치고 있었습니다. 하지만 1947년 여운형 선생이 극우파 청년에게 암살되면서 좌우 합작은 동력을 잃고 흐지부지 없어져 버렸습니다.

미국과 소련의 2차 공동위원회가 또다시 결렬되자 미국은 UN에 남북문제를 상정하지만 소련과 김일성이 UN 위원단의 방문을 거절합니다. 그러자 미국은 이 문제를 UN에 재 상정해서 실시 가능한 지역에서 선거를 실시하라는 결정을 받아냅니다. 실시 가능한 지역, 즉 남쪽만의 선거는 남쪽만의 단독정부를 의미하는 것이었습니다.

이에 반대한 김구 선생이 남쪽 대표단 80명을 이끌고 방북해 김일성, 김두봉 외 80명의 대표단을 만나 미국과 소련의 즉각 철수, 남쪽만의 단독정부 수립 반대의 의견 일치를 봅니다. 그리고 그 뜻을 관철하기 위해 국회의원 총선에 기권할 것을 선언을 하지만, 바로 같은 해인 1945년 5월 10일에 최초의 국회의원 선거가 실시되고 여기에서 당선된 국회의원들의 간접투표로 이승만 대통령이 당선되었으며, 8월 15일에는 남쪽 단독 정부인 대한민국 정부가, 9월 9일에는 북쪽 단독 정부인 조선민주주의 인민공화국이 세워져 우리 민족은 외세에 의한 분단의 비극을 맞습니다.

이해는 우리나라가 동·하계 올림픽대회 사상 처음으로 태극기를 앞세우고 세계무대에 올랐던 해입니다. 1월 30일~2월 8일까지 스위스 생모리츠에서 열린 동계 올림픽대회에 우리나라는 선수 3명과 임원 3명을 출전시켰습니다. 7월 29일부터 8월 14일까지 영국 런던에서 열린 하계올림픽대회에는 선수 52명과 임원 15명을 출전시켜 첫 메달인 동메달 2개를 따내며 32위를 차지했습니다.

4월 3일 제주에서는 남로당과 토벌대의 무력 충돌 및 진압 과정에서 도민 3만여 명이 학살당하는 4·3사건이 벌어졌습니다. 경찰의 최초 발포가 있었던 1947년 3월 1일부터 한라산 금족(禁足) 지역이 해제된 1954년 9월 21일까지 7년 7개월간 이어진 남로당 무장대와 토벌대 간의 무력 충돌, 그리고 토벌대의 진압 과정에서 당시 도민 인구의 11%에 해당하는 3만여 명의 제주도민이 희생당하고 가옥 4만여 채가 소실되었으며, 중산간지역의 상당수 마을이 폐허로 변했습니다.

불교계의 손실도 컸습니다. 1948년 10월 말부터 이듬해 3월까지 초토화 작전 시기에 피해를 입은 사찰은 37개소로 전소된 사찰만 18곳에 달합니다. 피해를 입은 스님은 총살 10명, 수장 2명, 고문 후유증 사망 1명, 일본으로 도피 1명, 행방불명 2명 등 14개 사찰 소속 승려 16명으로 조사됐습니다. 가해자는 군과 경찰, 서북청년단으로 구성된 토벌대였습니다. 광복을 맞아 대한민국의 출범에 발맞추어 왜색화됐던 불교 풍토를 정화하고 한국불교의 전통을 되살리기 위해 노력했던 제주불교는 제주 4·3사건으로 인해 그 맥이 단절되다시피했습니다. 우리나라 현대사에서 6·25 전쟁 다음으로 인명 피해가 컸던 이 사건은 종결 이후 금기시되다가, 1990년대에 이르러서야 역사적으로 재조명되어 2000년에 '제주 4·3사건 진상 규명 및 희생자 명예 회복에 관한 특별법'이 제정되면서 2007년까지 진상 조사와 피해자 조사가 실시되었습니다.

4·3 사건은 군사정권이 이어지는 동안 '북한의 사주에 의한 폭동'으로 규정되며 금기시되다가 김대중·노무현 정부 때 특별법 제정으로 진상 조사 위원회 활동 등을 통해 진상 규명과 정부의 공식 사과, 희생자 보상 등이 이루어졌습니다.

한암(漢巖) 스님께서는 이해 4월 보름 결제 일에 손상좌 희태(喜泰)에게 사미계를 주시고, 보경(寶鏡)이라는 호와 게송(偈頌)을 주셨습니다. 보경 스님은 한문을 배우고 싶어서 만공 스님이 계신 수덕사(修德寺)로 들어갔다가, 한암(漢巖) 스님의 상좌를 지내고 당시 수덕사 선방 입승을 보던 강월 스님의 추천을 받아 상원사로 와서 한암(漢巖) 스님을 시봉했습니다. 한암(漢巖) 스님의 법문을 듣고 불평등에 대한 불만이 풀렸다는 스님입니다.

한암(漢巖) 스님께서는 "저 애가 각단 예불을 잘 드리므로 얼른 계를 주어야겠다."라고 하시면서 입산 후 석 달이 지났을 무렵, 이력을 다 마쳤으니 호를 주겠다고 대중에게 공포하고 사미계와 보경이라는 호, 미리 쓰신 게첩을 주셨다고 합니다.

보고 듣는 것이 모두 꼭두각시놀음
육진은 본래 공한 것이
가히 공할 것이 없는 곳에
밝은 달빛은 맑은 바람을 일게 하네.

보경 스님은 "눈, 귀, 코, 혀, 몸, 뜻의 육근(六根)과 빛·소리·냄새·맛·감촉·법의 육진(六塵)이 본래 없는 것이며, 또 공(空)이라고 할 수 없는 곳에 명월청풍(明月淸風)이 있다는 말인데, 없는 것과 있는 것을 둘로 보지 말라. 경계를 버리면 사방이 다 불법이고, 그 속에 진리가 있다."라는 이 게송의 의미를 되새기며 평생을 수행 정진했다고 합니다.

음력 6월 7일에는 비구니 희원(喜元)에게 진주(眞住)라는 호와 함께 『신심명(信心銘)』에 있는 게송(偈頌)을 주셨습니다.

> 인연을 쫓아가지도 말고,
> 공무(空無)에도 빠지지 말라.
> 한결같이 마음이 평온해지면
> 모든 번뇌는 저절로 녹아 없어지리.

6월 30일, 한암(漢巖) 스님께서는 이해 2월 29일에 입적하신 조선불교 제1대 교정(敎正) 석전 박한영(朴漢永, 1870~1948) 스님의 뒤를 이어 제2대 교정으로 추대됩니다. 한암(漢巖) 스님께서 교정과 종정에 오른 것은 네 번째입니다. 1929년(불기 2956, 54세) 조선불교 선교 양종 7인의 교정, 1935년(불기 2962, 60세) 조선불교 선종 3인의 종정에 이어 단독으로는 1941년(불기 2968, 66세) 조선불교조계종 초대 종정, 그리고 1948년(불기 2975, 73세)에 조선불교조계종 2대 교정에 추대되어 모두 네 차례나 교정과 종정을 역임하게 되었습니다.

박한영(朴漢永) 스님으로 더 널리 알려진 석전 영호(石顚映湖) 스님과 한암(漢巖) 스님은 한국불교의 초석을 다진 분들입니다. 계율과 윤리를 중시하는 선(禪) 수행으로 평생을 산 최고의 선사(禪師) 한암(漢巖) 스님과 최고의 석학이자 교학의 대종사인 석전 스님, 두 분 스님께서는 일본 불교의 대처와 육식 관행으로 인해 한국 승단의 청정 가풍이 어지럽혀지고, 조선불교의 정신이라고 할 수 있는 독신 수행자 상이 무너져가는 조선불교의 기강을 바로잡기 위해 많은 노력을 기울였습니다. 오늘날 조계종이 비구승가로 남게 되기까지, 석전 스님과 한암(漢巖) 스님

441

의 기여가 결정적으로 작용했다고 봐도 과언이 아닙니다.

1925년 조선불교 중앙 교무원 자료를 보면, 승려의 3분의 2 정도가 결혼했다는 기록이 있습니다. 일제에 의해 한국불교의 청정 종풍과 수행 전통의 명맥이 끊길지도 모르는 큰 위기 상황에서 석전 스님은 『계학 약전』이라는 교재를 펴내는 등 승려교육을 통한 청정성 회복 운동에 앞장섰습니다. 조선 최고의 지식인으로 꼽히기도 했던 석전 스님은 운기 성원(雲起姓元, 1898~1982)·청담 순호(靑潭淳浩, 1902~1971)·운허 용하(耘虛龍夏, 1892~1980)·운성 승희(雲性昇熙, 1910~1995)·석문 남곡(石門南谷, 1913~1983)·청우 경운(聽雨景雲, 1912~1971) 등 불교계뿐 아니라 육당 최남선, 위당 정인보, 미당 서정주, 춘원 이광수, 김동리, 조지훈, 신석정, 김달진, 오장환 등 속가에 많은 재가 제자를 두었습니다.

한암(漢巖) 스님은 네 차례나 종단 최고의 어른인 교정과 종정에 선출되었지만 스스로 원해서, 스스로 나서서 교정이나 종정의 소임을 맡은 적이 단 한 번도 없습니다. 오대산에 들어가신 후 불 출산(不出山)이라는 원칙을 지키며 27년 동안 세상 밖으로 나오지 않으셨던 것처럼, 교정과 종정의 소임을 맡고도 종단의 본부가 있는 경성의 총무원에 나오신 적조차 없습니다. 스님께서는 세속의 일을 전혀 알지 못한다는 겸양을 표하며 은둔의 자세로 칩거하셨습니다. 그러면서도 교정이나 종정으로서의 결재나, 자문에 답해야 할 때는 철저하고 꼼꼼하게 자신의 의사를 피력하셨습니다.

종정으로서의 한암(漢巖) 스님에 대해 천운(天雲) 스님은 "지암 스님이 종단을 운영한 것이 아니라 실제로는 한암(漢巖) 스님의 운영법으로 한 것이고, 종단의 방향이 상원사에서 다 나왔다."라고 증언했고, 보경 스님은 "종정이 되시고 한 달에 한 번 총무원에서 두 부장이 서류를 한 보따리씩 갖고 오면 결재를 꼬박꼬박 하셨어요. 밤새 검토하셔서 아주 제쳐놓은 것도 있고, 수결을 하신 것도 있고, 이것은 수정해 가지고 오라고 하시면 다음 달에 가지고 와서 결재받고 그랬지요."

라고 회상했습니다.

9월에 「일체중생 모두 성불하소서(일체중생 실개성불〈一切衆生 悉皆成佛〉)」라는 게송을 남기셨습니다. 이 게송은 석가모니 부처님께 모든 중생의 성불을 비는 마음을 담아서 쓴 발원문(發願文)입니다. 한 점의 의심 없이 투철하고 진실한 마음으로 실행하고, 최상승의 큰 뜻을 중생에게 베풀어 함께 정토에 왕생할 수 있게 해 달라는 이 발원은 모든 수행자의 발원이며, 모든 중생의 염원입니다.

〈일체중생 모두 성불하소서〉

　　　일체중생으로 하여금 뜻을 원만케 하여
　　　일체 국토에 모두 여래가 되게 하고
　　　모든 지견 갖가지 기쁨을 누리게 하소서.
　　　적멸 무상(無相)이 허공과 같으니
　　　제일 진실한 마음 가운데
　　　갖가지 행할 일을 나타내어 보여 주소서.

　　　이처럼 한없이 높고도 묘한 기쁨을
　　　모두 최상승의 도에 회향하여
　　　일체 세간의 모든 선법(善法)이 되게 하소서.
　　　비유컨대 마술사가 마술을 알아서
　　　대중들에게 많은 요술을 보이듯,
　　　여래의 지혜 또한 그와 같네.
　　　하나의 털구멍에서 광명이 쏟아져
　　　널리 세상의 번뇌를 없애주니
　　　티끌처럼 많은 세간 다 헤아릴 수 있네.

이해 음력 11월 6일부터 1949년 1월까지, 화두 참구 방법에 대하여 묻는 조창환 선생에게 4차례에 걸쳐 답장을 보내셨습니다. 조창환 선생은 강원도 명주군(현 강릉시) 사천면 사천 초등학교에 근무하던 분으로, 각명(覺溟)이라는 법명을 쓰는 불자입니다. 답장의 내용으로 보아 아마도 건강이 좋지 않았던 듯 조창환 선생은 한암(漢巖) 스님께 어지러운 심사를 토로하고 불도에 이를 수 있는 길을 물었던 것 같습니다.

한암(漢巖) 스님께서는 네 번의 편지에서 모두 공통적으로 모든 병의 근원이 혈기가 조화롭지 못한 데서 오는 것이라며 처음 공부를 시작할 때 마음을 과도하게 쓴 것을 원인으로 지적하십니다. 늘 마음을 편안하게 갖고 조용하게 생각하며, 나아가 번뇌를 일으킨다는 생각마저도 없애야 병이 나을 수 있으니 혈기를 내리라고 이르십니다. 음식과 생활, 언어 등 모든 것이 과도하지 않고 조화를 이루어야 한다는 조언도 하셨습니다.

화두에 대해 정성으로 참선하고 진리를 연구하다 보면 혈기가 내려가기 때문에 건강도 좋아진다, 그러나 화두 공부는 마음을 담백하게 하고 생각을 고요하게 해야 한다는 생각마저도 버려야 한다는 진리의 말씀은 조창환 선생의 물음에 대한 답이자, 우리 모두에게 주는 말씀일 수도 있습니다.

화두 참구는 부모가 자식에게 전해줄 수도 없고, 자식이 부모로부터 전수받을 수도 없는 것입니다. 오르지 당사자가 한생각 진실하게 가져야 합니다. 마치 모양에 의거하여 그림을 그리되, 그리고 또 그리면(화두를 부단히 참구하면) 어느 순간 성돌 맞듯 맷돌 맞듯 해서 본래 생긴 그대의 불성을 다시 닦고 닦다 보면 여러 가지 잡된 말이 끊어집니다. (1948년 11월 6일의 답신 중에서)

참선법은 불성을 명백하게 통달해서 다시는 업에 구애받지 않음을 목적으로 합니다, 그러나 화두를 들 때는 온갖 생각을 허락하지 않습니다, 다만 화두에 대한 의심만 일여(一如) 하게 생각할 뿐입니다. 말이 번다하면 도리어 공부에 방해가 됩니다. (1949년 1월 12일의 답신 중에서)

우리나라에 불법이 들어온 이후에 신도와 스님을 막론하고 참선하여 도를 깨친 사람은 무수히 많습니다. 꼭 부처님 앞에서 참선해야만 되는 것이 아닙니다. 오히려 사무를 보는 복잡한 가운데 득력하는 것이 적정한 곳에서 득력하는 것보다 10만 억 배나 더 힘이 있는 것입니다. 문제는 오로지 당사자의 신심이 얼마나 견고한가? 그것이 관건입니다. (1949년 2월 4일의 답신 중에서)

우리의 이 몸은 고통의 뿌리입니다. 무슨 병이든지 발생하면 완쾌되기가 매우 어렵습니다. 음식을 잘 조절하고 양생·섭생하면 고통이 줄어듭니다. 이것이 가장 좋은 효과인데 오래도록 잘 조절하고 관리하여 신(神)의 경지에 이르면 아주 쾌차되는 때도 있습니다. 그러나 업이 무거우면 안 됩니다. 화두는 이것저것 따질 필요 없이 오로지 정신을 차려서 '이것이 무슨 도리인고?'하고 의심할 뿐이요, 다른 생각은 조금도 용납하지 않습니다. (1950년 2월 5일의 답신 중에서)

앉은 채 생사를 맞이하노라

어느 해 설이 지난 뒤 만화 스님의 할아버지(장준제)가 한암(漢巖) 스님께 인사도 드릴 겸 상원사를 방문하셨을 때라고 하니, 시기 상 1949년(불기 2976, 74세) 정도가 될 것 같은데 그때 예사롭지 않은 말씀을 하셨다고 합니다. 만화 스님의 할아버지가 흉흉한 시국 탓인지 스님께 '살 방향'인 '생문방(生門方)', 즉 어디로 가야 피란할 수 있겠는가를 여쭈었습니다. 한암(漢巖) 스님은 "내가 사는 곳이 피란지입니다."라고 하시며 '10'에 대한 우화를 일러 주셨습니다.

> 일지 일지 글이나 읽지. 이지 이지 일이나 하지.
> 삼지 삼지 신이나 삼지. 사지 사지 살던 곳에서 살지.
> 오지 오지 오랑캐가 오지. 육지 육지 철로가 육지이지.
> 칠지 칠지 외국을 칠지. 팔지 팔지 나라를 팔지.
> 구지 구지 목숨이나 구하지. 십지 십지 죽기가 쉽지.

후일 스님께서는 남쪽으로 피란을 가자는 제자들의 권유를 받을 때마다 가겠다는 대답은 하면서도 막상 길 떠날 채비를 서두르면 "내가 이 나이에 가면 어디를 가겠느냐? 너희들이나 피란을 가라."라고 하시면서 '사지 사지 살던 곳에서 살지.'하는 말로 끝내 오대산을 떠나지 않고 상원사를 지키셨습니다.

이해 봄, 월정사에서 그리 멀지 않은 오대산의 폐사지인 선림원지에서 신라 동종이 발굴됐습니다. 농부가 땅속에서 발견한 이 종은 월정사 스님들이 서울에 있는 문교부 등 관계 부처를 오르내리면서 "월정사 관할 지역에서 발굴된 종이다.", "월정사에는 고종(古鐘)이 없으니 월정사에서 소장하게 해 달라."라는 청원을 넣고, 당시 발굴 작업에 참여했던 황수영(당시 국립중앙박물관 관장) 선생이 "서울로 옮겨서 박물관 창고에 보관하는 것보다 월정사 현지에 두는 것이 낫다."라는 지원을 해 준 덕분에 월정사로 옮겨졌습니다.

종을 월정사 대웅전 옆에 임시 종각을 만들어서 걸어놓은 후, 오래전부터 한암(漢巖) 스님의 명망을 듣고 흠모해 왔던 황수영 선생이 인사 차 상원사로 한암(漢巖) 스님을 찾아뵈었더니 "어려운 일을 하셨습니다. 월정사에는 종이 없는데 마침 잘 됐습니다. 오대산에서 나온 것이니 잘 보관하겠습니다."하고 반가워하셨답니다. 좋아하시는 그 모습에서 덕이 높은 고승이라는 느낌을 받은 황수영 선생이 사진 찍기를 청하자 "사람의 몸이 껍데기인데 사진은 찍어서 뭐 하겠습니까?" 하시면서도 옷을 갖춰 입고 요사채 앞에 내려와 함께 사진을 찍으셨다고 합니다. 그 사진은『불교신문』에서 광복 60주년 기념으로 낸 화보집에 들어있습니다.

하지만 '선림원지 신라종'이라고 이름 붙였던 그 동종은 안타깝게도 6·25 전쟁 때 월정사가 전소되면서 함께 불에 타 사라지고 말았습니다. 소실된 종의 파편은 서울이 수복된 후 황수영 선생의 수집 작업을 거쳐 서울 박물관으로 옮겨져 관련 기록과 함께 보존되고 있습니다.

음력 2월과 8월, 통도사(通度寺) 강사를 지낸 오해련 스님에게 답장을 보내셨습니다. 이 편지는 몇 년 전 통도사에서 옛 책들을 중앙 승가대학 도서관에 기증했는데 거기에 포함되어 있던 오해련 스님의 책갈피에서 발견된 것입니다. 오해련 스님은 통도사 문중 항렬로 한암 스님의 사제가 됩니다. 복사본이 월정사 성보박물관에 소장되어 있습니다.

2월 4일에 쓴 첫 번째 답장은 해련 스님이 편지에서 질문한 "마음이 항상 지극히 고요하여 범부의 마음을 제거하면 곧 불성을 본다."라는 말에 대해 "사람마다 심성이 본래 충분히 갖추어져 있어서 한생각을 돌리면 모두 부처와 같아서, 비로소 중생이 본래 부처임을 알게 되며, 생사 열반이 마치 지난밤 꿈과 같은 것이니, 헛것인 줄 알면 곧 잃어버리게 되기 때문에 수단이나 방법을 만들 것이 없으며, 헛것을 잃으면 곧 깨닫게 되기 때문에 차례대로가 없는 것입니다."라는 법문 어구를 이미 보고 읽었을 테니, 갑자기 망념을 일으켜서 스스로를 괴롭히지 말라고 충고를 하셨습니다.

이 일은 언어로 통하게 할 수 있는 것이 아니므로 이러쿵저러쿵 따지지 말고 부지런히 활구를 참구하되 급하게도 느리게도 하지 않는다면 활구를 타파하는 방법이 그 속에 있을 것이니 그것을 스승 삼아서 물러서지 말고 공부하는 것이 가장 좋은 방법이라는 가르침입니다.

8월 12일에 쓴 두 번째 답장에서는 한암(漢巖) 스님께서 통도사에도 승적을 두셨던 만큼, 아마도 해련 스님이 한암(漢巖) 스님을 초청했던 것 같은데 여기에 응하지 못한다는 인사를 전하고 있습니다. 초청에 응하지 못하는 것이 건강이 좋지 않아서 멀리까지 가기가 어렵기 때문이니 달리 생각하지 말라는 말씀과 함께, 상원사 화재 시 화엄경은 잠시 중대에 모셔 두었기 때문에 보존되어 있고, 그 나머지 해련 스님의 책자가 모두 다 불에 타 버린 일에 대한 애석함과 미안함도 전하고 있습니다.

평생을 조국 광복을 위해 헌신하고, 한반도의 통일정부 수립에 실패한 후에도 민족 분단의 비애를 딛고 재야에서 통일 운동을 전개하던 민족 지도자 김구(1876년~1949년) 선생이 6월 26일 서울 서대문구의 경교장(京橋莊)에서 육군 소위 안두희(安斗熙)에게 암살당하는 사건이 벌어졌습니다. 민족의 큰 별을 잃은 슬픔에 120만 명이 조문하고 장례식에도 40~50만의 인파가 몰렸습니다.

김구 선생은 짧은 기간이지만 불자의 길을 걷기도 했습니다. 선생은 1895년 일제가 명성황후를 시해한 을미사변이 일어난 이듬해 치하포 주막에서 변복한 일본인 쓰치다(土田讓亮)를 찔러 죽인 죄로 체포되었습니다. 1897년 8월 26일 사형 집행이 확정되었으나 광무황제의 특사로 사형 직전에 집행 정지령이 내려져 생명을 건질 수 있었고 1898년 3월 9일 밤 탈옥에 성공합니다. 은신을 위한 방법이었으나 충남 마곡사에 들어가 원종(圓宗)이라는 법명을 받고 출가하여 다음 해에 평양의 영천암 주지로 있다가 신분이 드러나자 환속한 이력이 있습니다.

백범(白凡), 미천한 백정(白丁)의 '백'과 평범한 사람을 뜻하는 범부(凡夫)의 '범'을 따서 호를 삼을 만큼 스스로를 낮추었던 민족의 큰어른으로, 2019년 8월의 독립운동가로 지정된 김구 선생의 유훈을 되새겨 봅니다.

> 내 소원은 우리나라 대한의 완전한 자주독립이오.
> 우리나라가 독립하여 정부가 생기면
> 그 집의 뜰을 쓸고 유리창을 닦는 일을 하다가 죽게 해달라고
> 기도를 한 적이 있었소.
>
> 김구, 도진순, 『백범 일지』(돌베개)

이런 소용돌이 속에 불교계는 사찰령 철폐를 선언하고 불교의 제반 행정을 자주적으로 추진하는 등 식민지 체질의 불교를 청산하고 자주적인 불교를 지향하기 위한 쇄신에 나섭니다. 선학원에서는 조명기, 정두석, 백석기, 장상봉, 곽서순 등 젊은 개혁가들을 중심으로 불교계 친일 청산과 불교 개혁을 위한 제도 개선 등 혁신의 움직임이 시작됐습니다. 기존 교단 집행부는 선리참구원 등 혁신 단체들이 생각하는 개혁의 방향과는 다른 입장을 내놓았습니다. 가장 큰 쟁점은 대처승을 승려로 볼 것인지 아닌지 하는 문제였습니다. 혁신 단체들은 결혼하면 승려가 아니기에 신도로 신분을 전환시켜야 한다는 주장이었고, 교단의 95%가 대처

승이니 만큼 현실적으로 이들을 인정해야 한다는 것이 교단의 입장이었습니다.

불교계에서는 전통불교의 복원을 도모하는 순수한 승려(이판승, 비구승)과 대처하는 승려(사판승, 대처승)과의 대립이 시작되었습니다. 이러한 갈등에서 불붙기 시작한 불교 정화 운동은 소수의 비구승과 다수의 대처승이 맞붙으면서 더욱 격화되어 폭력 사태로까지 번집니다.

일제 식민지 정책이 우리나라 불교계에 남긴 가장 큰 폐해는 비구승 중심의 승단 전통을 파괴한 일일 것입니다. 일제강점기를 거치면서 급속도로 진전된 승려의 대처와 세속화 경향은 우리나라 불교의 전통과 비구승단의 존립을 크게 위협하는 일이었을 뿐 아니라, 석가모니 부처님께서 본래 뜻하셨던 청정 비구·비구니 승가의 계율을 위배한 일입니다.

불교 혁신을 둘러싸고 대처승 중심의 교단과 선승(禪僧)을 지지하던 혁신 단체 간의 갈등이 대립으로 이어지면서 교단 정화는 교단 분열 사태로 발전하게 됩니다. 9월에는 유엽, 한보순, 장도환, 이덕진 스님 등이 총무원에 난입해 총무원장 박원찬 스님을 감금하고 사직을 강요하는 사태가 발생했고, 우여곡절 끝에 10월 제3대 총무원장에 구하 천보(九河 天輔, 1872~1965) 스님이 취임합니다.

오대산 월정사도 예외일 수 없었습니다. 비구승과 대처승의 대립과 다툼이 날로 커져갈 무렵, 대처승을 다 내쫓아야 한다는 목소리에 대해 한암(漢巖) 스님께서는 "더러운 것 다 버리고 깨끗한 곳에 살 수 있을 것 같은가? 일은 급하게 해서는 안 된다. 사람을 키워 가면서 해야지, 성급하게 하다 보면 불교가 오히려 망한다."라는 말씀으로 양쪽을 다독이며 원만한 합의를 이끌어 내도록 하셨습니다. 불교 정화는 하되, 폭력적인 방법은 안 된다는 한암(漢巖) 스님의 정화관은 이후 탄허 스님이나 만화 스님에게로 이어졌습니다. 특히 만화 스님은 한암(漢巖) 스님의 뜻에 따라 월정사의 사판승을 내치지 않고 화합으로 포용하셨습니다.

10월 10일에는 종단 사태에 대하여 종정(宗正) 명의로 '서로 다투지 말고 부처님의 법에 따라 깨끗한 자비의 마음으로 언쟁이나 시기, 미움 없이 불미스러운 문제를 해결하여 오점을 남기지 말라'라는 특명이 담긴 성명서를 발표하셨습니다. 이 성명서를 두고 당시 불교계에서는 종단 사태 해결의 청량제라는 평가를 했습니다. 이렇듯 한암(漢巖) 스님께서는 오대산 깊은 산중에 칩거하시면서도 종정이나 교정의 책임에 최선을 다하셨습니다.

봉암사 결사와 같은 희망적인 일도 있었습니다. 1947년부터 1949년까지 성철 스님을 중심으로 자운 · 청담 · 향곡 · 월산 · 성수 · 혜암 · 법전 등 20여 명의 청정 비구 스님들이 한국 전통불교의 정신을 계승하려는 노력의 일환으로 결사 활동을 벌였습니다. '부처님 법대로 살아보자'라는 결사의 정신과 실천은 이후 불교 정화 운동의 모체가 됩니다. 부처님 경전에 의거한 장삼과 가사의 제정, 스님의 위상 확립, 포살 및 보살계 시행, 선 수행, 자주 자립의 정신에 근거한 사찰 운영 등 봉암사에서 시행됐던 여러 가지가 현재 조계종단의 의식, 의제 등에 반영되었습니다.

6 · 25 전쟁이 일어나기 7~8개월 전인 이해 가을, 남북으로 갈라진 시국이 점차 흉흉하고 긴박해지자 제자 탄허(呑虛) 스님 등 문도들이 한암(漢巖) 스님께 38선과 가까운 오대산을 잠시 떠나서 계룡산 갑사(甲寺)나 양산 통도사로 옮기실 것을 간청했습니다. 하지만 한암(漢巖) 스님께서는 다음과 같은 말씀 한마디로 거절하셨습니다.

〈앉은 채 생사를 맞이하노라〉

이 자리에 앉은 채 삶과 죽음을 맞이할 것이다. 불경에 이르기를 "일념으로 관세음보살을 생각하면 모든 재앙과 불운을 피할 수 있다고 하였으니, 어찌 석가모니 부처님께서 중생을 속이시겠는가? 오직 나의 이 한생각이 틀림없이 꼭 들어맞느냐, 그 여부에 달려 있을 뿐이다."라고 하시고는 산처럼 움직이지 않으셨다.

이해 음력 12월 경봉 스님이 한암 스님께 통도사 해동 수도원의 종주(宗主)로 와 줄 것을 청합니다. 한암 스님은 이 청도 사양하십니다. 그리 머지않은 날 생사를 초월하여 상원사를 수호해야 할 일을 예견했던 한암(漢巖) 스님의 통찰력에서 비롯된 일이 아니었을까 생각됩니다. 앞의 내용은 한암(漢巖) 스님께서 열반하신 후인 1951년 5월 8일 피난지 부산 토성동 묘심사(妙心寺)에서 열린 '대한불교 조계종 종정 고 방한암 선사 49재 겸 추도식(故 方漢巖 禪師 四十九齋 겸 追悼式)' 자료집에 실려 있습니다.

오대산 지킴이 만화 스님

1950년(불기 2977, 75세) 6월 25일, 민족의 비극인 6·25 전쟁이 터집니다. 북한군의 공격력이 미치지 못해 전쟁 초기에 대부분의 깊은 산골 마을이 전쟁의 화마를 피할 수 있었던 것처럼 오대 산문도 큰 피해를 입지 않았습니다. 하지만 그것도 잠깐, 겨울이 되어 압록강까지 진격했던 유엔군이 중공군의 개입으로 후퇴해 38도선에 방어선을 구축하고 양측이 공방을 벌이면서 월정사와 상원사를 비롯한 오대 산문 역시 전쟁의 참화에 휩싸이게 됩니다. 한밤중에 인민군들이 나타나 총을 들이대며 김일성 만세를 부르게 하기도 하고 식량을 빼앗아 가기도 했습니다.

전쟁이 터졌다는 소식을 들은 상좌들이 한암(漢巖) 스님을 모시고 피란을 가겠다고 나서자 스님께서는 "내가 이 나이에 가면 어디를 가겠느냐? 너희들이나 피란을 가거라. 나는 여기 남아서 절이나 지킬 것이니 너희들이나 가라."라고 하시며 피란 가기를 한사코 마다하셨습니다. 이때 한암(漢巖) 스님의 손상좌 만화 희찬(萬化 喜燦, 1922~1983) 스님께서 한암(漢巖) 스님의 뜻을 받들기 위해 자원하여 다른 스님들을 모두 피란 길에 오르게 한 후 홀로 남아 한암(漢巖) 스님을 시봉하기로 하셨습니다. 나중에 인민군 때문에 피란 길이 막힌 범룡 스님과 희섭 스님이 돌아와 범룡 스님은 중대 보궁에서, 희섭 스님은 평등성 보살과 함께 만화 스님을 도와 상원사를 지키며 한암(漢巖) 스님을 시봉하던 그 무렵의 이야기입니다.

어느 날 갑자기 인민군이 들이닥쳐서 총부리를 겨누며 만화 스님에게 짐을 지워서 오대산 북대 뒷산으로 끌고 갔습니다. 무거운 짐을 지고 가파른 산길을 올라가느라 힘이 들어서 허덕이는데 인민군들도 지쳤는지 중간에서 잠깐 쉬라고 하더랍니다. 힘이 든 중에도 홀로 남아 계신 한암(漢巖) 스님이 염려됐던 만화 스님이 인민군 대장에게 "절에 어른이 계신데 몸이 아프신 데다 내가 없으면 시봉할 사람도 없는데 큰일입니다."하고 걱정을 하니 인민군 대장이 "그 어른이 누구냐?"하고 물었고, 만화 스님이 "조실로 계신 한암(漢巖) 스님입니다."라고 하자 인민군 대장이 깜짝 놀라면서 "방한암(漢巖) 스님을 말하는 것이냐? 그러면 당장 내려가서 시봉을 하라."라고 하면서 만화 스님을 풀어 줬다고 합니다. 북에서도 한암(漢巖) 스님의 명성을 익히 알고 있었던 것입니다.

만화 스님은 대중들에게 늘 겸손하게 "어른을 잘 모셔야 된다. 나를 봐라. 내가 어른이신 한암(漢巖) 스님을 잘 모시다 보니 죽을 것도 피하지 않았느냐? 만일 내가 그때 인민군에게 끌려 이북으로 갔으면 죽었을 수도 있지 않느냐? 내가 그렇게 어른을 모셨기에 한암(漢巖) 스님이 나를 살려 주신 것이다."라는 말씀을 누누이 이르셨습니다. 어른에게 무조건 복종할 것과 가람을 수호하고 절을 지키는 일에 다른 이유를 붙이지 말라는 가르침은 월정사의 전통이 되어 변함없이 이어지고 있습니다.

한암(漢巖) 스님이 살아 계시다면 모든 것을 다 버리고 한암(漢巖) 스님 회상으로 달려가서 공부만 하고 싶다. 밥은 하루 한 번만 먹고 잠은 조금만 자고, 화두를 한번 들고 싶고, 순수함 하나로 전념하고 싶다.

소승의 귀에 아직도 쟁쟁하게 들리는 은사 만화 스님의 말씀입니다. 한암(漢巖) 스님에게 비구계를 받고, 한암(漢巖) 스님과 탄허 스님 밑에서 수행한 만화 스님에게 한암(漢巖) 스님은 청정한 지계의 삶, 고요하며 엄정하고 치열한 수행자, 사리에 밝고 명철한 판단력을 갖춘 인격자의 모범이었습니다. 한암(漢巖) 스님을 "중노릇의 표상이며 기준이고 지침"이라고 하면서 제자들에게 "한암(漢巖) 스님께서는 이럴 때 이렇게 하셨다."라며 한암(漢巖) 스님의 가풍을 강조하고 계승하셨습니다.

　만화 스님은 '오대산의 중흥주', '오대산의 버팀목', '오대산 지킴이', '오대산 이무기'로 불리는 분입니다. 한암(漢巖) 스님과 탄허 스님을 시봉한 제자이자 모범적인 수행자였고, 가장 궁핍하고 어려운 시절에 월정사의 살림을 도맡아 하면서 월정사의 중창 불사에 매진하셨습니다. 대웅전 준공에 부족한 목재를 벌채하다가 1966년부터 네 차례나 입건되어 세 차례나 구속되는 곤욕을 치르기도 했으나 만화 스님의 헌신적인 불사는 오늘날 오대 산문의 값진 토양이 되었습니다.

　만화 스님은 은사인 탄허 스님께도 깍듯했습니다. 아홉 살 위인 탄허 스님을 부모님처럼 모셨습니다. 탄허 스님 앞에서는 무릎을 꿇고 앉아 지시를 받았고, 매일 하루의 일과를 보고했으며, 어떤 야단을 들어도 서운해 하거나 화를 내지 않으셨습니다. 탄허 스님을 보필해서 오대산 수도원을 개설(1956년)했고, 탄허 스님을 위해 조실채 방산굴(1963년)을 만들어 드렸습니다. 탄허 스님께서 학문과 역경 불사에 전념하실 수 있었던 것도 보이지 않는 곳에서 묵묵히 모든 일을 뒷받침한 만화 스님이 계셨기에 가능한 일이었습니다. 탄허 스님께서도 "희찬(만화 스님)이는 좋은 점이 많아. 저 사람은 내가 뼈 빠지게 나무라도 대꾸를 전혀 하지 않아."라고 하셨습니다. 만화 스님에게 내린 휘호에서 탄허 스님의 마음이 전해집니다.

　〈만화 선자에게〉

　　알아도 기특할 것 없고
　　몰라도 서로 허락하자.

　　會也無奇特/ 회야무기특

不會也相許 / 불회야상허

　만화 스님은 한암(漢巖) 스님의 임종을 지켜보았고, 온갖 고난과 음해 속에서도 6·25 전쟁으로 인해 잿더미가 된 월정사의 복원 불사에 심혈을 기울여 오늘의 터를 마련했습니다. 표고버섯 재배, 양봉 등으로 가난한 절집 살림을 꾸리면서 감자와 옥수수를 심어 양식을 마련하고 배추를 재배해 김장까지 담갔습니다.

　만화 스님께서는 참선, 간경, 의식, 염불, 수호 가람 등 승가오칙을 엄격히 실천하며 사신 한암(漢巖) 스님의 가풍을 그대로 이어받아 실천하는 삶을 사셨습니다. 만화 스님께서 특히 중요하게 여긴 것은 새벽 예불과 기도였습니다. 새벽 예불을 하루의 농사라고 하며, 인연 있는 모든 이들의 건강과 행복, 소원성취를 간절히 기원하시면서도 자신의 일상생활에는 퍽 엄격하셨습니다. 새벽마다 『원각경』「보안장」을 한 번씩 읽고, 저녁에는 독경과 사경을 하고, 예불과 탑돌이 포행 기도를 한 번도 빠뜨리지 않았던 만화 스님의 하루 일과입니다.

　　새벽 2시~3시: 일어나서 3시까지 방에서 좌선

　　새벽 3시~5시: 법당에서 예불과 원각경 독경

　　새벽 5시~6시: 법당 포행과 9층 탑 탑돌이 포행 기도

　　새벽 6시~7시: 아침 공양

　　오전 7시~9시: 종무소에 출근해서 그날 할 일 준비

　　오전 9시~10시: 종무 직원들과 종무회의

　　오전 11시~12시: 점심 공양

　　정오 12시~오후 2시: 방에서 참선

　　오후 2시~3시: 법당에서 기도

　　오후 3시~5시: 일반 신도 상담

　　오후 5시~6시: 저녁 공양

오후 6시~7시: 법당에서 저녁 기도와 예불

오후 7시~8시: 법당 예불 후 법당 포행/ 탑돌이 포행 기도

오후 8시~9시: 방에서 그날 한 일 정리

오후 9시: 삼경 종과 더불어 취침

누구를 흉보거나 누구의 일을 간섭하는 일도 없이 누구에게나 예의가 깍듯했고 넘치는 인정으로 참된 수행의 본보기를 보여 주신 만화 스님께서 평소 좌우명으로 삼으셨던 법구 『화엄경』「십회향품」을 되새겨 보며 소승, 은사 만화 스님에 대한 그리움을 전합니다.

망령되이 과거 법을 취하지도 말고

또한 미래의 일에도 탐착하지 말라.

현재에도 살지 아니 한다면

삼세를 통달하여 모두 뛰어넘을 수 있으리.

한암 스님의 법제자 탄허

오대산의 법통은 한암(漢巖) 스님에게서 시작되어 탄허 스님에게로 이어지고, 탄허 스님의 강맥은 다시 만화 스님으로 이어집니다. 좀 더 자세히 살펴보면 한암(漢巖) 스님의 문하에 난암(暖庵, 1893~1983), 현칙 무제(玄則無題, 1895~1962), 보산 천일(寶山天一, 1900~1965), 보문 현로(普門玄路, 1906~1956), 탄허 스님이 계시고, 그 아래 보문 스님의 문하에는 혜원 희섭(慧園喜燮) 스님이, 탄허 스님의 문하에는 소승의 은사인 만화 스님과 희태(喜泰, 환속) 스님이 계셨습니다.

한암(漢巖) 스님의 법제자로는 탄허 스님과 난암 스님, 보문 스님이 꼽힙니다. 이 세 분 중 한암(漢巖) 스님께서 가장 신임하고 아낀 법제자는 탄허 스님입니다. 탄허 스님은 한암(漢巖) 스님의 높은 학문과 고매한 인품을 흠모해 출가를 했습니다. 당대의 강백 박한영, 진진응, 백초월 스님을 찾아가 공부하라는 한암(漢巖) 스님의 권유를 마다하고 한암(漢巖) 스님에게 불교의 경전을 모두 사사했습니다. 상원사에 강원도 삼본사 승려연합수련소가 설립되자 한암(漢巖) 스님의 증명 아래 중강을 담당하면서 『전등록』, 『선문염송』, 『육조단경』, 『보조 어록』, 『경가집』, 『화엄경』 등 주요 경전과 선어록을 두루 배우고 연구했습니다. 이 과정에서 불교 경전의 백미인 『화엄경』에 토와 해석을 달아보라는 한암(漢巖) 스님의 말씀에 따라 시작하게 된 역경 작업은 1976년에 기념비적인 불사 『현토 역해 신화엄경합론(懸吐譯解 新華嚴經合論)』 간행이라는 업적으로 이어집니다.

탄허 스님은 한암(漢巖) 스님의 사상인 계·정·혜 삼학겸수와 선교 일치의 정신을 동양학 전반에까지 접목하여, 불교와 유교, 도교의 경전 번역을 통한 인재 양성에 힘썼습니다. 더욱더 놀랄 만한 일은 평생 77권에 달하는 방대한 역서를 집필하면서도 일본인의 주석이나 해설은 전혀 인용하지 않으셨다는 사실입니다. 이에 반해 우리나라 사람의 주석을 적극 활용함으로써 한국불교에 대한 자긍심과 민족정신을 보여 주십니다.

한암(漢巖) 스님께서 입적하신 후의 일입니다만, 1956년 월정사에 세웠던 오대산 수도원이 대처승과 비구승 간의 분쟁과 불교 정화로 인한 재정난으로 문을 닫았습니다. 그러자 탄허 스님은 1958년 초에 삼척 영은사(靈隱寺)로 옮겨 인재 양성의 교육 불사를 이어가다가 1962년 주지 발령을 받고 월정사로 돌아오십니다.

만화 스님은 강원과 수련원을 다시 여는 것이 은사인 탄허 스님의 꿈이라는 것을 누구보다도 잘 알고 있었습니다. 하지만 월정사 불사로 인해 여력이 없었던 만화 스님은 수도원을 다시 개설하려는 불사를 서두르는 한편, 그동안 창고에 보관하고 있던 '오대산 수도원'의 간판을 요사채의 기둥에 다시 걸어 은사 탄허 스님을 맞이했습니다. 이듬해인 1963년 11월 조실채 방산굴을 준공하고 탄허 스님이 집필 활동에 전념할 수 있도록 보필합니다. 탄허 스님이 집필을 시작한 지 10년 만인 1967년에 『신화엄경합론』 번역 작업을 끝낸 곳도 이 방산굴입니다.

탄허 스님께서는 특히 『화엄경』에 능통하셨고 노장사상의 대가로도 알려졌습니다. 『주역』에도 해박했고 유불선 3도(道)의 사상에 정통한 최고의 학승으로 이름을 떨쳤습니다. 높고 깊은 학문을 바탕으로 한 달변의 강의 또한 청중을 압도했습니다. 월정사는 탄허 스님의 강의를 듣기 위한 인파로 넘쳐났습니다. 전국 각처에서 많은 수좌들이 월정사로 모여들었고 신도들도 줄을 이었으며, 일반인들도 탄허 스님의 강의를 듣고자 했습니다. 불교 발전을 위해서는 인재 양성이 우선돼야 한다는 신념을 갖고 있었던 만큼, 탄허 스님께서는 대중들의 요청을 받아들여 전국 각지로 보폭을 넓히고 대상에도 큰 제한을 두지 않는 대중 강의에 나서게 됩니다.

탄허 스님의 명 강의는 지금도 전설처럼 회자되고 있습니다. 상원사에서 1주일 동안 장자 강의를 들은 동국대 국문과 양주동(梁柱東) 교수는 오체투지로 절을 하면서 "장자가 다시 태어나 강의를 한다 해도 탄허 스님에 미치지 못할 것이다."라며 탄허 스님의 학문적 깊이에 탄복했으며, 스님을 초청해 강의를 듣고 난 서울대 법대생들이 모두 출가를 하겠다고 하여 서울대 법대 한 학번이 모두 없어질 뻔했다는 이야기도 있습니다. 씨알 함석헌(咸錫憲) 선생도 탄허 스님께 장자를 배워 장자의 대가가 되었고, 설법으로 유명한 청담(靑潭, 1902~1971) 스님도 탄허 스님을 만나면 주로 듣기만 했으며, 탄허 스님의 영가집 강의를 몰래 청강한 전강(田岡, 1898~1975) 스님은 "젊은 탄허만큼 공부를 하지 못했다."라면서 탄허 스님이 올리는 절을 마다하고 맞절로 예를 차렸다고 합니다.

1969년 부산 구덕체육관에서 5만여 명이나 운집한 가운데 열린 대중법회에 참여했던 경봉 스님은 탄허 스님을 가리켜 "한 300년은 살아야 할 사람이다. 오대산의 탄허를 잃는 날 한국불교도 빛을 잃을 것이다."라며 극찬을 아끼지 않았고, 스승인 한암(漢巖) 스님 역시 탄허 스님을 일러 "나의 아난이다. 이미 다 배우고 들어와서 더 배울 게 없는 사람이다."라고 하며 무한한 애정과 신뢰를 보였습니다.

천하의 지식인이여, 와서 물어라!
묻지 않으면 모두 안 것으로 여기고 내가 물을 것이다.

강의를 시작할 때면 늘 칠판 앞에 서서 백묵 든 손을 번쩍 들어 올리며 청중에게 던지던 탄허 스님의 사자후가 아직도 귀에 쟁쟁합니다. 배우고자 하는 사람은 신분의 높고 낮음을 가리지 않고 따뜻하게 맞아주었고, 질문을 던짐으로써 생각의 물꼬를 터주면서 전광석화와 같은 답변을 들려주셨습니다. 묻지 않는 데 말하는 것은 싱거운 짓이요, 생전의 명예보다는 백 년 천 년 후에 살아있어야 하고, 시주의 은혜가 무서우니 공연히 신세를 지지 말아야 한다고 가르쳐 주시던 탄허 스님, 그립고 또 그립습니다.

한암(漢巖) 스님의 법제자 난암과 보문

    탄허 스님께서는 1970년 사형(師兄)인 난암 유종묵(暖庵 柳宗默, 1893~1983) 스님을 만나기 위해 일본을 방문하셨습니다. 때마침 일본 동경대에 유학 중이던 불교학자 장봉(壯峰) 김지견(金知見, 1931~2001) 박사를 일본 홍법사에서 만나게 되었다고 합니다. 이 자리에서 김지견 박사가 동경대 화엄학 연구소에 대한 이야기를 꺼냈고, 즉석에서 특강이 결정되어 동경대에서 7일간, 불자가 아닌 일본의 학자 60여 명을 대상으로『화엄경합론』번역에 대한 특강을 하게 됐습니다. 김지견 박사의 통역으로 진행된 이 강의가 얼마나 절묘했는지, 강의가 끝나자 내로라하는 일본의 학자들이 모두 앞다투어 땅바닥에 엎드려 절을 했다며 그 통쾌함을 전했습니다.

    이때 탄허 스님이 만나러 가셨던 난암 스님이 한암(漢巖) 스님의 법제자 중 한 분입니다. 탄허 스님이 한암(漢巖) 스님의 비명(碑銘)에 '보문·난암·탄허 등이 지식과 행동이 특출하여 종풍을 크게 일으켰다.'라고 쓴 것처럼 각종 문헌에도 '한암(漢巖) 스님의 법을 얻은 제자가 몇 사람 있었으나 보문과 난암, 탄허의 지식과 행동이 출중하여 자못 종풍을 떨쳤다. 수행에 철저했던 보문은 불행하게도 일찍 열반하였고, 난암은 일본에서, 탄허는 한국불교계에서 혁혁한 활동을 하였다.'라는 내용이 전해지고 있습니다.

    국내에 남아있는 난암 스님에 대한 기록은 오대산 한암(漢巖) 스님 밑에서 출가하여 솔잎을 먹으며 수행했다는 정도의 단편적인 것뿐입니다. 서우담 대표는 "(난암 스님이) 한암(漢巖) 스님을 부처님이라 하고 탄허 스님을 아난이라고 칭했다.

두 분의 사진을 법당에 모시고 예불을 올린다는 이야기도 들었다."라면서 한암(漢巖) 스님에 대한 난암 스님의 무한한 존경심을 회고했습니다.

난암 스님은 울진 불영사 출신이지만 1929년 한암(漢巖) 스님 밑에서 출가하여 법맥을 이어받아 수행하다가 1935년에 일본으로 건너가 1938년 교토의 임제 학원(臨濟學園/현 화원대학 花園大學)에서 불교철학을 공부했습니다. 이 기간 동안 동복사에 의탁했던 난암 스님은 1940년 교토의 만수사 주지가 되었고, 광복 후 일본에 있는 만수사를 중심으로 도쿄의 국평사(國平寺), 오사카의 통국사 등에서 조선 불교의 전통의식을 거행하면서 포교활동을 벌였습니다. 사회주의 영향을 받아 광복 후 일본 조총련의 영향권에 있었지만, 여기서는 조선과 조선 동포를 사랑했던 스님의 모습만을 중심으로 살펴보겠습니다.

지난 2017년 8월, 나라를 일제 침략에 강탈당하며 희생양으로 끌려가 침략자의 땅에서 죽음을 맞았던 원혼들이 광복 72년 만에 고국의 품으로 돌아왔습니다. '일제 강제징용 희생자 유해 봉환 위원회'에서 도쿄 히가시무라야마시 하기야마조 소재 재일 동포 사찰인 국평사에 안치돼 있던 일제강점기 조선인 무연고 유골 약 300구 중 신원 파악이 된 101구를 한국에 모시기로 하고, 1차로 국평사에서 33구의 유골함을 전달받아 모시고 온 것입니다. 국평사는 글자 그대로 조국의 평화와 통일을 염원하는 사찰이자, 무주고혼(無主孤魂) 조선인 희생자들의 유해와 위패, 납골이 가득 들어차 있는 망국의 설움이 남아있는 역사적 현장이기도 합니다. 이 절은 370년 전에 세워진 사찰로 은퇴한 스님들이 여생을 보내며 수행하던 곳이었으나, 난암 스님이 이 절을 이어받으면서 절의 명칭을 국평사로 바꾸고 3층으로 된 다보탑 모양의 납골당을 지어 일제에 의해 강제 징집, 징용되어 희생된 조선인 유골을 모셨습니다.

법당에는 평화통일의 염원을 담아 대한민국에서 보내온 해인사 고려대장경

(1972)과 북한에서 보내온 팔만대장경(1992)이 모셔져 있고, 납골당에는 유가족이 있는 유골 1,200여 기와 무연고 300여 기가 모셔져 있다고 합니다. 난암 스님은 민단·총련 가리지 않고 홋카이도, 오키나와, 규슈 등 일본 각지에 흩어져 방치된 조선인 희생자들의 유골을 모아 이곳에 모셨고, 희생자들의 평생소원대로 이 유골이 한시바삐 고국으로 돌아갈 수 있기를 기도하셨습니다. 불자이면서도 애국지사로 빼앗긴 조국과 버림받은 조선인들을 한없이 사랑하며 분단된 조국의 평화통일을 위해 힘쓰다 입적하신 민족의 큰 스승, "통일이 되면 조국으로 유골들을 모시고 돌아가야 하기 때문에 국평사를 없애야 한다."라고 하셨던 난암 스님의 뜻이 아직도 이루어지지 않고 있으니, 못난 후손이자 어리석은 후학으로서 소승, 난암 스님의 뜨거운 동포애에 고개 숙여 죄송스러운 마음을 바칠 뿐입니다.

또 한 분의 법제자 보문 스님이 계십니다. 한암(漢巖) 스님께서 "내 상좌 가운데 선(禪)에 대한 지식과 견문이 투철한 사람은 보문이뿐이다."라고 인정하셨고, 함께 '봉암사 결사'를 주도했던 성철 스님께서도 "알짜배기 수좌다. 그런 스님 드물다."라며 칭찬을 아끼지 않으셨던 분이 보문 스님입니다. 오대산과 인연이 있는 선객 스님들도 한암(漢巖) 스님의 정법안장(正法眼藏: 이심전심으로 전하여지는 석가모니 부처님의 깨달음을 이르는 말)을 받은 스님으로 보문 스님을 꼽습니다.

보문 스님은 1936년 늦은 나이인 31살에 금강산 유점사를 거쳐 마하연으로 입산한 후 상원사에서 한암(漢巖) 스님을 은사로 출가하여 공양주, 채전, 부목을 두루 지내며 생활과 좌선이 둘이 아님을 온몸으로 보여주는 철저한 수행자로 사셨습니다. 험한 일을 도맡아 말없이 솔선수범하셨고 근검절약이 몸에 밴 어른이라 늘 남루한 옷차림을 하셔서 거지 스님 소리를 듣기도 했습니다. 누더기 옷에 발우 하나 들고 염불 탁발을 해서 자신의 생계를 해결하고 공양으로 받은 돈을 모두 거지나 고아, 병든 사람 등 불우한 사람에게 나누어 준 자비 보살입니다.

마취를 거부하고 선정에 들어 갈비뼈를 네 대나 잘라내는 대수술을 받으신 일도 놀라운데, 가진 돈에 해당하는 입원 이틀째가 되자 가타부타 소리 없이 퇴원하신 일도 자신에게 무섭도록 단호한 결기가 있었기에 가능한 일이 아니었을까 생각됩니다.

보문 스님의 열반에 관련된 일화도 예사롭지 않습니다. 당시 스님께서는 대구 보현사에 계셨는데 부처님 오신 날을 보름쯤 앞둔 어느 날, 스님께서 갑자기 쓰러지셨습니다. 보살들이 울고불고 신도들이 내로라하는 의사들을 불러들여 주사를 놓고, 그야말로 절 안팎이 발칵 뒤집어졌는데 깨어난 보문 스님께서 "갈 때가 돼서 가려는데 누가 나를 살려 놨느냐?" 하면서 살려놓은 사람들이 무안할 정도로 호통을 치셨습니다.

열흘쯤 지나자 보문 스님이 상좌인 희섭 스님을 불러 "아무래도 내가 4월 초엿새 날, 그러니까 초파일 전에는 갈 것 같다."라고 말씀하시면서 솜을 준비했다가 숨이 떨어지자마자 몸의 아홉 개 구멍을 막고, 천으로 몸을 가려서 윗목에 밀어 놓았다가 초파일이 지나면 간단히 조용히 누구에게도 알리지 말고, 신세 지지 말고 다비해서 팔공산에 뿌리라고 이르신 다음 날인 4월 6일에 열반에 드셨습니다. 당신이 가시는 날을 예언할 정도의 수행력을 지녔던 보문 스님의 입적은 부처님 오신 날인 초파일 저녁에야 알려졌습니다.

후학들은 보문 스님을 일러 계행이 청정하고 행자 시절에 심안이 열렸을 만큼 선의 경지가 높았으며, 계·정·혜 삼학을 두루 겸비하셨던 청풍납자의 표상이라고 입을 모읍니다. 그래서 보문 스님은 열반하신 지 60여 년이 지난 지금도 석가모니 부처님의 뜻에 따라, 모든 일과 행동을 분명하게 수행을 위주로 깨끗하게 살다 가신 큰 어른으로 후학들 곁에 여전히 살아 계십니다.

한암(漢巖) 스님의 법맥(法脈)

　한암(漢巖) 스님 밑에는 탄허 스님이나 난암 스님, 보문 스님처럼 훌륭한 법제자도 계시지만 스님을 곁에서 모시고 함께 생활하며 공부했던 많은 스님들도 계십니다. 한암(漢巖) 스님과 불연이 닿았던 스님들은 한결같은 존경과 그리움으로 한암(漢巖) 스님을 회상합니다.

　'서릿발처럼 엄하면서도 자비로웠던 스님(범룡 스님)', '인과를 철저히 알고 사리에 밝았던 스님(도원 스님)', '사리에 밝으신, 전무후무한 스님(보경 스님)', '선지식이고, 도인입니다(화산 스님)', '우리가 본받아야 할 한암(漢巖) 스님의 중노릇(도견 스님)', '근검절약에 철저하셨던 분(설산 스님)', '생불이었던 한암(漢巖) 스님(천운 스님), '선견지명에 밝았던 스님(동성 스님), 큰일과 대의명분을 위해서 자신을 희생시키는 분(현해 스님), 참선, 간경, 염불, 의식, 가람수호를 승가 5칙으로 삼으신 분(혜거 스님), 철저하고 무섭게 수행하신 스님(무여 스님), '계 · 정 · 혜 삼학을 실천하신 큰스님(봉석 스님)', '시주 은혜를 잊지 말라고 강조하신 스님(창조 스님)', '적게 먹고, 강력하게 정진해야 한다(뇌묵 스님)', '한암(漢巖) 스님은 도인입니다(경희 스님)', '대중화합을 으뜸으로 삼으신 스님(진관 스님)', 도인이면서도 자비로운 모습(법련 스님), '철저한 수행자인 율사(덕수 스님)'….

　현생에서 스치듯 지나가는 인연도 전생에 몇 억 겁의 세월 동안 쌓아온 인연이라고 합니다. 어떤 인연이든 그 줄기에는 뿌리가 있습니다. 지금 강남 봉은사 주지로 계신 원명(元明) 스님도 월정사와 인연이 깊습니다. 14살의 어린 나이에 1975년 월정사에서 능혜(能慧) 스님을 은사로 동진 출가한 원명 스님은 1977년 월정사에서 탄허 스님을 계사로 사미계를, 1979년 범어사에서 고암 스님을 계사로 비구계를 수지했습니다.

원명 스님은 범어사 승가대학을 거쳐 용주사 중앙 선원, 불국사 선원, 마곡사 태화 선원, 고불총림 선원, 칠불사 운상 선원, 법주사 총지 선원, 봉암사 태고 선원, 상원사 청량 선원 등에서 안거 수행했으며, 오대산 북대에서 정진 중이던 2000년 말, 당시 상원사 주지 정념(현 월정사 주지) 스님과 문중 스님들의 권유로 삼화사 주지의 중책을 맡습니다. 가난한 재정에 초라하기 그지없던 천년고찰 삼화사를 2004년 조계종 포교원이 선정한 신도 등록 최우수 사찰로 도량의 면모를 일신하셨고, 이후 조계사 주지와 총무원 호법부장을 거쳐 2015년 대한불교 조계종 봉은사 제26대 주지에 취임합니다.

원명 스님의 은사이신 능혜 스님(能慧, 1938~2008)은 1958년 부산 금정사에서 경월 스님을 은사로 출가하셨습니다. 1959년 동산 스님을 계사로 사미계를, 1967년 석암 스님을 계사로 구족계를 수지했고, 1964년 해인총림 안거 이래 20안거를 성만(盛滿)하셨습니다. 조계종 재무부장과 다섯 차례의 중앙종회 의원, 평창 상원사 주지 등을 역임하셨고 삼화사 주지로 입적하셨습니다.

능혜 스님의 은사 스님은 경월 스님이며, 경월 스님의 은사 스님은 한암(漢巖) 스님께 수계를 받고 스님의 상좌를 지낸 묵암 스님입니다. 묵암 스님의 자취는 태백산 망경사(望鏡寺)에서 찾아볼 수 있습니다. 많은 사람들이 망경사라고 부르는 이 사찰은 '망경대(望鏡臺)'라고 하는 게 맞습니다. 함백산 석남원(정암사)에 머물던 자장율사께서 어느 날 문수보살이 태백산 봉우리(지금의 문수봉)에 석상으로 화현한 것을 보고 천제단이 있는 지금의 영봉(靈峰) 아래 사찰을 짓고 망경대라고 칭하셨습니다. 하지만 망경대 역시 6·25 전쟁의 화마를 피하지 못한 채 모두 불에 타 없어졌는데, 묵암 스님께서 1955년 지금의 망경대를 중창하셨습니다.

망경대에는 조선 단종 임금을 산신령으로 모시는 단종 비각(端宗碑閣)이 있습니다. 비각의 현판(懸板)과 「조선국 태백산 단종대왕 지비(朝鮮國太白山端宗大王之碑)」라는 비문(碑文)의 글씨는 탄허 스님의 친필입니다. 매년 음력 9월 3일에 단종 임금의 영혼을 위로하고 추모하는 제를 지냅니다. 이 모두가 한암(漢巖) 스님으로부터 시작된 아름다운 인연이 아닐 수 없습니다.

한암(漢巖) 스님께 수계를 받은 비구니 스님 중에는 인홍(仁弘, 1908~1997) 스님, 묘공 대행(妙空大行, 1927~2012) 스님처럼 불교계에 큰 족적을 남기신 스님도 계십니다.

인홍(仁弘) 스님은 34세인 1941년 오대산 월정사 지장암으로 출가, 정자(淨慈)스님을 은사로 수계 득도(得度) 후 1942년 오대산 상원사에서 한암(漢巖)스님을 계사로 사미니계를, 1943년 일운(一雲) 스님을 계사로 보살계를, 1945년 서울 선학원에서 동산(東山) 스님을 계사로 비구니계를 받으셨습니다.

1951년 성주사 결사를 통해서 '부처님 법대로 살자'라는 결사 정신을 실천하면서 비구니 승가의 출가정신을 회복시키고, 종단 정화에 참여해 한국불교 청정 승가의 확립에 헌신하셨습니다. 1957년에 울산 석남사 주지로 취임하여 선원을 열고 대중과 함께 수행 정진하면서 퇴락한 가람을 일으켜 세우고 300여 명의 은제자를 기르는 일에 혼신의 힘을 쏟으셨습니다.

'가지산의 호랑이', '비구니의 대모'라고 불리는 근현대 한국 비구니 역사의 산증인이신 인홍 스님의 열반송(涅槃頌)에서 무애(無㝵)한 경지가 느껴집니다.

삼세 불조 가신 길을 나도 가야지.

미수(米壽) 생애 사바의 길 환몽 아님 없도다.

일엽편주처럼 두둥실 떠나가는 곳

공중에 둥근 달 밝을 뿐이네.

대행(大行) 스님은 1950년 한암(漢巖) 스님을 은사로 출가해 1960년 탄허 스님을 계사로 사미니계를, 1961년 비구니계를 수지했습니다. 치악산 상원사 근처에 있는 토굴에 머물면서 찾아오는 많은 사람들의 고통스러운 호소를 듣고 그들을 도왔으며, 1963년 상원사 중창 불사를 도맡아 상원사의 면모를 일신하는 데 헌신했습니다. 1971년 경기도 안양시 석수동에 대한불교 조계종 한마음선원(전 대한불교회관)을 세우고, 1982년 조계종 제1교구 직할 사암으로 등록한 후 선원장으로 취임하였습니다. 30여 년 동안 충청북도 음성군 금왕읍 무극리에 첫 국내 지원을 시작으로 15개의 국내 지원을 개원하고 독일, 미국, 아르헨티나, 태국, 캐나다 등 다섯 개 나라에 10개의 해외 지원을 개원하며 불법을 전합니다.

이와 함께 불교 대중화를 위해 국내 최초의 영탑공원 조성, 한글 뜻풀이 경전의 보급, 법문의 영상 매체화, 한국불교 사상 최초의 인터넷 포교, 선법가를 통한 음성 포교, 현대불교 신문 창간, 한마음 과학원 설립 등 실천적이고 현대적인 다양한 포교 방편을 실천하셨습니다.

상원사 소각을 막아내다

1950년(불기 2977년, 75세)에 발발해 약 3년 동안 이어진 6·25 전쟁으로 인해 수백만 명의 사상자와 부상자가 생겼고 한반도는 남과 북으로 완전히 나뉘게 되었습니다.

6·25 전쟁은 군인뿐만 아니라 민간인의 피해가 큰 전쟁이기도 했습니다. 국방부의 군사편찬연구소 통계에 따르면 사망, 학살, 부상, 납치, 행방불명 등으로 인해 모두 100만여 명의 남한 민간인이 전쟁의 피해를 보았다고 합니다. 형제자매와 부모를 잃은 전쟁고아가 10만여 명, 전쟁미망인은 30만여 명이나 되었다고 합니다. 남과 북으로 흩어져 생사를 알 수 없는 수많은 이산가족도 생겨났는데, 이들의 아픔은 세계 유일의 분단국가로 남과 북이 휴전선을 사이에 두고 대립한지 70년이 지난 지금까지도 여전히 치유되지 않고 있습니다. 문화재가 파손되거나 훼손되는 피해도 이루 말할 수 없이 엄청났습니다. 숭례문, 보신각, 경운궁 중화전, 숭의전, 광화문, 수원 화성 등이 폭격과 총탄 세례를 받아 큰 손상을 입었고, 조선왕릉, 태조 왕건 무덤(현릉), 경순왕릉, 함흥본궁, 북한산 진흥왕 순수비도심하게 훼손됐습니다.

특히 사찰의 피해가 컸습니다. 1951년(불기 2978년, 76세) 1.4 후퇴 당시 70여 개의 사찰이 불타거나 파괴되는 피해를 입었는데 대부분 우리 국군과 미군에 의한 것이었습니다. 전쟁의 주도권을 쥐고 있던 미군에서 산중에 있는 사찰이 빨치산의 은거지가 될 수 있으므로 폭격하거나 방화하라는 명령을 내렸기 때문입니다. 사찰의 소실은 그곳에 보관되어 있던 불상과 탱화 등 문화재의 소실을 불러왔습니다.

　우리나라의 삼보 사찰(해인사, 통도사, 송광사) 중 하나인 송광사도 국군의 방화로 중심 건물이 모두 불타는 막대한 피해를 입었고, 38도 선 인근에 있던 건봉사도 폭격을 받아 잿더미가 되었고, 낙산사와 봉선사도 불에 타 소실되고 말았습니다.

　천년 고찰 월정사도 6 · 25 전쟁의 참화를 피할 수 없었습니다. 월정사는 고려 시대의 석탑인 팔각 구층 석탑이 있고, 조선왕조실록 중 하나인 오대산 실록을 관리하고 있어서 예나 지금이나 그 위상이 매우 높은 사찰입니다. 하지만 대다수의 사찰이 그러했듯이 월정사는 1951년 1.4 후퇴 당시 북한군의 은거지가 될 수 있다는 이유로 비행기 폭격이 이어지고 국군의 방화에 의해 전각이 잿더미로 변했습니다. 팔각 구층 석탑과 석조 보살 좌상이 겨우 남아있을 뿐, 이 불로 인해 칠불 보전 등 국보급 목조건물 10여 채와 그 안에 보관되어 있던 수많은 유물이 거센 화염 속의 연기로 사라지고 말았습니다. 선림원지에서 출토된 선림원지 동종도 부서지고 녹아내리는 수난을 당했습니다. 오대 산문 개산(開山) 이래 가장 큰 타격이었습니다.

　그 속에서 기적처럼 살아남은 사찰이 상원사(上院寺)입니다. 상원사 소각을 온몸으로 막아낸 한암(漢巖) 스님이 계셨기에 가능한 일이었습니다. 목숨을 걸고 가람 수호에 나섰던 한암(漢巖) 스님의 이야기는 언제 들어도 가슴 뭉클한 감동과 함께 불자의 도리를 되새기게 합니다. 하마터면 불길 속으로 사라질 뻔했던 상원사의 그날, 한암(漢巖) 스님의 지엄하고 비장한 모습을 다시 그려 봅니다.

　북한군의 갑작스러운 남침으로 낙동강까지 밀렸던 국군과 유엔군은 인천상륙작전에 성공하면서 대대적인 반격을 시작해 10월 중순 압록강과 두만강 지역까지 북진을 했으나, 중공군의 개입으로 11월 말부터 이듬해인 1951년 1월 사이에

38도 선 이남 지역까지 퇴각하게 됩니다. 북한군과 중공군이 밀고 내려와 서울을 다시 점령한 날이 1월 4일이라 1.4 후퇴라고 합니다. 제천, 삼척 등의 지역까지 밀렸던 우리 군과 유엔군은 전열을 정비하여, 겨울철의 추위와 식량 부족으로 어려움을 겪고 있던 북한군과 중공군에 본격적인 공격을 가합니다. 3월 14일 서울을 되찾은 국군과 유엔군은 열흘 후 38도 선 이북 지역으로 진격해 5월 무렵에는 연천, 평강, 철원, 김화, 인제, 고성 등 38도 선 인근 지역에서 북한군과 대치하며 휴전협정이 맺어질 때까지 밀고 밀리는 공방전을 거듭하게 됩니다.

1.4 후퇴 당시, 중공군에게 밀려 후퇴하던 국군 제1군단에 작전 지역 안에 있는 사찰을 포함한 모든 민간 시설물을 소각하라는 명령이 떨어졌습니다. 북한군의 은폐물이나 보급기지로 활용될 가능성을 없애기 위한 가혹한 조치였습니다. 오대산은 전쟁 전부터 계속해서 공비들이 남파되어 날뛰던 지역으로, 1949년 9월 22일부터 1950년 5월까지 8개월간에 걸쳐 공비 토벌이 실시된 곳이었으니 그런 조치가 내려진 것도 이해는 됩니다. 하지만 다시는 되돌릴 수 없는 소중한 것들이 너무도 많이 사라지고 희생됐습니다. 부끄럽고 아픈 전쟁의 상처입니다.

시도 때도 없이 퍼붓는 비행기 폭격으로 오대산 일대가 쑥대밭이 되었습니다. 상원사 마당에도 포탄이 떨어져 아수라장이 되었습니다. 월정사와 산 내 암자가 불타고, 하늘 가득 시커먼 연기가 피어오르는 가운데 한 국군 장교가 소대 병력을 이끌고 한암(漢巖) 스님과 만화 스님, 평등성 보살뿐인 상원사에 들이닥쳤습니다. 오대산에 있는 모든 사찰을 태워 없애라는 상부의 명령에 따라 상원사 또한 불을 지를 것이니 서둘러서 짐을 챙겨 떠나라는 것이었습니다.

이미 월정사를 비롯해 온 사방에서 치솟는 화염을 지켜본 터라 만화 스님과 평등성 보살이 허둥지둥 어쩔 줄 몰라 하고 있는데 한암(漢巖) 스님께서는 담담하게 장교에게 잠시 말미를 달라고 청하신 뒤 안으로 들어가서 가사 장삼을 갖춰 입으셨습니다. 이윽고, 법당 불상 앞에 정좌하신 한암(漢巖) 스님이 장교를 불러 "준비가 다 되었으니 이제 불을 지르시오!"하고 말씀하셨습니다. 소스라치게 놀란 장교가 발을 구르며 "이러시면 안 됩니다. 어서 나가십시오!"하고 소리를 쳤지만 한암(漢巖) 스님께서는 "그대는 군인이니 명령을 따르는 것이 본분이요. 나는 출가수행자이니 법당을 지키는 것이 본분 아니겠소. 나야 죽으면 어차피 다비(茶毘)에 붙여질 몸. 둘 다 본분을 지키는 일이니 내 걱정은 말고 어서 불을 지르시오." 하는 한마디를 끝으로 돌이 되어버린 듯 미동도 없이 자리를 지키셨습니다.

부하 사병들은 갑론을박하며 웅성거리고, 만화 스님과 평등성 보살은 한암(漢巖) 스님을 살려달라고 장교에게 울면서 애원을 하고, 말로는 표현하지 못할 만큼 팽팽하게 긴장된 시간이 흘렀습니다. 범접할 수 없는 기운이 법당 안을 가득 메웠습니다. 한암(漢巖) 스님의 높은 법력을 느낀 장교가 결단을 내립니다. "문짝을 모두 뜯어다가 마당에 쌓아라! 어서!" 기상천외한 명령이었습니다.

소대원들의 손에 의해 전각에서 뜯겨 나온 수십 개의 문짝이 폭격을 맞아 커다란 구덩이로 변해버린 절 마당에 가득 쌓였습니다. "불을 질러라!" 매서운 겨울 바람 속에 굳게 입을 다물고 그 광경을 지켜보던 장교의 명령이 떨어졌습니다. 휘발유가 뿌려지고 문짝은 순식간에 타올랐습니다. 절을 태웠다는 것을 증명을 하기 위해 문짝을 태워 연기를 냈던 것입니다. 소대원들이 수십 개의 문짝이 부서지거나 뜯겨나갈 때도 또 그것들이 절집마저 집어삼킬 듯 시뻘건 불꽃 속에 검은 연기를 내뿜으며 타오를 때도, 한암 스님은 여전히 법당 안에 정좌하신 채였습니다.

상원사는 죽음 앞에서도 부처님의 제자로서 초연한 모습을 보여 주셨던 한암(漢巖) 스님의 기개와 국군 장교의 지혜로운 결단으로 건재할 수 있었습니다. 상원사 동종(국보 제36호), 문수동자상(국보 221호), 상원사 중창권선문(국보 제292호) 등의 문화재가 전쟁의 참화에서 벗어나 오늘날까지 우리에게 전해지고 있는 것도, 삶과 죽음이 둘이 아니라 하나라는 것을 보여 주신 한암(漢巖) 스님의 법력 덕분입니다.

좌탈입망(座脫立亡)

　　1951년(불기 2978년, 76세) 3월 22일(음력 2월 15일) 아침, 한암(漢巖) 스님께서는 죽한 그릇과 차 한 잔을 마신 후 가사 장삼을 갖춰 입고 좌선하는 자세로 앉아 열반(涅槃)에 드셨습니다. 세수 76세 법랍 54세였습니다.

　　좌탈입망이란 앉은 자세로 열반하는 것을 말하는데, 죽음까지도 마음대로 다룰 수 있을 만큼 법력이 높은 고승들이 택하는 방법입니다. 불가에서는 죽음을 미혹(迷惑)과 집착을 끊고 일체의 속박에서 해탈(解脫)한 최고의 경지인 열반으로 봅니다. 열반은 삶이 끝나는 것이 아니라 모든 번뇌가 없어지는 적멸(寂滅)의 순간인 동시에 영원한 몸인 법신(法身)이 탄생하는 순간이기 때문에 예부터 선사나 고승들은 죽음을 슬퍼하기보다 기쁘게 받아들였습니다. 자신의 몸을 불태워 소신공양(燒身供養)을 하는 것도 열반의 높은 경지에 이르기 위해서입니다.

　　좌탈입망의 사례는 헤아릴 수 없이 많습니다. 『전등록』 『임제록』 등의 선어록에는 입적하기 전날, 제자들을 모두 불러놓고 자신의 제사를 지내도록 한 후 "내일 맑은 하늘에 눈이 내리면 가겠다."라고 한 후, 정말로 다음 날 눈이 내리자 향을 사르고 단정히 앉아서 입적했다는 임제종 황룡파의 화산 덕보(禾山德普, 1025-1091) 스님, 물구나무를 선 채로 열반했다는 당나라 등은봉(鄧隱峰) 스님 등 수많은 고승들의 좌탈입망의 사례가 전해집니다. 우리나라에서도 제자들과의 백문백답을 마치고 법상에서 내려와 마루에 앉아 그대로 입적하신 보조 지눌 국사를 비롯해 수월 스님, 한암(漢巖) 스님, 서옹 스님, 양익 스님 등 많은 스님들이 앉은 채 열반에 드셨습니다.

열반에 대한 석가모니 부처님의 말씀을 되새겨 봐야겠습니다. 석가모니 부처님께서 스스로 죽음을 예감하고 영취산을 떠나 고향 카필라바스투를 향해 가면서 설법하신 초기 불전 『마하파리 닛바나 숫탄타』에서 전하는 말씀입니다.

〈죽음에 대해 너무 슬퍼하지 말라〉

　죽음에 대해 슬퍼하지 말고 애달파 하지도 말라. 사랑하는 사람, 좋아하는 사
　람과도 언젠가는 헤어져야 한다.

팔십 노구를 이끌고 고향으로 돌아가던 중 쿠시나가라에서 심한 배탈을 앓게 된 석가모니 부처님께서는 심한 고통으로 인해 여행을 중단한 채 쿠시나가라의 외곽 지대에 있는 사라 나무에 기대어 열반에 드셨습니다.

부처님의 열반을 지켜보게 된 상좌 아난존자의 슬픔은 이루 헤아릴 수 없이 컸습니다. 이에 부처님께서는 아난에게 "아난아, 죽음에 대해 슬퍼하지도 애달파 하지도 말아라. 사랑하는 사람, 좋아하는 사람과도 언젠가는 헤어져야 한다고 내가 오래전부터 가르치지 않았느냐."하고 위로하며, 슬퍼하는 비구들에게도 "존재하는 것은 모두 쓰러져 가는 것이다. 부디 마음을 놓아 헛되게 하지 말 것이며 열심히 정진하여라. 비구들이여, 너희들은 오직 자신 스스로에게만 의지해야 하며 결코 남에게 의지하여서는 안 된다."하는 말씀을 남기셨습니다.

석가모니 부처님께서는 죽음을 앞두고도 이렇게 수행자가 어떻게 깨달아야 하며, 올바르게 살아가야 하는가를 거듭 강조하시고 난 후에야 비로소 출가와 고행, 뭇 중생의 교화와 전도를 위해 바쳤던 몸에서 떠나 열반의 경지에 드셨습니다.

한암(漢巖) 스님께서도 입적의 날을 예감하셨던 듯합니다. 3월 15일(음력 2월 8일) 가벼운 병을 앓기 시작해 7일째 되던 날 아침인 22일(음력 2월 15일), 한암(漢巖) 스님께서는 피란을 마다한 채 상원사에 남아 스님을 시봉하고 있던 손상좌 만화 스님에게 아랫마을에 가서 약을 지어오라는 심부름을 시키셨습니다. 만화 스님이 난리 통에 약국이 문을 열었을까 하는 의구심을 품으면서도 한암(漢巖) 스님의 말씀을 따라 산길을 내려간 사이, 한암(漢巖) 스님께서는 희섭 스님의 도움을 받아 목욕을 한 후 가사 장삼을 갈아입으셨습니다.

희섭 스님을 내보내고 가부좌를 한 자세로 방석에 정좌하고 계시던 한암(漢巖) 스님은 청소를 하기 위해 방으로 들어온 평등성 보살에게 눈을 감은 채 "오늘이 2월 보름이 맞느냐?"라고 물으셨고, 그렇다는 평등성 보살의 대답에 "나를 벽 쪽으로 붙여라."하고 말씀하셨습니다.

평등심 보살은 스님께서 기대시려나 보다 하고 방석을 벽 쪽으로 조금 끌어 드렸습니다. 걸레질을 마치고 나오려다가 한암(漢巖) 스님께서 벽에 기대지 않고 여전히 꼿꼿하게 앉아 계시는 것을 본 평등성 보살이 벽에 기대면 허리가 좀 덜 아프실 텐데 하는 생각을 하며 문을 닫고 나오는데 뒤에서 한암(漢巖) 스님의 목소리가 들렸습니다.

"여여(如如)라."

여여란 '있는 그대로의 모습', '늘 그대로 그러함', '흔들리지 않는, 변함없는 마음이나 모습'을 뜻합니다. 부처님을 뜻하는 석가모니 여래의 '여'라는 글자가 바로 이 '여여'에서 온 것입니다.

전쟁 통이지만 모든 게 다 여여(如如)하다는 말씀인가 보다 하는 나름대로의 해석을 하며 댓돌 위에 놓인 신을 신으려던 평등성 보살이 아무래도 이상한 마음에 문을 열어 보니 딸각 하는 소리와 함께 스님의 고개가 한쪽으로 기울어지는 것이었습니다. 놀라서 방으로 뛰어 들어가 한암(漢巖) 스님의 코끝에 손을 대본 평등심 보살은 숨기운이 느껴지지 않자 떨리는 몸을 억지로 진정하며 밖으로 나와 희섭 스님을 불렀습니다. 급히 방으로 들어가 한암(漢巖) 스님의 열반을 지킨 희섭 스님은 허겁지겁 산등성이까지 올라가 범룡 스님이 보궁 기도를 하고 있는 중대를 향해 울며 소리쳤습니다.

"노스님이 열반하셨습니다! 노스님이 열반하셨습니다!"

범룡 스님이 달려 내려와 정좌하신 채 열반에 드신 한암(漢巖) 스님을 벽 쪽으로 밀어서 붙여 드리고 고개도 뒤로 젖히게 해 드렸습니다.

이 무렵, 한암(漢巖) 스님의 입적을 전후해서 약 1주일간 18연대 수색대 1소대 30여 명의 군인이 상원사에 머물렀습니다. 한암(漢巖) 스님의 다비를 도왔던 3분대장 전기풍, 분대원 최상윤 두 노병은 2014년 4월 26일 자 「불교신문」 제3005호에서 당시의 일을 이렇게 전합니다.

이들 소대가 상원사에 도착한 것은 상원사의 문짝이 불태워진 후였습니다. 함께 생활한 지 1주일쯤 됐을 때, 친근한 할아버지처럼 군인들과 이런저런 이야기를 나누기도 하고, 장난삼아 동종을 치려는 군인들에게 국보급인데 금이 갔으니 치지 말라고 타이르던 한암(漢巖) 스님이 열반에 드셨습니다.

한암(漢巖) 스님을 시봉하는 만화 스님으로부터 "큰스님 입적이 가까워오니 준비를 해야겠다."라는 말을 듣기는 했지만 한암(漢巖) 스님이 돌아가셨다는 소리에 소대원들도 어찌할 바를 모르고 있던 차에 때마침, 강릉 8사단 군사령부 정훈 장교로 복무 중인 김형기 소령(당시 35세/다른 책자에는 김현기 소위라고 되어 있으나 두 노병의 증언에 따라)이 지프를 타고 들이닥쳤습니다. 월정 거리를 지나던 중 한암(漢巖) 스님이 편찮으셔서 약을 지으러 간다는 만화 스님과 마주친 김 소령이 이상한 생각이 들어 차를 돌려 상원사로 달려온 것이었습니다.

한암(漢巖) 스님의 입적 사실을 알게 된 김 소령은 직무 상 늘 대동했던 사진병에게 스님의 마지막 모습을 촬영하도록 지시했습니다. 하지만 어두워서 사진을 찍을 수 없다는 사진병의 말에 빛도 빛이지만, 김 소령은 도인의 열반상을 천지만물에게 보여주고 싶었습니다. 김형기 소령은 스님을 열반 자세 그대로 안아 큰방으로 모시고, 대청 문을 활짝 연 후 좌탈입망 하신 한암(漢巖) 스님의 모습을 카메라에 담았습니다. 그 사진은 49재 때 영정사진으로 모셔졌습니다.

전쟁 통이라 달리 방법이 없었던 만화 스님은 군인들에게 한암(漢巖) 스님의 다비를 간곡하게 부탁합니다. 불을 피우면 연기 때문에 위치가 드러나 위험한 사태가 발생할 수도 있어서, 이를 거절할 수밖에 없었던 군인들도 만화 스님의 간절한 청에 감화하여 다비를 돕게 됩니다. 두 노병의 기억입니다.

상원사에서 200m가량 떨어진 곳에 마련된 다비장은 조촐했다. 3월인데도 눈이 잔뜩 쌓인 계곡 옆에 썩은 나뭇가지를 모아놓은 게 전부였다.

나무로 사각형 가마를 만들고, 창호지로 주변을 둘러 스님의 법구를 운구했다. 나무와 숲을 이용해 불을 붙였다. 중대에 있던 범룡 스님이 집전을 했고, 사리는 만화 스님이 수습했다.

다비가 끝나고 소대는 비로봉으로 이동했다. 만화 스님은 어려운 여건 속에서도 다비를 도와준 군인들에게 도라지와 고사리 한 포대를 선물했다.

두 노병은 "큰스님의 마지막 가는 길을 도왔던 것은 우리와 전생에 깊은 인연
이 있었기 때문이 아니겠느냐."라면서 "남은 스님들이 강직했던 스님의 가르침
을 잘 이어가기 바란다."라는 당부를 잊지 않았습니다.

한암(漢巖) 스님의 좌탈입망 사진을 찍은 김형기 소령은 입대 전 수덕사에서 수
도하던 승려로, 가끔 상원사에 올라와 한암(漢巖) 스님과 법담을 나누기도 했고 제
대 후 경산 자인면 원효 정사에서 주석하신 것으로 알려져 있습니다. 한암(漢巖)
스님의 마지막 모습을 사진으로 남긴 김형기 소령의 말입니다.

당시 직무상 늘 사진사를 대동하고 보도할 태세를 갖추고 있었습니다. 그날
도 지프를 타고 상원사 아래를 지나는데 상원사 사미승이 황망히 어디론가 가
는 겁니다. 그래 물었더니 한암(漢巖) 스님께서 편찮으셔서 약을 구하러 간다는
데 말이 됩니까. 전쟁 중인데 불가능하지요. 그저 가만히 있을 수 없으니 무작정
나선 거라 싶었고 나는 그길로 상원사로 갔던 거지요. 한암(漢巖) 스님은 죽음의
상황에서도 참선 삼매에 드셨던 것입니다. 만공 스님, 용성 스님과 함께 당대 최
고의 선지식으로 추앙받고 있던 한암(漢巖) 스님의 마지막 모습을 간직할 수 있
었던 일을 복(福)이라고 생각합니다.

열반적정(涅槃寂靜) 후

한암(漢巖) 스님의 열반 소식이 전해지자, 깨달음의 기쁨을 함께 나누었던 경봉 스님은 '밝은 해가 동천(東天)에 올라와서 세계를 두루 비춤도 만물을 위함이요. 서산으로 넘어가서 광명을 감춤도 만물을 위하는 진리로다.' 하는 말씀과 함께 1951년 4월 한암(漢巖) 스님 열반 추도문을 지어 오대산을 찾으셨습니다.

〈한암 스님의 입적 앞에서〉

생과 사는 흘러가는 구름인 것을
그대 열반에 들었는가.
나뭇잎은 표표히 떨고 있고
저 맑은 물도 목멘 듯
잔잔히 흘러가는데
선사여, 선사여!
이제 그대
왔는가, 갔는가.
저 탁자에 벌여놓은
흰밥과 둥근 떡을
마저 먹고 가는가.
그대 열반으로 가는 소식
천지도 말이 없고
귀신도 모르나니

한줌 향을 태우면

모든 도(道)의 길은

옛길로 통하나니

눈빛을 거두는 곳에 오대산이 서늘해

꽃과 새들도 슬피 울고

달은 향불의 연기에 어리는 듯

격식 밖의 깊은 이치를 누가 아는가.

만산엔 의구히 물이 흐르네.

眼光收處五臺山/ 안광수처오대산

花鳥念悲月送香/ 화조념비월송향

格外玄談誰得去/ 격외현담수득거

萬山依舊水流長/ 만산의구수유장

　　친일의 논란이 일기도 했으나 「화사」, 「자화상」, 「귀촉도」 등의 작품으로 불교적 감수성이 깃든 자기성찰을 노래하면서 우리 문학사에 큰 족적을 남긴 미당(未堂) 서정주(徐廷柱, 1915~2000) 시인도 「한암(漢巖) 큰스님」이라는 시로 한암(漢巖) 스님을 추모했습니다.

　　난리 나 중들도 다 도망간 뒤에 노스님 홀로 남아 절마루에 기대앉다.

　　유월에서 시월이 왔을 때까지 뱃속을 비우고 마음 비우고 마음을 비워선 강남(江南)으로 흘려보내고 죽은 채로 살아 비인 옹기 항아리 같이 반듯이 앉다.

　　먼동이 트는 새벽을 담고 비인 옹기항아리처럼 앉아 있는 걸 수복(收復)해 온 병정들이 아침에 다시 보다.

양력 5월 8일(음력 4월 3일)에는 49재를 맞이하여 피난지인 부산 토성동 묘심사(妙心寺)에서 '고 교정 방한암 대종사 봉도 법회(故 敎正 方漢巖 大宗師 奉悼 法會)'가 봉행됐습니다. 봉도식은 총무원장인 김구하(金九河) 스님이 주관했고, 백낙준(白樂濬) 문교부 장관 등의 조사가 있었습니다. 피란지에서도 소식을 들은 스님과 불자들이 모여들었는데, 지암 스님이 추모사를 읽을 때는 눈물을 흘리지 않은 사람이 없었습니다.

1959년(불기 2986, 입적 후 8년) 수제자 탄허 스님 등 문도들이 상원사에 부도와 비(碑)를 세우니 높은 교훈의 말씀을 잊지 못한 이들의 추모 행렬이 끊이지 않았습니다. 〈대한불교조계종 종정 한암 대종사 부도 비명(大韓佛敎 曹溪宗 宗正 漢巖 大宗師 浮屠 碑銘)〉은 탄허 스님이 짓고 쓰셨습니다. 긴 글이기는 하지만, 한암(漢巖) 스님의 일대기를 다시 한 번 돌아보는 뜻에서 전문을 옮겨 적습니다.

〈한암(漢巖) 대종사 부도 비명〉

선사의 속성은 방 씨이니 온양 사람이다. 법휘는 중원, 한암(漢巖)은 그 호이다. 부친의 휘는 기순이며 모친은 선산 길 씨이다. 병자년 3월 27일 묘시에 강원도 화천에서 탄생하셨다.

태어나면서부터 총명하여 9살 되던 해에 처음 글방에 나아가 『사략(史略)』을 배우다가 선생에게 물었다.
"천황 씨 이전에 누가 있었습니까?"
선생이 이르기를
"반고 씨가 있었다."
또 묻기를

"반고 씨 이전에는 누가 있었습니까?"

선생은 답을 하지 못하였다. 그 후에 널리 경서(經書)와 사기(史記) 등을 섭렵하면서도 가끔씩 반고 씨 이전의 면목이 의심나곤 하였으나 끝내 해결을 보지 못하였다.

22세 정유년에 금강산 장안사에 들어가 행름(行凜) 노사를 의지하여 출가하고 스스로 맹세하기를 "이미 삭발하여 염의를 입고 산중에 들어왔으면 참성품을 깨달아 부모님의 은혜를 갚고 극락에 가리라." 하였다.

하루는 신계사 보운 강회(普雲講會)에서 우연히 보조 국사의 『수심결』을 읽다가 "만일 마음 밖에 부처가 있고 자성 밖에 법이 있다는 생각에 집착하여 불도를 구하고자 하면, 오랜 세월을 몸을 불태우거나 모든 경전을 읽으며 온갖 고행을 닦을지라도 모래를 쪄서 밥을 지으려는 것과 같아 스스로의 수고로움을 더할 뿐이다."라는 대목에 이르러 자신도 모르게 몸과 마음이 오싹하여 마치 죽음을 맞이한 것처럼 느꼈다. 또 장안사 해은암이 하룻밤 사이에 모두 불타 버렸다는 말을 듣고서, 무상함이 저 불과 같고 모든 일이 모두 꿈과 같음을 더욱 절실하게 깨달았다.

하안거 해제 이후, 뜻을 같이 한 도반 함해 선사와 함께 행장을 꾸려 남쪽 지방으로 내려가 성주 청암사 수도암에 이르러 경허 스님의 설법을 듣던 중, "형상 있는 것은 모두 허망한 것이다. 모든 형상이 형상 아닌 줄을 알면 곧 여래를 볼 것이다."라는 말씀을 듣고, 안광이 문득 열리면서 3천계(三千界)를 덮어 다하니, 삼라만상 모든 것이 모두 자기 아닌 것이 없었다. 비로소 반고 씨 이전의 면목을 깨달아 다시는 의심이 없었다. 이때 스님의 나이 24세 기해년(1899) 가을이었다.

하루는 경허 스님을 모시고 차를 마시다가 경허 스님께서『선요(禪要)』의 "어

떤 것이 진실로 참구하고 진실로 깨달은 소식인가? 남산에 구름이 일어나니 북
산에 비가 내리도다."라는 구절을 들어 대중에게 물었다.

"이것이 무슨 도리인가?"

이에 스님이 답하였다.

"창문을 열고 앉았으니 기왓장이 앞에 있습니다."

경허 스님이 이튿날 법좌에 올라 대중에게 말씀하셨다.

"한암(漢巖)의 공부가 개심(開心)을 지났다."

스님이 하루는 『전등록』을 읽다가, 약산이 석두의 물음에 답하기를 "한 물건
도 작용하지 않는 곳"이라는 구절에 이르러 홀연히 마음 길이 끊어진 것이 마치
통 밑이 빠져 버린 것 같았다. 그 해 겨울 경허 스님이 북쪽으로 들어가 잠적함
으로써 다시 서로 만나지 못하였다.

갑진년(1904) 봄에 통도사 내원 선원에서 방장 스님으로 청하므로, 인연 따라
그곳에서 6년 세월을 보냈다. 경술년(1910) 봄에 대중을 보내고 맹산 우두암에
들어가 홀로 겨울을 보낼 적에 부엌에서 불을 지피다가 갑자기 깨달으시니, 수
도암에서의 깨달을 때와 조금도 차이가 없었으나, 한 줄기 활로 촉처(活路觸處)
가 분명하였다. 선사가 35세 때였다.

부엌에서 불붙이다 별안간 눈 밝으니

이로부터 옛길 인연 따라 맑아라

만일 나에게 서쪽에서 온 까닭을 묻는다면

바위 밑 샘물 흐르는 소리, 젖는 일 없다 하리

삽살개 짖는 소리 길손 의심하고

산새들 울음소리 나를 조롱하는 듯

만고의 빛나는 마음 달이

하루아침에 세간의 바람 쓸어 버렸네.

이로부터 세간에 들어가지도 않고 세간에 나오지도 않고 종횡으로 활기차고 모든 일에 자재하며 때와 곳에 따라 선풍을 크게 진작하였다.

선사의 나이 50세인 을축년(1925)에 스스로 맹세하기를, "차라리 천고에 자취를 감춘 학이 될지언정 춘삼월에 말 잘하는 앵무새의 재주는 배우지 않겠노라."하시고, 이윽고 오대산에 들어가 27년간 동구 밖을 나오지 않고 열반에 드셨다. 향년 76세요, 법랍 54세였다.

처음 오대산에 들어갔을 때 짚고 다니던 단풍나무 지팡이로 해 그림자를 보려고 중대 향각 뜰 앞에 심었는데, 다시 가지가 뻗고 잎이 돋아서 지금은 정자를 이루었다. 의상 대사의 지팡이가 정자나무를 이룬 고사와 보조 국사의 유적(遺蹟)이 더욱 오늘날에 부합되고 있다.

선사께서 평소에 저술을 즐기지 않으셔서 저술한 것이라고는 『일발록(一鉢錄)』 한 권이 있었는데, 상원사가 정해년에 불타 버릴 때 함께 타 버렸다. 이를 한탄한들 어찌하겠는가.

선사의 법을 얻은 제자가 몇 사람 있으나, 오직 보문(普門)과 난암(暖庵)이 지행(志行)이 뛰어나 종풍을 떨쳤으나 보문은 불행히도 일찍 별세하였고, 나는 비록 20여 년 모셨으나 오히려 그 문에 들어가지 못하였다.

나는 선사의 경지와 조예를 감히 엿보지 못하고 지난 6·25 전쟁(1950)으로 인하여 남방 등지로 갔는데, 이듬해 봄에 선사께서 미질(微疾)을 보이시고 이레째 되던 날 아침에 죽 한 그릇과 차 한 잔 드시고 손가락을 꼽아 세며 이르기를, "신묘(辛卯, 1951) 2월 14일이다." 하시고, 사시(巳時, 오전 9시~11시)에 가사를 드리운 채 열반에 드셨다.

이로부터 유명이 문득 막혔으니 영원한 슬픔은 우매한 중생의 눈을 밝혀 줄 금비(金鎞, 한암 스님)를 잃었고, 욕망의 바다 거센 파도에 허덕이는 중생들이 돛대를 잃었기 때문이다.

시자 희찬, 희섭 등이 선사의 사리를 수습하여 금년 봄에 탑을 세우고 봉안하였다. 석탑은 있으나 음성은 들을 수 없으니, 아! 슬프다. 아픔이 폐부를 찌르는 듯하다. 위에 한 말은 모두 실상만 추렸을 뿐 지엽과 겉치레에는 힘쓰지 않았다.

새기는 글은 아래와 같다.

빼어난 그 모습
순수함은 금이요, 따사로움은 옥이라
닦인 그 마음
맑고 빛나는 영혼이여
학문은 내외 경전 겸하였고
도는 고금을 관철하셨네
찬 서리 솔처럼 맑은 지조
강물 위 달처럼 텅 빈 마음
경계와 지혜가 모두 쉬어 고요하고
정(定)과 혜(慧) 모두 원융하네
조사의 법령 높이 드시니
별은 북두요 물은 동쪽으로 흐르네
마음 구슬과 도의 종자는

칠정(七淨)으로 서로 비추고

맑은 계행, 자비로운 덕은

삼공(三空)에 두루 비추어라

간곡하신 자비로

모든 만물 편안하고

쉼 없는 바른 생각

마음 마음 끊임없네

시종 굳은 절개

금석에 비하랴

옅고 깊은 마음자리

관화(貫花)로도 비할 수 없네

명성은 당시에 으뜸이요

도는 나라 밖까지 드날렸으니

팔방의 고명한 인재

섬돌 아래 모였는데

눈 밝은 이 돌아가시니

어디에 의지하랴

사법계(事法界)가 곧 이법계(理法界)라

탑만이 오대산에 남아있네

-불기 2986년(1959) 기해 3월 27일

문인 탄허 택성 삼가 짓고 쓰다

비문에 입적 날짜가 음력 2월 14일이라고 되어 있는 것에 의문을 품는 분들이 많습니다. 한암(漢巖) 스님께서 열반에 드신 날은 2월 15일이 맞습니다. 하지만 석가모니 부처님의 열반일과 겹쳐지게 되어 하루 앞당겨서 기제(기제)를 올리다 보니 그렇게 굳어졌고, 탄허 스님께서도 무의식중에 그렇게 쓰신 것으로 추측됩니다.

또 한 가지, 이 글에서 쓰인 불기는 석가모니 부처님께서 입멸하신 기원전 544년을 기준으로 삼는 남전대장경설의 연대 표시가 아니라 석가모니 부처님께서 탄생하신 기원전 1027년을 기준으로 삼는 북방불교 설에 의한 것입니다.

1956년 석가모니 입멸 2,500주년을 맞이해 인도 뉴델리에서 열린 세계불교도회의(W.F.B)에서 남전대장경 설이 채택된 후 지금은 우리나라를 비롯한 세계 여러 나라에서 남전대장경 설을 쓰고 있습니다.

그 이전에 우리나라에서는 북방불교설을 따랐기 때문에, 한암(漢巖) 스님이 쓰시던 대로 북방불교설의 불기를 그대로 사용했습니다. 이 책의 불기는 응화, 또는 세존 응화라고 쓰는 것이 정확한 표현입니다.

1995년(불기 2982년, 입적 후 44년) 한암 문도회(漢巖門徒會)에서 한암(漢巖) 스님의 자료를 집대성한 『한암 일발록(漢巖 一鉢錄)』을 발행했습니다. 2006년(입적 후 56년) 4월에는 『한암 사상(漢巖思想)』 제1집이, 2007년(불기 2994년, 입적 후 57년) 5월에는 『한암 사상(漢巖思想)』 제2집이 창간, 발행됐습니다.

(2009년, 불기 2996년) 4월에는 한암(漢巖) 스님 육필본 『경허집』이 영인본으로 간행됐습니다. 서지가 김민영 선생이 소장하고 있던 『한암본 경허집』을 겉표지까지 그대로 되살린 『한암 선사 육필본 경허집 영인본』은 한암(漢巖) 스님이 56세 때인 1931년 오대산 상원사에서 만든 것으로 가로 18.6cm, 세로 26.5cm 크기에 174쪽으로 이뤄져 있으며, 한 쪽 당 12행으로 1행 당 약 20여 자가 쓰여 있습니다. 단아하고 정갈한 글씨체가 한암(漢巖) 스님의 고고한 인품을 그대로 드러내고 있다는 평을 받고 있습니다.

"일생패궐(一生敗闕)", "이번 생은 크게 망쳤다"라고 한 수행자 한암(漢巖) 스님의 청정한 삶에서 제행무상(諸行無常), 제법무아(諸法無我), 열반적정(涅槃寂靜), 우주를 관통하는 진리인 삼법인을 봅니다. 스님께서는 일찍이 제행무상, 모든 것은 변해가며 제법무아, 내 것이라고 할 만한 것은 아무것도 없다는 것을 깨달아 수행 정진하셨고 마침내 열반적정, 그 모든 것을 초월한 영생불멸의 세계로 떠나셨습니다.

세상은 허망 무상하지만 진실한 본체가 있으니 바로 영생불멸한 불성이고 열반이며, 영생불멸한 그 자리가 바로 극락세계입니다. 나와 멀찌감치 떨어진 곳에 영생불멸한 본체가 있는 것이 아니라 지금 이대로의 실체가 곧 영생불멸의 실체입니다. 우리 인간이나 우리가 생각하는 그 모든 것이 허망 무상하지만 허망 무상한 본래의 참다운 자리가 부처님의 법신이고 바로 아미타불인 것입니다.

불교의 진리는 특별한 비밀이거나 특정한 사람의 것이 아닙니다. 세상을 올바르게 살라는 대자대비이며, 설령 불자가 아니라 해도 석가모니 부처님이 말씀하신 것처럼 올바르게 살면 누구나 성불할 수 있다는 것이 부처님의 가르침입니다.

길을 잃었으면 지도를 펴야 합니다. 맨 처음 어느 곳, 무엇을 향해 길을 나섰던 것인지 혹여 길을 잃었다면 한암 스님의 목소리에 귀를 기울여 보십시오.

삼가 "부처님과 보살의 행은 집착이 없다."라는 『금강경』의 한 구절로 이 글을 마칠까 합니다.
"나무 관세음보살마하살!"

(南無觀世音菩薩摩訶薩, 관세음보살님께 귀의합니다)

後序

　인간의 눈으로는 볼 수도 없는 작은 생명체들이 지구촌 모든 인류를 공격하고 침범하며 위기에 빠뜨렸습니다. 중세기 유럽에서 검은 죽음의 병, 흑사병이 출현하여 순식간에 유럽의 인구는 절반 가까이 줄었습니다. 인구가 줄어들자 경제, 문화, 종교 등 다양한 분야에서 엄청난 변혁이 일어났으며 그 변화는 전 세계로 퍼져나갔습니다. 역사는 그것을 르네상스라고 기록하였고 근대화의 원류로 작동됩니다.

　모두가 처참하게 죽어갈 때 인간은 각기 그리고 서서히 자신의 무지와 인간의 오만함을 깨달았으며 속박으로부터 벗어나 각자의 고유성과 개성을 존중하고 스스로 그러한 인간 본연의 존엄을 회복하기를 추구하기에 이르렀던 것입니다. 종교가 가장 타락했던 시기에 그것은 출현하였습니다. 그리고 종교에 대한 개념의 대변혁이 일어나면서 인간은 새로운 문화의 시대를 열게 된 것입니다.

　코로나19가 창궐하여 전 세계의 모든 나라가 국경을 닫고 물류마저 멈춰버릴 지경인 참혹한 현장을 지금 우리는 겪어내고 있습니다. 2년 여 동안 이 작은 생명체와 전쟁을 치르며 우리의 일상은 엄청난 변화를 만들어냈습니다. 소위 사회적 거리두기라는 이름으로, 우리는 너무 밀접하게 접촉하는 것을 경계하기에 이른 것입니다. 가까이 다가가기보다 얼마간의 거리를 두는 것이 서로에게 존중과 사랑의 실천이라는 데 사회적 합의를 보았습니다.

　이 작은 생명체가 왜, 어디서 왔는지 또 이것을 퇴치하려면 어찌해야 하는지 우리는 아직도 깜깜합니다. 백신을 개발하여 접종을 했지만 코로나19는 변이에 변이를 거듭하면 좀처럼 수그러들지 않고 있습니다. 세상은 어찌 변할지 알 수 없는 일입니다.

이제 이분화, 실체화를 견고히 하는 이데올로기의 시대는 지났습니다. '참나'를 찾는 시대입니다. 시대의 흐름은 이미 바뀌었고 종교의 본질이 무엇인가 다시 생각해야 할 때입니다.

세계1차대전 세계2차 대전이라는 인류의 최대 격동기이며 난세였던 20세기 초 중반, 한암 스님께선 용맹정진하여 확철대오하셨습니다. 1923년(불기 2950년, 48세) 서울 강남에 있는 봉은사(奉恩寺) 조실로 추대되어 자리를 옮기셨습니다. 1925년 7월 대홍수가 나서 용산 제방이 모두 붕괴되고 강남지역이 침수되었습니다. 647명이 사망하고 수십만 채의 집이 떠내려가고 수십만 명의 이재민이 발생하였습니다. 봉은사 주변의 잠실, 부리도, 신천 등 세 마을은 수몰 직전의 위기에 직면해 있었습니다. 부리도와 잠실, 신천 지역에서 수백 명이 지붕 위에 올라가거나 두 그루의 커다란 느티나무에 매달려 살려달라고 아우성치며 생과 사를 넘나드는 위급한 상황이었습니다. 당시 봉은사 조실로 계시던 한암(漢巖) 스님은 봉은사 주지 청호(晴湖, 1875~1934/입적 연도가 1936년으로 나온 자료도 있으나 '봉은사지' 표기를 따름) 스님에게 생사가 경각에 달린 주민들을 구하라는 명을 내리셨습니다. 이에 청호 스님이 뱃사람을 수소문하여 구조에 나설 것을 독려하였지만, 워낙에 위험한 일이라 나서는 사람이 없었습니다. 그러자 한암(漢巖) 스님께서는 다시 청호 스님을 불러 "곳간 문을 여시오! 그리고, 한 사람을 구하는 데 쌀 한 가마니씩을 주도록 하시오!" 하는 지시를 내리셨고 결국 708명의 조난자들을 무사히 구조해냈다고 합니다. 위기의 시대에 종교의 역할을 돌아보게 하는 일화입니다.

한암 스님께선 친일적 행동을 요구하는 세력에 맞서 과감히 봉은사를 등지고 오대산으로 들어오면서 시 한 수를 읊으셨습니다.

(寧爲千古藏踪鶴/ 차라리 천고(아득한 옛날)에 자취를 감춘 학이 될지언정,

不學三春巧語鶯/ 춘삼월에 말 잘하는(재잘대는) 꾀꼬리(앵무새)는 되지 않겠다'

오대산으로 들어오신 뒤 치아 치료차 강릉에 다녀온 것과 단 한 번 통도사 극락
암에 다녀온 것 외에는 27년 동안 불출동구하셨지만, 당시 국내는 물론 세계의 지
성인들과 사상가들을 긴장시키고 크게 일깨우는 역할을 하셨던 것입니다.

그리고 한국전쟁 때 상원사를 지켜내신 일화는 그대로 화엄의 현신이며 우보
익생(雨寶益生)의 법우(法雨)입니다. 오죽하면 전쟁통에 피폐해질 대로 피폐해진 군
인들이 절을 불태우러 들이닥쳤다가 감화를 받아 문짝만 뜯어 불을 낸 척하고 돌
아갔겠습니까. 그 위기의 상황에서도 차분하게 불도(佛道)를 지키며 온 몸으로 침
묵의 법어를 내리심으로써 군인들에게도 그들 본래의 자비를 일깨워 주신 것입
니다. 중생이 곧 부처입니다.

世與出世都不識/ 세간법 출세간법 내 모두 모르나니(不識)

한암 스님의 법어를 다시 한 번 마음 깊이 새깁니다.

聖人(성인)

대한불교조계종 초대종정 한암(漢巖) 대종사

2022년 1월 18일 제1판 1쇄 발행

지은이 | 원행(遠行)
펴낸이 | 김종완
펴낸곳 | 에세이스트사
편 집 | 조정은

등록 | 문화 마 02868
주소 | 서울 종로구 익선동 55 현대뜨레비앙 905
전화 | 02-764-7941,2
e-mail | kjw2605@hanmail.net

값 25,000원
ISBN 979-11-89958-14-5 03220